머 리 글

　생로병사, 이것은 태고에서 영원한 미래에 이르기까지 단 한 사람도 피하지 못하고 겪어야 할 필연적 숙명이다. 그러나 똑같이 생로병사를 겪는 과정에서도 영고성쇠(榮枯盛衰)에 있어서는 사람에 따라 천양지차가 있고, 같은 일개인의 생애중에도 휴구(休咎)의 변화가 번복되는 것을 도저히 예측할 수 없다. 그러므로 오늘의 부귀나 행복이 먼 미래까지 존속되리라는 보증이 있겠으며, 오늘의 빈천이나 불행이 한없이 이어지기만 한다고 절망할 수 있으랴. 그러나 '한치 앞도 모르는게 인간의 일이다'는 말이 있듯이 우리는 모두가 내일에 있을 천기의 변화를 모른다.

　내일을 모르기에 불안 초조해 하고, 내일을 모르기에 미리 절망하고, 또 어떤이는 내일을 모르기에 오늘의 부귀나 권세나 건강만을 믿고 자만하고 무리하다가 한 번 불운이 닥치면 수습을 못하고 천 길 구렁으로 떨어져 폐인이 되고 마는 것이니 우리는 항시 예측키 어려운 내일에 대비하면서 살아가는게 슬기로운 삶이라 하겠다.

　이 신수비결은 일 년 동안의 운명의 길흉을 가늠하는 지침서다. 고금이 다를바 없이 인간들은 앞일을 알고자 원했었고, 이러한 인간들의 욕구 때문인지 숱한 명학(命學 ; 사주학(四柱學)·점술학(占術學) 등)이 현철에 의해 저술되어 오늘날까지 전래하고 있는바 본서는 주역이 근본이라. 주역은 칠서(七書 ; 사서삼경(四書三經)) 가운데서도 묘리가 가장 심오하여 문구는 풀 수 있어도 숨겨진 비의는 터득하기가 어려운 학문이다. 그래서 후세의 영재들의 연구를 거쳐 그 조박(糟粕)을 풀어놓았는데 우연히 천재(淺才)의 손에 들어와 몸소 응용·시험해 보았더니 타서보다 적중률이 높았다. 그래서 심히 신기하고 반가운 마음에 그대로 비장하기 보다는 이를 하루 빨리 세상에 내놓아 사람들로 하여금 피길(避吉), 취길(就吉)하는 지침서로 권해보고자 한다. 모쪼록 타락한 세상에 자신과 가정의 행복을 지키는 데 일조가 될 것을 간절히 바라면서 서문을 대한다.

1991年 6月

편저자 識

추 천 사

　우리 나라 풍습을 보면 매년 세말이 가까워질 무렵이면 다가오는 신년의 신수를 많이 보고 있는데 대표적인 방법이 소위 〈토정비결(土亭秘訣)〉이란 일년신수결이다. 전문 술사를 찾아 신수를 감정 받으려면 시간적·금전적인 부담이 있어 쉽지 않으나 노상에서는 생년월일만 대고 몇 푼 주면 즉시 자기 혹은 가족들에 해당하는 부분을 떼어 주므로 집에 가지고 가서 차근히 읽어 볼 수가 있어 오늘의 문명수준에도 연말년시의 토정비결에 대한 인기는 대단한 것으로 안다.

　과거 해방 전후 무렵만 해도 전문 술사가 별로 없어 음력 정초가 되면 석중결(石中訣; 土亭秘訣)을 볼 줄 아는 사람의 집에는 동네 아낙네들이 찾아가 남편이며 자녀들의 새해 신수를 보기 위해 북새통을 이루고 있는 것이 연례로 되었었다. 그러다가 차츰 술사(術士)들이 늘기 시작하여 요즈음에 와서는 여기 저기서 운명철학을 전문으로 하는 간판이 많이 붙어 있어 쉽게 눈에 뜨이므로 전문가를 찾는 사람들이 상당히 많다.

　시대가 발달함에 따라 우리네 생활은 옛날에 비해 몇백 배 편리해져 첨단의 문화생활을 누리고 있는 형편이라 하겠으나 그럴수록 삶의 경쟁도 같은 비례로 치열해졌고, 또 문명의 혜택만큼이나 불안한 요소도 많아 더욱 마음놓고 살기 어려운게 오늘의 현실이다. 이러한 시대에서 자신 또는 가정의 안전을 유지하면서 남에 앞서는 삶을 영위하려면 무엇이건 잘 알아야 한다. 지식, 정보는 물론이려니와 자기의 앞날에 대한 운명의 길·부도 예지한다면 모처럼 다가오는 좋은 기회를 포착하여 성공을 앞당길 수 있고, 또는 불의의 재난을 미연에 방지할 수 있는 것이다. 그러므로 맹자(孟子) 말씀에도 '운이 나쁘거든 위험스러운 곳에 서지 마라(知命者下立乎岩墻之下)'라 하셨으니 신수가 불길한 사람도 항시 조심하면서 살아가면 나쁜 액을 면할 수 있는 것이다.

　이 신수비결은 주역(周易)을 근본으로 한 것이므로 체계성 있는 고등학문의 비결이다. 이토록 진귀한 보서(寶書)가 여지껏 묻혀 있었음은 못내 아쉬운 바나 다행히 이 분야의 전문 저자인 한중수(韓重洙) 선생이 누구나 해득할 수 있도록 상해(詳解)한 것을 명문당에서 발간하게 된 것은 매우 반가운 일이다. 아무쪼록 가정마다 상비서로 두고 활용한다면 피흉취길(避凶就吉)에 많은 도움이 되리라 확신하기에 이에 추천의 말을 대한다.

1991年 6月

三空法師 曺 誠 佑

大運 易占卦 一年身數秘訣

修訂版

韓重洙 編著

明文堂

目 次

머리글
추천사

□ 보는 法 ··· 7
◎ 平生 元祖數 및 行年數 算出表 ······················· 9

一一	乾爲天(건위천) ································	11
一二	天澤履(천택이) ································	65
一三	天火同人(천화동인) ························	83
一四	天雷无妄(천뢰무망) ························	155
一五	天風姤(천풍구) ································	269
一六	天水訟(천수송) ································	41
一七	天山遯(천산돈) ································	203
一八	天地否(천지비) ································	77
二一	澤天夬(택천쾌) ································	263
二二	兌爲澤(태위택) ································	353
二三	澤火革(택화혁) ································	299
二四	澤雷隨(택뢰수) ································	107
二五	澤風大過(택풍대과) ························	173
二六	澤水困(택수곤) ································	287
二七	澤山咸(택산함) ································	191
二八	澤地萃(택지췌) ································	275
三一	火天大有(화천대유) ························	89
三二	火澤睽(화택규) ································	233
三三	離爲火(이위화) ································	185

三四	火雷噬嗑(화뢰서합)	131
三五	火風鼎(화풍정)	305
三六	火水未濟(화수미제)	389
三七	火山旅(화산려)	341
三八	火地晉(화지진)	215
四一	雷天大壯(뇌천대장)	209
四二	雷澤歸妹(뇌택귀매)	329
四三	雷火豊(뇌화풍)	335
四四	震爲雷(진위뢰)	311
四五	雷風恒(뇌풍항)	197
四六	雷水解(뇌수해)	245
四七	雷山小過(뇌산소과)	377
四八	雷地豫(뇌지예)	101
五一	風天小畜(풍천소축)	59
五二	風澤中孚(풍택중부)	371
五三	風火家人(풍화가인)	227
五四	風雷益(풍뢰익)	257
五五	巽爲風(손위풍)	347
五六	風水渙(풍수환)	359
五七	風山漸(풍산점)	323
五八	風地觀(풍지관)	125
六一	水天需(수천수)	35
六二	水澤節(수택절)	365
六三	水火旣濟(수화기제)	383
六四	水雷屯(수뢰둔)	23
六五	水風井(수풍정)	293
六六	坎爲水(감위수)	179

六七	水山蹇(수산건)	239
六八	水地比(수지비)	53
七一	山天大畜(산천대축)	161
七二	山澤損(산택손)	251
七三	山火賁(산화비)	137
七四	山雷頤(산뢰이)	167
七五	山風蠱(산풍고)	113
七六	山水蒙(산수몽)	29
七七	艮爲山(간위산)	317
七八	山地剝(산지박)	143
八一	地天泰(지천태)	71
八二	地澤臨(지택림)	119
八三	地火明夷(지화명이)	221
八四	地雷復(지뢰복)	149
八五	地風升(지풍승)	281
八六	地水師(지수사)	47
八七	地山謙(지산겸)	95
八八	坤爲地(곤위지)	17

보 는 법

이 法은 平生元祖數(四柱의 年月日時의 天干과 地支에서 算出된 數 — 보기 및 는 다음에 있음)에 年齡 및 當年의 太歲數를 綜合하여 그 數로 384를 除하여 나머지 數로 卦를 정한 것이다. 원래 天干과 地支에는 각각 그에 따른 數(先天數·後天數 및 變數로 계산되었음)가 있는 것이므로 그 數(河圖, 洛書의 原理)를 가지고 年月日時에 따라 計定해서 平生 元祖數를 정한 것이다.

그리고 易의 卦에는 8卦(乾·兌·离·震·巽·坎·艮·坤)가 있고 이 8卦가 合成하여 64卦가 되었다. 또 一卦에는 六爻가 있으니 爻 마다 一變하면 一卦에 六變이 된다. 그러므로 64卦가 六變하면 384爻로 算定되는 것이므로 總數에서 384로 除하는 原理가 成立되는 것이다.

○ 要 領

첫째로, 四柱를 정한다. 生年太歲의 干支 및 月建 日辰 時間을 각각 干支를 붙여 年柱 月柱 日柱 時柱를 정확히 정해야 한다.

둘째로, 다음의 算出 早見表에서 年月日時柱에 따른 數를 찾아서 總算한다(이 總算한 數를 平生元祖數라 한다).

셋째로, 當年의 年齡數(31歲는 31로, 32歲는 32로 함)와 行年大歲數를 平生元祖數에 合算하여 그 總數가 얼마인가를 記錄한다.

넷째로, 이상의 요령으로 얻어진 數에 384로 나누어 그 나머지 수(나머지가 없으면 384를 사용한다)로 當年의 身數를 찾아보는 것이니 더 자세한 說明은 算出表 뒤에서 例를 들기로 한다.

다섯째, 산출표에서 年月日時 合算한 數가 384 미만일 때는 그 數를 그대로 사용한다.

◎ 平生 元祖數 및 行年數 算出表

384數 이상은 本表에서 아주 除하였음

干支	年柱	月柱	日柱	時柱	行年太歲
甲子	88	316	70	7	20
乙丑	96	48	120	12	21
丙寅	248	332	110	11	17
丁卯	24	348	150	15	16
戊辰	240	216	60	6	18
己巳	248	332	110	11	18
庚午	16	232	100	10	17
辛未	176	176	140	14	20
壬申	24	348	150	15	18
癸酉	240	216	60	6	17
甲戌	248	332	110	11	20
乙亥	320	32	80	8	19
丙子	168	132	90	9	18
丁丑	104	164	170	17	19
戊寅	160	16	40	4	15
己卯	104	164	170	17	19
庚辰	320	32	80	8	21
辛巳	240	216	60	6	16
壬午	328	148	130	13	15
癸未	96	48	120	12	18
甲申	24	348	150	15	21
乙酉	240	216	60	6	20
丙戌	328	148	130	13	20
丁亥	328	148	130	13	17
戊子	80	200	20	2	16
己丑	184	364	190	19	22
庚寅	240	216	60	6	18
辛卯	96	48	120	12	17
壬辰	248	332	110	11	19
癸巳	160	16	40	4	14

干支	年柱	月柱	日柱	時柱	行年太歲
甲午	328	148	130	13	18
乙未	96	48	120	12	21
丙申	104	164	170	17	19
丁酉	248	332	110	11	18
戊戌	240	216	60	6	18
己亥	24	348	150	15	18
庚子	160	16	40	4	19
辛丑	176	248	140	14	20
壬寅	168	132	90	9	16
癸卯	16	232	100	10	15
甲辰	248	332	110	11	22
乙巳	160	16	40	4	17
丙午	328	348	150	15	16
丁未	104	164	170	17	19
戊申	16	232	100	10	17
己酉	328	148	130	13	21
庚戌	320	32	80	8	21
辛亥	16	232	100	10	18
壬子	88	316	70	7	17
癸丑	96	48	120	12	18
甲寅	168	132	90	9	19
乙卯	16	232	100	10	18
丙辰	328	148	130	13	20
丁巳	168	132	90	9	15
戊午	320	32	80	8	14
己未	184	364	190	19	21
庚申	96	48	120	12	20
辛酉	320	32	80	8	19
壬戌	248	332	110	11	19
癸亥	320	32	80	8	16

○天干數＝甲六 乙二 丙八 丁七 戊一 己九 庚三 辛四 壬六 癸二
○地支數＝子一 丑十 寅三 卯八 辰五 巳二 午七 未十 申九 酉四 戌五 亥六

[찾는법 보기의 예]

戊申年 음 4월 16일 卯時生이 己卯年 신수를 본다면

	四 柱	
年柱	戊 申	16(生年)
月柱	丁 巳	132(生月)
日柱	癸 未	120(生日)
時柱	乙 卯	10(生時)

元祖數 合　278

太歲　己 卯　19(당년)
나이　 ・ 　32(연령)

太歲와 年齡數 合　51

총　합　329

※ 총합수가 384가 넘으면 384를 빼고 남은 수를 가지고 본문 중앙 숫자를 찾아보며, 384수 이하는 빼지 않고 그대로 사용한다.

[설 명] 먼저 주인공의 生年月日時로 위와 같이 年月日時 四柱(네기둥)를 세워야 한다. (단 年柱는 立春을 기준하여 太歲의 干支를 定하고, 月柱는 각 月에 소속된 節을 기준하여 月의 干支를 정해야 한다) 위 사주는 戊申년 丁巳월 癸未일 乙卯시인바 年柱戊申이 16이오 月柱丁巳가 132요 日柱癸未가 120이오 時柱乙卯가 10이라 총합 278이라 이 수가 주인공 사주에 매인 元祖數다.

다음에는 신수를 보려는 당년 태세수와 연령수를 합쳐 元祖數에다 총합한다. 주인공이 己卯年(1999)에는 32세이고, 己卯年 行年太歲가 19라 합이 51이므로 원조수 278에다 51을 합하면 329이니 이 수를 가지고 본문 상단 중앙 숫자와 맞추어 신수를 본다.

원조수 산출근거

干	甲	乙	丙	丁	戊	己	庚	辛	壬	癸	年	1000단위
	6	2	8	7	1	9	3	4	6	2	月	100단위
支	子	丑	寅	卯	辰	巳	午	未	申	酉	戌	亥	日	10단위
	1	10	3	8	5	2	7	10	9	4	5	6	時	0단위

年柱는 1000단위, 月柱는 100단위, 日柱는 10단위, 時柱는 0단위로 계산한다.

예를 들어 甲子면 甲6, 子1로 7이라 甲子年은 7000, 甲子月은 700, 甲子日은 70, 甲子時는 7이다.

원조수 표와 계산숫자가 다른 것은 기본수 384씩 떼어 남은 숫자만 적용한 때문이다.(7000을 384로 나누면 결국 88만 남는다)

※ 지지 丑과 未는 10인데 年이면 10,000이고, 月이면 1,000, 日이면 100, 時면 10으로 계산한다.

[初九]

乾爲天(건위천)

龍潛在淵　玉韞石中
學廣心疑　守靜待時
一躍天上　名利具顯
運數大吉　一身自安

용이 못 속에 잠긴 상이요, 보석이 돌 가운데 있는 상이다. 배운 것은 많으나 부족한가 의심하여 고요히 때를 기다린다. 한번 용문에 오르니 명예와 재록이 뚜렷하다. 운수가 대길하니 일신이 자연 안락하리라.

正月	寒雪滿地　萬物未生 少得多失　不如守家		찬눈이 천지에 가득하니 만물이 아직 생동치 못한다. 적게 얻고 많이 잃으니 집에 가만히 있음만 같지 못하다.
二月	福星照身　友人助我 若爲不然　疾病可畏		복된 별이 몸에 비쳐오니 친구가 나를 도와준다. 만일 그렇지 아니하면 질병이 있을까 두렵도다.
三月	春氣方濃　鳥鳴花間 憂散喜生　營財可得		봄기운이 바야흐로 짙었으니 새가 꽃 사이에서 울도다. 근심이 가고 기쁨이 오니 경영하면 재물을 얻게 되리라.
四月	東西奔走　一時之困 美人在近　酒色愼之		동서에 분주하니 한때의 곤액이로다. 미인이 가까운 곳에 있으니 주색을 삼가라.
五月	一陰始生　暑氣方往 閑坐山亭　兩人圍棋		일음이 시생하여 더운 기운이 바야흐로 물러간다. 한가히 산정에 앉아서 서로 바둑을 즐기도다.
六月	靑天日月　明朗有時 財物隨身　西北可矣		청천일월이 명랑한 때가 있다. 재물이 몸에 따르니 서북방이 가히 마땅하도다.
七月	莫行遠程　逢賊可畏 鹿在林中　小人持弓		먼 곳으로 등정하지 마라. 도적을 만날까 두렵다. 사슴이 수풀 속에 있는데 못된 사람이 활을 당기고 있다.
八月	鳥雀栖林　日暮空舍 厄運未散　莫營移舍		산새가 수풀에 깃들이니 빈집에도 날이 저물었도다. 액운이 아직 흩어지지 않았으니 다른 업을 경영하지 마라.
九月	一點黑雲　或掩或開 財利有失　口舌紛紛		한 점 검은 구름이 혹 가리고 혹 열리도다. 재물의 손실이 있으며 구설도 분분하리라.
十月	杜門不出　修己養神 人不知我　白屋自歎		문을 닫고 집에 앉아서 몸과 정신을 수양하라. 남이 나를 알아주지 않으니 빈집에 앉아서 자탄한다.
十一月	羽翼始生　飛飛花間 若見大人　可見榮華		날개와 깃이 비로소 생기니 꽃 사이를 날고 날도다. 만일 대인을 보면 가히 영화를 얻게 되리라.
十二月	萬物方生　春氣和暢 貴人在近　官祿隨身		만물이 바야흐로 생동하니 봄기운이 화창하도다. 귀인이 가까운 곳에 있으니 관록이 몸에 따르리라.

[九二]

二

乾爲天(건위천)

神龍在田　利見大人
得遇明主　貴而且富
隨時進行　無不便宜
躍出塵泥　功名顯達

신룡이 밭에 있으니 대인을 봄이 이롭다. 밝은 임금을 만나니 귀하고 또 부하리라. 때를 따라 나가면 편의치 않음이 없도다. 진흙 구덩이에서 뛰어나오니 공명이 현달하리라.

正月	逢友洛陽　兩人對酌 身在路中　一次遠行		낙양성에서 벗을 만나 두 사람이 술잔을 대하였다. 몸이 거리 가운데 있는 상이니 한 번 원행할 수가 있으리라.
二月	雲散日出　災消福來 出世已定　財名可期		구름이 흩어지고 해가 나오니 재앙이 가고 복이 온다. 출세가 이미 정해졌으니 재물과 명망을 기약하리라.
三月	馳馬長安　得意春風 男兒逢時　立身揚名		장안에 말을 달리니 춘풍에 뜻을 얻었다. 남아가 때를 만났으니 입신양명하리라.
四月	親人害之　財物愼之 若兄若弟　心事勿言		친한 사람이 해로우니 재물을 조심하라. 형도 같고 아우도 같은 사람에게 마음을 털어놓지 마라.
五月	勤儉治産　農土有利 堂上有憂　或有疾病		근검하게 치산하라. 농토에 유리하도다. 부모의 근심이 있으니 혹 질병이 있으리라.
六月	雪滿天地　松竹靑靑 莫營大事　守分爲好		눈이 천지에 가득한데 송죽만 청청하도다. 큰 일을 경영하지 마라. 분수를 지킴이 좋으리라.
七月	明珠出海　萬人問價 玲瓏有光　價値千金		밝은 구슬이 바다에서 나오니 만인이 그 값을 묻는다. 영롱하게 빛을 내니 가치가 천금이나 된다.
八月	莫近水邊　惡人隨之 善心自省　憂中生喜		물 가를 가까이 마라. 악인이 나를 따른다. 선심으로 스스로 반성하면 근심 가운데 기쁨이 생긴다.
九月	九秋楓葉　勝於牧丹 上天有路　丹桂可折		구월의 단풍잎은 모란보다 낫도다. 벼슬의 길이 열리니 공명을 얻게 되리라.
十月	天降福祿　一身之榮 萬事遂心　災厄消滅		하늘이 복록을 내려주니 일신의 영화로다. 만사가 마음을 좇으니 재액이 소멸하리라.
十一月	無雲靑天　忽然生雲 貪多務得　反有損害		청천 하늘에 홀연 구름이 가리웠다. 많이 탐하고 억지로 얻으려다 도리어 손해만 있으리라.
十二月	乘馬四馳　人人仰視 營事爲得　金玉滿堂		말을 타고 사방을 달리니 사람마다 우러러본다. 경영하는 일이 얻음이 되니 금옥이 만당하리라.

〔九三〕 三

乾爲天 (건위천)

行路無阻　憂後必昌
修心正己　夙興夜寐
貴而不驕　蒼生可濟
每事如意　食祿豊隆

가는 길에 장애가 없으니 근심 뒤에 반드시 창성한다. 마음을 닦고 몸을 바르게 하며 절도 있는 생활을 하라. 귀해도 교만치 않으면 가히 창생을 구제한다. 매사에 여의하니 식록이 풍륭하리라.

正月	終日勤儉	憂中有喜	종일을 근검하라. 근심 가운데 기쁨이 있다.
	家中有厄	膝下之憂	집안의 액이 있음은 슬하의 근심이로다.
二月	雲間明月	顯晦有時	구름 사이로 달이 밝으니 어둡고 밝음이 때가 있다.
	憂心消消	衆人晒笑	근심된 마음이 사라지니 많은 사람이 웃고 지껄인다.
三月	洞房春風	夜對紅粧	동방 춘풍에 밤에 홍장을 대하였도다.
	若有不然	疾病隨身	만일 그러함이 있지 않으면 질병이 몸에 따르리라.
四月	日長如年	圍棋閑坐	하루가 일 년 같으니 바둑을 두고 한가히 앉았다.
	勿營大事	杜門待之	큰 일은 경영하지 마라. 문을 닫고 기다리는 것이 좋다.
五月	世事如夢	馬馳山路	세상 일이 꿈과 같은데 말이 산길을 달린다.
	身數不利	財物愼之	신수가 불리하니 재물에도 조심하라.
六月	陰陽相合	內外有情	음양이 상합하니 내외가 유정하도다.
	胎星照門	可得貴子	태성이 문에 비쳤으니 가히 귀자를 얻으리라.
七月	驛馬到門	遠行之數	역마가 문에 이르니 원행할 수가 있도다.
	出門見人	物在頤下	문을 나서면 사람을 보나니 물건이 턱 밑에 있다.
八月	玉兎東升	月朗如畫	둥근 달이 동녘에 솟으니 밝기가 낮과 같도다.
	與人謀事	少得如意	남과 더불어 모사하면 적게 얻는 것이 여의하리라.
九月	天降雨澤	千里有慶	하늘이 혜택을 내리니 천리에 경사가 있다.
	金玉滿堂	衣食豊足	금옥이 만당하니 의식이 풍족하리라.
十月	黃鶯一片	往來山間	누런 꾀꼬리 한 마리가 산간을 왕래한다.
	憂在六親	服制不免	근심이 육친에 있으니 복제수를 면치 못하리라.
十一月	我能知人	人不識之	나는 남을 알아주는데 남이 나를 알아주지 않는다.
	朱雀飛來	口舌可知	주작이 날아오니 구설수를 가히 알리로다.
十二月	凶中有吉	憂中多喜	흉중에 길이 있으니 근심 가운데 기쁨이 많다.
	福星照身	財官雙得	복된 별이 몸에 비치니 재관을 쌍으로 얻으리라.

[九四] 四

乾爲天(건위천)
龍躍在淵　進退隨分
進德修業　可得君恩
勿爲急速　可止則止
順風千里　得意揚揚

용이 연못에 뛰니 진퇴에 분수를 따르라. 덕을 쌓고 업을 닦으면 벼슬을 얻으리라. 급히 서두르지 마라. 멈출 때 멈춰야 한다. 순풍에 천리를 행하니 뜻을 얻어 양양하리라.

正月	入海求珠　徘徊不已 勿營事業　欲得未得		바다 속에서 구슬을 구하니 망설일 따름이로다. 사업을 경영치 마라. 얻고자 하나 얻지 못한다.
二月	可行則行　可止則止 强求不可　不如待時		행할 일에 가히 행하고 멈출 일에 가히 멈추라. 억지로 구함이 불가하니 때를 기다림만 같지 못하다.
三月	晨鵲報喜　消息南天 久而待人　一朝有信		새벽 까치가 기쁨을 전하니 남천에 소식이 있다. 오래도록 기다린 사람에게 하루 아침에 소식이 온다.
四月	和氣滿堂　家有慶事 賀客盈門　豈不美哉		화기가 집안에 가득하니 집안에 경사가 있도다. 축하객이 문 앞을 메웠으니 어찌 아름답지 않으리요.
五月	出則無憂　在家心亂 心無定處　世事如夢		나가면 근심이 없고 집에 있으면 심란하도다. 마음이 정한 곳이 없으니 세상 일이 꿈과 같으리라.
六月	財星照身　遠行可求 南去得利　西方不可		재성이 몸에 비치니 멀리 가면 가히 구하리라. 남쪽으로 가면 이를 얻으나 서쪽은 불가하도다.
七月	吉中有凶　君子愼之 路中有厄　失物必愼		길한 가운데 흉이 있으니 군자는 삼가라. 거리에 액이 있으니 실물수를 반드시 조심하라.
八月	財寶雖好　不如行義 可憐窮人　施濟可也		재보가 비록 좋으나 의를 행함만 같지 못하다. 궁핍한 사람을 불쌍히 여겨 구제하여 줌이 가하니라.
九月	海天一碧　鴻雁南來 友人扶助　大得財利		바다와 하늘이 한 번 푸르니 기러기가 남으로 온다. 벗의 부조함이 있으니 크게 재물을 얻게 되리라.
十月	鴛鴦分飛　千里相別 祈禱靑山　可免此厄		원앙이 나누어 날아가니 부부가 상별하도다. 청산에 기도하면 가히 이 액을 면하리라.
十一月	妻妾相鬪　家中紛亂 修心行善　齊家爲可		처첩이 서로 다투니 집안에 분란이 있도다. 마음을 닦고 선을 행하며 집안을 다스림이 가하니라.
十二月	胎夢在床　孕胎之慶 若爲不然　口舌可畏		태몽이 침상에 있으니 잉태할 경사로다. 만일 그렇지 아니하면 구설이 가히 두렵다.

〔九五〕

 **乾爲天 (건위천)**

飛龍在天　利見大人
大人得志　富貴榮昌
三夏之數　遠行不利
年運雖好　水火愼之

날으는 용이 하늘에 있으니 대인을 봄이 이롭다. 대인은 뜻을 얻고 부귀영창하리라. 여름의 수는 원행함이 불리하다. 연운이 비록 좋으나 물과 불을 삼가라.

正月	上下和順	名揚天下	상하가 화순하니 이름을 천하에 드날린다.
	福星來照	事必遂心	복성이 와서 비치니 일이 반드시 마음과 같으리라.
二月	在上不驕	萬人和同	위에 있어 교만치 않으면 만인이 같이 화합한다.
	加官進祿	君子得志	벼슬이 오르고 녹이 더하니 군자가 뜻을 얻는다.
三月	花燭洞房	兩情綢密	화촉 동방에 두 정이 조밀하도다.
	胎夢且吉	生男可期	태몽이 또한 길하니 생남할 운수로다.
四月	醉酒洛陽	花鳥相樂	낙양에서 술이 취하니 꽃과 새가 서로 즐긴다.
	陰人有害	女色愼之	음험한 사람의 해가 있으니 여색을 삼가라.
五月	出行不利	杜門不出	출행함이 불리하니 문을 닫고 나가지 마라.
	財數亦滯	與受可愼	재수 또한 막혔으니 거래를 가히 삼가라.
六月	山亭夏日	閑臥樹陰	여름날 산정에 한가히 나무 그늘에 누웠다.
	吉中有厄	一時疾病	길한 가운데 액이 있으니 한때 질병이 있으리라.
七月	高樓巨閣	喜事滿堂	고루거각에 기쁜 일이 가득하도다.
	子孫有慶	添口添土	자손의 경사 있으며 식구가 늘고 토지가 더한다.
八月	暗夜漸明	曙色當空	어두운 밤이 점점 밝아오니 새벽빛이 창공에 임하였다.
	財利俱存	人人仰視	재물과 명리가 구존하니 사람마다 우러러보리라.
九月	事不如意	一成一敗	일이 여의치 못하니 한 번 이루고 한 번 패한다.
	路中有盜	失物愼之	거리에 도적이 있으니 실물수를 삼가라.
十月	富不儉用	財上致敗	부할 때 검소히 쓰지 않으면 재물의 치패가 있다.
	卑己自謙	身上無欠	몸을 낮추고 자신이 겸손하면 신상에 흠이 없으리라.
十一月	碧天萬里	日月朗朗	푸른 하늘이 만리나 되는데 일월이 밝고 밝다.
	憂散喜生	吉事重重	근심이 사라지고 기쁨이 생기니 길한 일이 중중하리라.
十二月	治農治産	萬事達通	농사를 다스리고 산업을 다스리니 만사가 통달한다.
	加官進祿	奴僕成群	벼슬이 더하고 녹봉이 오르니 노복이 무리를 이루었다.

六

[上九]

乾爲天 (건위천)

貴而無位　高而無民
日中則昃　月滿則虧
謙恭行善　長守富貴
莫信人言　反有其害

귀하나 지위가 없고 높으나 백성이 없다. 해가 중천에 있으면 곧 기울고 달이 둥글면 곧 이지러진다. 겸손하고 공손하게 선을 행하면 오래 부귀를 지킨다. 남의 말을 믿지 마라. 오히려 그 해가 있으리라.

正月	千里行路　左遷不免 若非如此　官災可畏	천리의 행로에 좌천됨을 면치 못하리라. 만일 이 같지 아니하면 관재가 가히 두렵다.
二月	兩虎相鬪　傍人失色 寬容愛人　然後無厄	두 범이 서로 싸우니 곁의 사람이 빛을 잃는다. 관용으로 남을 사랑하라. 그리하면 액이 없으리라.
三月	馳馬大道　意氣揚揚 橫財致富　財利大吉	큰 길에 말을 달리니 의기가 양양하도다. 횡재로 치부할 운이니 재물과 이익이 대길하리라.
四月	紅鵠爭鳴　朱雀飛來 口舌多端　必失人情	홍곡이 다투어 울고 주작이 날아 온다. 구설이 다단하니 반드시 인정을 잃게 되리라.
五月	無益之事　虛送歲月 莫近花街　財敗損名	무익한 일로 허송세월하게 된다. 꽃거리를 가까이 마라. 재물을 패하고 명예도 손상한다.
六月	遠行不利　守家爲吉 路上有盜　失物之數	원행은 불리하니 집을 지킴이 길하도다. 노상에 도적이 있으니 실물수가 있으리라.
七月	暗中行道　偶得明燭 凶中逢吉　百事如意	어둔 가운데 길을 걷는데 우연히 밝은 촛불을 얻었다. 흉한 가운데 길함을 만나니 백사가 여의하리라.
八月	君子修身　加官進祿 小人自足　亦免災厄	군자가 몸을 닦으니 벼슬과 녹이 더한다. 소인은 스스로 족하니 또한 재액을 면케 되리라.
九月	黑雲蔽月　家中有厄 至誠度厄　一家太平	검은 구름이 달을 가리니 집안에 액이 있도다. 지성으로 도액하면 일가가 태평하리라.
十月	馬躍草場　名振四方 添口添土　吉事重重	말이 풀밭에서 뛰니 이름을 사방에 진동한다. 식구가 늘고 토지가 느니 기쁜 일이 중중하리라.
十一月	雖有謀事　他人之害 莫信人言　損財不免	비록 꾀하는 일이 있으나 타인의 해로다. 남의 말을 믿지 마라. 손재를 면치 못하리라.
十二月	一有心苦　反爲吉祥 貴人在傍　偶然助我	한 번 마음의 고초가 있으나 도리어 길한 것이 되도다. 귀인이 곁에 있으니 우연히 나를 도와준다.

[初六] 七

坤爲地 (곤위지)

八八

雪中之梅 春日未到
成敗有時 勿爲急圖
今年之運 先凶後吉
累年風霜 晚時榮華

눈 속의 매화이니 봄이 아직 이르지 않았다. 성패가 때가 있으니 급히 도모하지 마라. 금년의 운수는 먼저 흉하고 뒤에 길하다. 여러 해 풍상을 겪은 뒤 늦게 영화를 보리라.

正月	勿聽奸言 必受其害 好運未到 安分待時	간사한 말을 듣지 마라. 반드시 그 해를 받는다. 좋은 운이 이르지 않았으니 분수를 지키고 때를 기다리라.
二月	及時行道 科甲必登 幸逢貴人 所望如意	때에 임하여 도를 행하면 반드시 벼슬에 오르리라. 다행히 귀인을 만나면 소망이 여의하리라.
三月	有路南北 奔走無暇 莫近是非 口舌紛紛	남북에 갈 길이 있으니 분주하여 한가롭지 않다. 시비를 가까이 마라. 구설이 분분하리라.
四月	折足困馬 又逢險路 身數不利 凡事愼之	다리 잘린 곤한 말이 또 험한 길을 만났다. 신수가 불리하니 범사를 삼가라.
五月	月入雲間 不見皓月 莫信他人 其害不少	달이 구름 사이에 들어가니 밝은 달을 보지 못한다. 타인의 말을 믿지 마라. 그 해가 적지 않으리라.
六月	大旱之餘 甘雨方降 厄消福來 諸事如意	큰 가뭄이 든 끝에 단비가 바야흐로 내린다. 액이 사라지고 복이 오니 모든 일이 여의하리라.
七月	身出驛路 遠行之數 酒舍逢人 失物愼之	몸이 나그네 길에 나가니 원행할 수로다. 술집에서 사람을 만나니 실물수를 조심하라.
八月	苦盡甘來 興盡悲來 家中有厄 服制可疑	쓴것이 가면 단것이 오고 흥이 다하면 슬픔이 온다. 집안에 액이 있으니 복제수인가 가히 의심된다.
九月	長長春日 晝眠何事 桃花重發 莫近酒色	길고 긴 봄날에 낮잠이 웬일인가. 도화가 거듭 피었으니 주색을 가까이 마라.
十月	轉禍爲福 心中無憂 添口添土 財祿如意	화가 굴러 복이 되니 심중의 근심이 없도다. 식구가 늘고 토지가 느니 재록이 뜻과 같으리라.
十一月	桃花灼灼 二月和春 男娶女嫁 家有慶事	도화꽃이 작작하니 이월의 화창한 봄이로다. 자녀의 혼사를 이루니 집안에 경사가 있으리라.
十二月	三冬已過 陽春來矣 庭前梅花 先得和氣	겨울이 이미 지났으니 봄철이 온다. 뜰 앞의 매화가 먼저 화평한 기운을 얻었다.

坤爲地 (곤위지)

八八

投竿深淵　金鱗自至
勤勞以後　壽福自來
以羊易牛　財運吉利
身上無憂　一身自安

깊은 못에 낚시를 던지니 금빛 잉어가 자연 이르른다. 부지런히 노력한 뒤에 수복이 자연 이르리라. 양을 주고 소를 바꾸니 재운이 길하도다. 신상의 근심이 없으니 일신이 자연 안락하리라.

正月	春花滿發　百鳥嚶嚶 長安大路　走馬紅塵		봄꽃이 만발하니 백 가지 새가 지저귄다. 장안 대로에 홍진을 일으키며 말을 달리리라.
二月	第一金榜　少年登科 財祿遂意　何必再問		제일 금방에 소년 등과할 운이로다. 재록이 뜻과 같으니 무엇을 다시 물으리요.
三月	莫近西人　言甘事違 若不損財　名譽可損		서쪽 사람을 가까이 마라. 말은 달고 일은 어긋난다. 만일 손재수가 아니면 명예를 손상하리라.
四月	酒肆靑樓　美人對酌 言易行難　人多誹謗		주사 청루에 미인과 술잔을 대하였다. 말은 쉽고 행하기는 어려우니 남의 비방 들음이 많으리라.
五月	朱雀爭鳴　口舌紛紛 言行愼之　庶無此厄		주작이 다투어 우니 구설이 분분하도다. 말과 행실을 삼가라. 이러한 액이 없으리라.
六月	洛陽三月　百花爛漫 所望如意　食祿自足		낙양성 삼월에 백화가 난만하도다. 소망이 뜻과 같으니 식록이 자연 족하리라.
七月	貴星照門　因人成事 自此以後　始得財物		귀성이 문에 비쳤으니 남의 덕으로 일을 이루도다. 이후로부터는 비로소 재물을 얻게 되리라.
八月	少得多用　身數奈何 若非堂上　膝下之憂		적게 얻고 많이 쓰니 신수라 어찌하리요. 만일 부모의 근심이 아니면 슬하에 우환이 있으리라.
九月	霜降秋天　楓葉可賞 觀光雖好　失物可畏		가을 하늘에 서리가 내리니 단풍잎이 볼 만하도다. 풍광이 비록 좋으나 실물수가 가히 두렵도다.
十月	南極星光　照耀四方 南方貴人　偶來助力		남극의 별빛이 사방에 밝게 비쳤다. 남방의 귀인이 우연히 와서 힘을 돕는다.
十一月	財官雙全　人人仰視 添口添土　終成大富		재관이 쌍전하니 사람마다 우러러본다. 식구가 늘고 토지가 불으니 마침내 큰 부자가 되리라.
十二月	若有疾病　南醫方可 若無身病　逢盜失物		만일 질병이 있으면 남쪽 의원이 좋다. 만약 신병이 없으면 도적을 만나 실물하리라.

[六三]

一九

八八	**坤爲地(곤위지)** 北海大鵬　高飛萬里 靑雲有路　立身揚名 去舊生新　前業必改 若不改業　移徙之數	북해의 대붕이 높이 만리를 난다. 벼슬길이 있으니 입신양명하리라. 옛것은 가고 새것이 나오니 전업을 반드시 바꾸리라. 만일 사업을 바꾸지 않으면 이사할 운수로다.
正月	人有舊緣　偶來助力 十年燈火　一朝榮達	옛 인연이 있던 사람이 우연히 와서 도와준다. 십 년을 공부하여 일조에 영화를 본다.
二月	桃李爛漫　百鳥和鳴 身上榮貴　財祿可隨	도화 이화가 난만히 피었으니 백 가지 새가 화답하여 운다. 신상은 영귀요 재록도 가히 따르리라.
三月	辰月之數　喜中生憂 雖有財物　自然消滅	삼월의 운수는 기쁨 가운데 근심이 생긴다. 비록 재물은 있으나 자연히 사라지리라.
四月	運何不利　口舌紛紛 莫恨運否　終有亨通	운이 어찌 불리한고. 구설이 분분하도다. 운이 막힘을 한탄 마라. 마침내는 형통함이 있으리라.
五月	靑山細雨　一心自嘆 堂上父母　因此憂患	청산 가랑비에 한 마음이 자탄이로다. 당상에 부모가 계시니 이로 인한 우환이 되리라.
六月	春雨江山　芳草靑靑 好運初到　如泉始達	강산에 봄비가 오니 방초가 푸르고 푸르다. 좋은 운이 처음 이르니 샘물이 비로소 이르는 것 같다.
七月	月出東嶺　天地明朗 忽遇大人　官祿隨身	달이 동쪽 마루에 나오니 천지가 명랑하도다. 홀연히 대인을 만나니 관록이 몸에 따르리라.
八月	貴星照門　因人成事 自此以後　始得財物	귀성이 문을 비추니 남의 덕으로 사업을 이룬다. 이후부터는 비로소 재물을 얻게 되리라.
九月	家人不睦　先吉後凶 口舌可畏　愼之愼之	집안이 화목치 못하니 먼저 길하고 뒤에 흉하다. 구설수가 가히 두려우니 삼가고 삼가라.
十月	遠人有言　卽是佳緣 莫爲躊躇　過時無用	먼 곳에 오가는 말이 있으니 곧 아름다운 인연이라. 주저하지 마라. 때가 지나면 쓸데없느니라.
十一月	四方有財　金玉滿堂 莫近女色　損財損名	사방에 재물이 있으니 금옥이 만당하도다. 여색을 가까이 마라. 손재하고 명예도 손상하리라.
十二月	財數論之　吉凶相半 官位雖好　一見失物	재수를 말하건대 길흉이 상반이로다. 벼슬은 비록 좋으나 한 번 실물수를 보게 되리라.

[六四]

坤爲地 (곤위지)

八八

門路不通　守靜最可
任重道遠　經營沮滯
一進一退　吉凶相半
每事謹愼　祥雲漸起

문로가 불통되었으니 고요히 지킴이 옳도다. 책임은 무겁고 길은 머니 경영에 막힘이 많다. 한 번 나가고 한 번 물러가니 길흉이 상반하도다. 매사를 근신하면 상서로운 기운이 점점 일어나리라.

正月	獨坐窮巷　自嘆運薄 財上得失　不問可知	궁벽한 곳에 홀로 앉아서 운수 박함을 자탄한다. 재물상의 득실이 있음은 묻지 않아도 가히 알리라.
二月	杜門謝客　無聊渡日 琴瑟不調　內外相爭	문을 닫고 손을 받지 않으니 무료하게 날을 보낸다. 금슬이 고르지 못하니 내외가 서로 다투리라.
三月	三日之程　一日行之 食少事煩　運何不通	삼일 걸리는 길을 하루에 걷게 된다. 먹는 것은 적고 일만 바쁘니 운이 어찌 통하지 않는고.
四月	固守前業　無是無非 坐觀世事　成敗不一	예전 사업을 고수하라. 옳고 그른 것이 없다. 앉아서 세상 일을 보니 성패가 한결같지 않도다.
五月	吉變爲凶　凡事愼之 兄弟相別　不然災厄	길함이 변하여 흉이 되니 범사를 삼가라. 형제가 상별할 것이요, 불연이면 재액이 있으리라.
六月	朱雀頻鳴　口舌在通 朋友有信　勿爲輕身	주작이 번거롭게 우니 구설이 가까이 이른다. 붕우간에 믿음을 지키고 몸가짐을 가벼이하지 마라.
七月	江頭芳草　郁郁靑靑 財上有利　小營得意	강머리의 꽃다운 풀이 욱욱청청하도다. 재물상의 이가 있으니 작은 경영은 뜻과 같으리라.
八月	大旱逢雨　萬物生生 添口之數　兩房炊火	큰 가뭄에 비를 만나니 만물이 생생하도다. 식구가 늘 운이니 두 방에 불을 때게 되리라.
九月	驛路初通　遠行得利 在家不安　出則心快	역로가 처음 통하니 멀리 가면 이를 얻는다. 집에 있으면 불안하고 나가면 마음이 상쾌하리라.
十月	公私之間　勿爲參與 口舌操心　是非難免	공사지간에 참예하지 마라. 구설을 조심하라. 시비를 면하기 어렵다.
十一月	諸事謹愼　災去福來 凶反爲吉　豈不美哉	모든 일을 삼가면 재앙이 가고 복이 온다. 흉함이 반하여 길함이 되니 어찌 아름답지 않으랴.
十二月	兩事當頭　何厚何薄 左右恩重　公正爲可	두 일이 당두했으니 어느 것을 후히 하고 어느 것을 박하랴. 좌우의 은혜가 무거운데 공정함이 옳으리라.

[六五]

坤爲地 (곤위지)

八八

晝耕夜讀 位至三公
勤勞之後 壽福可得
運開事順 大業可成
今年之運 到處得利

낮에는 일하고 밤에는 글 읽으니 지위가 삼공에 이르렀다. 부지런히 노력한 뒤에 수복을 가히 얻으리라. 운이 열리고 일이 순탄하니 대업을 가히 이룬다. 금년의 운은 도처에 재물을 얻으리라.

正月	嚴冬已過 三陽交泰 寒氣未盡 擁爐守房		엄동이 이미 지났으니 봄으로 바뀐다. 찬 기운이 미진하였으니 화로를 끼고 방을 지키라.
二月	桃李始開 岸草姸姸 求財則好 求名亦可		도화 이화가 비로소 열리니 언덕의 풀이 곱고 곱도다. 재물 구함이 좋을 것이요, 이름 구함도 또한 가하리라.
三月	天降福星 凶中生吉 朋友多情 家道始昌		하늘이 복성을 내리니 흉한 가운데 길함이 생긴다. 붕우간에 다정하니 집안의 도가 비로소 창성하리라.
四月	偶得疾病 一時困苦 必愼酒色 名譽不可		우연히 질병을 얻었으니 일시 곤고하도다. 반드시 주색을 삼가라. 명예에 옳지 못하리라.
五月	古木逢春 發花生葉 所營如意 衣祿豊足		고목이 봄을 만났으니 꽃이 피고 잎이 생긴다. 경영하는 바가 여의하니 의복과 녹이 풍족하리라.
六月	紫衣玉帶 出入宮闕 幾年風霜 一朝見榮		자의옥대로 궁궐을 출입하도다. 풍상을 겪은 지 몇 년인고. 일조에 영화를 보리라.
七月	採山酌水 樂在其中 守分遠財 無事太平		나물 캐고 낚시질하니 즐거움이 그 가운데 있다. 분수를 지키고 재물을 멀리 하라. 무사태평하리라.
八月	三生之緣 佳人相逢 兩人同心 謀事順成		삼생의 인연으로 가인을 상봉하였도다. 두 사람이 마음을 같이하니 꾀하는 일이 순성하리라.
九月	一朝得意 萬事順成 左右倉庫 金玉滿堂		일조에 뜻을 얻으니 만사가 순조롭게 된다. 좌우의 창고에 금옥이 만당하리라.
十月	玄武守路 勿行遠方 若不愼之 盜賊損財		현무가 길을 지키니 먼 곳으로 출행하지 마라. 만일 삼가지 않으면 도적에게 손재를 당하리라.
十一月	寒氷阻野 步行艱難 出則有憂 守靜可矣		찬 얼음이 들을 막았으니 보행하기 어렵도다. 나가면 근심이 있고 정숙을 지키면 무흠하리라.
十二月	魚躍水中 活氣揚揚 財祿豊足 一身安閑		고기가 물 속에 뛰니 활기가 양양하도다. 재록이 풍족하니 일신이 편하고 한가하리라.

[上六]

坤爲地 (곤위지)

月缺花殘　身運否塞
莫出妄計　反有損害
若無是非　間或口舌
若無火災　水厄愼之

달이 기울고 꽃이 지니 신운이 비색하도다. 망령된 꾀를 내지 마라. 오히려 손해가 있도다. 만일 시비가 없으면 간혹 구설이 있으리라. 만일 화재수가 아니면 수액이 있으리니 삼가라.

正月	入山擒虎	生死難辨	산에 들어 범을 잡으니 생사를 분별 못한다.
	兩處是非	難免一生	두 곳에 시비가 있으니 한 번 살기도 면하기 어렵다.
二月	龍戰于野	其血玄黃	용이 들판에서 싸우니 그 피가 검고 누렇다.
	黑雲朦朦	傍人失色	검은 구름이 몽몽하니 곁의 사람이 빛을 잃는다.
三月	人稱財足	外實內虛	남들은 재물이 족하다 칭하나 겉은 실하고 안은 허하다.
	務貪大失	財利有損	탐하기를 힘쓰면 크게 잃으니 재물의 손해가 있다.
四月	朱雀飛鳴	南枝北柯	주작이 날아와 우니 남북의 분별이 어렵다.
	守口勿言	四處是非	입을 막고 말하지 마라. 사처에 시비가 일어난다.
五月	月滿則缺	花紅必衰	달이 둥글면 이지러지고 꽃이 붉으면 반드시 쇠한다.
	驕慢輕人	必見其厄	교만하여 사람을 가볍게 보면 반드시 그 액을 보게 되리라.
六月	富貴功名	天外浮雲	부귀와 공명은 하늘 밖의 뜬구름이로다.
	此月之數	守分上策	이 달의 운수는 분수를 지킴이 상책이다.
七月	安靜有吉	動則不利	안정하면 길함이 있고 움직이면 불리하다.
	若無損財	水火愼之	만일 손재수가 없으면 물과 불을 삼가야 한다.
八月	東風桃李	芳香正佳	동풍에 도화 이화가 피니 꽃다운 향기가 정말 아름답다.
	子孫有慶	一家和平	자손의 경사 있으며 일가가 화평하리라.
九月	農功已畢	飽食暖衣	농사를 이미 다 지으니 배불리 먹고 따뜻이 입는다.
	利在四方	求財如意	이익이 사방에 있으니 재물을 구하면 여의하리라.
十月	琴瑟不調	家內不和	금슬이 고르지 못하니 집안이 불화하도다.
	財數論之	先吉後凶	재수를 논지하면 먼저는 길하고 뒤에 흉하리라.
十一月	古木逢春	災消福來	고목이 봄을 만났으니 재앙이 사라지고 복이 오리라.
	勤儉治産	衣食自足	근검으로 치산하면 의식이 자연 족하리라.
十二月	哀聲滿屋	服制之數	슬픈 소리가 집안에 가득하니 복제수가 있다.
	若有不然	身病可愼	만일 그렇지 아니하면 신병을 가히 삼가라.

[初九]

水雷屯 (수뢰둔)

雲雷活潑　君子經綸
紫衣春風　馳馬前進
前業改革　日就月將
先困後旺　貴人助我

구름과 우뢰가 활발하니 군자가 경륜을 편다. 춘풍에 자의를 입고 말을 몰아 전진한다. 전업을 개혁하면 일취월장하리라. 먼저는 곤하고 뒤는 왕하니 귀인이 나를 도우리라.

正月	枯楊生花　本末俱弱 時運未到　可宜韜光		마른 버들에 꽃이 피었으니 근본과 끝이 같이 약하다. 시운이 아직 이르지 않았으니 빛을 감춤이 마땅하리라.
二月	大旱望雨　日出光明 運何晚也　事不稱心		큰 가뭄에 비를 바라나 해가 돋고 광명하도다. 운이 어찌 늦은고. 일이 반드시 마음에 맞지 않는다.
三月	麗水見金　崑山採玉 身登青雲　丹桂可折		여수에서 금을 보고 곤산에서 옥을 캔다. 몸이 청운에 오르니 벼슬을 가히 얻으리라.
四月	月明東窓　美人回頭 身帶旺財　求之必得		달이 동창에 밝은데 미인이 머리를 돌린다. 몸에 왕한 재운을 띠었으니 구하면 반드시 얻으리라.
五月	山花已開　兩人對酌 朋友有情　家道因昌		산 꽃이 이미 피었으니 두 사람이 술잔을 대하였다. 붕우간에 정이 있으니 가도가 창성하리라.
六月	時逢屯難　道路崎嶇 好展經綸　國泰民安		때가 어려움을 만났으니 도로가 기구하도다. 경륜을 좋게 펴니 국태민안하리라.
七月	福星照身　水火不驚 家道太平　事業增進		복성이 몸에 비추니 수화에도 놀라지 않으리라. 가도가 태평하니 사업이 증진하리라.
八月	上下同心　室家和樂 財祿隨身　事事如意		상하가 동심하니 집안이 화락하도다. 재록이 몸에 따르니 일마다 여의하리라.
九月	九秋霜降　木葉始脫 每事謹愼　不然橫禍		구추에 서리가 내리니 나무가 이파리를 벗었다. 매사를 근신하라. 불연이면 횡화를 당하리라.
十月	進退有時　且不妄動 愼重爲福　燥急爲禍		진퇴함에 때가 있으니 또한 망동하지 마라. 신중하면 복이 되고 조급하면 화가 되리라.
十一月	家道初創　長幼和睦 人來助力　添土添財		가도가 처음 창업하니 장유가 화목하도다. 사람이 와서 힘을 도와주니 재물이 늘고 토지도 늘리라.
十二月	驛馬臨身　一朝遠行 有信之人　路上相逢		역마가 몸에 임하니 일조에 원행하도다. 믿음이 있는 사람을 노상에서 상봉하리라.

〔六二〕

水雷屯(수뢰둔)

金入鍊爐　終成大器
初雖困苦　後必成功
吉星照門　榮貴無比
若無是非　間或口舌

금이 단련하는 화로에 들었으니 마침내 큰 그릇을 이룬다. 처음은 비록 곤고하나 뒤에 반드시 성공하리라. 길성이 문에 비쳤으니 영귀함이 비할 데 없다. 만일 시비가 없으면 간혹 구설을 듣게 되리라.

正月	求魚于山　求兎于海 事逆心違　一無成事	산에 가서 물고기를 구하고 바다에서 토끼를 구한다. 일이 거스르고 마음을 어기니 하나도 되는 일이 없으리라.	
二月	靑山流水　逍遙四方 吟風詠月　精神爽快	청산의 유수는 사방으로 소요한다. 풍월을 읊으니 정신이 상쾌하리라.	
三月	魚潛在淵　或躍波上 東西有財　求之可得	고기가 연못에 잠겼으나 혹 물결 위로 뛰어오른다. 동서에 재물이 있으니 구하면 가히 얻으리라.	
四月	晴天月出　天地明朗 財在東方　行則可得	개인 하늘에 달이 솟으니 천지가 명랑하도다. 재물은 동방에 있으니 그곳을 가면 얻으리라.	
五月	朱雀投江　塞翁得失 勿務貪慾　是非爭起	주작을 강물에 던지니 새옹의 득실이로다. 탐욕을 힘쓰지 마라. 시비가 다투어 일어난다.	
六月	若非口舌　官訟之厄 身數不利　杜門不出	만일 구설수가 아니면 관송의 액이로다. 신수가 불리하니 두문불출하라.	
七月	修善行道　守口不言 先難後易　凶中生吉	착함을 닦고 도를 행하며 입을 지키고 말하지 마라. 먼저는 어렵고 뒤는 쉬우니 흉한 가운데 길함이 생긴다.	
八月	驛馬到門　一次登程 行道多滯　愼之落傷	역마가 문에 이르니 한 차례 등정할 일이 있다. 그러나 거리에서 막힘이 많으며 낙상수 있을까 삼가라.	
九月	桃花開笑　佳人在近 婚姻之慶　三生之緣	도화가 웃고 피었으니 가인이 가까운 곳에 있다. 혼인의 경사라면 삼생의 인연이로다.	
十月	玄武侵家　門入盜賊 若非失物　口舌之數	현무가 집안을 침범함에 문 안에 도적이 든다. 만일 실물수가 아니면 구설수가 있으리라.	
十一月	事有機會　運有遲速 勿爲燥急　以待天命	일에는 기회가 있고 운에는 늦고 빠름이 있다. 조급히 서둘지 말고 천명을 기다려 행동하라.	
十二月	財星隨我　衣食自足 諸營之事　日就月將	재성이 나를 따르니 의식이 스스로 족하다. 모든 경영하는 일이 일취월장하리라.	

[六三]　　　　　　　　　一五

水雷屯(수뢰둔)	수풀 속의 사슴을 쫓으나 깊은 골짜기에 숨고
逐鹿林中　鹿藏深谷 東西奔走　一無所得 我無惡心　人多忌我 每事順行　可免困厄	말았다. 동서로 분주하나 하나도 얻은 바가 없다. 나는 악심이 없는데 남이 나를 싫어한다. 매사를 순리로 행하면 가히 이러한 액을 면하리라.

正月	無事無爲　一心安閑 妄動不可　以待其時	일도 없고 하는 것도 없으니 일심이 편안하도다. 망동함은 옳지 못하니 마땅한 때가 오기를 기다리라.
二月	心中有憂　誰問可說 求之不得　在家守分	심중에 근심이 있으나 누구에게 말할 수 있으랴. 구해도 얻지 못하니 집에 거하며 분수를 지키라.
三月	財在東西　友人指路 樂在其中　以此安心	재물이 동방에 있으니 벗이 길을 가리켜 준다. 즐거움이 그 가운데 있으니 이로써 마음이 편하리라.
四月	守口如甁　防意如城 小營成就　大營不得	입을 병같이 다물고 포부를 노출치 마라. 작은 경영은 성취할 것이요, 큰 경영은 얻지 못하리라.
五月	人口不圓　或有誹謗 交友必愼　心身平安	남의 입이 원만치 못하니 혹 비방이 있도다. 벗 사귐을 반드시 삼가라. 그러면 편안하리라.
六月	鹿走林中　萬壑千峰 欲求不得　徒費心力	사슴이 수풀 속에 달아나니 만학천봉을 헤맨다. 구하나 얻지 못하니 한갓 심력만 허비하리라.
七月	秋夜長長　孤燈炯炯 追憶往事　一場春夢	가을 밤이 길고 긴데 외로운 등만 깜박거린다. 지난 일을 추억하니 한바탕 꿈이로다.
八月	雲散日出　大地光明 所營如意　添土增業	구름이 흩어지고 해가 나오니 대지가 광명하도다. 경영하는 바가 여의하니 토지가 늘고 사업도 늘리라.
九月	在家無益　出他心閑 尋友洛陽　喜喜談笑	집에 있으면 이익이 없고 출타하면 마음이 한가롭다. 낙양성의 벗을 찾아서 기쁘게 담소하리라.
十月	身遊四方　放縱酒色 勿關是非　一時訟事	몸이 사방에 노니니 주색에 방탕한다. 시비에 참여하지 마라. 일시의 송사수가 있다.
十一月	固守前業　改則必敗 無害無益　無事平坦	전업을 고수하라. 바꾸면 반드시 패한다. 해도 없고 이익도 없으니 무사평탄하리라.
十二月	如兄若弟　不分上下 事有多滯　以待明春	형도 같고 아우도 같으니 상하를 구분 못한다. 일에 막힘이 많으니 명년 봄을 기다리라.

一六

[六四]

水雷屯 (수뢰둔)	
渴龍得水 造化難測	
明主求賢 頭揷桂花	
求婚得婚 佳人同樂	
百謀皆成 夫榮子貴	

목마른 용이 물을 얻었으니 조화를 측량키 어렵다. 밝은 임금이 어진 이를 구하니 관록에 오른다. 혼인을 구하면 얻어지니 가인과 동락하도다. 백 가지 꾀가 모두 성취되니 남편은 영귀하고 자식은 귀하리라.

正月	時未到來	蘭菊有時	때가 아직 이르지 않았으나 난초와 국화는 때가 있도다.
	人何不知	明月來照	남이 어찌 알지 못하느뇨. 밝은 달이 비쳐 오도다.
二月	蘭在幽谷	淸香遠聞	난초가 골짜기에 있으니 맑은 향기가 멀리서 들려온다.
	君子修德	何患不知	군자가 덕을 닦으니 알아주지 않음을 어찌 근심하리요.
三月	三陽交泰	萬象咸照	삼양이 교태하니 만상이 다 조림하였도다.
	不求自得	財祿如意	구하지 않아도 얻으리니 재록이 여의하리라.
四月	歲月如流	時不可矣	세월이 냇물과 같으나 때가 좋지 못하다.
	三十六計	走爲上策	삼십육계 중에 도망치는 게 상책이로다.
五月	古木逢春	千里有光	고목이 봄을 만나니 천리에 빛이 있도다.
	一躍龍門	金冠玉帶	한 번 뛰어 용문에 뛰어오르니 금관옥대를 매었다.
六月	莫信他言	其害不火	다른 사람을 믿지 마라. 그 해가 적지 않으리라.
	若非橫財	添口之數	만일 횡재수가 아니면 식구를 더할 운수로다.
七月	金入煉爐	大器必成	금이 단련하는 가마에 드니 반드시 큰 그릇을 이룬다.
	朋友有情	提携得力	붕우간에 유정하니 이끌어 주는 힘을 얻으리라.
八月	園中桃李	蜂蝶探香	동산의 도화 이화에 봉접이 향기를 탐하도다.
	若非婚慶	生男之數	만일 혼인의 경사가 아니면 생남할 운수로다.
九月	長安大路	馳馬紅塵	장안 대로의 홍진에 말을 달린다.
	男兒得志	正在此時	남아가 뜻을 얻음이여 바로 이때라 하겠도다.
十月	日麗中天	四方無雲	해가 중천에서 빛나니 사방에 구름이 없도다.
	加官進祿	萬人仰視	벼슬이 더하고 녹이 불으니 만인이 우러러보리라.
十一月	月明紗窓	佳人手招	달이 사창에 밝으니 가인이 손짓하여 부른다.
	或有疾病	必愼酒色	혹 질병이 있으리니 반드시 주색을 삼가라.
十二月	雨順風調	五穀豊登	비가 순하고 바람이 고르니 오곡이 풍등하도다.
	一室無事	人人和平	집안에 나쁜 일이 없으니 사람마다 화평하리라.

[九五] 一七

水雷屯 (수뢰둔)

山鳥傷翼 欲飛不飛
日月不明 東西不辨
每事不成 他人欺我
在家則吉 出行不利

산새가 날개를 상했으니 날고자 하나 날지 못한다. 일월이 밝지 못하니 동서를 구분 못한다. 매사가 이루어지지 못하고 남이 나를 속인다. 집에 있으면 길하나 밖에 나가면 불리하리라.

正月	孑孑單身 放縱風流	六親何在 心志墮落	혈혈단신이니 육친이 어디 있는고. 풍류에 방종하여 심지가 타락하였다.
二月	運數不利 回顧往事	好事多魔 徒勞心身	운수가 불리하니 좋은 일에도 마가 많도다. 지난 일을 회고하면 한갓 심신만 수고로울 뿐이다.
三月	世事浮雲 若無口舌	初吉後凶 盜賊可畏	세상 일이 뜬구름 같으니 처음은 길하고 뒤는 흉하다. 만일 구설이 없으면 도적이 가히 두렵도다.
四月	固守其家 身數不吉	終時有福 疾病可愼	그 집을 지키고 있으라. 마침내는 복이 된다. 신수가 불길하니 질병을 가히 삼가라.
五月	諸營之事 運數否塞	有名無實 勿營大事	모든 경영하는 일은 이름만 있고 실속은 없다. 운수가 비색하니 큰 일을 경영하지 마라.
六月	行路不安 若不然也	莫渡江水 口舌紛紛	가는 길이 불안하니 강물을 건너지 마라. 만일 그렇지 못하면 구설이 분분하리라.
七月	財星入門 喜憂相雜	求之可得 吉凶相半	재성이 문에 들어오니 구하면 가히 얻으리라. 근심과 기쁨이 서로 섞였으니 길흉이 상반하리라.
八月	之東之西 一有家厄	放浪歲月 堂上之憂	동으로 가고 서로 가니 세월을 방랑하도다. 한 번 집안의 액이 있으니 부모의 근심이로다.
九月	意外得財 所望如意	手弄黃金 心志安常	의외로 재물을 얻으니 손으로 황금을 희롱한다. 바라는 바가 여의하니 심지가 항시 편안하리라.
十月	凡事參酌 在家無益	勿爲燥急 出入有功	범사를 참작하여 조급히 서두르지 마라. 집에 있으면 무익하고 출입하면 얻는 것이 있으리라.
十一月	今月之數 勤儉治産	災退福來 必見榮華	이 달의 운수는 재앙이 가고 복이 오리라. 근검하게 산업을 다스리면 반드시 영화를 보게 되리라.
十二月	携酒登山 衣祿豊足	情友同樂 自此安然	술을 가지고 산에 올라서 정다운 벗과 동락한다. 의복과 녹이 풍족하니 이로부터 편안하리라.

[上六] 一八

水雷屯 (수뢰둔)

知古通今　功名難遂
前程險難　風寒孤燈
莫信親人　言甘事違
每事不成　他人欺我

고금지사를 통달하였으나 공명을 얻기 어렵다. 앞 길이 험난하니 찬바람 앞에 외로운 등불이로다. 친한 사람을 믿지 마라. 말은 달고 일은 어긋난다. 매사를 이루지 못하며 남이 나를 속이게 된다.

正月	恩友不顧　每事不利 靑山日暮　憂嘆奈何	은혜 끼친 벗이 돌보지 않으니 매사에 불리하도다. 청산에 날이 저무니 근심과 탄식을 어이하리요.
二月	佳人笑立　陰事不善 玄武發動　失物可愼	가인이 웃고 섰으니 음사는 좋지 못하다. 현무가 발동하였으니 실물수를 삼가라.
三月	身被麻衣　必有服制 北堂有憂　父母之喪	몸에 삼옷을 입었으니 반드시 복제수가 있도다. 북망에 우환이 있으니 부모의 슬픔이로다.
四月	椽木取魚　所望難成 不意之事　損財損名	나무에서 고기를 구하니 소망을 이루기 어렵도다. 뜻하지 않은 일로 손재하고 명예도 손상하리라.
五月	財在路上　辛苦後得 一得一失　利害不知	재물이 노상에 있으니 신고한 뒤에 얻으리라. 한 번 얻고 한 번 잃으니 이해를 알지 못한다.
六月	事不如意　世事如夢 出行不利　在家無欠	일이 여의치 아니하니 세상 일이 꿈과 같도다. 출행하면 불리하나 집에 있으면 흠이 없다.
七月	官鬼守路　勿行遠路 路上得病　不然損財	관귀가 길을 지키니 먼 길에 출행하지 마라. 노상에서 병을 얻을 것이요, 불연이면 손재하리라.
八月	勿關他事　官訟是非 因人有害　失財可慮	다른 일을 간섭하지 마라. 관송과 시비가 있다. 남으로 인하여 해가 있으니 재물을 잃을까 근심되도다.
九月	月落西天　夜夢甚凶 若非身病　盜賊可畏	달이 서천에 떨어지니 밤꿈이 심히 흉하다. 만일 신병이 아니면 도적이 가히 두렵도다.
十月	厄運未消　家中有患 若無重病　堂上之憂	액운이 사라지지 않으니 집안에 근심이 있다. 만일 중병이 없으면 부모의 근심이 있으리라.
十一月	好事多魔　是何運也 莫出遠行　必受其害	좋은 일에 마가 많으니 이 어찌된 운이뇨. 먼 곳에 출행하지 마라. 반드시 그 해를 받으리라.
十二月	若無疾病　堂上之憂 大去小來　必亡財物	만일 질병이 없으면 부모의 우환이로다. 크게 가고 작게 오니 반드시 재물을 손해 보리라.

[初六] 一九

山水蒙(산수몽)

六六

交友貴人　所業可成
或吉或凶　得失難分
家內有變　姻親不和
今年之運　動則不利

귀인과 더불어 사귀면 소업이 성취되리라. 혹 길하고 혹 흉하니 얻고 잃음을 분별하기 힘들다. 집안에 변괴가 있고 친척간에 불화한다. 금년의 운수는 움직이면 이롭지 못하리라.

正月	貴星照門　貴人相對 紫衣玉帶　錦衣還鄉		귀성이 문에 비치니 귀인과 상대하도다. 비단옷에 옥띠를 띠고 금의환양하게 되리라.
二月	公私之間　有害無益 秋霜自降　少息自安		공사지간에 해만 있고 이익이 없도다. 가을 서리가 스스로 내리니 잠깐 쉬면 자연 편안하리라.
三月	琴瑟不調　家庭多事 入則有憂　出則心閑		금슬이 고르지 못하고 가정에 시끄러운 일이 많다. 집에 들면 근심이 있고 나가면 마음이 한가롭다.
四月	心中憂愁　何時可解 愼之口舌　勿爲先進		심중의 근심은 어느 때 가히 풀리리요. 구설수를 삼가고 남보다 앞장서지 마라.
五月	其商其農　小財可得 淸閑心事　傍人何知		상업이나 농업은 작은 재물을 얻게 된다. 청한한 심사를 곁의 사람이 어찌 알리요.
六月	謀略中傷　間或有之 小心謹愼　可免其害		모략과 중상이 간혹 있게 된다. 조심하고 삼가면 가히 그 해를 면하리라.
七月	流離東西　山頭日落 一心自嘆　何時可弛		동서에 유리하는데 산머리에 해가 떨어진다. 한 마음을 스스로 탄식하니 어느 때 가히 풀리리요.
八月	寒雪方消　日上東天 子孫有慶　喜事可知		찬 눈이 바야흐로 사라지니 해가 동천에 떠오른다. 자손의 경사 있으니 기쁜 일임을 가히 알리로다.
九月	親戚之間　一次鬪爭 勿爲亢激　忍之爲德		친척지간에 한 번 투쟁하게 된다. 저항하지 마라. 참는 것이 덕이 되느니라.
十月	日暮長程　臨津求船 船主何在　蘆葉密密		먼 길에서 날이 저무니 나루에 이르러 배를 구한다. 선주는 어느 곳에 있는고. 갈잎만 무성하도다.
十一月	與人謀事　可得小利 兩人相合　憂消喜來		남과 더불어 일을 꾀하면 작은 이익은 얻게 된다. 두 사람이 서로 합하니 근심이 가고 기쁨이 오리라.
十二月	匹馬東西　未見歸來 出動有害　不如坐守		필마로 동서에 분주하니 돌아오는 것을 보지 못한다. 출동하면 해가 있으니 가만히 앉아 있음만 같지 못하다.

〔九二〕

山水蒙(산수몽)

年少靑春　靑雲可期
起家興業　佳人留約
人情和合　百謀道意
若非婚慶　必生貴子

연소한 청춘에 벼슬을 가히 기약하리라. 집안을 일으키고 사업이 흥하며 가인과 언약을 둔다. 인정이 화합하니 백 가지 꾀함이 뜻과 같도다. 만일 혼인의 경사가 아니면 반드시 귀자를 낳게 되리라.

正月	東風解氷　草木逢春 災消福來　必身自安	동풍에 얼음이 풀리니 초목이 봄을 만났다. 재앙이 사라지고 복이 오니 심신이 자연 안락하리라.
二月	春和日暖　鳳雛麟閣 家有喜事　弄璋之慶	봄이 화창하고 날이 따뜻하니 봉이 기린각에 새끼를 치도다. 집안에 기쁜 일이 있으니 생남할 경사로다.
三月	桃花方開　春日和暢 彼其佳人　三生有緣	도화가 바야흐로 피었으니 봄날이 화창하도다. 그 가인은 삼생의 인연이 있음이라.
四月	兩人不和　是非忽起 朱雀飛鳴　口舌愼之	두 사람이 불화하니 시비가 홀연히 일어난다. 주작이 날아와 우니 구설수를 삼가라.
五月	蒙頭大衾　不見天日 一門花樹　應有受吊	머리에 큰 이불을 덮었으니 하늘을 보지 못한다. 한 집안 꽃나무에 응당 조객의 위문을 받는다.
六月	以孝事親　以忠爲國 身修家齊　無事太平	효로써 어버이를 섬기고 충성으로 나라를 위하라. 몸을 닦고 집안을 정리하면 무사태평하게 되리라.
七月	無雲靑天　日月明朗 千金歸來　廣置田庄	청천에 구름이 없으니 일월이 명랑하도다. 천금이 돌아오니 널리 전답을 장만하리라.
八月	長安春日　鳥鳴花開 若登靑雲　一歲超遷	장안의 봄날에 새가 울고 꽃이 피었다. 만일 벼슬길에 오르면 일약 승진하리라.
九月	日月如矢　靑春已去 若過此時　萬事虛妄	일월이 화살과 같으니 청춘이 이미 지나갔다. 만일 이때를 지나면 만사가 허망하리라.
十月	片月漸圓　花殘子結 求財得財　求人得人	조각달이 점점 둥그니 꽃이 지고 열매를 맺는다. 재물을 구하면 재물을 얻고 사람을 구하면 사람을 얻는다.
十一月	婚姻有慶　胎夢吉利 生産有數　得男之慶	혼인의 경사 있으며 태몽도 길하고 이롭도다. 생산할 운수가 있으니 생남하는 경사가 있다.
十二月	猶豫未決　反不如初 凡事愼之　不然有害	망설이다 결정을 못하니 오히려 처음만 같지 못하다. 범사를 삼가라. 불연이면 해가 있으리라.

[六三]

山水蒙 (산수몽)

前途無利　勿用娶女
桃花重發　妖女誘我
望月圓滿　更有虧時
勿貪非理　先得後失

전도에 이익이 없으니 여인을 취함이 쓸데없다. 도화가 거듭 피었으니 요사한 계집이 나를 유혹한다. 보름달이 둥글면 다시 이지러지는 법이다. 이치 아닌 것을 탐하지 마라. 먼저는 얻으나 뒤에 잃게 되리라.

正月	萬事無心　彷徨四方	先吉後凶　凡事愼之	만사에 마음이 없으니 사방으로 방황한다. 먼저는 길하나 뒤에 흉하니 범사를 삼가라.
二月	一吹寒風　稚木難養	朱雀飛來　難免口舌	찬 바람이 한 번 부니 어린 나무가 자라기 어렵다. 주작이 날아오니 구설을 면키 어려우리라.
三月	美貌佳人　貞靜自守	萬金投之　回首微笑	아름다운 여인이 정숙히 앉아 정절을 지킨다. 만금이나 투자해야 머리를 돌려 미소짓는다.
四月	欲進不進　運也奈何	無端之事　口舌紛紛	나가고자 하나 나가지 못하니 운이라 어이하리오. 무단한 일로 구설이 분분하리라.
五月	先笑後嚬　終見損財	小有滋味　以商得財	먼저는 웃고 뒤에 찡그리니 마침내 손재를 보도다. 작은 재미는 있으리니 장사로 재물을 얻으리라.
六月	奔走東西　徒勞無功	路上失物　不然水厄	동서로 분주하나 한갓 수고만 하고 공이 없도다. 거리에서 실물하게 될 것이요, 불연이면 수액을 당하리라.
七月	家內不睦　上下有困	在家心亂　出外無益	집안이 화목치 못하니 상하가 모두 곤고하도다. 집에 있으면 심란하고 밖에 나가도 이익이 없다.
八月	莫貪利事　利反有害	妖女誘之　酒色亡身	이익을 탐하지 마라. 이익이 오히려 손해가 된다. 요사한 계집이 유혹하니 주색으로 망신할 수다.
九月	玉在石中　其光不見	家有不安　堂上之憂	옥이 돌 속에 묻혔으니 그 빛을 보지 못한다. 집안에 불안함이 있으니 이는 부모의 근심이로다.
十月	萬事有分　勿爲強求	若不修善　百害無益	만사에 분수가 있거늘 강제로 구하지 마라. 만일 선행을 닦지 않으면 백 가지가 해롭고 이익이 없다.
十一月	黑雲四起　到處是非	靜守古宅　禍厄自消	검은 구름이 사방에 일어나니 도처에 시비가 있다. 고요히 옛 집을 지키고 있으라. 화액이 자연 사라지리라.
十二月	回顧往事　空坐自嘆	厄運漸消　自此無事	지나간 일을 회고하며 홀로 앉아 자탄한다. 액운이 점점 사라져 가니 이로부터 무사하리라.

〔六四〕

山水蒙 (산수몽)

高名之士　難逢聖主
無人薦拔　心中有煩
菊本晩開　勿嘆初困
若非內患　一見失物

고명한 선비가 성주를 만나기가 어렵다. 천거해 주는 이가 없음에 심중의 번민이 있으리라. 국화는 본시 늦게 피나니 처음의 곤고를 탄식 마라. 만일 내환이 아니면 한 번 실물수를 보게 되리라.

正月	日暮道遠	臨津無船	해는 지고 길은 먼데 나루에 임하여 배가 없다.
	一杖獨行	步步忙忙	한 지팡이로 외로이 행차하니 걸음 걸음이 바쁘고 바쁘다.
二月	靑山綠水	吟風咏月	청산녹수에서 풍월을 읊는다.
	富貴功名	一場春夢	부귀공명이 일장의 춘몽이로다.
三月	萬里長天	雲起雲收	만리 장천에 구름이 일어났다가 걷힌다.
	凡事有害	吉凶相半	범사에 해가 있으니 길흉이 상반하리라.
四月	十年燈下	專心工夫	십 년이나 등 아래서 전심으로 공부하였다.
	人不知我	獨坐嘆息	남이 내 실력을 알지 못하니 홀로 앉아 탄식하게 된다.
五月	四顧無親	擧頭何方	사방을 보아도 친한 이 없으니 어느 방향으로 머리 돌릴꼬.
	修身養力	以待吉時	몸을 닦고 힘을 길러서 길운이 오기를 기다리라.
六月	月明紗窓	美人多情	달이 사창에 밝으니 미인이 다정하도다.
	一杯一杯	兩人對酌	한잔에 또 한잔 마시니 두 사람이 술잔을 대하였다.
七月	若營商業	小利可得	만일 상업을 경영하면 작은 이익은 가히 얻는다.
	東南有路	徘徊從之	동남 방에 갈길이 있으니 배회하여 좇게 되리라.
八月	水滿四澤	魚子跳躍	물이 사택에 가득하니 고기새끼가 뛰어 논다.
	一竿淸風	魚在筐中	한 낚시대 청풍에 고기가 바구니 속에 가득하다.
九月	寒風蕭瑟	疾病可畏	찬바람이 소슬하니 질병이 가히 두렵다.
	若爲不然	失物之數	만일 그렇지 아니하면 실물수가 있으리라.
十月	自保安身	一室和氣	스스로 안신함을 꾀하면 일실의 화기가 있도다.
	上下同樂	喜事重重	상하가 같이 즐겁고 기쁜 일이 중중하리라.
十一月	獨守寒舍	自嘆不已	한미한 집에 혼자 앉아서 신세를 자탄하도다.
	所求不得	中心焦燥	구하는 바를 얻지 못하니 중심이 초조하리라.
十二月	暴風始止	四方寂寞	폭풍이 비로소 그치니 사방이 적막하도다.
	吉運初到	憂散喜生	길운이 처음으로 이르니 근심이 사라지고 기쁨이 오리라.

山水蒙(산수몽)

出入朝廷　治民治政
父祖蔭德　一朝揚名
順風舟帆　得意萬里
士農工商　所營如意

조정에 출입하며 백성을 다스리고 정치를 다스린다. 부조의 음덕으로 일조에 이름을 드날리리라. 순풍에 배를 띄우니 만리에 뜻을 얻는다. 벼슬·농업·공업·상업이 모두 경영하는 바가 여의하리라.

正月	一身和平　家有吉慶 有人來助　意外成事	일신이 화평하고 집안에 경사가 있다. 와서 돕는 이가 있으니 의외로 일을 성취하리라.
二月	求人得人　求財得財 爲仕爲農　一心安閒	사람을 구함에 사람을 얻고 재물을 구함에 재물을 얻는다. 벼슬을 하거나 농사를 짓거나 일심이 편안하고 한가하리라.
三月	驛路開通　駿馬馳走 父蔭母德　得意揚揚	역로가 열려 통하였으니 준마를 타고 달린다. 부모의 끼친 음덕으로 득의양양하게 되리라.
四月	園中桃李　芳香馥馥 佳人回首　三生佳約	동산의 도화 이화가 꽃다운 향기를 풍긴다. 가인이 머리를 돌리니 삼생의 가약을 맺게 된다.
五月	玄武守路　陰雲四起 若無財敗　盜賊失物	현무가 길을 지키고 음산한 구름이 사방에서 일어난다. 만일 재물 실패가 없으면 도적에게 실물하리라.
六月	炎天閒日　閑臥亭上 若有疾病　速治爲吉	염천의 한가한 날에 정자 위에 한가이 누웠다. 만일 질병이 있거든 속히 치료함이 길하다.
七月	馳馬前程　千里一日 一躍龍門　頭揷桂花	앞길에 말을 달리니 천리를 하루에 간다. 한 번 뛰어 용문에 오르니 머리에 어사화를 꽂게 되리라.
八月	千里江陵　一日歸還 功成名立　人人仰視	천리 강릉을 하룻만에 돌아온다. 공을 이루고 이름을 세우니 사람마다 우러러보리라.
九月	黑雲一起　是非之事 勿參鬪爭　訟事可畏	검은 구름이 한 번 일어나니 시비를 일으킨다. 남의 다툼에 참여하지 마라, 송사수가 가히 두렵다.
十月	天降福星　照耀一身 萬事如意　財祿臻臻	하늘이 복된 별을 내려 일신을 밝게 비쳐 준다. 만사가 뜻같이 될 것이요, 재록이 진진하리라.
十一月	長安春日　男兒得意 千金在庫　廣置田庄	장안의 봄날에 남아가 뜻을 얻었다. 천금은 창고에 쌓이고 널리 전장을 장만한다.
十二月	昨夜吉夢　必是胎夢 生産之數　可得貴子	어젯밤의 길몽은 필시 태몽이로다. 생산할 운수이니 가히 귀자를 얻게 되리라.

二四

[上九]

山水蒙(산수몽)

```
六     出師萬里  辛苦成功
       宜可謹愼  吉中有險
       勿近喪家  吊殺侵身
       年運論之  吉凶相半
```

만리 밖에 출사하여 신고한 후 성공한다. 마땅히 근신함이 가하니 길한 중에 험난함이 있음이라. 상가를 가까이 마라. 조객살이 침범한다. 금년 운을 논지하면 길흉이 상반하리라.

正月	東風楊柳 黃鳥嚶嚶 尋友漢陽 酒杯相歡	버들가지에 동풍이 부니 꾀꼬리가 지저귀도다. 한양에서 벗을 찾아 술잔을 대하며 서로 기뻐한다.
二月	暗昧之事 自我獨知 天知神知 凡事必愼	남모르는 일을 나 혼자만 알고 있다. 하늘이 알고 신령이 아는 법이니 범사를 반드시 삼가라.
三月	玄武守在 必愼盜賊 若有不然 失物可畏	현무가 집안을 지키니 반드시 도적을 삼가라. 그렇지 않으면 실물이 가히 두렵도다.
四月	一登靑雲 得意春風 頭揷桂花 君前受命	한 번 청운에 오르니 춘풍에 뜻을 얻는다. 머리에 계화를 꽂고 임금 앞에서 영을 받으리라.
五月	萬里統軍 遂得戰功 千金自來 廣置田庄	만리에 군졸을 통솔하니 드디어 전공을 세웠다. 천금이 자연 이르니 전답을 널리 장만하리라.
六月	卑己尊人 可以無憂 勿爲自矜 寇奪其功	나를 낮추고 남을 높이면 가히 근심이 없도다. 스스로 뽐내지 마라. 그 공을 뺏으려 엿보는 이가 있다.
七月	與人謀事 勿說心事 是非之事 爭訟可畏	남과 더불어 일을 꾀함에 마음속 일을 말하지 마라. 시비의 일로 하여 쟁송이 있을까 두렵다.
八月	雖有財數 疾病可畏 在家有吉 出則有害	비록 재수는 있으나 질병이 두렵도다. 집에 있으면 길하고 출행하면 해가 있으리라.
九月	今月之運 暗中謀事 莫信親人 恐有失數	금월의 운수는 남모르게 꾀함이 옳다. 친한 사람을 믿지 마라. 실수가 있을까 두렵도다.
十月	時氣流行 寒風吹面 身上有憂 疾病一時	계절의 기운이 유행하니 찬바람이 얼굴에 불어온다. 신상의 근심이 있으니 일시간의 질병이로다.
十一月	周遊四方 彷徨求財 小得大失 不如無爲	사방에 주유하니 방황하며 재물을 구한다. 작게 얻고 크게 잃으니 하지 않음만 같지 못하다.
十二月	田園已治 可占豊年 修身行善 厄消福來	전원을 이미 다스렸으니 가히 풍년을 점치도다. 몸을 닦고 선을 행하면 액이 사라지고 복이 오리라.

[初九] 二五

六三	水天需 (수천수)　霜降秋夜　落葉歸根　當守職分　榮辱自無　一朝順風　片舟過川　年運論之　一得一失	상강추야에 낙엽이 떨어진다. 마땅히 직분을 지킬 따름이니 영욕은 자연 없게 되리라. 하루 아침의 순풍으로 조각배가 내를 건넸다. 금년 운을 논지하면 한 번 얻고 한 번 잃게 되리라.
正月	東風解氷　百蟲醒夢 事如山積　勤勉爲吉	동풍에 얼음이 풀리니 벌레들이 꿈에서 깨었다. 일이 산같이 쌓였으니 근면하면 길하리라.
二月	離家幾年　一朝歸鄕 在外不寧　守家太平	집을 떠난 지 몇 년인가 일조에 고향에 돌아온다. 밖에 있으면 편안치 못하나 집을 지키면 편안하리라.
三月	自業自得　無咎他人 若不愼重　口舌是非	자업자득함이요, 남에게는 허물이 없도다. 만일 신중하지 않으면 구설과 시비가 생기리라.
四月	江南燕子　尋來舊巢 勿求他業　守舊安常	강남의 제비가 옛 둥우리를 다시 찾았다. 다른 업을 구하지 마라. 옛것을 지키면 항시 편안하리라.
五月	奔走東西　一身虛妄 兄弟不和　內外相爭	동서로 분주하나 일신이 허망하도다. 형제가 불화하고 내외가 상쟁하리라.
六月	風雨初晴　日月明朗 小財可得　勿求大利	풍우가 처음 개이니 일월이 명랑하도다. 작은 재물은 가히 얻을 것이요, 큰 이익은 구하지 마라.
七月	謀事到處　敗數何事 勿用車馬　路上逢厄	꾀하여 이르는 곳에 패수가 어인 일인고. 수레와 말을 타지 마라. 노상에서 액을 만나리라.
八月	奔波一世　萬事如夢 安靜守家　百事吉平	일세를 분파하니 만사가 꿈과 같도다. 안정하여 집을 지키면 백사가 길하고 평안하리라.
九月	芝蘭有榮　子孫被恩 添口添土　二人同心	지란의 영화가 있으니 자손이 은혜를 입는다. 식구가 늘고 토지가 더하니 두 사람의 마음도 같으리라.
十月	千里馬上　幸逢貴人 幾經風波　一朝揚揚	천리의 마상에서 다행히 귀인을 만난다. 풍상을 몇 번이고 겪은 뒤 일조에 기를 펴리라.
十一月	魚遊釜中　鳥囚絲籠 親戚之間　恐有服制	고기가 가마 속에 놀고 새가 조롱 속에 갇혔다. 친척지간에 복제수가 있을까 두렵도다.
十二月	長安靑樓　美人有情 雖有佳約　不信奈何	장안 청루에 미인이 유정하도다. 비록 가약이 있으나 믿지 않으니 어이하리요.

〔九二〕

六二	水天需 (수천수) 九曲羊腸　先難後易 身出塞上　奔走江湖 欲進返阻　得榮遇謗 忍苦謹愼　前路自開	양의 창자가 아홉 굽이니 먼저는 어렵고 뒤에는 쉽다. 몸이 변방에 나가니 강호에 분주하리라. 나가고자 하면 도리어 막히고 영화를 얻으면 비방을 만난다. 괴로움을 참고 근신하라. 앞길이 자연 열리리라.
正月	困魚避網　虎出陷穽 修身愼言　安常如舊	곤한 고기가 그물을 피하고 범이 함정에서 나왔다. 몸을 닦고 말을 삼가면 편안함이 예와 같으리라.
二月	江湖萬里　路出長途 旅館孤燈　鄕夢迢迢	강호만리에 장도의 길을 나섰도다. 여관방 외로운 등불 아래 고향 꿈이 멀고 멀다.
三月	求魚山上　徒勞無功 失意東西　不如南北	산 위에서 고기를 구하니 한갓 수고하나 공이 없도다. 동서는 뜻을 잃으니 남북만 같지 못하다.
四月	荊園霜侵　枝葉黃枯 若非荊憂　子宮有厄	형원에 서리가 침노하니 가지와 잎이 누렇게 말랐다. 만일 아내의 근심이 아니면 자궁의 액이 있으리라.
五月	今月之數　長沙之厄 若不謹愼　不免訟獄	금월의 운수는 관재의 액이 있도다. 만일 근신하지 않으면 송옥을 면치 못하리라.
六月	統率軍卒　戰功赫赫 財祿雙美　安過太平	군졸을 통솔하니 전공이 혁혁하도다. 재록이 쌍으로 아름다우니 편안히 태평하게 지내리라.
七月	一場風波　或起或落 勿爲是非　不如無事	한 마당 풍파가 혹 일어나고 혹 떨어진다. 시비를 가까이 마라. 일 없음만 같지 못하다.
八月	若不忍之　是非爭訟 運數否塞　莫營大事	만일 참고 견디지 않으면 시비와 쟁송이 있도다. 운수가 비색하니 큰 일을 경영치 마라.
九月	春蘭秋菊　各有其時 勿嘆屯蹇　終有亨福	봄 난초 가을 국화는 각각 그 때가 있도다. 일이 더딤을 탄식 마라. 마침내 형통한 복이 있으리라.
十月	忽逢佳人　精神昏夢 若不愼之　酒色成病	홀연히 미인을 만나니 정신이 혼몽하도다. 만일 삼가지 않으면 주색으로 병을 이루리라.
十一月	隨分閑居　味在其中 月中丹桂　蜂蝶探香	분수를 지키고 한가히 거하면 재미가 그 가운데 있다. 월중의 단계요 봉접이 향기를 탐한다.
十二月	夕陽行津　勿近水邊 守分自安　吉凶相半	석양에 나루를 행하니 수변을 가까이 마라. 분수를 지키면 자연 편안한데 길흉이 상반이로다.

[九三]

水天需 (수천수)

萬頃蒼波　泛舟行船
利中有害　一得一失
若非移徙　服制可畏
驛馬臨身　奔走東西

만경창파에 배를 띄워 행선한다. 이로운 가운데 해가 있으니 한 번 얻고 한 번 실패하리라. 만일 이사수가 아니면 복제수가 두렵다. 역마가 몸에 임하니 동서로 분주하리라.

正月	碌碌浮生　不知安分 事有機會　勿爲躁急	녹록한 부생이 안분할 줄을 모른다. 일에는 기회가 있으니 조급히 서두르지 마라.
二月	勿貪分外　必是虛妄 莫近是非　可慮傷身	분수 밖의 일을 탐하지 마라. 반드시 허망한 일이 있다. 시비를 가까이 마라. 가히 몸을 상할까 두렵도다.
三月	衆力扶身　所營如意 研石見玉　勞後可得	여러 힘이 나를 도와주니 경영하는 바가 여의하다. 돌을 갈아 옥을 보니 노력한 뒤에 가히 얻으리라.
四月	錦衣加身　利祿隨身 每多憂心　中心未定	비단 옷을 입었으니 이익과 관록이 몸에 따른다. 매양 근심됨이 많으며 중심을 결정치 못하리라.
五月	吉人何在　東西兩方 相親相近　終得扶助	길인이 어느 곳에 있는고, 동서 양방이로다. 서로 친하고 서로 가까이 하면 마침내 부조함을 얻으리라.
六月	忠言不聽　妄語見信 以此論之　事事失敗	충성된 말은 듣지 않고 망령된 말은 믿는다. 이로써 논하건대 일마다 실패하리라.
七月	勿貪非理　先得後失 若無身病　長沙之厄	이치 아닌 것을 탐하지 마라. 먼저는 얻고 뒤에 잃는다. 만일 신병이 없으면 귀양살이의 액이 있도다.
八月	親人勿信　財政見敗 在家有吉　出行則害	친한 사람을 믿지 마라. 재정의 패를 보게 된다. 집에 있으면 길함이 있고 출행하면 해가 있다.
九月	陰雨不止　白日失明 莫近酒色　損財得病	음산한 비가 그치지 않으니 백일에 밝음을 잃었다. 주색을 가까이 마라. 손재하고 병을 얻는다.
十月	前程有阻　遠行不可 進退有厄　守家無欠	앞길에 장애가 있으니 원행함이 불가하다. 나가도 물러가도 액이 있으니 집을 지키면 무흠하리라.
十一月	勿信他言　都是無益 若遇人助　意外成功	남의 말을 믿지 마라. 도무지 이익이 없다. 만일 남의 도움을 만나면 의외로 성공하리라.
十二月	身旺財旺　求則可得 以小易大　終成大富	몸이 왕하고 재물이 왕하니 구하면 가히 얻는다. 작은 것으로 큰 것을 바꾸니 마침내 큰 부자가 되리라.

水天需 (수천수)

往者必返　病者必差
出身成名　金玉滿堂
運好如此　鴛鴦相離
他人之言　聽若不聞

나간 사람은 반드시 돌아오고 병든 이는 반드시 낫는다. 몸은 출세하고 이름을 드날리니 금옥이 만당하리라. 운수는 이같이 좋으나 부부간의 이별수로다. 타인의 말은 들어도 듣지 못한 체하라.

正月	日麗風和	花開靑山	날이 곱고 바람이 화창하니 청산에 꽃이 피었다.
	厄運自消	漸入佳境	액운이 점차 사라지니 점차로 좋은 일이 생긴다.
二月	陰陽相濟	萬物始生	음양이 서로 구제하니 만물이 비로소 생한다.
	君唱臣和	出入玉堂	임금은 부르고 신하가 화답하니 옥당에 출입하리라.
三月	旱苗施雨	萬樹生生	가문 싹에 비가 내리니 만 가지 나무가 생생하도다.
	財物豊滿	一身自安	재물이 풍만하니 일신이 자연 안락하리라.
四月	疏於六親	有恩他人	육친을 멀리 하고 남에게 은혜를 주도다.
	背明向暗	災厄自至	밝음을 등지고 어두운 곳을 향하니 재액이 자연 이르리라.
五月	六親無德	周遊四方	육친의 덕이 없으니 사방으로 주유한다.
	偶逢貴人	身閑心安	우연히 귀인을 만나 마음이 편하고 몸이 한가하리라.
六月	一得一失	塞翁之馬	한 번 얻고 한 번 잃으니 새옹의 말이로다.
	世事已定	勿事分外	세상 일이 이미 정해졌거늘 분수 밖의 일을 하지 마라.
七月	順理行善	所望可求	순리로 선을 행하면 소망을 가히 구하리라.
	有人來助	意外成事	와서 돕는 사람이 있으니 의외로 성사하리라.
八月	害己者去	小往大來	나를 해하는 이가 물러가니 작게 가고 크게 오도다.
	暗夜得燭	前程有明	어둔 밤에 촛불을 얻으니 앞길에 밝음이 있으리라.
九月	靜中退步	閑中生閑	고요한 가운데 물러가고 한가한 가운데 한가함이 있다.
	婚姻之慶	生産之喜	혼인의 경사 있을 것이요, 생산하는 기쁨이 있으리라.
十月	長子有患	宜求醫士	장자가 병환이 있으니 마땅히 의사를 구하라.
	若有不然	或損嬰兒	만일 그렇지 아니하면 혹 어린아이를 잃게 되리라.
十一月	與人謀事	財運有吉	남과 더불어 모사하면 재운의 길함이 있다.
	若遇人助	意外成功	만일 남의 도움을 만나면 의외로 성공하리라.
十二月	東西多言	愼勿聽之	동서간에 말썽이 많으니 삼가고 듣지 마라.
	朱雀頻鳴	口舌紛紛	주작이 번거롭게 우니 구설이 분분하리라.

[九五]

水天需(수천수)

䷄

金冠玉帶　男兒功名
財祿隨身　小往大來
喜信入庭　婚姻之慶
若不功名　虛送歲月

금관에 옥대를 매었으니 남아의 공명이로다. 재록이 몸에 따르니 작게 가고 크게 온다. 기쁜 소식이 뜰 안에 들어오니 혼인의 경사로다. 만일 공명하지 못하면 허송세월을 하게 되리라.

正月	東風和暖　江氷已解		동풍이 화란하니 강얼음이 이미 풀렸도다.
	古木生花　家患自消		고목에 꽃이 생하니 가환이 자연 소멸하리라.
二月	貴人相助　官祿臨身		귀인이 서로 도우니 관록이 몸에 이른다.
	一身自安　添口之數		일신이 자연 편안하고 식구를 더할 수가 있으리라.
三月	道路開通　功名無阻		도로가 개통하였으니 공명에 장애가 없도다.
	財星臨身　意外生財		재성이 몸에 임하니 의외로 재물이 생기리라.
四月	福星照耀　天降雨澤		복성이 조요하니 하늘에서 우로의 혜택을 내렸도다.
	利在何處　西南兩方		이익은 어느 곳에 있는고. 서남 양방에 있다.
五月	園中開花　蜂蝶來戲		동산에 꽃이 피었으니 봉접이 와서 희롱한다.
	佳人在邇　偕老有情		가인이 가까운 곳에 있으니 해로하고 정분도 있으리라.
六月	玄武在路　逢盜失物		현무가 노상에 있으니 도적에게 실물한다.
	若非失物　意外逢變		만일 실물수가 아니면 의외의 변을 만나리라.
七月	南方不利　勿爲出行		남방이 불리하니 출행하지 마라.
	官鬼發動　刑獄可畏		관귀가 발동하니 형옥수가 두렵도다.
八月	添口添土　生男之慶		식구가 늘고 토지가 늘며 생남할 경사 있도다.
	一家和合　諸事順成		일가가 화합하고 모든 일을 순하게 이루리라.
九月	靑衣加身　金榜掛名		청의를 몸에 걸쳤으니 벼슬에 오른다.
	財星臨身　小往大來		재성이 몸에 임하니 작게 가고 크게 오리라.
十月	月明中天　夜色如晝		달이 중천에 밝으니 밤빛이 낮과 같다.
	兩人相合　情意無限		두 사람이 서로 합하니 정의가 무한하리라.
十一月	雨順風調　五穀豊登		비가 순히 오고 바람이 고르게 부니 오곡이 풍등하도다.
	身安心樂　萬事如意		몸이 편하고 마음이 즐거우니 만사가 여의하리라.
十二月	知進知退　一無失敗		나갈 줄 알고 물러설 줄 알면 한 번도 실패가 없다.
	萬事逐心　所求必得		만사가 마음대로 될 것이니 구하는 바를 반드시 얻으리라.

〔上六〕

水天需 (수천수)

落木寒天　松栢晚翠
神龍在田　利見大人
一喜一悲　此亦身數
吉中有凶　必見官事

낙엽진 겨울 하늘에 송백만이 늦게 푸르다. 신룡이 밭에 있으니 대인을 봄이 이롭다. 한 번 기쁘고 한 번 슬프니 이 역시 신수로다. 길한 가운데 흉이 있으니 반드시 관재수를 보게 되리라.

正月	吉星加臨　所求必得 衣食豊足　一心自安	길성이 가림하니 구하는 바를 반드시 얻는다. 의식이 풍족하니 일심이 자연 편안하리라.
二月	與人營事　必得成功 大財不得　小財可得	남과 더불어 일을 경영하면 반드시 성공을 얻는다. 큰 재물은 얻지 못하나 작은 재물은 가히 얻으리라.
三月	飛龍在天　利見大人 靑雲有路　丈夫功名	날으는 용이 하늘에 있으니 대인을 봄이 이롭다. 벼슬의 길이 있으니 장부의 공명이로다.
四月	三人相會　自有榮華 名利日盛　衣祿自足	삼인이 서로 모이니 자연히 영화가 있다. 명리가 날로 성하니 의록이 자연 족하리라.
五月	安靜則吉　出家不利 好運晚回　勿失好機	안정하면 길하고 집을 나가면 불리하다. 좋은 운이 늦게 돌아오니 좋은 기회를 잃지 마라.
六月	欲免災厄　移基則吉 雖有財數　先吉後凶	재앙을 면하고자 하면 이사함이 길하다. 비록 재수는 있으나 먼저는 길하고 뒤에 흉하리라.
七月	添口添土　福祿俱存 莫近女色　口舌臨身	식구가 늘고 토지가 불으니 복록이 구존하도다. 여색을 가까이 마라. 구설이 몸에 이르리라.
八月	盜賊在邇　失物可畏 心中有苦　恒思出家	도적이 가까운 곳에 있으니 실물수가 가히 두렵도다. 심중의 고민이 있으니 항시 집 나갈 생각만 한다.
九月	桃李春日　芳姸自誇 惟有松栢　晚時靑靑	도화 이화가 방창한 봄날에 꽃다운 여인이 스스로 뽐낸다. 오직 송백이 있으니 늦은 때에 청청하리라.
十月	福神照臨　百事可成 渴龍得水　必有吉事	복신이 조림하니 백사를 가히 이룬다. 목마른 용이 물을 얻으니 반드시 길한 일이 있으리라.
十一月	勿爲人助　吉反爲凶 身數有苦　出行不吉	남의 도움을 받지 마라. 길함이 반대로 흉이 된다. 신수의 곤고가 있으니 출행함이 불길하도다.
十二月	積德行善　轉禍爲福 花朝月夕　身醉月間	적덕행선하면 화가 굴러 복이 된다. 화조 월석에 몸이 달 사이에 취하였도다.

[初六]

天水訟(천수송)

一六

羽翼未成　將飛萬里
好運已來　立身揚名
隨機應變　營事成就
與人謀事　必得財物

날개는 아직 이루지 못하였으나 장차 만리를 날고자 한다. 좋은 운이 이미 돌아오니 입신양명하리라. 기회를 타서 변통하면 경영하는 일이 성취한다. 남과 더불어 모사하면 반드시 재물을 얻게 되리라.

正月	隨時應事　少有成就 之東之西　到處春風	때를 타서 일에 응하면 조그만 성취는 있도다. 동으로 가고 서로 가니 도처에 기쁜 일이 있다.
二月	勿營他事　不能長久 出動有害　不如守家	다른 일을 경영하지 마라. 능히 장구하지 못하리라. 출동하면 해가 있으니 집을 지킴만 같지 못하다.
三月	好運已到　身登靑雲 一有困厄　勿近是非	좋은 운이 이미 돌아오니 몸이 벼슬길에 올랐다. 한때의 곤액이 있으니 시비를 가까이 마라.
四月	洞庭湖上　蓮花開笑 親人有害　敬而遠之	동정호 위에 연화가 웃고 피었다. 친한 사람의 해가 있으니 공경하되 멀리 하라.
五月	利在何方　東南兩方 身數不凶　火厄愼之	이익이 어느 곳에 있는고. 동남 양방이로다. 신수가 흉하지 않으나 화액을 삼가라.
六月	一進一退　吉兮凶兮 怠慢則凶　勤勞爲吉	한 번 나가고 한 번 물러가니 길이냐, 흉이냐. 태만하면 흉이 오고 부지런하면 길하리라.
七月	身運有吉　口舌愼之 大事難成　小事成就	신운이 길함이 있으나 구설은 삼가라. 큰 일은 이루기 어려우나 작은 일은 성취하리라.
八月	路有中傷　終無大害 一次榮華　一次愁心	노상의 중상이 있으나 마침내는 큰 해가 없도다. 한 번은 영화가 있고 한 번은 근심이 있으리라.
九月	若營小事　金利可得 商業有利　日中爲市	만일 작은 일을 경영하면 금전의 이익을 얻는다. 상업이 유리하니 하루를 저자에서 보낸다.
十月	羽翼未成　守己待時 順風舟帆　可行千里	날개와 깃이 이루지 못했으니 몸을 닦고 때를 기다리라. 순풍에 배를 띄우니 가히 천리를 가리라.
十一月	事宜公平　爭訟不可 好事多魔　愼之愼之	일은 공평함이 마땅하고 쟁송함은 불가하다. 좋은 일에 마가 많으니 삼가고 삼가라.
十二月	强行不可　忍之爲德 每事謹愼　前路有榮	강행하면 불가하니 참으면 덕이 된다. 매사를 근신하면 앞길에 영화가 있으리라.

[九二]

天水訟(천수송)

☰
☵

月落寒江　一榮一辱
動則有變　靜則平安
或有災厄　自取之禍
身正修心　可免諸厄

달이 찬 강에 떨어지니 한 번은 영화요 한 번은 욕됨이로다. 움직이면 변괴가 있고 정숙하면 평안하다. 혹 재액이 있음은 스스로 취한 화로다. 몸을 바르게 하고 마음을 닦으면 가히 모든 액을 면하리라.

正月	垂釣淸江　世事無關 心無榮慾　何逢災厄		청강에 낚시를 드리우니 세상 일에 관심이 없다. 마음에 영화욕이 없으니 어찌 재액을 만나리요.
二月	月明紗窓　必逢佳人 若非婚姻　弄璋之慶		달이 사창에 밝으니 반드시 가인을 만나리라. 만일 혼인할 수가 아니면 생남할 경사로다.
三月	諸般之事　勿爲干涉 災殃暗起　豫防則可		제반지사에 간섭하지 마라. 재앙이 가만히 일어나니 예방함이 옳으리라.
四月	一出旅路　玄武在前 若不愼之　路上逢賊		한 번 나그네 길에 나서니 현무가 앞에 있도다. 만일 삼가지 아니하면 노상에서 도적을 만나리라.
五月	一入公門　貴人助之 添口添土　人物安寧		한 번 공문에 들어가니 귀인이 도와준다. 식구가 늘고 토지가 불으니 사람과 물질이 편안하리라.
六月	諸營之事　有頭無尾 中心不安　世事春夢		모든 경영하는 일은 머리만 있고 꼬리가 없도다. 중심이 편안치 못하니 세상 일이 봄꿈이로다.
七月	言行不愼　口舌訟厄 凡事在人　勿爲干涉		언행을 삼가지 않으면 구설과 송사의 액이 있다. 무릇 일이 사람에게 있으니 간섭하지 말아야 한다.
八月	靑雲起處　風飛丹山 家有慶事　喜滿一家		청운이 일어나는 곳에서 바람은 단산에 날리도다. 집안에 경사가 있으니 기쁨이 일가에 가득하리라.
九月	與人謀事　小有財利 身數無欠　官訟愼之		사람과 더불어 일을 꾀하면 작은 재물의 이익은 있다. 신수의 흠은 없으나 관송을 삼가라.
十月	雨順風調　五穀豊登 人心和順　上下安樂		비가 순하고 바람이 고르니 오곡이 풍등하도다. 인심이 화순하니 상하가 안락하리라.
十一月	進則有憂　退則無事 身運不好　守靜待時		나가면 근심이 있고 물러가면 무사하리라. 신운이 좋지 못하니 안정하고 때를 기다리라.
十二月	樓上佳人　相逢有約 先塞後通　萬事太平		누각 위의 미녀와 서로 만날 언약을 둔다. 먼저는 막히고 뒤에 통하니 만사가 태평하리라.

〔六三〕

天水訟(천수송)

三箭戰勝　凱歌回軍
因人成事　先難後易
田園修業　百難不犯
勿思進出　固守前職

화살 세 대로 싸움을 이기니 개가를 부르며 회군한다. 사람으로 인하여 성사하니 먼저는 어렵고 뒤에는 쉽다. 전원에서 업을 닦으면 백 가지 어려움이 범치 못하리라. 진출할 생각을 마라. 먼저의 직책을 고수함이 마땅하다.

正月	春風一到　萬物始生 衣食自足　漸有亨通	봄바람이 한 번 이르니 만물이 비로소 생한다. 의식이 자연 족하니 점차 형통함이 있으리라.
二月	或從王事　經營四方 始辱終榮　百事如意	혹 국가사업으로 사방을 경영하리라. 처음은 욕되고 끝은 영화로우니 백사에 여의하리라.
三月	龍得明珠　喜事重重 與人謀事　必得大財	용이 밝은 구슬을 얻었으니 기쁜 일이 중중하도다. 남과 더불어 일을 꾀하면 반드시 큰 재물을 얻으리라.
四月	庭前古木　鳳來栖之 二女同居　家有爭鬪	뜰 앞의 고목에 봉이 와서 깃들였도다. 두 여자가 같이 거하니 집안에 다투는 일이 있으리라.
五月	月落寒江　喜中有憂 若無疾病　偶然損財	달이 찬 강에 떨어지니 기쁜 가운데 근심이 있다. 만일 질병이 없으면 우연히 손재하리라.
六月	奔走東西　不知安分 此月之數　每事不成	동서에 분주하며 안분할 줄을 모른다. 이 달의 운수는 매사를 이루지 못하리라.
七月	守舊安居　危中得安 若非損財　口舌間間	옛것을 지키고 편히 거하면 위태한 가운데 편안함을 얻는다. 만일 손재수가 아니면 구설이 간간 있으리라.
八月	玉女在傍　笑語嬉嬉 若不慶事　災厄有之	옥녀가 곁에 있으니 웃음소리가 희희하도다. 만일 경사가 아니면 재액이 있으리라.
九月	父祖遺德　或受君恩 若思進取　先修學問	부모 조상의 끼친 덕으로 혹 임금의 은혜를 받는다. 만일 진취할 마음이 있으면 먼저 학문을 닦으라.
十月	出行不利　在家無害 莫近他人　損財不吉	출행함이 불리하나 집에 있으면 무해하도다. 타인을 가까이 마라. 손재수가 있고 불길하다.
十一月	修治田園　百穀生長 勤儉之後　衣食自足	전원을 닦고 다스리니 백곡이 생장한다. 근검한 뒤에 의식이 자연 족하리라.
十二月	病魔恒窺　必愼酒色 口舌之數　東西有爭	병마가 항시 엿보니 반드시 주색을 삼가라. 구설수가 있을 것이요, 동서에 다툴 일이 있으리라.

[九四]

天水訟(천수송)

紫電神劍　時時有光
貴人來助　躍登龍門
經營之事　必有亨通
家有吉慶　萬事遂心

자전 신검이 때때로 빛을 낸다. 귀인이 와서 도우니 용문에 뛰어오르리라. 경영지사는 반드시 형통함이 있도다. 집안에 길한 경사 있을 것이요, 만 가지 일이 뜻을 따르게 되리라.

正月	庭前果樹　花落結實 添口之數　可得貴子	뜰 앞의 과일나무는 꽃이 떨어지고 열매를 맺도다. 식구를 늘릴 수이니 가히 귀자를 얻으리라.
二月	去年施恩　今日報德 人人隨我　何事不成	지난번 은혜를 베푼 일이 금일에 은덕을 갚는다. 사람마다 나를 따르니 무슨 일인들 이루지 못하리오.
三月	改則不利　固守則吉 或有誘引　聽若不聞	고치면 불리하나 굳게 지키면 길하도다. 유인하는 사람이 있으리니 들어도 듣지 않는 것같이 하라.
四月	初夏黃鳥　雙去雙來 家有祥瑞　佳人相逢	초여름의 황조가 쌍으로 가고 쌍으로 온다. 집안에 상서가 있으니 가인이 상봉하리라.
五月	莫嘆初困　後必得榮 忍而待時　財祿幷發	처음 곤고를 한탄하지 마라. 뒤에 반드시 영화가 있다. 참고 때를 기다리라. 재록이 아울러 발하리라.
六月	風吹雲散　月色明耀 憂散喜到　每事安康	바람이 불고 구름이 흩어지니 월색이 밝게 비치도다. 근심이 사라지고 기쁨이 이르니 매사에 안강하리라.
七月	古木開花　春氷已解 喜滿家庭　漸入佳境	고목에 꽃이 피었으니 봄 얼음이 이미 풀렸다. 기쁨이 가정에 가득하니 점점 아름다운 경지에 들어간다.
八月	緩則不成　每事速決 若過時機　好事不來	늦으면 이루지 못하리니 매사를 속결하라. 만일 시기가 지나면 좋은 일이 다시 오지 않는다.
九月	烏飛梨落　不意之災 若無操心　官訟不免	까마귀 날자 배 떨어지니 불의의 재앙이로다. 만일 조심함이 없으면 관송을 면치 못하리라.
十月	以小犯上　逆理之事 順者昌盛　逆者敗亡	작은 것이 위를 범하니 이치에 어긋나는 일이로다. 순히 하는 이는 창성하고 거스르는 자는 패망하리라.
十一月	冬月陰風　應有疾病 或有服制　至誠禱厄	동월에 음풍이 일어나니 응당 질병이 있도다. 혹은 복제수도 있으리니 지성으로 도액하라.
十二月	庶民登位　失者復職 若營事業　日就月將	서민은 벼슬에 오르고 실업자는 복직된다. 만일 사업을 경영하면 일취월장하게 되리라.

〔九五〕

天水訟(천수송)

日月中天　金玉滿堂
文筆冠世　身登靑雲
必有芳緣　三生之約
身數泰平　到處有吉

일월이 중천에 떴으니 금옥이 만당하리라. 문필이 세상을 덮으니 몸이 벼슬길에 오르리라. 반드시 꽃다운 인연이 있으니 삼생의 언약이로다. 신수가 태평하니 도처에 길함이 있으리라.

正月	初困後泰　積置千金 文上有吉　必有得財	처음은 곤하고 뒤에 태평하니 천금을 쌓아둔다. 문서상의 길함이 있을 것이요, 반드시 재물도 얻으리라.
二月	仕則高官　商人利多 莫失此時　去則後悔	벼슬아치는 벼슬이 높게 되고 장사꾼은 이익이 많도다. 이때를 놓치지 마라. 지나가면 후회하리라.
三月	鵲噪庭樹　喜報可知 膝下有子　錦衣還鄕	까치가 뜰 앞 나무에서 지저귀니 기쁜 소식임을 알리라. 슬하에 자식이 있으면 금의환향하여 오리라.
四月	一人己進　一人己退 兩手執餠　可不穩全	한 사람은 나가고 한 사람은 물러선다. 두 손에 떡을 쥐었으니 가히 온전하지 못하리라.
五月	和氣到門　家有吉慶 天上緣分　人間相逢	화목한 기운이 문에 이르니 집안에 길한 경사가 있다. 천상의 연분으로 인간 세상에서 서로 만나리라.
六月	家人合心　利在其中 雖得財物　少得多用	집안 사람과 합심하니 이익이 그 가운데 있다. 비록 재물은 얻으나 적게 얻어서 많이 쓰게 된다.
七月	偶然路上　恩人助我 春風三月　萬物得意	우연히 노상에서 은인이 나를 도와준다. 춘풍 삼월에 만물이 뜻을 얻는다.
八月	我先折桂　人皆仰視 意外榮貴　必是貴人	내가 먼저 계수나무를 꺾었으니 사람마다 우러러본다. 의외로 영귀하니 필시 귀인의 신분이 되리라.
九月	頭揷桂花　應試及第 銀鞍駿馬　意氣揚揚	머리에 계화를 꽂았으니 시험에 응하여 급제하였도다. 은안준마에 의기가 양양하리라.
十月	莫信他言　有害無益 諸般之事　三思後行	타인의 말을 믿지 마라. 해만 있고 이익이 없다. 모든 일은 세 번 생각한 뒤에 행하라.
十一月	暗夜失燈　東西不辨 失財失意　盜賊可愼	어둔 밤에 등불을 잃었으니 동서를 분변치 못한다. 재물과 뜻을 잃는 운이요, 도적도 가히 삼가라.
十二月	十年燈下　修硏學問 龍門在邇　勿失好期	십 년 등하에 학문을 닦는도다. 벼슬길이 가까워 오니 좋은 기회를 놓치지 마라.

〔上九〕

天水訟(천수송)	
龍虎相鬪 勝敗不分 一進一退 成敗多端 莫近女色 疾病可畏 與受愼之 終見損害	용과 호랑이가 서로 다투니 승패를 분간 못한다. 한 번 나가고 한 번 물러가니 성패가 다단하리라. 여색을 가까이 마라. 질병을 얻을까 두렵다. 주고받는 것을 삼가라. 마침내 손해가 있으리라.

正月	弱水橋下 仇者懷劍 必愼其人 不然逢變		약수의 다리 밑에서 원수가 칼을 품었다. 원수를 반드시 조심하라. 불연이면 변을 만나리라.
二月	經營之事 必是狼敗 吉變爲凶 徒勞無功		경영지사는 반드시 낭패를 보게 된다. 길함이 변하여 흉이 되니 수고하나 공이 없으리라.
三月	事有定數 不可妄行 修身齊家 保身之策		일에는 정해진 운수가 있으니 망령되이 행함이 불가하다. 몸을 닦고 집안을 다스림이 보신하는 계책이니라.
四月	莫出輕言 是非雲起 事必三省 人無怨恨		말을 가볍게 하지 마라. 시비가 구름같이 일어난다. 일에는 반드시 세 번 살피라. 남의 원한이 없으리라.
五月	運在衰退 暫時隱遁 莫貪外財 反有盜難		운이 쇠퇴함에 있으니 잠시 은둔하고 있으라. 밖의 재물을 탐하지 마라. 오히려 도난수가 있으리라.
六月	與人營事 意外大成 吉運已回 莫失此時		남과 더불어 일을 경영하면 의외로 크게 성공한다. 길운이 이미 돌아오니 이때를 놓치지 마라.
七月	千里關山 雨雷來到 心身困苦 不如在家		천리 관산에서 비와 우뢰가 이른다. 마음과 몸이 곤고하니 집에 있음만 같지 못하다.
八月	一成一敗 人之常事 修身積善 禍變爲吉		한 번 이루고 한 번 패함은 인간의 상사로다. 몸을 닦고 적선하라. 재앙이 변하여 길운이 온다.
九月	官鬼發動 官厄難免 言行愼之 口舌是非		관귀가 발동하니 관액을 면하기 어렵다. 말과 행실을 조심하라. 구설과 시비수가 있다.
十月	身數不利 恐有疾病 莫行遠程 失足可畏		신수가 불리하니 질병이 있을까 두렵다. 먼 곳으로 출행하지 마라. 실족수가 가히 두렵다.
十一月	四金日辰 必逢厄禍 若爲不然 應當受吊		庚辛申酉가 되는 날은 반드시 재앙을 만난다. 만일 그렇지 않으면 응당 조상을 받게 되리라.
十二月	祖宗遺業 散如浮雲 勿營事業 損財不免		조상의 끼친 가업은 구름같이 사라진다. 사업을 경영하지 마라. 손재를 면치 못하리라.

[初六]

地水師 (지수사)

六

天馬出群　以寡服衆
龍盤虎距　富貴功名
君恩日加　衣祿豊厚
萬事亨通　人人仰視

천마가 무리 가운데서 나오니 적은 것으로 무리를 열복한다. 용이 서리고 범이 웅크리니 부귀공명하리라. 임금의 은혜가 날로 더하니 의록이 풍후하도다. 만사가 형통하니 사람마다 우러러보리라.

正月	日暖風和　花開靑山 中心安閑　何事不成	날이 따뜻하고 바람이 화창하니 청산에 꽃이 피었도다. 중심이 편하고 한가하니 어느 일인들 성취 안 되리요.
二月	萬里靑天　日光正照 用心無私　富貴且康	만리의 푸른 하늘에 날빛이 바로 비추었다. 마음을 사사로이 쓰지 않으면 부귀하고 또 강녕하리라.
三月	出師有律　賞罰分明 事有法度　一無失敗	군사 출군에 율법이 있으니 상벌도 분명해야 한다. 일에 법도가 있으면 하나도 실패함이 없으리라.
四月	衆人扶身　成功何難 用錢如水　人稱豪傑	여러 사람이 나를 부조하니 성공이 어찌 어려우랴. 돈 쓰기를 물같이 하니 남이 호걸이라 일컫더라.
五月	莫出門外　在家有利 守舊安靜　有人來助	문 밖을 나가지 마라. 집에 있음이 유리하다. 옛것을 지키고 안정하면 와서 돕는 사람이 있으리라.
六月	夜行之人　偶然得燭 困後有泰　先困後吉	밤길을 걷는 사람이 우연히 등촉을 얻었다. 곤한 뒤에 태평함이 있으니 먼저는 곤하고 뒤에 길하리라.
七月	財貨幷集　金玉滿堂 經營有法　事必成功	재화가 아울러 이르니 금옥이 만당하도다. 경영사에 법도가 있으면 사업을 반드시 성공하리라.
八月	威名服衆　何人不屈 一聲號令　鎭壓邊彊	위명이 무리를 열복하니 누가 굴복치 않으리요. 한 소리 호령으로 변강을 진압한다.
九月	衆力助我　手執大權 功成名立　凱歌還國	여러 힘이 나를 도우니 손에 큰 권세를 잡는다. 공을 이루고 이름을 세우니 개가하며 환국하리라.
十月	困後有吉　利在三冬 周遊四方　或失或得	곤한 뒤에 길함이 있으니 이익이 겨울에 있다. 사방으로 주유하며 혹 얻기도 하고 잃기도 하리라.
十一月	勿營太急　每事有時 順時順勢　一無失敗	경영함을 급히 하지 마라. 매사에는 때가 있는 법이다. 시세를 순하게 하면 하나도 실패가 없으리라.
十二月	芝蘭茂盛　膝下之榮 靑鳥傳信　花燭洞房	지란이 무성하니 슬하의 영화로다. 청조가 기쁜 서신을 전하니 화촉동방의 경사 있으리라.

[九二]

八六 ䷆	地水師 (지수사)		손에 군졸을 장악하니 생살권이 있도다. 대인을 봄이 이로우니 백모가 순성하리라. 남의 말을 듣지 마라. 좋은 일에 마가 많도다. 너무 강하면 부러지는 법이니 삼가고 삼가라.
	手握軍卒	生殺之權	
	利見大人	百謀順成	
	莫聽人言	好事多魔	
	太强則折	愼之愼之	

正月	靜則失業	動則得利	가만히 있으면 업을 잃고 움직이면 이를 얻는다.
	喜憂相雜	一成一敗	기쁨과 근심이 섞였으니 한 번 이루고 한 번 패하리라.
二月	魚躍龍門	攀龍附鳳	고기가 용문에 뛰니 용을 받들고 봉을 좇는다.
	金冠朝服	君前受命	금관조복으로 임금 앞에서 명을 받으리라.
三月	智略出衆	指揮三軍	지략이 출중하니 삼군을 지휘하도다.
	立身揚名	萬人仰視	입신양명하여 만인이 우러러보게 되리라.
四月	貴星照門	偶來貴人	귀성이 문에 비치니 우연히 귀인이 온다.
	人口增進	田庄廣置	식구가 늘게 될 것이요, 토지도 넓히게 되리라.
五月	洛陽城內	偶逢吉人	낙양성 안에서 우연히 길한 사람을 만났다.
	走馬加鞭	財官雙全	닫는 말에 채찍을 더하면 재물과 벼슬이 쌍전하리라.
六月	春草逢雨	日益成長	봄풀이 비를 만났으니 날로 더욱 성장한다.
	經營得力	衣食充足	경영하는 일에 힘을 얻으니 의식이 충족하리라.
七月	朱雀飛鳴	愼之口舌	주작이 날아와 우니 구설수를 삼가라.
	風波行舟	欲進不進	풍파 가운데 배가 행하니 나가고자 하나 나가지 못한다.
八月	每事有期	過限則敗	매사에 기한이 있으니 지나가면 패하도다.
	不休勤勉	事半功倍	쉬지 않고 노력하면 일은 반인데 공은 그 갑절이 된다.
九月	凡事有利	財利入門	범사가 유리하니 재물의 이익이 문 안에 든다.
	貴人來助	利在其中	귀인이 와서 도와주니 이익이 그 가운데 있도다.
十月	心正待時	必有興旺	마음을 바르게 하고 때를 기다리라. 반드시 흥왕하리라.
	勿爲相爭	必有口舌	서로 다투지 마라. 반드시 구설이 있으리라.
十一月	上下和睦	夫婦同樂	상하가 화목하고 부부가 같이 즐거워한다.
	先得大利	後得安靜	먼저는 큰 이익을 얻고 뒤에는 안정을 얻으리라.
十二月	位高心謙	出入無事	지위가 높아도 마음이 겸손하면 출입에 무사하리라.
	家和人平	喜在其中	집안이 화평하니 기쁨이 그 가운데 있으리라.

[六三]

地水師 (지수사)

一陣大風　波濤突起
上下不服　人不信我
行路多阻　凶多吉少
修身待命　吉運到來

일진 대풍에 파도가 돌연 일어난다. 상하가 다 나에게 복종치 아니하며 남이 나를 믿어주지 아니한다. 행하는 길에 막힘이 많으며 흉한 것은 많고 길한 것은 적다. 몸을 닦고 명을 기다리면 길한 운이 이르리라.

正月	進退維谷　難事當頭 事不如意　心恒不安		나가지도 못하고 물러서지도 못하는 어려운 일이 당두하였다. 일이 뜻과 같지 않으니 마음이 항시 불안하리라.
二月	每事勿輕　不然致敗 若無疾病　失物之數		매사를 경솔히 하지 마라. 치패수가 많으리라. 만일 질병이 없으면 실물수가 있도다.
三月	九仞山頭　功虧一簣 初志一貫　可得成功		아홉 길이나 되는 산머리에 한 삼태기의 흙이 모자랐다. 처음 뜻을 하나로 꿰면 가히 성공을 얻으리라.
四月	心勿太急　吉事反凶 事有頭緖　三思行之		마음을 태급하게 먹지 마라. 길한 일이 오히려 흉하게 된다. 일에는 두서가 있으니 깊이 생각한 뒤 행동하라.
五月	持心謙恭　卑己尊人 若爲不然　人被猜忌		마음가짐을 겸손·공순히 하고 자기를 낮추고 남을 존경하라. 만일 그렇지 아니하면 남의 시기함을 입게 되리라.
六月	改則不利　前業固守 投機之事　必見大敗		고치는 것이 불리하니 예전의 사업을 고수하라. 투기성 있는 일은 반드시 큰 실패가 있으리라.
七月	心中不定　吉中藏凶 始終一貫　初志成就		심중을 정하지 못하니 길한 가운데 흉함이 있다. 처음부터 끝까지 한결같으면 처음 뜻을 성취하리라.
八月	桃花侵身　女色愼之 無端之事　口舌臨身		도화살이 몸에 침노하니 여색을 삼가라. 무단한 일로 구설이 몸에 이르리라.
九月	驛路開通　遠行之數 路上有利　偶然橫財		역로가 열려 통하였으니 멀리 출행할 운수로다. 노상의 재수가 있으니 우연히 횡재하게 되리라.
十月	我無相關　勿入是非 訟事隨身　愼之官厄		나에게 상관없는 일이면 시비 가운데 들지 마라. 송사가 몸에 따르니 관액을 조심해야 한다.
十一月	喜悲相雜　吉凶相半 一進一退　得失不一		기쁨과 슬픔이 섞였으니 길흉이 상반한 운이로다. 한 번 나가고 한 번 물러가니 얻고 잃는 것이 일정치 않다.
十二月	無月洞房　花燭再輝 添口添土　喜氣滿室		달이 없는 동방에 화촉이 두 번 밝았다. 식구가 늘고 토지가 느니 기쁜 기운이 집안에 가득하리라.

[六四]

地水師 (지수사)		
威鎭三軍	師出有功	
明察事機	齊家治國	
可進則進	可退則退	
物盛則衰	凡事愼之	

위엄이 삼군을 진압하니 장수가 나가서 공을 세우리라. 사기를 명찰하니 집안을 정돈하고 나라를 다스린다. 나갈 때면 나가고 물러설 때 물러가라. 만물은 성하면 쇠하는 법이니 범사를 삼가여 양보함이 가장 길하리라.

正月	古木逢春 福祿隨身	先困後榮 心身自樂	고목이 봄을 만나니 먼저 곤하고 뒤에 영화로다. 복록이 몸에 따르니 심신이 자연 즐거우리라.
二月	雲龍風虎 富貴無雙	坐鎭大軍 到處春風	용은 구름 좇고 범은 바람 좇으니 앉아서 대군을 진압한다. 부귀가 무쌍할 것이요, 도처에 즐거움이 있으리라.
三月	謀事到處 心正待時	好事多魔 後必成就	꾀하여 이르는 곳에 좋은 일에 마가 많도다. 마음을 바로 갖고 때를 기다리라. 뒤에는 반드시 성취하리라.
四月	進則有憂 好運未到	退則無事 在家守靜	전진하면 근심이 있으나 물러서면 무사하다. 좋은 운이 아직 이르지 않았으니 집에 앉아 정숙히 기다리라.
五月	山紫水明 安居樂業	景光佳麗 飢滄渴飮	산은 수려하고 물은 맑으니 경치가 아름답다. 안거하여 업을 즐기니 주린 자 배부르고 목마른 자 물마신다.
六月	塵土成山 貴人來助	小流成江 家有吉慶	티끌이 모여 산을 이루고 작게 흘러 큰 강이 되었다. 귀인이 와서 도우니 집안에 길한 경사 있으리라.
七月	高官不宜 若爲不然	淸官乃可 必受謀略	고관은 마땅치 않으나 청렴한 벼슬은 좋다. 만일 높은 자리에 임하면 반드시 모략을 받게 되리라.
八月	其進其退 日中則昃	參酌爲之 月滿則虧	나가고 물러감에 있어 생각하고 참작하라. 날이 가운데 있으면 기울고 달이 차면 이지러지는 이치니라.
九月	風亂草木 病厄甚危	日月無光 不然失財	초목이 바람에 어지럽게 불고 일월은 빛이 없다. 병액이 심히 위태할 것이요, 불연이면 재물을 잃게 되리라.
十月	求財四方 在家無益	小得財物 出行得財	사방에 재물을 구하면 작은 것은 얻으리라. 집에 있으면 무익하고 출행하면 재물을 얻는다.
十一月	先行陰德 或有口舌	事必順成 不然身病	먼저 음덕을 행하라. 일이 반드시 순성하리라. 혹 구설이 있을 것이요, 불연이면 신병이 있으리라.
十二月	添口添土 黃雲滿野	財貨如意 五穀占豊	식구가 늘고 토지가 늘며 재화가 여의하도다. 들판에 누런 빛이 가득하니 오곡이 풍년이 되었다.

[六五]

四

| 六 ䷆ | **地水師(지수사)**
任將用師　一戰成功
定難濟弱　威聲大著
田地日增　六畜繁盛
任事得人　謀成志行 | 장수 책임을 맡고 군사를 쓰니 한 싸움에 성공하였도다. 어려움을 평정하고 약한 이를 구제하니 위엄의 명성이 크게 나타나리라. 토지가 날로 더하고 육축이 번성한다. 일을 맡기고자 함에 적당한 이를 얻었으니 뜻하는 일이 성취되리라. |

正月	日光當天　大地明朗 威令赫赫　名振四方		날 빛이 하늘 가운데 당도하니 대지가 명랑하도다. 위령이 혁혁하니 이름을 사방에 떨치리라.
二月	恩反成怨　怨反成恩 若不詳審　恐有災咎		은인이 반하여 원망을 이루고 원수가 반하여 은인이 된다. 옳고 그름을 잘 살피지 않으면 허물과 재앙이 있을까 두렵다.
三月	陰陽配合　萬物生生 萬事從心　人人仰視		음양이 배합하니 만물이 생생한다. 만사가 마음을 좇아오니 사람마다 우러러보리라.
四月	天賜其福　功業可成 財在西方　意外自得		하늘이 그 복을 내려주니 공업을 가히 성취한다. 재물이 서쪽에 있으니 의외로 자연 얻게 되리라.
五月	鳴禽在樹　一箭獲禽 六畜日繁　蠶桑有豊		우는 새가 나무에 있으니 한 화살로 새를 잡도다. 육축이 날로 성할 것이요, 누에 농사도 풍성하리라.
六月	桃花灼灼　鴻雁和鳴 佳人有緣　千里相逢		도화는 작작한데 기러기가 화답하며 울도다. 가인과 인연이 있으니 천리 밖에서 상봉하리라.
七月	朱雀飛來　口舌紛紛 莫近是非　謀事難成		주작이 날아오니 구설이 분분하도다. 시비를 가까이 마라. 꾀하는 일을 이루기 어려우리라.
八月	必愼酒色　恐有身病 莫出遠行　必受其害		반드시 주색을 삼가라. 병이 있을까 두렵다. 먼 곳에 출행하지 마라. 반드시 그 해를 받으리라.
九月	位高望重　言論機關 名振遠近　人皆仰視		지위가 높고 명망이 중한데 언론기관이 좋다. 이름을 원근에 떨치니 사람이 모두 우러러보리라.
十月	年少靑春　金榜掛名 婚姻之慶　生男之數		연소 청춘에 문과에 급제하였다. 혼인의 경사도 있을 것이요, 생남할 운수도 있도다.
十一月	缺月復圓　失者更得 文書有吉　大事成就		이지러진 달이 다시 둥그니 잃은 것을 다시 찾게 된다. 문서의 길함이 있으니 큰 일을 성취하리라.
十二月	此動彼應　每事如意 兩人相合　琴瑟之樂		이것이 동하면 저것이 응하니 매사에 여의하도다. 두 사람이 서로 합하니 금슬의 즐거움이 있으리라.

四二

[上六]

六 ䷆	地水師(지수사) 旱天甘雨　百穀豊登 身上有吉　貴人來助 事有分數　莫貪虛慾 自公得吉　必是貴人	가문 하늘에 단비가 내리니 백 가지 곡식이 풍등하도다. 신상의 길함이 있으니 귀인이 와서 도우리라. 일에는 분수가 있으니 허욕을 탐하지 마라. 공공의 일로 인하여 길함을 얻는 운이니 반드시 귀인의 도움이 있으리라.
正月	鼠入倉庫　財穀豊盛 分外之事　行則不利	쥐가 창고에 들어갔으니 재물과 곡식이 풍성하도다. 분수 밖의 일을 행하면 불리하리라.
二月	文化爲財　利益多有 衣食不窮　上下和樂	문서가 화하여 재물이 되니 이익이 많이 있도다. 의식이 궁하지 아니하니 상하가 화락하리라.
三月	利在南方　出行得利 謀事不明　乘機可行	이익이 남방에 있으니 출행하면 이를 얻으리라. 꾀하는 일이 분명치 않으니 기회를 타서 행함이 가하다.
四月	兩人同心　何事不成 貴人扶助　可得千金	두 사람의 마음이 같으니 무슨 일인들 되지 않으리요. 귀인이 붙들어 주니 가히 천금을 얻으리라.
五月	洞房華燭　佳人相對 月出瑤臺　天地明朗	동방화촉에 가인과 서로 대하였도다. 달이 요대에 나왔으니 천지가 명랑하리라.
六月	日麗風暖　萬花方暢 徘徊四方　玩賞風景	날이 곱고 바람이 따뜻하니 만 가지 꽃이 방창하도다. 사방에 배회하며 좋은 풍경을 완상하게 되리라.
七月	勿恃權力　月滿則虧 莫近是非　官災難免	권력을 믿지 마라. 달이 둥글면 이지러진다. 시비를 가까이 마라. 관재수를 면하기 어려우리라.
八月	狡兔旣死　走狗無用 背恩之事　彼此有之	교활한 토끼가 이미 죽었으니 개가 달린들 쓸데없다. 은혜를 저버리는 일이 피차간에 있게 된다.
九月	蘭生幽谷　自有淸香 君子修德　知之者稀	깊은 골짜기에 난초가 나니 자연 맑은 향기가 있다. 군자가 덕을 닦았으나 알아주는 이가 드물다.
十月	以大易小　必有損害 以財傷心　勿貪虛慾	큰 것으로 작은 것과 바꾸니 반드시 손해가 있으리라. 재물로써 상심하게 되리니 허욕을 탐하지 마라.
十一月	東園桃李　始結其子 家有喜事　膝下之慶	동쪽 뜰의 도화 이화가 마침내 그 열매를 맺었다. 집안에 기쁜 일이 있으니 슬하의 경사로다.
十二月	雨順風調　百穀豊登 自得千金　廣置田宅	비가 순히 오고 바람이 고르게 부니 백곡이 풍등하도다. 자연히 천금을 얻으니 널리 전장을 장만하리라.

[初六]

水地比 (수지비)

至誠修道　天地感應
優遊安樂　立身揚名
知己相遇　百謀稱心
福星照臨　衣祿自有

지성으로 도를 닦으면 천지가 감응한다. 넉넉히 놀고 편안할 것이요, 입신양명하리라. 지기가 서로 만나니 백 가지 꾀함이 마음을 따른다. 복된 별이 조림하니 의록이 자연 있으리라.

正月	得失雖有　心身自安 安貧樂道　優遊歲月	얻고 잃음이 비록 있으나 심신은 자연 편안하도다. 가난함을 편히 알고 도를 즐기니 한가롭게 세월을 보내리라.
二月	心無妄慾　凶厄不至 或有口舌　自然消滅	마음에 망령된 욕심이 없으니 흉액이 이르지 아니한다. 혹 구설수가 있으나 자연히 소멸하리라.
三月	尋芳春日　花開春林 兩人情合　婚姻之慶	봄날을 심방하니 꽃이 봄 수풀에 피었도다. 두 사람의 뜻이 합하니 혼인의 경사 있으리라.
四月	身出旅路　玄武當前 若無失物　意外逢變	몸이 나그네 길에 나가니 현무가 앞에 당하였다. 만일 실물수가 아니면 의외의 변을 당하리라.
五月	風吹雲散　月華明照 貴人助我　所望如意	바람이 불고 구름이 흩어지니 달이 밝게 비추었도다. 귀인이 나를 도와주니 바라는 바가 여의하리라.
六月	今月之運　靑雲有路 貴人薦拔　可得功名	이 달의 운수는 벼슬할 길이 트였도다. 귀한 사람이 나를 천거하니 가히 공명을 얻으리라.
七月	吉星照門　意外得財 先得後失　吉凶相半	길성이 문 안에 비치니 뜻밖의 재물을 얻는다. 먼저는 얻으나 뒤에 잃으니 길흉이 서로 반반되리라.
八月	古木回春　終時有光 始終一貫　何事不成	마른 나무에 봄이 돌아오니 마침내는 영광이 있도다. 시종을 하나로 꾀니 무슨 일인들 성취 못하리요.
九月	春日載陽　群芳日新 厄消福來　喜滿一家	봄날에 양기를 실었으니 방초 무리가 날로 새롭다. 액이 사라지고 복이 오니 기쁨이 일가에 가득하리라.
十月	一去一來　吉凶難辨 人多猜忌　凡事愼之	한 가지는 가고 한 가지는 오니 길흉을 분변키 어렵다. 사람의 시기함이 많으니 범사를 매양 삼가라.
十一月	春不耕種　秋必後悔 勤勉努力　每事有成	봄날에 갈고 뿌리지 않으면 가을에 반드시 후회한다. 부지런히 노력하라. 매사에 성취함이 있으리라.
十二月	小營可期　大計反凶 若不謹愼　兩者皆失	작은 경영은 가히 기약하나 큰 계획은 반대로 흉하다. 만일 근신하지 않으면 두 가지를 모두 잃게 되리라.

水地比(수지비)

掘地得金　終見亨通
險中有泰　凶反爲吉
貴人助祐　權勢可得
淑女得配　賢人君子

땅을 파고 금을 얻으니 마침내는 형통하리라. 험한 가운데에도 태평함이 있으니 흉한 것이 오히려 길한 것이 된다. 귀인이 도와주니 권세도 가히 얻으리라. 숙녀가 배필을 얻고자 하면 현인 군자를 만나게 되리라.

正月	春氣和暢　芝蘭有慶 若非如此　親患奈何	봄기운이 화창하니 슬하의 경사가 있도다. 만일 이같지 않으면 부모의 근심을 어찌하리요.
二月	採藥飮水　樂在其中 兩人相對　一杯一杯	약을 캐고 물을 마시니 즐거움이 그 가운데 있도다. 두 사람이 서로 대하여 한잔 한잔 술을 마신다.
三月	禍去福來　一身安樂 南方有財　出則必得	재앙이 가고 복이 오니 일신이 안락하도다. 남방에 재물이 있으니 나가면 반드시 얻게 되리라.
四月	倚附他勢　營謀易成 田土有增　自有其樂	남의 세력에 의존하면 꾀하는 일이 쉽게 이루어진다. 전토의 늘어남이 있으니 자연히 그 즐거움이 있다.
五月	有雲靑天　日色不明 勿信親人　反被其害	청천에 구름기가 있으니 날 빛이 밝지 못하다. 친한 사람의 말을 믿지 마라. 반대로 그 해가 있으리라.
六月	月明客窓　佳人回頭 若不謹愼　酒色見敗	객창에 달이 밝은데 아름다운 사람이 기웃거린다. 만일 근신하지 않으면 주색으로 패를 보리라.
七月	佳人得配　賢人君子 身數平吉　財數不利	남자는 가인을 만나고 여자는 군자를 만난다. 신수는 평길하나 재수는 불리하리라.
八月	千里他鄕　故人相逢 陰陽和合　必有慶事	천리타향에서 고인을 상봉하였도다. 음양이 화합하니 반드시 경사가 있으리라.
九月	水厄可畏　行船不利 惡夢不離　愼之愼之	수액이 가히 두려우니 배타는 것이 불리하도다. 악몽이 떠나지 않으니 삼가고 삼가라.
十月	財數論之　努力後得 與人謀事　可得成功	재수를 논하건대 노력한 뒤에 얻으리라. 남과 더불어 일을 꾀하면 가히 성공을 얻으리라.
十一月	家中有厄　堂上之憂 若非服制　家中有災	집안에 액이 있으니 부모의 근심이로다. 만일 복제수가 아니면 다른 재앙이 집안에 있으리라.
十二月	福星照臨　百謀遂心 求財遠方　金銀自來	복된 별이 비쳐 임하니 백 가지 꾀함이 마음과 같다. 먼 곳에서 재물을 구하니 금은이 자연히 이르리라.

水地比 (수지비)

六三

緣非佳緣　配無正配
無端風雨　於焉春去
心緒散亂　終有失志
今年之運　凶多吉少

인연이 아름다운 인연이 아니니 배필도 올바른 배필이 아니다. 무단한 풍우가 있으니 어언간 좋은 때가 지나가 버렸다. 마음이 산란하니 마침내 뜻을 잃는다. 금년의 운수는 흉한 일이 많고 길한 일이 적으리라.

正月	日中不快　好事多魔 心有不足　一事無成	하루를 불쾌하게 보내니 좋은 일에 마가 많도다. 마음에 부족함이 있으니 한 가지 일도 성취함이 없다.
二月	平地風波　自起自落 謹愼爲主　勿爲虛慌	평지의 풍파는 자연히 일어나고 자연히 떨어진다. 근신함을 주로 삼고 허황된 일을 하지 마라.
三月	匪人同船　或恐有害 雖有生財　少得多失	나쁜 사람과 같이 배를 탔으니 혹 해를 입을까 두렵다. 비록 재물이 생기게 되나 적게 얻고 많이 잃는다.
四月	欲決未決　失敗多端 事多未決　有始無終	결정짓고자 하나 결정을 못하니 실패가 다단하도다. 일에 미결됨이 많으니 처음은 있으나 마침이 없으리라.
五月	六親無德　子子無依 四顧無親　離鄕可矣	육친의 덕이 없으니 혈혈단신으로 의지가 없도다. 사방을 보아도 친한 이가 없으니 고향을 떠나감이 옳으리라.
六月	漂泊東西　周遊求財 勤勉不怠　小財可得	동서에 표박하며 이곳저곳에 재물을 구하여 다닌다. 부지런하고 게으르지 않으면 작은 재물은 가히 얻으리라.
七月	人不知我　自嘆空舍 回顧往事　每事如夢	남이 나를 알아주지 않으니 빈 집에 앉아 자탄하도다. 지난 일을 돌이켜보면 매사가 모두 꿈과 같도다.
八月	事物之間　皆有定數 大利未就　小貪可得	일이나 물건에는 모두 정해진 운수가 있다. 큰 이익은 이루지 못하나 작게 탐하면 가히 얻으리라.
九月	莫守固執　過則失敗 與人和同　人必助我	고집을 부리지 마라. 지나치면 실패한다. 남과 더불어 같이 화목하면 사람이 반드시 나를 도우리라.
十月	君臣相疏　國家不安 夫妻反目　不然是非	군신의 거리가 서로 머니 국가가 불안하도다. 부부 의가 좋지 못할 것이요, 그렇지 않으면 시비가 있다.
十一月	雷門一聲　手足有傷 身數不利　莫行險地	우뢰소리가 문에 들리니 수족의 상함이 있다. 신수가 불리하니 험한 곳에 가지 마라.
十二月	雖有親戚　皆非可信 舟行風雨　失意自嘆	비록 친척이 있다 하나 가히 모두 믿지 못한다. 풍우 가운데 배를 저어가니 뜻을 잃고 자탄하리라.

[六四]

水地比 (수지비)

```
二人同心    事必遂意
初困後泰    喜滿家庭
偶得貴人    富貴雙全
掘地得金    終見亨通
```

두 사람이 마음을 같이하니 일이 반드시 뜻과 같다. 처음은 곤하고 뒤에 태평하니 집안에 기쁨이 가득하리라. 우연히 귀인을 만나게 되니 부귀가 쌍전하도다. 땅을 파서 금을 얻으니 마침내 형통함을 보게 되리라.

正月	卑己尊人　人多悅服 身登靑雲　錦衣還鄕	자신을 낮추고 남을 높이니 사람마다 기뻐 복종한다. 몸이 벼슬길에 올랐으니 비단옷 입고 고향에 돌아가리라.	
二月	子丑兩日　偶逢貴人 月明南陽　三顧草廬	자축 양일에 우연히 귀인을 만난다. 달이 남양에 밝으니 귀인이 세 번 심방한다.	
三月	雲捲靑天　日月更明 所望如意　事事亨通	푸른 하늘에 구름이 걷히니 일월이 다시 명랑하도다. 소망이 여의하니 일마다 형통하리라.	
四月	投釣深淵　金鱗可得 謀事必中　何事不成	깊은 못에 낚시를 드리우니 금잉어를 가히 얻는다. 꾀하는 바가 반드시 적중하니 무슨 일인들 이루지 못하리요.	
五月	交友必擇　愼勿從遊 錢財有欠　且有口舌	벗을 가리어 사귈 것이니 같이 노는 것을 삼가라. 금전의 결점이 있으며 또한 구설도 있도다.	
六月	身登龍門　登科之數 所望如意　事事亨通	몸이 공문에 오르니 벼슬할 운수로다. 바라는 바가 뜻과 같으니 일마다 형통하리라.	
七月	培養其根　枝葉自盛 因人成事　花落結實	그 뿌리를 잘 북돋우면 가지와 잎이 자연 무성한다. 남으로 인하여 일을 이루니 그 결실을 맺게 되리라.	
八月	雲外佳音　所營如意 東方貴人　意外助我	구름 밖에 가품이 들리니 경영하는 일이 뜻과 같도다. 동방의 귀인이 의외로 나를 도와준다.	
九月	春風桃李　秋月芙容 與人謀事　終成大功	춘풍의 도화 이화요, 가을달의 부용꽃이로다. 남과 더불어 일을 도모하면 마침내 큰 공을 성취하리라.	
十月	上下和順　一室安康 一有困厄　莫近是非	상하가 화순하니 온 집안이 편안하다. 한때 곤액이 있을 것이니 시비를 가까이 하지 마라.	
十一月	添口添土　財産有足 金玉滿堂　富如石崇	인구가 더하고 토지가 느니 재산의 족함이 있다. 금옥이 집에 가득하니 부함이 석숭과 같으리라.	
十二月	君唱臣和　名振四方 千里遠程　喜逢貴人	군신이 화목하니 이름을 사방에 떨치도다. 천리 밖 먼 길에서 기쁘게 귀인을 만나리라.	

[九五]

水地比 (수지비)

以臣遇君　功名必得
掘地見金　先困後榮
川流不息　富貴長遠
添口添土　家道昌盛

신하로서 임금을 만나니 반드시 공명을 얻게 된다. 땅을 파서 금을 보게 되니 먼저는 곤하나 뒤에 영화가 있다. 냇물이 쉬지 않고 흐르니 부귀도 장원하다. 식구가 늘고 토지도 불으니 가도가 창성하게 되리라.

正月	四野回春　物物回生 乘機而進　身有榮貴	사방 들에 봄이 돌아오니 만물이 회생한다. 기회를 타서 진출하면 일신의 영귀함이 있으리라.
二月	吉運已回　喜事重重 雲散月出　天地明朗	길운이 이미 돌아오니 기쁜 일이 중중하도다. 구름이 흩어지고 달이 나오니 천지가 명랑하리라.
三月	龍得明珠　造化無窮 事事如意　人多欽仰	용이 밝은 구슬이 얻었으니 조화가 무궁하도다. 일마다 여의할 것이요, 사람마다 우러러보리라.
四月	一事多滯　一事順成 成敗不同　終無損益	한 가지 일은 막힘이 많고 한 가지 일은 순조롭게 된다. 성패가 한결같지 않으니 마침내 손해도 이익도 없으리라.
五月	若非家憂　一次身病 出行不利　在家無損	만일 집안의 우환이 아니면 한 차례 신병이 있으리라. 출행하면 이롭지 못하니 집에 있으면 손해가 없으리라.
六月	天佑神助　何事不成 若行西方　意外橫財	하늘이 돕고 신이 도와주니 무슨 일인들 이루지 못하리요. 만약에 서쪽 방위로 행차하면 뜻밖에 횡재함이 있으리라.
七月	一枝春心　子規哀鳴 他鄕雖好　不如歸家	한 가지 봄 마음에 자규가 슬피 운다. 타향이 비록 좋으나 집에 있음만 같지 못하다.
八月	庭前寶樹　花落結實 祥夢枕上　子孫有慶	뜰 앞의 보배 나무는 꽃이 지고 그 열매를 맺었다. 베개 위의 상서로운 꿈은 자손의 경사 볼 징조다.
九月	靑鳥傳信　喜事將至 家有吉慶　和氣滿堂	청조가 소식을 전하니 기쁜 일이 장차 이르리라. 집안에 길한 경사가 있으니 화기가 만당하리라.
十月	魚入大海　意氣揚揚 財在路上　出求必得	고기가 큰 바다에 들어가니 의기가 양양하도다. 재물이 길 위에 있으니 나가서 구하면 반드시 얻게 되리라.
十一月	家有吉慶　賀客雲集 功成名立　到處有權	집안에 길한 경사가 있으니 축하객이 구름같이 모인다. 공을 이루고 이름을 날리니 도처에 권세가 있으리라.
十二月	若無服制　荊宮有厄 財數大吉　口舌紛紛	만일 복제수가 없으면 부부 중에 액이 있다. 재수는 대길하나 구설은 분분하리라.

〔上六〕 水地比(수지비)

浮雲蔽日　陰陽不辨
運數不利　事多有滯
夫妻反目　家中不和
災殃突起　喪厄難免

뜬구름이 날 빛을 가리니 좋고 나쁜 것을 분변치 못한다. 운수가 불리하니 일에 막힘이 많으리라. 부처간에 의가 좋지 못하니 집안이 불화하도다. 재앙이 돌연 일어날 것이요, 상액을 면하기 어려우리라.

正月	機會多失　後悔莫及 一事未決　身厄常隨		기회를 많이 잃으니 후회막급이로다. 한 가지 일도 결정되지 않으며 신액이 항시 따르리라.
二月	諸般所營　有頭無尾 勿思他職　前業固守		제반 경영하는 바는 머리만 있고 꼬리가 없도다. 다른 직업을 생각하지 마라. 종전의 업을 고수해야 한다.
三月	任重道遠　泰山當前 心身困苦　是何風霜		책임은 많고 갈 길은 먼데 태산이 앞에 당두하였도다. 몸과 정신이 곤고하니 이 어인 풍상이뇨.
四月	家中有厄　恐有受弔 祈禱名山　或免喪厄		집안에 액이 있으니 조상객을 받을 일 있을까 두렵다. 명산에 기도하라. 혹 상액을 면하리라.
五月	謀事到處　人多毀謗 都無成事　虛送歲月		꾀를 세워 나가는 길에 많은 사람이 훼방한다. 도무지 되는 일이 없음에 세월만 헛되이 보내리라.
六月	獨行山野　四顧無親 若無是非　口舌難免		산과 들을 홀로 걸어가니 사방을 보아도 친한 이 없다. 만일 다투는 일이 없으면 구설수를 면키 어려우리라.
七月	十年守燈　功業未成 屈己待命　晚時小運		십 년을 공부하였으나 아직 공업을 이루지 못하였다. 몸을 굽히고 운명을 기다리라. 늦게 작은 운을 만나리라.
八月	運數否塞　每事不利 安靜不凶　動則不利		운수가 비색하니 매사가 불리하도다. 가만히 있으면 흉하지 않으나 움직이면 이롭지 못하리라.
九月	先失後得　終時有吉 財運亨通　衣食自足		먼저는 잃고 뒤에 얻으니 마침내는 길함이 있도다. 재물운이 형통하니 의식이 자연 족하리라.
十月	親人不親　恩反爲怨 修善自省　以待吉時		친한 사람이 친하지 못하고 은인이 반대로 원수가 된다. 착한 일을 하고 스스로 반성하며 길한 때 이르기를 기다리라.
十一月	上下不和　運也奈何 功業難成　況乎口舌		위와 아래가 불화하니 운이라 어이하리요. 공업도 이루기 어려운데 하물며 구설이요.
十二月	今逢吉運　災消福來 意外得財　事亦順成		이제야 길운을 만났으니 재앙이 가고 복이 오도다. 뜻밖의 재물을 얻을 것이요, 사업도 또한 순조롭게 이루리라.

[初九] 四九

五二 風天小畜(풍천소축)

知進知退　自有快樂
雲散天晴　水月澄明
吉運來到　得意靑雲
吉中少欠　後有失業

나가고 물러감을 아니 자연 쾌락함이 있다. 구름이 흩어지고 하늘이 개이니 물과 달이 맑고 맑다. 길운이 돌아오니 청운의 뜻을 얻었다. 길한 가운데 조금 흠이 있으니 뒤에는 업을 잃으리라.

正月	今月之運　身旺財旺 貴人在近　吉事將臨		금월의 운수는 신이 왕하고 재가 왕하다. 귀인이 가까운 곳에 있으니 길한 일이 장차 이르리라.
二月	順理而行　知機而止 一心安閑　靜中自樂		순리로 행동하고 기틀을 알아 그치라. 한 마음이 편안하니 고요한 가운데 자연 즐거우리라.
三月	若非膝憂　一驚火厄 因人得財　衣食豊足		만일 슬하의 근심이 아니면 한 번 화액으로 놀란다. 사람으로 인하여 재물을 얻으니 의식이 풍족하리라.
四月	靜則吉利　動則生凶 獨立無依　何人來助		정숙하면 길리하고 움직이면 흉함이 생긴다. 홀로 서서 의지가 없으니 누가 와서 도와주리요.
五月	人間萬事　意中不在 樂山樂水　不知歲月		인간 만사는 뜻 가운데 있지 않다. 산수를 즐기며 세월 가는 줄을 알지 못한다.
六月	園中花木　爭姸開發 一朝登程　靑雲在邇		동산의 꽃나무가 아름다움을 다투어 피었다. 하루 아침에 등정하니 벼슬길이 가까이 있다.
七月	一舟離岸　往來千里 一身多事　亦多成果		한 번 배가 언덕을 떠나니 천리를 왕래한다. 일신이 일이 많으니 또한 성과도 많으리라.
八月	偶逢吉人　所營得利 莫近邪計　禍厄不至		우연히 길인을 만나서 경영하는 바 이를 얻는다. 간사한 꾀를 가까이 마라. 화액이 이르지 않으리라.
九月	有禮有德　貴人顧我 所願易就　得意揚揚		예의가 있고 덕이 있으면 귀인이 나를 돌보아 준다. 소원을 쉽게 이루니 득의양양하리라.
十月	逆路還家　兒孫牽衣 失者復職　營事可成		길을 거슬러 집으로 오니 아손이 옷깃을 잡는다. 실업자는 직장을 회복하고 경영하는 일은 성공하리라.
十一月	朱雀一雙　雙飛雙鳴 口舌之數　知而難免		주작 한 쌍이 쌍으로 날아와 쌍으로 운다. 구설의 수를 알고도 면키 어려우리라.
十二月	諸般之事　猶豫不可 事積泰山　速決則吉		제반지사는 망설임이 옳지 못하다. 일이 태산같이 쌓였으니 속히 결정함이 길하리라.

風天小畜 (풍천소축)

池魚出海　得意揚揚
親賢擇友　身登靑雲
若非登科　所營如意
上下同心　合作最吉

연못 고기가 바다에 나오니 뜻을 얻어 양양하도다. 어진 이를 친하고 사람을 가리어 벗삼으니 몸이 벼슬길에 오른다. 만일 등과수가 아니면 경영하는 바가 여의하리로다. 상하가 마음을 같이하니 합작하는 일이 가장 길하다.

正月	驛路開通 若無此事	遠行之數 舊業改革	역로가 개통하였으니 원행할 운수로다. 만일 이러한 일이 없으면 옛 직업을 바꾸리라.
二月	朋友有信 一登龍門	家被其助 治民治政	붕우간에 믿음이 있으면 그 도움을 받게 된다. 한 번 용문에 오르니 백성을 다스리고 정치를 다스린다.
三月	勿交小人 本業固守	有害無益 所營保存	소인과 사귀지 마라. 해가 있고 이익이 없도다. 본업을 굳게 지키면 경영하는 바를 보존하리라.
四月	事積泰山 因人借力	我力不足 諸事乃成	일이 태산처럼 쌓였으나 나의 힘이 부족하다. 사람으로 인하여 힘을 빌리면 모든 일을 성취하리라.
五月	日暖風和 所業遂意	花開鳥鳴 金玉滿堂	날이 따뜻하고 바람이 화순하니 꽃이 피고 새가 운다. 사업이 뜻을 좇으니 금옥이 만당하리라.
六月	猛虎出林 先困後吉	氣勢當當 自此安樂	맹호가 수풀에 나오니 그 형세가 당당하도다. 먼저는 곤하고 뒤에 길하니 이로부터 안락하리라.
七月	月明樓上 莫近女人	妖女笑立 損名損財	달이 다락 위에 밝으니 요녀가 웃고 섰다. 여인을 가까이 마라. 재물과 명예를 손상하리라.
八月	龍生頭角 金榜掛名	行雲施雨 頭揷桂花	용이 두각이 생겼으니 구름이 행하고 비가 내린다. 금방에 이름을 걸고 머리에 계화를 꽂았다.
九月	愼口勿言 心中有憂	口舌來侵 安靜則吉	입을 조심하여 말하지 마라. 구설이 와서 침노한다. 심중에 근심이 있으나 안정하면 길하리라.
十月	飛龍在天 財在南北	利見大人 求之必得	나는 용이 하늘에 있으니 대인을 봄이 이롭다. 재물은 남북에 있으니 구하면 반드시 얻으리라.
十一月	若不親賢 人多猜我	小人自來 財祿有害	만일 어진 이를 친하지 않으면 소인이 자연 이른다. 많은 사람이 나를 시기하니 재록의 해가 있으리라.
十二月	鵲噪屋上 修身謹愼	一聞喜信 人被猜忌	까치가 옥상에서 지저귀니 한 번 기쁜 소식을 듣는다. 몸을 닦고 근신하라. 사람의 시기함을 입으리라.

五二 〔九三〕

風天小畜(풍천소축)

運如滿月 退位自重
太剛則折 寬柔爲德
家有紛亂 夫妻反目
勿貪高位 反遭人害

운이 둥근 달과 같으니 지위를 물러서서 자중하라. 태강하면 꺾이나니 관유하면 덕이 된다. 집안에 분란이 있으니 부처가 반목한다. 높은 위치를 탐하지 마라. 오히려 사람의 해를 만나리라.

正月	求珠海遠	求兎山深	구슬을 구함에 바다가 멀고 토끼를 구함에 산이 깊다.
	營事有阻	勿勞心身	경영하는 일에 막힘이 있으니 심신을 수고하지 마라.
二月	莫守固執	事有順序	고집을 부리지 마라. 일에는 순서가 있다.
	逆耳之聲	終也忠言	귀에 거슬리는 소리가 마침내는 충언이 되리라.
三月	不從人言	後悔莫及	남의 말을 좇지 않으면 후회가 막급이로다.
	君臣疎遠	終當失位	임금과 신하가 멀어지니 마침내 지위를 잃게 되리라.
四月	妖女窺墻	一近女色	요녀가 담장 안을 엿보니 한 번 여색을 가까이 한다.
	莫犯女色	夫妻反目	여색을 범하지 마라. 부부가 불화하리라.
五月	勿爲妄動	必有失敗	망동하지 마라. 반드시 실패가 있도다.
	六親不睦	朋友疎遠	육친간에 화목치 못하고 붕우간이 멀어지리라.
六月	失意失業	漂流南北	뜻을 잃고 업을 잃으니 남북에 표류한다.
	前途暗昧	世事如夢	앞 길이 어두우니 세상 일이 꿈과 같도다.
七月	家中不和	每事無益	집안이 불화하니 매사가 무익하도다.
	持心正大	乃可成功	마음을 정대하게 가지면 이에 가히 성공하리라.
八月	榮華已盡	一步退之	영화가 이미 다했으니 한 걸음 물러서라.
	卑己尊人	可保前業	나를 낮추고 남을 높이면 가히 전업을 보전하리라.
九月	驛馬星照	遠行之數	역마성이 비쳤으니 원행할 운수로다.
	身出他鄕	財利隨身	몸이 타향에 나가면 재리가 몸에 따르리라.
十月	以臣逢君	人之所願	신하가 임금을 만남은 사람의 소원이로다.
	修身修德	君恩莫重	몸을 닦고 덕을 닦으면 군은이 막중하리라.
十一月	陰長陽消	小人作害	음이 자라고 양이 사라지니 소인이 해를 짓는다.
	杜門不出	以待吉時	문을 닫고 나가지 말고 길한 때 이르기를 기다리라.
十二月	月入雲間	不見好月	달이 구름 사이로 들어가니 좋은 달을 보지 못한다.
	若非損財	橫厄可畏	만일 손재수가 아니면 횡액이 가히 두렵다.

〔六四〕

五二

 **風天小畜(풍천소축)**

喜逢大人	一朝顯名
官人榮轉	庶民得財
若不然也	移徙之數
初雖辛苦	晩得吉運

기쁘게 대인을 만나니 일조에 이름을 나타낸다. 관리는 영전하고 서민은 재물을 얻으리라. 만일 그렇지 않으면 이사할 운수로다. 처음에 비록 신고하나 늦게 길운을 얻으리라.

正月	千里他鄕	喜逢故人	천리 타향에서 기쁘게 고인을 만난다.
	厄運已消	前途明朗	액운이 이미 사라지니 전도가 명랑하리라.
二月	陽春來到	物物新生	양춘이 와서 이르니 물건마다 새로 생긴다.
	志氣漸伸	每事順成	지기를 점차로 펴니 매사가 순조로우리라.
三月	泛舟滄海	歸路萬里	창해에 배를 띄우니 돌아올 길이 만리로다.
	順風一吹	漸時歸還	순풍이 한 번 불어오니 잠시간에 귀환하리라.
四月	莫重大事	持疑未決	막중한 대사를 의심을 갖고 결정을 못한다.
	可否難分	一無成事	옳고 그름을 구분키 어려우니 하나도 되는 일이 없으리라.
五月	人多害我	心身不平	사람이 많이 나를 해하니 심신이 불평하도다.
	莫貪虛慾	反有損失	허욕을 탐하지 마라. 오히려 손실이 있으리라.
六月	一事長留	厭症方生	한 일에 오래 머무르니 싫은 마음이 생긴다.
	若逢貴人	一朝升進	만일 귀인을 만나면 일조에 승진하리라.
七月	家有喜事	必是弄璋	집안에 기쁜 일이 있으니 필시 생남할 운수로다.
	營事日昌	財祿如意	경영하는 일이 날로 창성하니 재록이 여의하리라.
八月	轉禍爲福	心中無憂	화가 굴러 복이 되니 심중에 근심이 없다.
	西南之間	意外橫財	서쪽·남쪽 사이에서 의외의 횡재를 하게 되리라.
九月	小人不吉	君子有吉	소인은 불길하나 군자는 길함이 있다.
	絶處逢生	凶中有吉	막다른 곳에서 생을 만나니 흉한 가운데 길이 있으리라.
十月	莫近是非	財星有害	시비를 가까이 마라. 재물의 해가 있도다.
	若遇人助	金銀自得	만일 사람의 도움을 만나면 금은을 자연 얻으리라.
十一月	吉星來照	家有喜事	길성이 와서 비치니 집안에 기쁜 일이 있다.
	花落結實	生男之慶	꽃이 지고 열매를 맺으니 생남할 경사로다.
十二月	莫信人言	反有不利	남의 말을 믿지 마라. 오히려 불리하도다.
	損財之數	去來愼之	손재수가 있으니 거래를 삼가라.

[九五]

五二 風天小畜(풍천소축)

半月漸圓　喜滿一家
貴人有助　功成名立
鼠入倉庫　衣祿豊隆
財源如泉　手弄千金

반달이 점차 둥그니 기쁨이 일가에 가득하다. 귀인의 도움이 있으니 공을 이루고 이름을 세우리라. 쥐가 창고에 들었으니 의록이 풍륭하도다. 재원이 샘과 같으니 손으로 천금을 희롱하리라.

正月	人有多助　凡事可就 若非移徙　改業則吉	사람의 도움이 많이 있으니 범사를 가히 이룬다. 만일 이사하지 않으면 업을 바꿈이 길하리라.
二月	偶然得財　生計自足 以小易大　終成富家	우연히 재물을 얻으니 생계가 자연 족하다. 작은 것으로 큰 것을 바꾸니 마침내 부가를 이루리라.
三月	到處有財　出行得利 名利俱存　人人仰視	도처에 재물이 있으니 출행하면 재물을 얻는다. 명리가 구존하니 사람마다 우러러보리라.
四月	一枝春雨　花開爛漫 經營之事　必是成功	한 가지에 봄비가 오니 꽃이 난만하게 피었다. 경영지사는 필시 성공하리라.
五月	忽見貴人　百謀皆成 一身平安　和氣滿堂	홀연히 귀인을 보니 백 가지 꾀를 다 이룬다. 일신이 평안하고 화기가 집안에 가득하리라.
六月	上下和睦　夫唱婦隨 一心同體　何事不成	상하가 화목하니 부부의 금슬도 좋다. 일심동체가 되었으니 무슨 일인들 이루지 못하리요.
七月	天地相應　萬物生生 鴛鴦相逢　婚姻之慶	천지가 서로 응하니 만물이 생생한다. 원앙이 서로 만났으니 혼인의 경사로다.
八月	船泊于岸　不畏風浪 災消福來　回笑往事	배를 언덕에 대니 풍랑이 두렵지 않다. 재앙이 사라지고 복이 오니 지나간 일을 돌아보고 웃으리라.
九月	十年燈下　學問皆成 青雲有路　錦衣還鄉	십 년을 등불 아래 근고하니 학문이 다 성취되었다. 벼슬의 길이 열렸으니 금의환향하리라.
十月	天賜厚福　何事憂之 時逢好運　百事俱順	하늘이 두터운 복을 내려주니 무엇을 근심하리요. 때때로 좋은 운을 만나니 백 가지 일이 함께 순탄하다.
十一月	千里旅程　喜逢故人 若非橫財　疾病加身	천리의 여정에서 기쁘게 고인을 만났다. 만일 횡재수가 아니면 질병이 몸에 덮치리라.
十二月	心大不成　安分上策 若逢貴人　晚時成功	마음은 크나 이루지 못하니 분수를 지킴이 가장 좋다. 만약 귀인을 만나게 되면 늦게 성공하리라.

[上九]　　　　　　五四

五二 ䷈	風天小畜(풍천소축)	달이 동쪽 마루에 떠오르니 천지가 명랑하도다. 한 번 근심된 일이 있으니 소인의 간계로다. 과욕을 탐하지 마라. 오히려 그 해를 받는다. 분수를 알고 정숙하면 아무 일 없이 태평하리라.
	月出東嶺　天地明朗 一有憂事　小人奸計 莫貪過慾　反受其害 知分守靜　無事太平	

正月	名利旣得　必思隱退 安分知辱　一身無事	명리를 이미 얻었으니 반드시 은퇴함을 생각하라. 분수를 알고 욕됨을 알면 일신이 무사하리라.
二月	大業不可　少財可得 動則不利　安分生喜	대업은 불가하나 적은 재물은 가히 얻으리라. 동하면 불리하고 분수를 편안히 하면 기쁨이 생긴다.
三月	雲捲靑天　明月自新 貴星照門　因人成事	구름이 청천에 걷히니 밝은 달이 스스로 새롭다. 귀성이 문에 비치니 사람으로 인하여 성공한다.
四月	守分安居　天賜其福 若非生産　官祿臨身	분수를 지키고 편안히 거하면 하늘이 그 복을 준다. 만일 생산을 아니하면 관록이 몸에 임하리라.
五月	若不祈禱　家有疾苦 官鬼發動　出外失敗	만일 기도하지 않으면 집안에 질고가 있다. 관귀가 발동하니 밖에 나가면 실패하리라.
六月	興盡悲來　苦盡甘來 若不豫防　失敗多端	흥이 다하면 슬픔이 오고 고가 다하면 단것이 온다. 만일 예방하지 않으면 실패가 다단하리라.
七月	魚龍在淵　貴人薦拔 變化風雲　食祿充足	어룡이 연못에 있으니 귀인이 천발하여 준다. 풍운의 변화를 부리니 식록이 충족하리라.
八月	月圓則缺　器滿則溢 不知進退　必見官災	달이 둥글면 이지러지고 그릇이 차면 넘친다. 진퇴를 알지 못하면 반드시 관재수를 보리라.
九月	莫近賭博　損財不免 前業固守　庶無損財	도박을 가까이 마라. 손재를 면치 못하리라. 전업을 고수하면 손실함이 없으리라.
十月	月入雲間　都是不明 親戚之間　口舌紛紛	달이 구름 사이로 들어가니 도시 밝지 못하다. 친척지간에 구설이 분분하리라.
十一月	吉地何處　兌方最吉 君子助我　厄消福來	길한 땅이 어디메뇨. 서방이 가장 길하다. 군자가 나를 도와주니 액이 사라지고 복이 오도다.
十二月	西南兩方　必有財旺 運數大吉　安過太平	서남 양방에 반드시 재물이 왕성한다. 운수가 대길하니 안과태평하리라.

[初九]

天澤履 (천택이)

一躍龍門　意氣揚揚
雁書一至　喜逢佳人
努力求之　謀事通天
好運來到　官人升進

한 번 뛰어 용문에 오르니 의기가 양양하도다. 기러기의 서신이 한 번 이르니 기쁘게 가인을 만난다. 노력하면 얻을 것이요, 꾀하는 일은 하늘을 통한다. 좋은 운이 와서 이르니 관리는 승진하게 되리라.

正月	少年勉學　必登靑雲 魚龍得水　一躍天門		소년에 학문을 힘쓰면 반드시 청운에 오른다. 어룡이 물을 얻었으니 한 번 뛰어 천문에 오른다.
二月	憂散喜生　安過太平 家道漸昌　求則必得		근심이 흩어지고 기쁨이 생기니 안과태평하리라. 가도가 점점 창성하니 구하면 반드시 얻으리라.
三月	春風細雨　楊柳靑靑 身數大吉　到處得財		봄바람 가랑비에 버들이 푸르고 푸르다. 신수가 대길하니 도처에 재물을 얻으리라.
四月	凶中有吉　先困後吉 莫與人爭　必有狼狽		흉한 가운데 길이 있으니 먼저는 곤하고 뒤에 길하다. 남과 더불어 다투지 마라. 반드시 낭패가 있으리라.
五月	足踏靑雲　駿馬馳走 少年功名　得意天下		발로 청운을 밟으니 준마로 달린다. 소년의 공명을 얻으니 천하에 뜻을 얻으리라.
六月	喜憂相雜　一成一敗 莫近女人　或有口舌		기쁨과 근심이 서로 섞이니 한 번 이루고 한 번 패한다. 여인을 가까이 마라. 혹간 구설이 있으리라.
七月	陰陽和合　萬物和生 他人之財　偶然到家		음양이 화합하니 만물이 화생하도다. 타인의 재물이 우연히 집에 이르리라.
八月	逆水行舟　中流風波 若不勤勉　得而半失		물을 거슬러 배를 저어가니 중간에 풍파를 만났다. 만일 부지런하지 않으면 얻어서 반은 잃는다.
九月	君子得祿　小人得利 事有定理　妄動有害		군자는 녹을 얻고 소인은 이익을 얻는다. 일에는 정한 이치가 있으니 망동하면 해가 있으리라.
十月	靑鳥傳信　喜報到門 花燭洞房　鴛鴦相逢		청조가 서신을 전하니 기쁜 소식이 문에 이른다. 화촉 동방에 원앙이 상봉하리라.
十一月	貴人有助　財祿隨身 利在外方　遠行得利		귀인의 도움이 있으니 재록이 몸에 따른다. 이익이 외방에 있으니 원행하면 이를 얻으리라.
十二月	兄耶弟耶　一次相爭 自力起家　傍人猜忌		형이냐 아우냐 하고 한 번 서로 다툰다. 자력으로 집안을 일으키니 곁의 사람이 시기한다.

〔九二〕

天澤履(천택이)

波靜風順　舟行千里
樂在山水　一身安逸
富貴名達　自有其時
守分待時　後必成功

물결이 고요하고 바람이 순하니 배가 천리를 간다. 즐거움이 산수간에 있으니 일신이 안일하리라. 부귀와 명달은 자연 그 때가 있다. 분수를 지키고 때를 기다리라. 뒤에는 반드시 성공하리라.

正月	隱居自守　災殃不至 莫聽人言　事有虛妄	은거하여 스스로 지키면 재앙이 이르지 않는다. 남의 말을 믿지 마라. 일에 허망함이 있으리라.
二月	經營之事　如成未就 時機不好　守舊安分	경영지사는 이룰 것 같으면서 이루지 못한다. 시기가 좋지 못하니 옛것을 지키고 분수를 편히 하라.
三月	添口添土　事事順成 家道興旺　此外何望	식구가 늘고 토지가 느니 일마다 순조롭다. 가도가 흥왕하니 이외에 무엇을 바라리요.
四月	春色方濃　桃李爭姸 家有喜慶　弄璋之數	봄빛이 바야흐로 짙으니 도화 이화가 아름다움을 다툰다. 집에 기쁜 경사가 있으니 생남할 운수로다.
五月	守分安居　天賜其福 家有不安　移居則吉	분수를 지키고 편히 거하면 하늘이 그 복을 준다. 집에 불안함이 있으니 이사하면 길하리라.
六月	福星隨身　有何是非 兩人合心　財利可得	복성이 몸에 따르니 어찌 시비가 있으리요. 양인이 합심하니 재물과 이익을 가히 얻으리라.
七月	求則必得　財數大通 飽食暖衣　自有其樂	구하면 반드시 얻으니 재수가 대통하도다. 배불리 먹고 따뜻하게 입으니 자연히 즐거움이 있으리라.
八月	若逢女子　利在其中 大財難望　小利可得	만일 여자를 만나면 이익이 그 가운데 있다. 큰 재물은 바라기 어려우나 작은 이익은 가히 얻으리라.
九月	莫爲爭訟　官厄隨身 一見橫財　不然得病	다투지 마라. 관액이 몸에 따른다. 한 번 횡재수를 볼 것이요, 그렇지 않으면 병을 얻으리라.
十月	事有定理　妄動不可 意無榮辱　一身安閑	일에는 정한 이치가 있으니 망동함은 불가하도다. 뜻이 영욕에 없으면 일신이 편안하리라.
十一月	採山釣水　自有其樂 不知分數　反見失敗	나물캐고 낚시질 하니 자연히 그 즐거움이 있다. 분수를 알지 못하면 오히려 실패를 보리라.
十二月	與人謀事　事事如意 衣食有足　有何憂愁	남과 더불어 일을 꾀하면 일마다 여의하리라. 의식이 유족하니 어찌 근심이 있으리요.

[六三]

天澤履 (천택이)

坐井觀天　傍若無人
有足不行　有目難視
仕者逢貶　訟獄不免
若主謹愼　庶無大災

우물에 앉아서 하늘을 보니 방약무인이로다. 족함이 있으나 행하지 않으며 눈이 있으나 보지 못한다. 관리가 폄함을 만나니 송옥을 면치 못한다. 만일 근신함을 주로 하면 큰 재앙이 없으리라.

正月	事有多滯　徒費心力 今月之數　凶多吉少	일에 막힘이 있으니 한갓 심력만 허비한다. 금월의 운수는 흉함이 많고 길함이 적다.
二月	平地風波　偶然來到 驚人損財　運數否塞	평지의 풍파가 우연히 이른다. 사람이 놀라고 손재하니 운수가 비색하도다.
三月	妄自尊大　袁術稱帝 若非長沙　必有怪事	망령되이 스스로 존대하니 원술이 임금을 일컫는다. 만일 귀양살이의 액이 없으면 반드시 괴이한 일이 있으리라.
四月	之南之北　四顧無親 徒無成事　萬事如夢	남으로 가고 북으로 가나 사고무친이로다. 도무지 되는 일이 없으니 만사가 꿈과 같으리라.
五月	陰氣已生　涼風蕭瑟 憂患疾苦　搔首問天	음산한 기운이 이미 생기니 서늘한 바람이 소슬하다. 우환 질고가 있으니 머리를 긁으며 하늘에 묻는다.
六月	外有失敗　內有盜賊 杜門不出　愼之失物	밖에는 실패가 있고 안에는 도적이 있다. 문을 닫고 나가지 말 것이요, 실물수를 조심하라.
七月	陰事方盛　非親則戚 心中有憂　安靜則吉	음사가 바야흐로 성하니 동족이 아니면 외척이라. 심중에 근심이 있으나 안정하면 길하리라.
八月	萬事忍之　勿用剛强 雖有官職　必有落帽	만사를 참고 강강하게 쓰지 마라. 비록 관직에 있으나 반드시 실직하게 되리라.
九月	身數不利　欲動反居 若非子孫　父母之憂	신수가 불리하니 움직이려다 도로 주저앉는다. 만일 자손이 아니면 부모의 근심이 있으리라.
十月	修身齊家　事必三省 求財少得　吉凶相半	몸을 닦고 집을 다스리며 일은 세 번을 살피라. 재물을 구하면 조금 얻으니 길흉이 상반하도다.
十一月	莫近是非　口舌紛紛 又有恐事　勿行水邊	시비를 가까이 마라. 구설이 분분하도다. 또한 두려운 일이 있으니 수변에 가지 마라.
十二月	雖有其財　不如無財 損財數有　去來愼之	비록 그 재물이 있으나 없는 것만 같지 못하다. 손재수가 있으니 돈 거래를 삼가라.

[九四]

天澤履 (천택이)

正心行善　前程亨通
凶變爲吉　轉禍爲福
若不謹行　屈辱自招
必愼酒色　不然敗亡

마음을 바르게 하고 착함을 행하면 앞 길이 형통하도다. 흉이 변하여 길이 되니 화가 굴러 복이 된다. 만일 삼가지 않으면 굴욕을 스스로 부른다. 반드시 주색을 삼가라. 그렇지 않으면 패망하리라.

正月	山野回春	花色更新	산야에 봄이 돌아오니 꽃빛이 다시 새롭다.
	若逢貴人	可得千金	만일 귀인을 만나면 가히 천금을 얻으리라.
二月	人間所業	謀事層層	인간의 소업은 꾀하는 일이 여러 가지다.
	若非內憂	損財之數	만일 내환이 아니면 손재수가 있으리라.
三月	少年時節	虎榜題名	소년시절에 벼슬길에 오른다.
	士則職任	農者得地	선비는 관직을 맡게 되고 농민은 토지를 얻는다.
四月	東方之人	偶然助力	동방의 사람이 우연히 와서 도와준다.
	萬厄消滅	身旺財旺	만 가지 액이 사라지니 신이 왕하고 재가 왕한다.
五月	愼口勿言	口舌紛紛	말을 조심하라. 구설이 분분하도다.
	事有未決	必有煩悶	일에 미결됨이 있으니 반드시 번민이 있으리라.
六月	猛虎出林	其勢可畏	맹호가 수풀에서 나오니 그 세가 가히 두렵다.
	杜門不出	訟事臨頭	문을 닫고 나가지 마라. 송사가 당두하리라.
七月	女子有行	端正第一	여자는 행실이 있는 법이니 단정함이 제일이로다.
	世情險危	放蕩何事	세정이 험하고 위태로우니 방탕함이 웬일인고.
八月	勿貪非理	敗家亡身	이치 아닌 것을 탐하지 마라. 패가망신하리라.
	西北有害	勿爲出行	서북방에 해가 있으니 출행하지 마라.
九月	守心謹行	災禍不來	마음을 닦고 행동을 삼가면 재앙이 오지 않는다.
	若非移居	疾苦不免	만일 이사하지 않으면 질고를 면치 못하리라.
十月	秋草已黃	牛臥長堤	가을 풀이 이미 누러니 소가 긴 언덕에 누웠다.
	事雖閑閑	易飢易渴	일은 비록 한가하나 금시 배고프고 금시 목마르다.
十一月	一事已過	一事又來	한 가지 일이 이미 지나니 한 가지 일이 또 오리라.
	若兄如弟	吉凶難分	형도 같고 아우도 같으니 길흉을 구분키 어렵다.
十二月	妻患在邇	不久快差	처의 병환이 있으나 머지않아 쾌차하도다.
	凡事不利	至誠祈禱	모든 일이 불리하니 지성으로 기도하라.

五九

〔九五〕

天澤履 (천택이)

狂風驟起　黑雲蔽日
躁急妄動　禍患恒至
功力振世　其功不賞
戒愼每事　險中順坦

광풍이 일어나니 흑운이 해를 가렸다. 조급하고 망동하면 재앙과 근심이 항시 이르리라. 공명이 세상을 떨치나 그 상을 받지 못한다. 매사를 경계하라. 험한 가운데 순탄함을 얻으리라.

正月	絃歌琴曲　不知歲月 雖有少吉　恒多憂愁	현금의 노래 곡조 속에 세월가는 줄을 모른다. 비록 약간 길하나 근심은 항시 많으리라.
二月	成功者去　前功可惜 去舊生新　積小成大	성공한 이는 가고 마니 전공이 가석하도다. 옛것은 지나가고 새것이 오니 작게 쌓아 큰 것을 이룬다.
三月	勿失好機　時不再來 果敢行之　庶有大得	좋은 기회를 놓치지 마라. 때는 두번 다시 오지 않는다. 과감하게 행동하면 크게 얻는 것이 있으리라.
四月	功高名顯　奸人猜忌 不賞功德　中心自歎	공이 높고 이름을 드날리니 간사한 사람이 시기한다. 공덕은 있으나 상이 없으니 중심이 자연 탄식한다.
五月	六親疏遠　人情不合 千里他鄕　獨坐歎息	육친이 멀어지니 인정이 화합하지 못한다. 천리 타향에서 홀로 앉아 탄식한다.
六月	斥逐邪人　擧揚善士 如此之後　災害遠去	간사한 사람을 물리치고 착한 이를 추존하라. 이같이 한 연후에야 재앙이 멀리 간다.
七月	一夜狂風　庭花飛揚 子孫有憂　豫爲治防	하룻밤 광풍에 뜰 꽃이 휘날린다. 자손의 근심이 있으니 미리 액을 막으라.
八月	欲進不進　欲飛不能 萬事愼之　晩得有榮	나가고자 하나 나가지 못하고 날고자 하나 능치 못하다. 만사를 삼가라. 늦게 영화를 얻으리라.
九月	墻外有耳　口舌愼之 訟事不絶　忍之可免	몰래 듣는 이가 있으니 구설을 조심하라. 송사가 끊이지 않으니 참으면 가히 면하리라.
十月	多難多苦　然後成事 東北之財　偶然入手	어려움과 고초가 많으나 뒤에는 성사한다. 동북간의 재물이 우연히 손에 들어온다.
十一月	十年靑燈　修鍊工夫 勿憚苦勞　而後成功	십 년 청등에 학업을 수련한다. 곤고함을 탄식 마라. 뒤에는 성공하리라.
十二月	大旱之餘　一場甘雨 草木欣欣　萬物更生	큰 가뭄 뒤에 한 마당 단비로다. 초목이 기뻐하니 만물이 다시 생한다.

[上九]

 **天澤履(천택이)**

古鏡重磨　去垢生光
金榜掛名　壯元到手
行止正大　其福必厚
或有喪凶　吉中有凶

묵은 거울을 거듭 가니 때가 가시고 광채가 난다. 금방에 이름을 거니 장원급제하였다. 행동거지가 정대하니 그 복이 두텁다. 혹 상패수가 있으니 길한 중에도 흉이 있으리라.

正月	馬上英雄　智慧過人 求財如意　求名得名	마상의 영웅이 지혜가 과인하도다. 재물 구함이 여의하니 명리를 구하면 얻으리라.
二月	自行善德　仇者退去 積善之家　必有餘慶	선덕을 행하면 원수가 물러간다. 적선한 가정에는 반드시 경사가 있으리라.
三月	周旋緻密　百事可成 口舌有功　得財之數	치밀하게 주선하면 백사를 가히 이룬다. 언변이 능숙하니 재물을 얻을 수로다.
四月	隴頭春日　梅花初開 每事漸新　意志有成	봄날 언덕 위에 매화가 비로소 피었다. 매사가 점점 새로우니 그 뜻을 성취하리라.
五月	一輪明月　天地光輝 金冠加首　中年登科	일륜 명월에 천지가 휘황하도다. 금관을 머리에 썼으니 중년에 등과하리라.
六月	若非移徙　他鄕作客 東北兩方　貴人來助	만일 이사하지 않으면 타향에 작객한다. 동북 양방에 귀인이 도와준다.
七月	月白紗窓　佳人對話 莫近女人　恐有失事	달 밝은 사창에 가인과 상대한다. 여인을 삼가라. 일을 그르칠까 두렵다.
八月	古木逢春　千里有光 春光先到　吉人之家	묵은 나무 봄을 만나니 천리에 빛이 난다. 춘광이 먼저 이르니 길인의 집이다.
九月	日麗中天　花柳爭春 若非登科　財帛可得	해가 중천에 밝으니 화류가 봄을 다툰다. 등과가 아니면 재백을 가히 얻는다.
十月	妖魔近庭　口舌爭訟 莫近喪家　諸事不吉	요귀가 집에 서리니 구설을 삼가라. 상가의 조상을 피하라. 모든 일에 막힘이 많다.
十一月	所行必愼　凶反爲吉 宜行南方　必有得財	행동을 반드시 삼가라. 흉함이 도리어 길이 된다. 남쪽으로 행하라. 반드시 재물을 얻는다.
十二月	貴人相助　利大不少 道德高名　家道豊饒	귀인이 나를 도우니 얻는 이익이 적지 않다. 도덕과 이름이 높으니 집안이 융창한다.

[初九]

	地天泰 (지천태) 三陽交泰　萬象咸照 道高德降　建功立業 同志合謀　財祿日增 君子則吉　小人不利	삼양이 교태하니 만상이 함께 비친다. 도덕이 높으니 공명을 세운다. 동지가 꾀를 같이하니 재록이 날로 붇는다. 군자는 길하고 소인은 불리하리라.
正月	靜中滋味　人無知者 心志和順　四時泰平	고요한 가운데 자미를 아는 이가 없다. 심지가 화순하니 사시가 태평하리라.
二月	災去福來　所謀亦成 萬事順成　意氣揚揚	재앙이 가고 복이 오니 꾀하는 바를 이룬다. 만사가 순조롭게 되니 의기가 양양하리라.
三月	尋芳春日　桃李正開 添口添土　事事順成	봄날이 찾아드니 도화 이화가 바로 피었다. 식구가 늘고 토지가 느니 일마다 순조로우리라.
四月	陰陽配合　萬物化生 佳人有約　三生緣重	음양이 배합하니 만물이 화생하도다. 가인과 언약이 있으니 혼인하게 되리라.
五月	爲國忘家　立功立業 道德名高　家業隆昌	나라를 위하여 집을 잊으니 공업을 크게 세운다. 도덕과 명망이 높으니 가업이 융창하리라.
六月	與人謀事　所營如意 所營如意　一家安定	남과 더불어 모사하면 경영하는 일이 여의하다. 경영하는 바가 여의하니 일가가 안정되리라.
七月	外喜內憂　吉中藏凶 所營不利　每事不成	밖은 기쁘고 안은 근심되니 길한 가운데 흉이 있다. 경영하는 일이 불리하니 매사를 이루지 못한다.
八月	莫近親人　損財不少 東北西方　財取可得	친한 사람을 가까이 마라. 손재가 적지 않도다. 동·북·서방에서 재물을 취하면 가히 얻는다.
九月	天光未明　天門尙閉 及時爲事　乃可成功	하늘 빛이 밝지 않으니 천문이 아직 닫혀 있다. 때가 되어 일을 하니 이에 성공하리라.
十月	意外成功　名振四海 貴人相助　利大不少	의외로 성공하니 이름을 사방에 떨친다. 귀인이 도와주니 이익이 적지 않으리라.
十一月	職居其位　財福隨身 利在四方　不求自得	마땅한 직업에 거하니 재복이 몸에 따른다. 이익이 사방에 있으니 구하지 않아도 자연 얻는다.
十二月	好結朋友　知己相合 同心同力　必是成功	붕우와 사귀니 지기가 상합한다. 동심 동력하면 필시 성공하리라.

地天泰 (지천태)

烟波萬里　金麟自躍
公正無私　富貴悠久
名利俱興　一室和氣
積德之家　必有餘慶

연파 만리에 금잉어가 뛰논다. 공정무사하면 부귀가 유구하리라. 명리가 같이 흥하니 일실이 화기에 찼다. 덕을 쌓은 가정에는 반드시 남은 경사가 있으리라.

正月	心德過人　四方讚揚 財在路上　求則可獲	심덕이 과인하니 사방에서 찬양한다. 재물이 노상에 있으니 구하면 얻으리라.
二月	公正無私　鄕里欽仰 進退有道　名顯四方	공정무사하면 온 마을이 흠앙한다. 진퇴에도 도리가 있으니 이름을 사방에 드날리리라.
三月	君子德厚　每事順昌 貴人相逢　必有大成	군자가 덕이 후하니 매사가 순창한다. 귀인과 상봉하면 반드시 크게 성공하리라.
四月	淸江日暖　金鱗自躍 垂釣滄波　滿載船上	청강에 날이 따뜻하니 금잉어가 뛰논다. 창파에 낚시를 드리우니 배 위에 가득 실었다.
五月	朱雀飛鳴　口舌紛紛 言語愼重　恐有是非	주작이 울어대니 구설이 분분하다. 언어를 신중히 하라. 시비수가 두렵다.
六月	金玉有光　自有橫財 財運旺盛　身遊花間	금옥이 광채를 내니 자연히 횡재한다. 재운이 왕성하니 몸은 꽃 사이에서 논다.
七月	腰佩虎符　出陣邊方 一身平安　財數興旺	병권을 쥐었으니 변방에 출진한다. 일신이 편안하고 재수도 흥왕하리라.
八月	婚姻之慶　生產之喜 衣祿裕足　子孫津津	혼인의 경사요, 생산하는 기쁨이로다. 의록이 넉넉하고 자손이 진진하리라.
九月	有信有德　人人仰視 魚龍得珠　變化無雙	신의와 덕망이 있으니 사람마다 우러러본다. 어룡이 구슬을 얻었으니 변화가 무쌍하리라.
十月	片帆千里　順風歸還 每事亨通　心安身泰	조각배를 천리 밖에 띄우니 순풍에 귀환한다. 매사가 형통하니 마음이 편하고 몸이 편하다.
十一月	或有病苦　求藥西方 意外橫厄　愼之可免	혹 병고가 있으니 치료약은 서방에 있다. 의외의 횡액수가 있으니 조심하면 면하리라.
十二月	孝悌和順　萬福長久 家庭和樂　一身榮貴	효제 화순하면 만복이 장구하다. 가정이 화락하고 일신이 영귀하리라.

地天泰(지천태)		천도가 순환하니 왕복이 그침이 없다. 구름이 흩어지고 달이 나오니 만리에 빛이 생긴다. 인사를 다하면 하늘 뜻을 만회한다. 간 것은 반드시 오는 법이니 편안할 때 위태함이 있음을 잊지 마라.
天道順還	無往不復	
雲散月出	萬里生光	
修盡人事	挽回天意	
往則必返	安不忘危	

正月	心功過人	六親不知	심공이 과인하나 아는 이가 없다.
	有德有信	凶事反吉	덕망과 신의가 있으면 흉한 일이 오히려 길하리라.
二月	身旺東方	貴人相助	몸이 동방에 왕하니 귀인이 상조한다.
	去舊生新	積小成大	옛것이 가고 새것이 나오니 작은 것을 쌓아 큰 것을 이룬다.
三月	花開三春	喜事必有	삼춘에 꽃이 피니 기쁜 일이 반드시 있다.
	若非婚慶	生子之數	만일 혼인의 경사 아니면 생남하게 되리라.
四月	思慮心遠	緻密用事	생각을 깊이 하고 용사에 치밀하라.
	然後所爲	可以成功	그런 뒤에 하는 일은 가히 성공하리라.
五月	修身行善	以待天命	몸을 닦고 선을 행하고 천명을 기다리라.
	若非官祿	意外橫財	만일 관록수가 아니면 의외로 횡재하리라.
六月	固守其職	勿求僥倖	그 직업을 고수하고 요행을 구하지 마라.
	豫爲致誠	或有厄禍	미리 치성하라. 혹 액화가 있으리라.
七月	莫信西人	狼狽之數	서방 사람을 믿지 마라. 낭패할 운수로다.
	莫出他方	必有損財	다른 곳에 출행 마라. 반드시 손재가 있으리라.
八月	往則必返	安處防危	가면 반드시 돌아오니 편할 때 위태함을 막으라.
	正心正己	災消福來	마음과 몸을 바로 가지면 재앙이 가고 복이 오리라.
九月	布德施惠	當防小人	덕을 베풀고 은혜를 베풀어 소인의 해를 막으라.
	每事經營	愼之同業	매사를 경영함에 동업함을 조심하라.
十月	戰戰兢兢	可保身位	전전긍긍하면 가히 신위를 보전한다.
	若爲輕薄	小人侵害	만일 경박하면 소인의 해를 입으리라.
十一月	此月之數	必有喜事	이 달의 운수는 기쁜 일이 있도다.
	東北兩方	貴人助我	동북 양방에서 귀인이 나를 돕는다.
十二月	妻宮有憂	豫爲度厄	처궁의 근심이 있으니 미리 액을 막으라.
	若不其然	橫厄難免	만일 그렇지 않으면 횡액을 면키 어렵다.

地天泰 (지천태)

一得一失　一治一難
辛苦成家　奔馳道路
去舊生新　積小成大
吉運漸回　財得晚時

하나는 잃고 하나는 얻으니 한때는 다스리고 한때는 어렵다. 신고하여 성가하니 타관에 분주하다. 옛것이 가고 새것이 생하니 작은 것을 쌓아 큰 것을 이룬다. 길운이 점차 돌아오니 늦게 재물을 얻으리라.

正月	勿須躊躇　飄然一往 速則吉利　緩則損失	주저하지 마라. 훌쩍 한 번 떠나 버린다. 빠르면 길리하고 늦으면 손실한다.
二月	長程萬里　喜逢佳人 有情談笑　佳緣深結	만리 장정에 기쁘게 가인을 만났다. 다정하게 담소하니 가연을 깊이 맺으리라.
三月	東園桃李　爛漫其花 携酒登山　知友相合	동원의 도화 이화는 그 꽃이 난만하도다. 술을 들고 산에 오르니 지우가 상합하리라.
四月	意外成功　名振四方 貴人相助　利大不少	의외로 성공하니 이름을 사방에 떨친다. 귀인이 서로 도와주니 그 이익이 적지 않으리라.
五月	炎天夏日　博農多事 利在何處　東北之間	염천 여름에 농사 일이 바쁘다. 이익이 어느 곳에 있는고. 동북방이 길하리라.
六月	一身孤獨　依托何處 依附貴人　僅僅自保	일신이 고독하니 어느 곳에 의탁할꼬. 귀인에게 의뢰하면 근근히 보전하리라.
七月	官中得財　近貴則吉 人口增旺　偶然損財	관청에서 재물을 얻으니 귀인을 가까이 하면 길하다. 인구가 증진될 것이요, 우연히 손재하리라.
八月	晴天月出　明朗世界 東西兩方　必有吉事	청천에 달이 솟으니 세계가 명랑하도다. 동서 양방에서 반드시 길한 일이 있으리라.
九月	或有內患　不然子傷 家患不絕　事有多滯	혹 내환이 있을 것이요, 불연이면 자손의 액이로다. 가환이 끊이지 않으니 일에 막힘이 많으리라.
十月	進取有道　謹愼行事 依賴有人　可脫其厄	진취함에도 도가 있으니 근신하여 행사하라. 남에게 의뢰함이 있으면 그 액을 벗으리라.
十一月	出仕遠方　勞碌不問 財運不利　運也奈何	먼 곳에 출행하면 노록함을 묻지 마라. 재운이 불리하니 운이라 어이하리요.
十二月	此月之數　勿參公事 口舌紛紛　勿管他人	이 달의 운수는 공사에 참석 마라. 구설이 분분할 것이요, 남의 일을 간섭 마라.

[六五]

八一一 地天泰 (지천태)

在上不驕　在下不悖
因人助力　所營得意
蟾宮折桂　壯元到手
亦成婚姻　喜氣滿室

위에 있어 교만치 않으며 아래 거하여 패역하지 않는다. 사람으로 인하여 조력하니 경영하는 바가 뜻을 얻으리라. 금년의 운수는 장원급제한다. 또한 혼인수도 있으니 기쁨이 집에 가득하리라.

正月	知足守分　心身安閑 一身平安　財數興旺	족함을 알고 분수를 지키면 심신이 안한하도다. 일신이 평안하니 재수가 흥왕하리라.
二月	漸入可景　風光悅目 有財四方　求之可得	점점 가경에 드니 풍광이 눈을 혼란시킨다. 사방에 재물이 있으니 구하면 가히 얻으리라.
三月	元氣方生　萬物自樂 魔障已去　厄運漸消	원기가 바야흐로 생하니 만물이 스스로 즐긴다. 장애가 이미 가니 액운이 점점 사라지리라.
四月	春日和暢　百花爭發 貴人相助　利大不少	봄날이 화창하니 백화가 만발하도다. 귀인이 도와주어 이익이 적지 않도다.
五月	驛馬在路　遠行之數 東北兩方　財利可得	역마가 길에 있으니 원행할 수로다. 동북 양방에서 재리를 가히 얻으리라.
六月	不怒而威　人心悅服 上下和同　每事如意	노하지 않아도 위엄이 있으니 인심을 열복시킨다. 상하가 화동하니 매사가 여의하리라.
七月	意外成功　名振四海 利在何處　東北之間	의외로 성공하니 이름을 사방에 떨친다. 이익이 어느 곳에 있는고. 동북지간이로다.
八月	擇地移居　必有生財 或恐口舌　官訟是非	땅을 가려 이사하면 반드시 재물이 생긴다. 혹 구설수가 있고 관송 시비도 있으리라.
九月	九秋楓葉　鴻雁飛來 損財得人　添添之數	구월의 단풍에 기러기가 날아온다. 재물은 손실하나 사람은 얻으니 인구를 늘릴 수로다.
十月	吉神助我　衣祿隨身 雖有財數　重服可畏	길신이 나를 도우니 의록이 몸에 따른다. 비록 재수는 있으나 복을 입을까 두렵다.
十一月	身在路中　財有損失 此月之數　半凶半吉	몸이 거리에 나오니 재물의 손실이 있다. 이 달의 운수는 길흉이 상반하리라.
十二月	富而不驕　可得人心 良馬展足　千里如飛	넉넉해도 교만치 않으니 가히 인심을 얻는다. 좋은 말이 발을 펴니 천리를 나는 것같이 간다.

[上六]

八一 	地天泰(지천태) 陽極陰生　水滿則溢 恃強凌弱　敗家身凶 壽命有損　謹厚免禍 若非吉慶　家有凶禍	양이 극하면 음이 생기는 법이요, 물이 가득하면 넘친다. 강함을 믿고 약함을 능멸하면 패가망신하리라. 수한의 액이 있으니 근후하면 액을 면한다. 만일 길경을 보지 않으면 집안에 흉화가 있으리라.
正月	安分無辱　知機心閑 若無親患　子孫疾病	분수를 지키면 욕됨이 없고 기틀을 알면 마음이 한가롭다. 만일 부모의 근심이 없으면 자손의 질병이 있으리라.
二月	罡星在西　勿用戰爭 若不用心　一敗塗地	천강성이 서방에 있으니 전쟁에 쓰이지 못한다. 만일 마음을 쓰지 않으면 한 번 실패하리라.
三月	卑己尊人　百事平吉 若專恃強　家敗人亡	나를 낮추고 남을 높이면 백사가 평길하다. 만일 강성함을 믿으면 집안이 패하고 사람이 망한다.
四月	前足低小　後足高大 險路危傾　狼狽不免	앞발은 낮고 작으며 뒷발은 높고 크다. 험한 길 위험한 지경에 낭패를 면치 못하리라.
五月	其商得利　其農得穀 東北兩方　必有財旺	상업으로는 이익을 얻고 농사로는 곡식을 얻는다. 동북 양방에 반드시 재물이 왕성하리라.
六月	人心不同　厚薄非一 入海求兎　不能可知	인심이 다르니 후박이 한결같지 않다. 바다에서 토끼를 구하니 능치 못함을 가히 알리라.
七月	失物有數　盜賊愼之 深宮固門　或可得免	실물수가 있으니 도적을 조심하라. 집이 깊고 문이 견고하면 가히 도적을 면하리라.
八月	因人讒謗　長沙之厄 貴人來助　可免以厄	사람으로 인하여 참소를 입으니 귀양살이의 액이로다. 귀인이 와서 도우면 가히 이 액을 면하리라.
九月	以大易少　以安易危 人情不順　公私紛紛	많이 주고 적게 받으며 편안함으로 위태함을 본다. 인정이 순후치 않으니 공사간에 분분하리라.
十月	若有疾病　壽限不長 豫修治防　可免大禍	만일 질병이 있으면 수한이 길지 못하다. 미리 액을 막으라. 큰 화를 면하리라.
十一月	虛慌多事　心有孤疑 若非家憂　反有口舌	허황한 일이 많으니 의심이 있으리라. 만일 집안의 근심이 아니면 오히려 구설이 있으리라.
十二月	小心謹身　自以厄消 波瀾漸至　大風不起	조심하고 근신하면 액이 사라져간다. 파란이 점점 이르나 큰 액은 없으리라.

[初六] 六七

天地否 (천지비)

待時而進　知機而退
盡心爲君　保其身家
守舊安常　妄動有禍
宜防小人　每被其辱

때를 기다려 나가고 기회를 알아 물러서라. 진심으로 임금을 섬기면 몸과 집안을 보전하리라. 옛것을 지키면 항상 편안하고 망동하면 재앙이 있다. 소인의 훼방이 있으니 매양 그 욕을 입는다.

正月	正順則吉　逆理必傷 身在外方　待時而吉	순하면 길하고 거스르면 손상한다. 몸이 외방에 있으니 때를 기다리면 길하다.
二月	前程無緣　吉人自去 時運不吉　名利無用	전정의 인연이 없으니 길인이 물러선다. 시운이 불길하니 명리가 쓸데 없다.
三月	雖有財源　用度必大 疾病可知　謹愼用樂	비록 재원이 있으나 쓸 곳이 많다. 질병 있음을 알 것이니 약을 씀을 조심하라.
四月	公門之事　獄訟可畏 移基爲吉　宜行南方	관청의 일로 형옥이 가히 두렵다. 이사하면 길하리니 남방으로 행하라.
五月	事多心違　搔首獨歎 千里外方　風霜重重	일이 마음과 같지 않으니 머리를 긁으며 탄식한다. 천리 타향에 풍상이 중중하도다.
六月	每事當頭　心煩事難 與人謀事　必是成就	매사를 당두하여 마음은 괴롭고 일은 어렵다. 남과 더불어 모사하면 반드시 성취하리라.
七月	開花已落　更待明春 身在路中　財有損失	꽃이 이미 떨어지니 다시 명춘을 기다리라. 몸이 거리에 나서니 재물의 손실이 있으리라.
八月	中傷謀略　時時害己 修身正己　百厄自消	중상과 모략이 때때로 몸을 해친다. 몸을 닦고 몸을 바로잡으면 모든 액이 사라진다.
九月	前途否塞　勿營他事 或有貴人　必得大財	전도가 비색하니 다른 일을 경영하라. 혹 귀인이 있으면 반드시 큰 재물을 얻으리라.
十月	大旱之餘　細雨一場 草木得生　財祿之數	가뭄이 든 나머지 가랑비가 내린다. 초목이 생기를 얻으니 재록을 얻을 운수로다.
十一月	志在愛君　身家平安 遠行有數　行則大利	뜻이 그대를 사랑함에 있으니 몸과 집이 평안하다. 원행할 수가 있으니 여행하면 큰 이익이 있다.
十二月	莫近喪家　諸事不利 幸逢貴人　必得大財	상가에 가지 마라. 모든 일이 불리하다. 다행히 귀인을 만나면 반드시 큰 재물을 얻으리라.

[六二] 一八 天地否(천지비)

靜而待動　定難救弱
否轉爲泰　福滿無窮
見機待時　凡事如意
守分最吉　不可妄動

안정하고 때를 기다려 활동하면 어려움을 평정하고 약한 이를 구제한다. 비색한 운이 통태해지니 복록이 무궁하리라. 기회를 보아 때를 기다리면 범사가 여의하다. 분수를 지킴이 가장 좋으니 망동하지 마라.

正月	雖有其名　不如無名 閑中待時　必是成就	비록 그 이름은 있으나 없는 것만 못하다. 편안한 마음으로 기다리면 반드시 성취하리라.
二月	商山四皓　圍棋消日 四方無事　到處有光	상산 사호가 바둑 두고 소일한다. 사방에 일이 없으니 도처에 영광이 있다.
三月	旱日炎天　枯苗得雨 幸逢貴人　橫財有數	가문 날 염천에 고묘가 비를 만났다. 다행히 귀인을 만나면 횡재수가 있으리라.
四月	勿思進取　謙守爲吉 保守其職　可得免禍	진취함을 생각 마라. 겸손히 지키면 길하다. 옛 직업을 보전할 것이요, 가히 화를 면하리라.
五月	城門失火　殃及池魚 一朝橫厄　因人之事	성문에 불이 나니 재앙은 연못 고기에도 이른다. 하루 아침의 횡액은 남으로 인한 일이로다.
六月	若無親憂　膝下有榮 身在田家　百思無用	만일 부모의 근심이 없으면 슬하의 영화 있도다. 몸이 전가에 있으니 백 가지 생각이 쓸데없다.
七月	龍未得珠　欲登未登 事有多滯　心無安定	용이 구슬을 얻지 못하니 오르고자 하나 오르지 못한다. 일에 막힘이 많으니 마음의 안정이 없다.
八月	財在四方　徒勞心力 虛往虛來　莫非運數	재물이 사방에 있으니 한갓 심력만 허비한다. 헛되이 가고 헛되이 오니 운수 소관을 막지 못한다.
九月	花柳東風　佳人手招 憂愁思慮　耿耿不寐	화류 동풍에 가인이 손짓한다. 근심된 걱정으로 잠을 이루지 못한다.
十月	偶逢伯樂　始展驥足 救難扶弱　得祿充盈	우연히 백락을 만나니 비로소 준마가 발을 폈다. 어려움을 구하고 약한 이를 부조하면 녹 얻음이 충영하리라.
十一月	勿謀他營　守舊第一 莫近喪家　疾病可畏	다른 경영을 꾀하지 마라. 옛것을 지킴이 제일이로다. 상가에 가지 마라. 질병이 두렵다.
十二月	東方來客　偶然助我 或有疾病　豫爲度厄	동방에서 오는 손이 우연히 나를 돕는다. 혹 질병이 있으리니 미리 액을 막으라.

[六三]

六

一八 ䷋	**天地否(천지비)** 五里霧中　無跡無蹤 達則行道　窮則守義 有名無實　官職有阻 若不知分　是非爭訟	오리무중에 행적이 없다. 넉넉하면 도를 행하고 궁색하면 의를 지키라. 이름만 있고 실속이 없으니 관직에 막힘이 있다. 만일 분수를 알지 못하면 시비와 쟁송이 따른다.
正月	早春風寒　江氷未解 憂患不絶　何時可息	이른 봄에 바람이 차니 강 얼음이 풀리지 않았다. 우환이 끊이지 않으니 어느 때나 멈추리요.
二月	人情不合　每事不成 莫信親人　損害不少	인정이 불합하니 매사를 이루지 못한다. 친한 사람을 믿지 마라. 손해가 적지 않으리라.
三月	四無痕跡　何處尋人 幸逢貴人　必有大成	사방에 흔적이 없으니 어느 곳에서 사람을 찾을꼬. 다행히 귀인을 만나면 반드시 크게 성공하리라.
四月	平地一聲　風波突起 勿謀他營　必是大損	평지의 한 소리에 풍파가 돌연 일어난다. 다른 경영을 꾀하지 마라. 반드시 크게 손재하리라.
五月	難遇貴人　事無順成 君子則可　小人大禍	귀인을 만나기 어려우니 일에 순조로움이 없다. 군자는 무사하나 소인은 큰 화가 이른다.
六月	安貧守分　心身平安 東西兩方　財運漸回	가난을 편히 알고 분수를 지키면 심신이 평안하다. 동서 양방에서 재운이 점점 돌아오리라.
七月	財在四方　求而可得 行商爲業　千金可得	재물이 사방에 있으니 구하면 얻는다. 장사로 업을 삼으면 천금을 얻으리라.
八月	貴人相見　謀事順成 遠方有數　行則大利	귀인을 만나보면 모든 일을 순히 이룬다. 멀리 여행할 수가 있으니 출행하면 크게 이롭다.
九月	莫近水邊　水鬼侵身 財數論之　先凶後吉	물 가를 가까이 마라. 수귀가 침입한다. 재수를 논지하면 먼저는 흉하고 뒤에 길하다.
十月	東方來客　偶然助我 必得大財　不然橫厄	동방에서 오는 손이 우연히 나를 돕는다. 반드시 큰 재물을 얻을 것이요, 불연이면 횡액수 있으리라.
十一月	先困後泰　勞而可得 東奔西走　小財可取	먼저는 곤하고 뒤에 통태하니 수고하면 얻는다. 동서에 분주하면 작은 재물은 얻으리라.
十二月	守分安居　每事順平 妄動則凶　災禍難免	분수를 지키고 편히 거하면 매사가 순탄하다. 망동하면 흉하니 재화를 면키 어려우리라.

[九四]

天地否 (천지비)

窮達有命　富貴在天
有福有壽　田土必增
觀光京師　君恩可得
吉慶多集　慶加子孫

궁달은 명에 있고 부귀는 하늘에 있다. 수복을 겸비하고 전토를 반드시 늘리리라. 과시에 응하면 벼슬을 얻는다. 길경이 많이 모이니 경사가 자손에 미치리라.

正月	窮則有達　陰極陽生 厄運方退　吉事來到	궁하면 달통하고 음이 극하면 양이 생한다. 액운이 물러가니 길한 일이 이르리라.
二月	蓄財蓄物　大富之象 富貴兼全　生活太平	재물과 물건을 쌓으니 대부할 상이로다. 부귀가 겸전하니 생활이 태평하리라.
三月	珠藏遠山　徘徊未已 自有機會　不可强求	구슬을 먼 산에 감췄으니 배회하나 찾지 못한다. 기회가 자연 있는 법이니 억지로 구하지 마라.
四月	身旺四季　暫見相冲 一次有病　呻吟在床	몸이 항시 왕하나 잠시 액운을 만난다. 한 차례 병이 들어 신음하게 되리라.
五月	朋友助力　爵祿日增 日就月將　富名可期	붕우가 조력하니 벼슬을 날로 더한다. 일취월장하니 부명을 기약하리라.
六月	千里芳草　郁郁靑靑 得人薦擧　名譽日盛	천리 방초가 욱욱청청하도다. 천거하여 주는 이를 만나면 명예가 날로 성하리라.
七月	萬里淸江　波浪不作 上下合心　欣過太平	만리 청강에 물결이 일지 않는다. 상하가 합심하면 기쁨으로 태평하게 지나리라.
八月	朋友同事　營求可成 東南兩方　出行不吉	붕우가 함께 일하면 구하는 바를 성취한다. 동남 양방에 출행함이 불길하리라.
九月	人行正道　福祿自有 事事有吉　太平安過	바른 도리를 행하면 자연히 복록이 있다. 일마다 길함이 있으니 안과태평하리라.
十月	或有疾病　內患亦憂 豫爲度厄　可免以厄	혹 질병이 있으며 아내의 근심 또한 있다. 미리 액을 막으라. 가히 이 액을 면하리라.
十一月	廣置田庄　六畜日盛 財在四方　不求自得	전장을 늘릴 것이요, 육축이 번성한다. 재물이 사방에 있으니 구하지 않아도 자연 얻는다.
十二月	夫婦相愛　生男有慶 若爲其然　一時憂患	부부가 사랑하니 생남할 경사로다. 만일 경사가 없으면 한때 우환이 있으리라.

[九五]

一八 ䷋	天地否(천지비) 乘龍乘虎　富貴長享 倉庫盈穀　桑麻繁盛 有德有財　平生安過 凶者有損　或見刑剋	용을 타고 범을 타니 부귀를 길게 누린다. 곡식이 창고에 가득하고 농사가 번성한다. 덕망이 있고 재물이 있으니 평생을 안과한다. 착하지 못한 이는 손해가 있으니 혹 형극수를 당하리라.
正月	防患有道　謹身公正 守國不失　保家太平	재앙을 막음에 길이 있으니 근신하고 공정하라. 나라를 잃지 않으면 가정도 보전하게 되리라.
二月	太平之世　四民皆樂 衣食裕餘　福祿綿綿	태평한 세상에 사민이 다 즐거워한다. 의식이 유여하니 복록이 면면하리라.
三月	雖有智略　一謀不中 意外橫厄　難免大禍	비록 지략이 있으나 한 꾀도 맞지 않는다. 의외의 횡액이 있으니 큰 화를 면키 어려우리라.
四月	無咎無譽　平生安逸 莫行東方　偶然逢變	허물도 없고 명예도 없으니 평생을 안일하게 보낸다. 동방에 가지 마라. 우연히 변을 만나리라.
五月	田園日增　桑麻茂盛 科擧得時　金冠朝服	전원이 날로 느니 뽕과 삼이 무성하다. 벼슬운을 만나서 금관 조복을 입으리라.
六月	舊禍已去　新福將到 東西兩方　貴人來助	묵은 재앙이 이미 가고 새로운 복이 장차 이른다. 동서 양방에서 귀인이 와 도우리라.
七月	莫信親人　損財不鮮 若非婚姻　生子之數	친한 사람을 믿지 마라. 손재가 적지 않다. 만일 혼인수가 아니면 생남할 운수로다.
八月	天地東南　任意橫行 忌我者去　悅我者至	천지 동남에 임의로 횡행한다. 나를 꺼리는 이는 가고 나를 좋아하는 이만 이른다.
九月	身上不安　心亦不安 東奔西走　食少事煩	일신이 불안하니 마음 또한 편치 못하다. 동서에 분주하며 식소사번하리라.
十月	小舟泊岸　不畏風雨 和氣融融　子孫振名	작은 배가 언덕에 대니 풍우가 두렵지 않다. 화기가 융융하니 자손이 이름을 떨친다.
十一月	春日遲遲　桃李灼灼 同謀有功　財貨可得	봄날이 늦게 가니 도화 이화가 작작하도다. 동업하면 공이 있으니 재화를 가히 얻으리라.
十二月	寒雪飄揚　時病流行 家中有患　豫治則吉	찬 눈이 드날리니 계절병이 유행한다. 집안에 우환이 있으니 미리 치료하면 길하리라.

七二

[上九]

天地否 (천지비)

一八 ䷋

潛龍出海　變化風雲
否往泰來　百事成吉
不然凶禍　哭聲通隣
世事不安　意氣消沈

잠긴 용이 바다에 나오니 풍운의 변화를 부린다. 비운이 가면 길운이 오니 백사에 길하리라. 그렇지 않으면 흉화가 있으니 곡성이 인근에 울린다. 세상 일이 불안하니 의기가 소침하리라.

正月	順風行舟　千里得達 意外得財　名振四海	순풍에 배를 저으니 천리를 득달하리라. 의외의 재물을 얻으니 이름을 사해에 떨친다.
二月	道路險難　前道暗暗 意外逢變　每事愼之	갈 길이 험난하니 전도가 암암하도다. 의외의 변을 만나리니 매사를 조심하라.
三月	魚遊碧海　得意揚揚 學優登仕　第一金榜	고기가 벽해에 노니 득의양양하도다. 넉넉히 배우고 벼슬에 오르니 장원급제하리라.
四月	害我者遠　上下同心 萬事順成　去去隆昌	해로운 사람이 사라지니 상하가 마음을 같이한다. 만사가 순조로우니 갈수록 융창해진다.
五月	金玉滿堂　倉庫盈穀 貴人相逢　萬事順成	금옥이 만당하고 곡식이 창고에 가득하다. 귀인을 만나면 만사가 순조로우리라.
六月	山下淸溪　一點無濁 凡事無咎　安閑有吉	산 아래 시냇물이 한 점도 흐림이 없다. 범사에 허물이 없으니 안한하고 길하리라.
七月	根深枝茂　源遠流長 謀事順成　日益漸新	뿌리가 깊으면 가지가 성하고 근원이 멀면 흐름이 길다. 꾀하는 일이 순성하니 날로 더욱 새로워진다.
八月	不當進退　且可守靜 若不其然　骨肉刑傷	진퇴함이 부당하니 안정을 지킴이 좋다. 만일 그렇지 않으면 골육간의 형상이 있으리라.
九月	萬里靑天　無雲一点 爭訟之厄　和解可成	만리 청천에 한 점의 구름도 없다. 쟁송의 액은 화해함이 상책이로다.
十月	興盡悲來　涕淚相連 膝下有榮　不然爭訟	흥함이 다하면 슬픔이 오니 눈물이 연했다. 슬하의 근심이 있으니 불연이면 쟁송이로다.
十一月	吉中藏凶　福過災生 謹愼知分　可無其厄	길한 가운데 흉이 있으니 복이 가고 재앙이 생긴다. 근신하고 분수를 알면 가히 그 액이 없으리라.
十二月	風雨應時　秋穀已登 莫近喪家　疾病可畏	풍우가 때를 응하니 추곡이 풍성하다. 상가에 가지 마라. 질병이 가히 두렵다.

[初九]

天火同人(천화동인)

君唱臣和	一品宰相
協心同志	經營獲利
鳳飛九霄	千里翺翔
或處山林	靜中修道

임금과 신하가 화답하니 일품 재상이로다. 마음을 협력하고 뜻을 같이하니 경영하여 이를 얻으리라. 봉황이 구소에 나니 천리나 솟구친다. 혹 산림 간에 처하여 고요히 수도하게 되리라.

正月	寬大容納 人心悅服	至公無私 上下志同	관대히 용납하고 공을 취하고 사를 버리라. 인심이 기뻐 복종하므로 상하가 뜻을 같이한다.
二月	兄也弟也 事不如意	兩人不利 運也奈何	형이냐 아우냐 두 가지가 다 불리하다. 일이 뜻같지 않으니 운이라 어이하리오.
三月	膝下有憂 東方來客	移舍則吉 偶然助我	슬하에 근심이 있으니 이사하면 길하다. 동방으로 오는 손이 우연히 나를 돕는다.
四月	出門同人 求名求財	營事可成 自有吉利	밖에 나가 남과 같이하면 경영사를 성취한다. 명리와 재물을 구하면 자연히 길함이 있으리라.
五月	題名雁塔 仕者有力	錦衣加身 必得高遷	이름이 안탑에 쓰였으니 비단옷을 몸에 걸친다. 관리가 직분을 능히 감당하니 반드시 영귀하리라.
六月	鳳凰于飛 東西兩方	雄唱雌和 貴人助我	봉황이 나니 자웅이 화답하도다. 동서 양방에서 귀인이 나를 돕는다.
七月	多年積功 橫厄有數	今朝始昌 謹愼則吉	여러 해 적공하니 오늘에야 비로소 창성한다. 횡액수가 있으니 근신하면 길하리라.
八月	山紫水明 入山修道	景致可觀 滋味不少	산은 아름답고 물이 맑으니 경치가 볼 만하다. 입산수도하면 재미가 적지 않으리라.
九月	新築家舍 身旺財旺	門戶一新 安過太平	가사를 신축하니 문호가 한 번 새롭다. 몸이 건강하고 재물이 왕하니 안과태평하리라.
十月	一心和同 施惠于人	事亦和同 此是功德	한 마음이 화동하니 사업 또한 그러하다. 남에게 은혜를 베풀라. 이것이 공덕이로다.
十一月	鳴鳳在樹 事事順成	花榻設宴 意氣揚揚	우는 봉새가 나무에 있으니 꽃자리에 잔치를 베풀었다. 일마다 순조로우니 의기양양하리라.
十二月	胎夢乃吉 若無以慶	生子弄璋 疾病可畏	태몽이 길하니 생남할 수로다. 만일 이러한 경사가 없으면 질병이 두렵다.

天火同人 (천화동인)

朋友不睦　六親不和
爵祿不廣　事多不定
貪益不少　是非不輕
莫歎不運　時來不到

붕우간에 화목치 못하고 육친이 불화하도다.
벼슬은 넓지 못하고 일은 막힘이 많다. 이익을 탐함이 적지 않으니 시비가 가볍지 않으리라. 불운함을 탄식 마라. 때가 아직 이르니라.

正月	澗畔松栢　獨專春光 意氣男兒　太平安過	시냇가의 송백이 홀로 봄빛을 차지한다. 의기 남아이니 안과태평하리라.
二月	玉兔東升　淸光可吸 朋友對坐　杯酒相勸	달이 동녘에 떠오르니 맑은 빛을 낸다. 붕우가 대좌하여 술잔을 서로 권하도다.
三月	移植東隣　吉慶有之 一喜一悲　欠在先塋	자리를 옮겨 살면 길한 경사가 있으리라. 한 번 기쁘고 한 번 슬프니 흠이 선영에 있다.
四月	旱天甘雨　百穀豊登 身上有吉　貴人來助	가문 하늘에 단비가 내리니 백곡이 풍등하다. 신수가 길하니 귀인이 와서 도우리라.
五月	日入雲中　其明未明 家中不和　且有訟事	해가 구름 속에 들었으니 그 빛이 밝지 못하다. 집안이 불화하고 또한 송사가 있으리라.
六月	每事有滯　心身散亂 財數論之　損財不少	매사에 막힘이 있으니 심신이 산란하도다. 재수를 논지하면 손재가 적지 않으리라.
七月	若無親患　必有怪事 心無所主　意外遇事	만일 부모의 우환이 없으면 반드시 괴이한 일이 있다. 마음에 주장하는 바가 없으나 의외로 다른 일을 만나리라.
八月	財運方盛　偶得大財 龍在小川　雲雨何成	재운이 비로소 왕성하니 우연히 큰 재물을 얻는다. 용이 작은 시내에 있으니 비를 어찌 내리리요.
九月	利在北方　出行得利 謀事不明　見機可行	이익이 북방에 있으니 출행하면 이를 얻는다. 꾀하는 일이 밝지 못하니 기회를 보아 행동하라.
十月	好事多魔　佳期已阻 身數不利　橫厄愼之	좋은 일에 마가 많으니 좋은 기약이 이미 막혔다. 신수가 불리하니 횡액을 조심하라.
十一月	獨坐窮巷　彈琴吹簫 自有其樂　傍人何知	홀로 궁색한 곳에 처하니 거문고를 타고 피리를 분다. 자연히 그 즐거움이 있으니 곁의 사람이 어찌 알리요.
十二月	依托他人　平生安閑 才弱無德　貴人助我	타인에게 의탁하면 평생을 편히 지낸다. 재주가 약하고 덕이 없으나 귀인이 나를 돕는다.

[九三]

天火同人 (천화동인)

林內伏兵　三歲不興
若不喪親　必有獄訟
欲前欲後　志向不一
修行謹愼　終有失職

매복한 군사가 삼 년을 일어나지 않는다. 만일 부모를 여의지 않으면 반드시 송옥수가 있으리라. 나가고자 하고 물러나고자 하나 뜻이 한결같지 않다. 행실을 닦고 근신하나 마침내 직업을 잃으리라.

正月	日光熾烈　兩澤不降 每事愼之　橫厄可愼	햇볕이 치열하니 비가 내리지 않는다. 매사를 조심하라. 횡액이 두렵다.	
二月	太强則折　勿爲誇强 人心已違　每事不興	태강하면 꺾이나니 강함을 자랑 마라. 인심이 나를 어기니 매사를 일으키지 못한다.	
三月	雖有吉慶　有名無實 凶則有吉　初困後平	비록 길경은 있으나 이름만 있고 실속이 없다. 흉하면 길이 있으니 처음은 곤하고 뒤에 평안하다.	
四月	心有不安　求財不得 身遊東方　貴人助我	마음에 불안함이 있으니 재물을 구해도 얻지 못한다. 몸이 동방에 나가면 귀인이 나를 도우리라.	
五月	百事有成　喜滿家庭 利在東南　謀事方成	백사에 성취하니 기쁨이 가정에 가득하다. 이익은 동남에 있으니 꾀하는 일을 성취하리라.	
六月	心無安定　事無定處 勿爲强求　轉禍爲福	마음에 안정없으니 일에 정한 곳이 없다. 억지로 구하지 마라. 전화위복하리라.	
七月	平地起波　靑天雲捲 若無疾病　口舌可侵	평지에 파도가 일어나고 청천에는 구름이 가렸다. 만일 질병이 아니면 구설이 침범하리라.	
八月	事有未決　有頭無尾 身上有厄　祈禱家神	일이 미결함이 있으니 머리만 있고 꼬리가 없다. 일신의 액이 있으니 가신에 기도하라.	
九月	百事成就　何人不羨 名泰身安　閑處求財	백사를 성취하니 누가 부러워 아니하리요. 이름이 높고 몸이 편하니 한가한 곳에서 재물을 얻는다.	
十月	盜賊在路　出入有阻 小心謹愼　必有脫財	도적이 길에 있으니 출입에 막힘이 있다. 조심하고 삼가라. 반드시 재물을 빼앗기리라.	
十一月	心有不安　求財不得 在家心閑　出外心亂	마음에 불안함이 있으니 재물을 구해도 얻지 못한다. 집에 있으면 마음이 한가롭고 외출하면 산란하리라.	
十二月	前路險岩　放心不可 自此以後　劫運已過	앞 길이 험난하니 방심은 불가하다. 차차로 지난 뒤에 겁운이 지나가리라.	

[九四]

天火同人(천화동인)

見機而作　知足可榮
修築城地　因功受爵
淺水波瀾　平地風波
疑忌鬪爭　榮中有辱

기회를 보아 시작하라. 족함을 알면 영화로다. 성지를 수축하니 공로로 인하여 벼슬을 받는다. 얕은 물에 파란이 일어나니 평지 풍파가 있다. 의심과 꺼림으로 투쟁하니 영화 가운데 욕됨이 있으리라.

正月	順理而行　事事太平 每事如意　到處有權		순리로 행하면 일마다 태평하다. 매사가 여의하니 가는 곳마다 권세가 있으리라.
二月	邊城風雨　戍兵受苦 進取無功　徒費精力		변성에 풍우가 오니 수자리 군졸이 곤고하다. 진취하나 공이 없으니 한갓 정력만 허비한다.
三月	平地風波　安中有危 順天者昌　逆理則凶		평지 풍파가 있으니 편한 가운데 위험이 있다. 하늘을 순히 하면 창성하고 도리를 거스르면 망한다.
四月	家有不平　在家心亂 莫近水邊　水厄難免		집에 불평이 있으니 집에 있으면 산란하다. 물가에 가지 마라. 수액을 면하기 어렵다.
五月	與人不和　疑忌相爭 不可用强　忍之是也		남과 더불어 불화하니 의심과 시기로 다툰다. 강력하게 나감이 불가하니 참는 것이 옳으니라.
六月	修築城池　非人不能 重任大事　小才難爲		성지를 수축하니 사람이 아니면 능치 못하다. 책임은 무겁고 일은 크니 작은 재주로는 하기 어렵다.
七月	度力而行　可免貧苦 心有不安　求財不得		힘써 행하면 가히 가난을 면하리라. 마음에 불안함이 있으니 재물을 구하나 얻지 못한다.
八月	恃勢攻敵　致禍之道 謙退修身　吉福自至		세력만 믿고 적을 대하면 재앙을 부른다. 겸손히 물러나 몸을 닦으면 길복이 자연 이르리라.
九月	從事商業　千金可得 家神助我　日將月就		상업에 종사하면 천금을 가히 얻는다. 가신이 나를 도우니 날로 자라고 달로 나아가리라.
十月	財上有欠　愼之盜賊 若無疾病　橫厄可畏		재상에 흠이 있으니 도적을 조심하라. 만일 질병이 없으면 횡액이 두렵다.
十一月	官則退位　農則爲吉 强求少得　苦盡甘來		관리는 지위를 물러나고 농민은 길하다. 힘써 구하면 조금 얻으니 나쁜 일이 다하면 좋은 일이 온다.
十二月	陰陽配合　物物生生 有財有慶　喜滿一家		음양이 배합하니 물건마다 생생한다. 재물도 있고 경사도 있으니 집안에 기쁨이 가득하다.

〔九五〕

䷌	**天火同人 (천화동인)** 先爲號哭　後則歡笑 早有刑傷　然後安康 總領大軍　出戰成功 衆力扶身　營求乃得	먼저는 울고 뒤에는 웃는다. 일찍 형상수가 있으나 그런 뒤에 편안하리라. 큰 일을 당하여 그 공을 이룬다. 여러 사람이 나를 도우니 사업을 경영하면 크게 성공하리라.
正月	日暖風和　禽鳥鳴春 有財有權　人多欽仰	날이 따뜻하고 바람이 고르니 무리 새가 봄을 노래한다. 재물도 있고 권세도 있으니 사람마다 흠앙하리라.
二月	先歷艱辛　苦盡甘來 疾病獄訟　間間有之	먼저 간난신고를 겪으니 쓴것이 다하면 단것이 온다. 질병과 송옥수가 간간히 있으리라.
三月	農功已畢　牛眠盛草 多黍多稻　秋收冬藏	농사를 다 마치고 소가 무성한 풀에 누웠다. 오곡이 많으니 창고에 가득히 쌓으리라.
四月	不行正道　人心未順 若費衆力　事業方就	바른 도리를 행치 않으면 인심이 귀순치 않는다. 만일 많은 힘을 도우면 사업을 성취하리라.
五月	知己何在　東方可遇 靑山流水　二人同心	지기가 어디 있는고. 동방으로 가면 만난다. 청산 유수에 두 사람이 마음을 같이하리라.
六月	桃夭三春　其葉津津 千里有緣　婚姻可成	도엽이 삼춘을 만나 그 잎이 진진하다. 천리의 인연이 있으니 혼사가 성취되리라.
七月	魚龍得水　意氣揚揚 一身安樂　日得千金	고기와 용이 물을 얻으니 의기가 양양하도다. 일신이 안락할 것이요, 날로 천금을 얻으리라.
八月	若逢貴人　必是成功 財穀滿庫　安過太平	만일 귀인을 만나면 반드시 성공한다. 재물과 곡식이 창고에 가득하니 안과태평하리라.
九月	一身榮貴　身安心樂 財數大吉　不求自得	일신이 영귀하니 몸이 편하고 마음이 즐겁다. 재수가 대길하니 구하지 않아도 자연 얻으리라.
十月	幼鳥有羽　欲飛未飛 雖有疾病　因女生財	어린 새가 날개가 있어 날고자 하나 날지 못하다. 비록 질병은 있으나 여자로 인하여 재물이 생긴다.
十一月	一場驟雨　萬物生光 偶逢貴人　言聽計從	비가 한바탕 몰아오니 만물이 빛을 발한다. 우연히 귀인을 만나 계책을 얻게 되리라.
十二月	北來飮食　疾病原因 凡事愼之　不可妄行	북방에서 오는 음식은 질병의 원인이로다. 범사를 조심하라. 망령된 행동은 옳지 않다.

[上九]

天火同人 (천화동인)

草堂三間　生涯淡泊
心志寬大　才德淸高
踰山涉水　去去益甚
若能螢雪　終乃名利

초가삼간에 생애가 담박하다. 심지가 관대하고 재덕이 청고하다. 산을 넘고 물을 건느니 고생이 갈수록 더욱 심하다. 만일 공부에 힘쓰면 마침내 명리를 얻게 되리라.

正月	人情阻隔　內外異心 雖有生財　少得多失	인정이 격조하니 내외가 마음이 다르다. 비록 재물은 생기나 적게 얻어 많이 잃는다.
二月	財數不利　虛送歲月 在家心亂　出他無益	재수가 불리하니 허송세월한다. 집에 있으면 산란하고 출타해도 이익이 없다.
三月	時和年豊　萬人自安 事不如意　有益無害	시절이 좋고 풍년이 드니 만인이 안락하도다. 일마다 여의하니 해는 없고 이익만 있다.
四月	驛馬開路　遠行有功 心無定處　東奔西走	역마가 길을 여니 원행하면 성공한다. 마음에 정한 곳이 없으니 동분서주하리라.
五月	江水始解　古木逢春 財在東方　偶然到家	강 얼음이 비로소 풀리니 고목이 봄을 만났다. 재물이 동방에 있으나 우연히 집에 이른다.
六月	莫近喪家　疾病可畏 若不其然　橫厄愼之	초상집에 가지 마라. 질병이 두렵다. 만일 그렇지 않으면 횡액을 조심하라.
七月	月色當天　鳥鳴春山 閑睡枕上　幽夢達遠	월색이 창공에 뜨니 새가 봄산에 운다. 한가히 베개 베고 조니 깊은 꿈이 멀리 달한다.
八月	水頭行人　徘徊路上 有德且美　同謀可也	물가에 다니는 사람이 노상에서 배회한다. 덕이 있고 또 아름다우니 동업하면 좋으리라.
九月	北方來客　偶然損財 財在東方　出得小利	북방에서 오는 손에게 우연히 손재한다. 재물이 동방에 있으니 출행하면 약간 얻으리라.
十月	至誠感天　何事不成 凡事有期　莫爲猶豫	지성이면 하늘이 감동하니 무슨 일인들 성취 못하랴. 범사에 기한이 있으니 망설이지 마라.
十一月	古木逢秋　有凶無吉 勿貪虛欲　反有損害	고목이 가을을 만난 격이니 흉은 있으나 길함이 없다. 허욕을 탐하지 마라. 오히려 손해가 있으리라.
十二月	在家有益　出行則凶 若非失物　口舌可畏	집에 있으면 유익하고 출행하면 흉하다. 만일 실물수가 아니면 구설수가 있으리라.

[初九]

火天大有 (화천대유)

幽居修德　知我者誰
時機未到　心緒散亂
求名不足　求利有餘
今年之運　不可貪位

깊은 곳에 처하며 덕을 닦으니 아는 사람이 없다. 시기가 이르지 않았으니 심서가 산란하리라. 명리를 구하면 달성 못하나 재물을 구하면 길하다. 금년의 운수는 높은 자리를 탐하면 불리하리라.

正月	貴人恒助　出入得利 一身榮貴　財物豊足	귀인이 항시 도우니 출입하며 이를 얻는다. 일신이 영귀하고 재물도 풍족하리라.
二月	冷風侵壁　蟋蟀喞喞 病自添深　豫先治防	냉풍이 침노하니 귀뚜라미 소리 즐즐하도다. 병이 점점 깊어 가리니 미리 액을 막으라.
三月	人口多煩　誹謗愼之 莫近是非　爭訟可畏	말이 번거로우니 남의 비방을 조심하라. 시비를 가까이 마라. 쟁송이 두렵다.
四月	朋友離心　難與同事 有害無益　兩處失手	붕우간에 마음이 나뉘니 더불어 일하기 어렵다. 해는 있으나 이익이 없으니 두 곳에 실수한다.
五月	今月之運　東西奔走 守分忍辱　庶無災厄	금월의 운수는 동서에 분주한다. 분수를 지키고 욕됨을 참으면 대체로 재액이 없으리라.
六月	若逢貴人　必是成功 名利俱全　名振四方	만일 귀인을 만나면 반드시 성공한다. 명리가 다 온전하니 이름을 사방에 떨친다.
七月	每遇艱辛　常遭毁謗 杜門謝客　可得平安	매양 간난신고를 만나니 항시 훼방이 따른다. 문을 닫고 사람을 피하면 평안함을 얻으리라.
八月	莫信他人　或有失敗 先凶後吉　勤勉可成	타인을 믿지 마라. 혹 실패가 있으리라. 먼저는 흉하고 뒤에 길하니 부지런하면 성취하리라.
九月	魚龍得水　造化無窮 東北兩方　財神助我	어룡이 물을 얻으니 변화가 무궁하도다. 동북 양방에서 재물신이 나를 돕는다.
十月	身上有困　世事浮雲 家有疾苦　必身散亂	일신의 곤고가 있으니 세상 일이 뜬구름이로다. 집에 질고가 있으니 심신이 산란하리라.
十一月	事不稱心　心多煩惱 雖有努力　勞而無功	일이 마음대로 되지 않으니 번뇌가 많다. 비록 노력은 있으나 그 공덕이 없으리라.
十二月	莫近是非　官災之數 運數不凶　終得生活	시비를 가까이 마라. 관재수가 있다. 운수가 흉하지 않으니 마침내 살 길을 얻으리라.

〔九二〕

 **火天大有(화천대유)**

長途千里	大車載物
腰佩金印	富貴兼全
勇將出師	高唱凱歌
今年之運	立身揚名

장도 천리에 큰 수레에 물건을 실었다. 허리에 금인을 찼으니 부귀 겸전하리라. 용장이 군사를 거느리고 싸움에 승리하였다. 금년의 운수는 벼슬을 하게 되리라.

正月	雲散月出	豈非光明	구름이 흩어지고 달이 나오니 어찌 광명이 아니리요.
	東園桃李	逢時花開	동원의 도화 이화는 때를 만나 꽃이 피었다.
二月	修道遠惡	終見吉利	나쁜 일을 하지 마라. 마침내 길리하다.
	身遊外方	不然移基	외방으로 나가지 않으면 이사하게 되리라.
三月	大車以載	不至傾危	큰 수레에 짐을 실으니 액이 이르지 않는다.
	利涉大川	往之無咎	큰 내를 건넘이 이로우니 그곳을 가도 허물이 없으리라.
四月	長安街頭	春意淡蕩	장안 가두에 봄뜻이 담탕하도다.
	勿聽女言	別無所益	여자의 말을 듣지 마라. 별로 이익이 없다.
五月	雨順風調	萬物自生	우순 풍조하니 만물이 자연 발생한다.
	家庭有憂	膝下之厄	집안에 우환이 있으니 슬하의 액이로다.
六月	邂逅相逢	佳人回首	인연이 서로 만났으니 가인이 머리를 돌린다.
	百年之約	前生已定	백 년의 언약은 전생에 이미 정한 바로다.
七月	花山千里	必有喜慶	꽃산이 천리니 반드시 경사가 있도다.
	意外功名	名振四方	의외로 공명을 얻으니 이름을 사방에 떨친다.
八月	陽翟大賈	手弄千金	양적대고(큰 장사꾼)가 손으로 천금을 희롱한다.
	或營商業	金銀如山	혹 장사를 경영하면 금은이 산과 같으리라.
九月	吉運已回	貴人來助	길운이 이미 돌아오니 귀인이 와서 도와준다.
	財在西北	出則大利	재물이 서북방에 있으니 출행하면 얻게 되리라.
十月	莫信親人	損財不少	친한 사람을 믿지 마라. 손재가 적지 않다.
	東南之人	偶然來助	동남방의 사람이 우연히 와서 도와준다.
十一月	事多虛荒	勿爲妄動	일에 허황됨이 많으니 망동하지 마라.
	若非如以	妻宮有憂	만일 그렇지 않으면 처궁의 우환이 있으리라.
十二月	日暮寒天	歸雁何向	날이 한천에 저무니 기러기가 어디로 향할꼬.
	求財難得	勞而無功	재물을 구하기 어려우니 수고하나 공이 없으리라.

[九三]

火天大有 (화천대유)

第一金榜　壯元及第
若其庶民　災難不免
若無產慶　買入田地
君子大吉　庶人不吉

제일 금방에 장원급제한다. 만일 보통의 인물이라면 재난을 면치 못한다. 만일 자손 두는 경사가 없으면 토지를 매입한다. 군자는 대길하나 서인은 불길하리라.

正月	淸風明月　閑臥高堂 芳草逢雨　其色萋萋	청풍명월에 한가히 고당에 누웠다. 방초가 비를 만나니 그 색이 푸르다.
二月	貪財貪名　未免大害 眞玉埋塵　誰能知之	재물과 명예를 탐하면 큰 해를 면치 못한다. 옥이 티끌 속에 묻혔으니 누가 능히 알리요.
三月	雲捲靑天　明月自新 有吉無凶　身旺財旺	구름이 걷히고 하늘이 푸르니 명월이 자연 새롭다. 길함은 있으나 흉함은 없으니 신이 왕하고 재가 왕하다.
四月	身立龍門　萬人仰視 金冠玉帶　名振四方	몸이 용문에 섰으니 만인이 우러러본다. 금관 옥대를 얻으니 이름이 사방에 떨친다.
五月	治政治民　君子之事 小人無用　守靜爲吉	정치를 잘함은 군자의 일이로다. 소인은 이롭지 못하니 안정을 지키면 길하다.
六月	盜賊愼之　失物可畏 幸逢貴人　別無過失	도적을 조심하라. 실물수가 두렵다. 다행히 귀인을 만나면 별로 과실이 없게 되리라.
七月	白鶴失巢　衆鳥斷腸 若非損財　必見刑傷	학이 둥지를 잃으니 무리새가 슬피 운다. 만일 손재수가 아니면 반드시 형상수가 있으리라.
八月	東園梅花　逢時滿發 勿爲論爭　是非有數	동원의 매화는 때를 만나 만발하리라. 논쟁하지 마라. 시비수가 있으리라.
九月	失物有數　近人愼之 初雖有吉　後招災殃	실물수가 있으니 가까운 사람을 조심하라. 처음은 비록 길함이 있으나 뒤에는 재앙을 초래한다.
十月	成立甚難　失敗容易 謹愼所事　凶中有吉	성공하기는 어려우나 실패하기는 쉬우리라. 조심하는 일에는 흉한 가운데 길함이 있다.
十一月	堂上有憂　或有服制 若爲不然　一朝病苦	부모의 근심이 있으니 혹 복제수가 있으리라. 만일 그렇지 않으면 일조에 병을 얻으리라.
十二月	雖有得財　隱憂何事 名利稱心　必有慶事	비록 재물은 얻으나 숨은 근심을 어찌하리요. 명리가 마음과 같으며 반드시 경사가 있으리라.

[九四]

火天大有 (화천대유)

春蘭秋菊　各有其時
待時而動　不務進退
安職知足　庶無橫禍
或見毀傷　眼疾辛苦

봄 난초 가을 국화는 각각 그 때가 있다. 때를 기다려 움직이면 힘쓰지 않아도 진퇴가 여의하다. 직분을 편히 알고 족한 것을 알면 대체로 횡화가 없도다. 혹 몸을 상하거나 안질로 신고하게 되리라.

正月	富春山下　垂釣老人 避名避利　知是高人	부춘산 아래에 노인이 낚시를 드리웠다. 명리를 염두에 두지 않으니 고인임을 알리로다.
二月	物盛則衰　理固然矣 豊饒布施　必受其功	물이 성하면 쇠하는 법이니 이치가 진실로 그렇다. 넉넉할 때 은혜를 베풀라. 반드시 그 공덕을 받으리라.
三月	在家無益　出門不利 若非失物　口舌可畏	집에 있으면 무익하고 문을 나서도 불리하다. 만일 실물수가 아니면 구설이 두렵다.
四月	經營之事　如成未成 妖鬼作害　謀事不成	경영지사는 될 듯하면서 되지 않는다. 요귀가 작해하니 꾀하는 일이 이루어지지 못한다.
五月	朱雀飛來　口舌害人 有人誹謗　忍之不關	주작이 비래하니 구설이 사람을 해한다. 비방하는 사람이 있으나 참고 간섭하지 마라.
六月	地上荊棘　掩阻長途 若無病患　且見刑獄	땅 위의 가시 덤불이 장도를 가로막았다. 만일 병환이 아니면 형옥수를 당하리라.
七月	所營之事　雪上加霜 莫爲急圖　晩時得利	경영하는 일은 눈 위에 서리를 더하였다. 급히 도모하지 마라. 늦게 이익을 얻으리라.
八月	待時而動　勿爲將急 官鬼發動　爭訟可愼	때를 기다려 활동하고 급히 서두르지 마라. 관귀가 발동하니 쟁송을 조심하라.
九月	日入雲中　天地暗暗 或生眼疾　若勞度日	해가 구름 속에 드니 천지가 어둡다. 혹 안질이 생길 것이요, 곤고하게 날을 보내리라.
十月	春色灼灼　開花滿實 十年勤苦　今朝成功	봄빛이 작작하니 꽃이 피고 열매를 맺는다. 십 년을 근고하여 오늘에야 성공한다.
十一月	所營之事　速則爲吉 貴人來助　必有財利	경영하는 일은 속하면 길하다. 귀인이 와서 도우니 반드시 재리가 있으리라.
十二月	莫信人言　事歸虛荒 有頭無尾　成事可難	남의 말을 믿지 마라. 일이 허황하게 돌아간다. 머리는 있으나 꼬리가 없으니 성사하기 어려우리라.

[六五]

火天大有 (화천대유)

威信及民　功大德重
恩澤雖施　反招怨謗
諸般之事　勞而無功
乘機進取　不可驕慢

위엄과 신망이 백성에 미치니 공이 크고 덕이 중하다. 비록 은택을 베푸나 오히려 원망과 비방을 부른다. 제반지사는 수고하나 공이 없도다. 기회를 타서 진취하고 교만하지 마라.

正月	富貴在天　窮達有命 凡事有數　强作不可	부귀는 하늘에 있고 궁달은 명에 있다. 범사에 운수가 있으니 강제로 행하면 옳지 않다.
二月	吉星照命　前程慶事 如干財數　得以半失	길성이 명에 비치니 전정에 경사가 있다. 여간 재물은 얻어서 반이나 잃는다.
三月	出門南行　先凶後吉 東西兩方　閱事多端	남방을 행하라. 먼저는 흉하고 뒤는 길하다. 동서 양방에서 번다한 일을 본다.
四月	心功過人　施惠及人 因此得謗　自歎奈何	마음의 공덕이 과인하니 은혜가 남에게 미친다. 이로 인하여 비방을 얻으니 스스로 탄식한다.
五月	優遊度日　雍容自得 安於現職　勿思陞遷	한가히 놀며 날을 보내니 조용한 가운데 자연 얻는다. 현직을 만족히 알고 승진은 생각 마라.
六月	移基爲吉　勿爲遲滯 若非移舍　文書相爭	이사하면 길하니 지체하지 마라. 만일 이사수가 아니면 문서로 서로 다툰다.
七月	經營之事　必有虛荒 事有複雜　口舌紛紛	경영지사는 반드시 허황함이 있다. 일에 복잡함이 있으니 구설이 분분하리라.
八月	江南江北　草色靑靑 春桃秋菊　憂喜相半	강남 강북에 풀색이 청청하도다. 봄 도화 가을 국화이니 근심과 기쁨이 상반하리라.
九月	馬躍長途　千里馳走 金榜題名　壯元到手	말이 장도에 뛰니 천리를 치달은다. 금방에 이름을 썼으니 장원급제하리라.
十月	偶得貴人　提示前程 應時而動　必成謀事	우연히 귀인을 만나니 앞 일을 가르쳐 준다. 때를 응하며 활동하면 반드시 꾀함이 성취되리라.
十一月	芝蘭春芳　黃菊開秋 意外得財　貴人來助	지란은 봄에 꽃답고 황국은 가을에 피었다. 의외로 재물을 얻으며 귀인이 와서 도우리라.
十二月	欲飛不能　欲躍不進 每事愼之　禍不單行	날고자 하나 능치 못하고 뛰고자 하나 나가지 못한다. 매사를 조심하라. 화는 거듭 오는 법이다.

[上九] 八四

火天大有 (화천대유)

池魚千年　乘風轉飛
剛而謙厚　貴且富饒
地而合天　燈花保佳
君子得官　庶人得財

연못 고기가 천 년이 되니 바람을 타고 활개쳐 난다. 강하되 겸후하면 귀하고 또 부요하리라. 천지가 합하니 혼인할 수로다. 군자는 벼슬을 얻고 서민은 재물을 얻으리라.

正月	靑天白日　光通宇宙 昭明廣大　萬事通達	청천 백일에 광명이 우주를 통하였다. 밝음이 넓고 크니 만사가 통달하리라.
二月	塞北萬里　飛雁傳信 蘇秦歸國　一室團聚	변방 만리에서 기러기가 서신을 전한다. 소진이가 고국에 돌아오니 일실이 단락하다.
三月	道德之士　謙讓君子 恩威幷行　萬人仰視	도덕지사요, 겸양하는 군자로다. 은혜와 위엄이 아울러 행하니 만인이 우러러본다.
四月	雨順風調　百穀豊足 貴人來助　爲業大成	비가 순히 오고 바람이 고르니 백곡이 풍등하도다. 귀인이 와서 도와주니 사업을 크게 성취하리라.
五月	左右倉庫　五穀豊足 東西兩方　財利大吉	좌우 창고에 오곡이 풍족하다. 동서 양방에 재리가 대길하리라.
六月	長安春日　駿馬橫行 腰佩玉印　正是官人	장안 봄날에 준마로 횡행한다. 허리에 옥인을 찼으니 바로 관인이로다.
七月	商者得利　農家進業 南方不利　宜行北方	장사꾼은 이를 얻고 농민은 토지를 넓힌다. 남방은 불리하고 북방은 길하다.
八月	隨時應物　到處有樂 祿在四方　求而可得	때를 따라 응변하면 도처에 즐거움이 있다. 재록이 사방에 있으니 구하면 얻으리라.
九月	富且貴焉　田庄加占 高樓廣廈　安過太平	부하고 또 귀하며 전장을 늘린다. 높은 누각 넓은 집에서 안과태평하리라.
十月	謙恭有德　上天佑之 上下相信　每事通達	겸공하고 덕이 있으면 하늘이 도와준다. 상하가 서로 믿으니 매사에 통달하리라.
十一月	滿極招損　謙讓可矣 先凶後吉　每事愼之	넉넉함이 극하면 손해를 부르나니 겸손함이 가하다. 먼저는 흉하고 뒤에 길하니 매사를 조심하라.
十二月	早得成婚　可期生男 莫近喪家　諸事不吉	일찍 혼인하였으면 가히 생남하리라. 상가에 조상가지 마라. 모든 일이 불길하리라.

〔初六〕

八五

八七	**地山謙(지산겸)** 用涉大川　雖險無危 積金盈幣　人稱富翁 在上信任　在下有依 遠涉江湖　宜作商業	큰 내를 건너고자 함에 비록 험난하나 위태로움이 없다. 금과 재백이 가득하니 세상에서 부옹이라 일컫더라. 위에 거하여 신망을 얻고 아래에 거하여 의뢰할 곳이 있다. 강호를 왕래하며 장사하면 좋으리라.
正月	勿入奸計　損財可畏 誠心努力　必有亨通	간계에 빠지지 마라. 손재수가 두렵다. 성심으로 노력하면 반드시 형통하리라.
二月	新情更調　先明後泰 以小易大　必有大成	신정이 다시 고르니 먼저는 밝고 뒤에 편안하다. 작은 것으로 큰 것을 바꾸니 반드시 크게 성공한다.
三月	每事順成　理無不宜 雖當危難　可免其厄	매사가 순조롭게 되니 도리에 마땅치 않음이 없다. 비록 위난을 당하나 가히 그 액을 면하리라.
四月	修心養性　樂道安閑 災害不生　室家安吉	마음을 닦고 성품을 기르니 도를 즐기며 편안하도다. 재해가 생기지 않으니 집안이 편하고 길하리라.
五月	出門同人　事業必成 勿宜南方　損財不少	문을 나서서 사람과 같이하니 사업을 반드시 성취한다. 남방은 마땅치 않으니 손재가 적지 않으리라.
六月	事有其時　勿爲懶怠 西北兩人　偶然來助	일에는 그 때가 있는 법이니 게을리하지 마라. 서북 양인이 우연히 와서 도우리라.
七月	作業所拙　甘爲人下 一身苦勞　有誰慰安	하는 일이 옹졸하니 남의 밑에 있음을 달게 안다. 일신의 고로가 있으니 누가 위로해 주리요.
八月	水邊上下　白鶴振羽 風景佳麗　光輝滿眼	수변 상하에 백학이 깃을 떨친다. 풍경이 가려하니 광채가 눈에 황홀하리라.
九月	謙讓自處　人心順應 家運太平　安過一身	겸양으로 처세하면 인심이 순응한다. 가운이 태평하니 일신이 안과하리라.
十月	酒色雖好　放蕩不可 若不注心　財貨敗亡	주색이 비록 좋으나 방탕함은 불가하다. 만일 주의하지 않으면 재물을 패망하리라.
十一月	藏玉待時　必得其價 家有小憂　和合可免	구슬을 감추고 기다리라. 반드시 그 값을 얻는다. 집에 작은 근심이 있으니 화목하면 가히 면하리라.
十二月	雨過靑山　花紅柳綠 若向東方　金財可得	비가 청산을 지나니 꽃은 붉고 버들은 푸르다. 만일 동방으로 가면 돈과 재물을 얻으리라.

地山謙 (지산겸) 〔八七〕

深井水滿　人人汲引
中心正直　得人薦揚
柔順行道　吉慶有得
決意進取　一朝成名

깊은 우물에 물이 가득하니 많은 사람이 덕을 입는다. 중심이 정직하니 벼슬길에 추천하여 주는 사람을 얻는다. 유순하게 도를 행하면 길경을 얻음이 있으리라. 뜻을 결단하여 진취하면 일조에 성공하리라.

正月	陽春佳節　草木生芽 運回如春　家有吉慶	양춘가절에 초목에서 새싹이 난다. 운이 봄같이 돌아오니 집안에 길경이 있으리라.
二月	喜神助祐　吉事有之 百事大吉　安過太平	희신이 도와주니 길한 일이 있도다. 백사가 대길하니 안과태평하리라.
三月	求之四方　財源必得 或有佳緣　淑女迎夫	사방으로 구하면 재원을 반드시 얻는다. 혹 인연이 있으면 숙녀가 남편을 맞이한다.
四月	先凶後吉　諸事愼之 入山求魚　終時不得	먼저는 흉하고 뒤에 길하니 모든 일을 조심하라. 산에 들어 고기를 구하니 마침내 얻지 못하리라.
五月	欲進不進　運數奈何 無端之事　口舌人耳	나가고자 하나 나가지 못하니 운수라 어이하리요. 무단한 일로 구설이 들린다.
六月	落葉歸基　藥草已長 或爲行商　少得其利	낙엽이 땅에 떨어지니 약초는 이미 자랐다. 혹 행상으로 종사하면 그 이익을 약간 얻으리라.
七月	若當此月　水火愼之 南方不利　勿爲出行	이 달의 운수는 수화를 조심하라. 남방은 불리하니 출행하지 마라.
八月	與人相爭　愼之口舌 勿貪分外　必是虛荒	남과 더불어 상쟁하면 구설수를 조심하라. 분수 밖의 일을 탐하지 마라. 필시 허황하도다.
九月	久滯埋名　不可昇進 謙恭修學　或遇貴人	이름이 오래 묻혔으니 승진함이 불가하다. 겸손하고 학문을 닦으면 혹 귀인을 만나리라.
十月	靜處生財　紛紛則爭 謹愼厚德　財物隨之	고요한 곳에 재물이 생기니 분분하면 다툰다. 근신후덕하고 재물에 조심하라.
十一月	大旱之後　甘雨時降 得人助力　事可亨通	큰 가뭄 뒤에 단비가 내린다. 조력해 주는 이를 얻으니 일이 형통하리라.
十二月	不固中情　凡事可敗 遇事固心　決意行之	뜻을 굳게 지니지 않으면 범사를 실패한다. 일을 만나 마음을 굳게 하고 뜻을 결단하여 행하라.

地山謙 (지산겸)

八七

不戰而勝　君子成功
能勝重職　升遷高職
垂釣滄江　可獲巨鰲
勞心費力　營事獲利

싸우지 않아도 승리하니 군자가 성공하였다. 능히 중책을 감당하니 높은 직위에 승진하리라. 창강에 낚시를 드리우니 큰 자라를 낚았다. 마음과 힘을 기울이면 경영하는 일에 이를 얻으리라.

正月	花爛江城　景光可愛 優遊度日　心事淸閑	꽃이 강역에 난만하니 경치가 사랑스럽다. 넉넉히 놀며 날을 보내니 심사가 청한하리라.
二月	道德過人　能任重職 誠心努力　必有亨通	도덕이 과인하니 능히 중직을 맡는다. 성심으로 노력하면 반드시 형통하리라.
三月	鶯在深樹　啼聲嚶嚶 鄕里推薦　居官臨事	꾀꼬리가 깊은 나무에 있으니 울음소리가 영영하도다. 마을에서 추천하니 벼슬에 거하여 직분을 행한다.
四月	恩不求報　有德不誇 自然獲利　其身光榮	은혜는 갚기를 구하지 않고 덕이 있으나 자랑치 않는다. 자연히 이를 얻으니 일신에 광영이 있으리라.
五月	投釣春江　錦鱗自至 身出他鄕　親友愼之	봄강에 낚시를 던지니 금잉어가 자연 이른다. 몸이 타향에 나가니 친한 벗을 조심하라.
六月	英雄義氣　萬人欽服 誠心所到　天賜幸福	영웅이 의기로우니 만인이 흠복한다. 정성이 이르는 곳에 하늘이 행복을 준다.
七月	穀熟垂頭　功大益謙 大得人心　歡聲振鄕	곡식은 익을수록 머리를 숙이나니 공이 크면 더욱 겸손하라. 인심을 크게 얻으니 탄성이 향리에 떨친다.
八月	何必用心　佳景求之 自有佳人　好結婚事	하필이면 마음 쓰는 것이 좋은 경치만 구하는가. 자연히 가인이 생겨나 좋은 혼사를 맺으리라.
九月	已仕必遷　爲士得官 東北之方　財物自來	관리는 승진하고 선비는 벼슬을 얻는다. 동북의 양방에서 재물이 자연 이르리라.
十月	修築堂舍　設宴請客 官鬼發動　刑殺支離	가옥을 수축하니 잔치를 베풀고 손님을 청한다. 관귀가 발동하니 형살이 지리하리라.
十一月	夜夢吉祥　弄璋有時 若有非然　一時疾病	밤꿈이 상서로우니 생남할 수로다. 만일 그렇지 않으면 한때 질병이 있으리라.
十二月	勞心努力　農事得豊 虛中有實　心身自安	노심노력하여 농사에 풍년을 얻었다. 허한 가운데 실속이 있으니 심신이 자연 편하다.

[六四]

八七 地山謙(지산겸)

上信下服　一登龍門
士農工商　無不獲利
立功揚名　富貴登名
卑己尊人　不然有損

위로는 신임을 받고 아래로는 열복하니 한 번 출세하리라. 어느 직업을 경영해도 모두 이익을 얻게 된다. 공을 세우고 이름을 드날리니 부귀 등명하리라. 나를 낮추고 남을 높이라. 그렇지 않으면 손해가 있으리라.

正月	身運不利　內患可畏 財數不通　求財不得		신운이 불리하니 내환이 두렵다. 재수가 불통하니 구하나 얻지 못하리라.
二月	雪上加霜　身有辛苦 若非損財　必有離人		설상가상격이니 몸에 신고함이 있다. 만일 손재수가 아니면 반드시 사람이 떠나가리라.
三月	古木逢春　千里有光 害方何處　南方不利		고목이 봄을 만나니 천리에 빛이 있다. 어느 방위가 해로운고. 남방이 불리하리라.
四月	身運不利　求財不得 心身散亂　謀事不成		신운이 불리하니 구하나 얻지 못한다. 심신이 산란하니 일을 꾀하나 이루지 못한다.
五月	運數多逆　多有致散 莫信女人　損財口舌		운수에 거슬림이 많으니 치패가 많이 있도다. 여인을 믿지 마라. 손재구설이 있으리라.
六月	此月之數　去舊從新 春草逢雨　日益成長		이 달의 운수는 새로운 일이 생긴다. 초목이 비를 만나니 날로 성장하리라.
七月	東南之方　必有生財 身旺財旺　安過太平		동남지방에서 반드시 재물이 생긴다. 신이 왕하고 재가 왕하니 안과태평하리라.
八月	謀事勿急　受害他人 朋友無情　財上有欠		꾀하는 일을 급히 마라. 타인의 해를 받는다. 붕우가 무정하니 재물의 흠이 있으리라.
九月	花逢夜雨　紅光落地 必愼險地　恐有落傷		꽃이 밤비를 만나니 꽃잎이 떨어진다. 험한 곳에 가지 마라. 낙상수가 있을까 두렵다.
十月	晴天月出　明朗世界 東西兩方　必有吉事		청천에 달이 나오니 세계가 명랑하도다. 동서 양방에 반드시 길한 일이 있으리라.
十一月	若非官祿　生男之數 妻宮有慶　一家爭春		만일 관록이 아니면 생남할 운수로다. 처궁의 경사가 있으니 식구가 늘게 되리라.
十二月	明月淸風　閑座弄琴 細雨東風　白雪自消		밝은 달 맑은 바람에 한가히 앉아 거문고를 탄다. 가랑비 동풍에 백설이 자연 사라진다.

[六五]

八七 地山謙(지산겸)

文武兼全　建功立業
士則登科　常人橫財
謙而處世　人人隨我
事雖如意　或有爭訟

문무 겸전하니 공업을 세운다. 선비는 벼슬에 오르고 서민은 횡재하리라. 겸손하게 처세하면 사람마다 나를 따른다. 일이 비록 뜻과 같으나 혹 쟁송 시비가 있으리라.

正月	雖有小吉　恒多愁心 橫財有數　意外成功	비록 조금 길하나 항시 수심이 많다. 횡재수가 있으니 의외로 성공하리라.
二月	春日和暢　百花爭發 人口旺盛　財數興旺	봄 날씨가 화창하니 백화가 다투어 피었다. 인구가 왕성하고 재수도 흥왕하리라.
三月	意外成功　名振四方 貴人相助　利益不少	의외로 성공하니 이름을 사방에 떨친다. 귀인이 도와주니 이익이 적지 않으리라.
四月	北方有利　往則必達 道德名高　家産豊饒	북방이 유리하니 가면 좋은 일이 있다. 도덕과 이름이 높으니 가산이 풍요하리라.
五月	利在何處　東北之間 若非官祿　意外橫財	이익이 어느 곳에 있는고. 동북지간이로다. 만일 관록이 아니면 의외로 횡재하리라.
六月	去舊生新　積小成大 財運旺盛　身遊花間	옛것이 가고 새것이 오니 작은 것을 쌓아 큰 것을 이룬다. 재운이 왕성하니 몸이 꽃 사이에서 논다.
七月	出行有利　忽地獲財 宜行南方　必得大利	출행하면 유리하니 홀연 땅에서 재물을 얻는다. 남방이 길하니 반드시 큰 이익을 얻는다.
八月	貴人相助　利財不少 莫近是非　不利之事	귀인이 도와주니 이익이 많도다. 시비를 가까이 마라. 이롭지 못한 일이로다.
九月	明月淸風　閑座弄琴 細雨東風　白雪自消	밝은 달 맑은 바람에 한가히 앉아 거문고를 탄다. 가랑비 동풍에 백설이 자연 사라진다.
十月	若無親憂　膝下有憂 出向何處　西方最吉	만일 부모의 우환이 아니면 슬하의 근심이 있도다. 어느 곳으로 나갈꼬. 서방이 가장 길하다.
十一月	臨江無船　欲渡不渡 莫信他言　有名無實	강에 임하여 배가 없으니 건너고자 하나 건너지 못한다. 타인의 말을 믿지 마라. 이름만 있고 실속이 없다.
十二月	勿爲人助　吉反爲凶 身數有苦　出行不吉	남의 도움을 받지 마라. 오히려 흉함이 있도다. 신수에 곤고가 있으니 출행하면 불길하리라.

[上六]

九○

地山謙 (지산겸)

登壇大將　征伐之權
多遇知己　致家安身
風雲際會　驥展四足
雖有獄訟　不久自解

대장자리에 등단하니 정벌하는 권세를 맡았다. 지기를 많이 만나니 집안을 이루고 몸이 편하다. 풍운이 제회하니 준마가 네 발을 폈다. 비록 형옥수가 있으나 오래지 않아 자연히 풀리리라.

正月	南樓月明　子規哀啼 問藥四方　或有受吊	남쪽 누각에 달이 밝으니 자규가 슬피 운다. 사방에 약을 물으니 혹 조상을 받게 되리라.
二月	猛虎在山　精神轉加 文武兼備　征伐之權	맹호가 산에 있으니 정신이 한층 맑다. 문무를 겸전하니 장수의 직책을 맡으리라.
三月	渴馬上山　絶無水泉 外人愼之　不利於我	목마른 말이 산에 오르니 샘물이 끊어졌다. 외인을 조심하라. 나에게 이롭지 못하다.
四月	甘言利說　虛名無實 豫先防厄　轉禍爲福	감언이설은 그 실속이 없다. 미리 조심하면 화가 굴러 복이 된다.
五月	陰陽和合　所望如意 與人同力　可致財産	음양이 화합하니 소망이 여의하도다. 남과 더불어 힘을 같이하면 가히 재산을 모으리라.
六月	勿爲人爭　事有未決 初雖困難　晩得運回	남과 다투지 마라. 일에 미결됨이 있다. 처음은 비록 곤란하나 늦게 좋은 운이 이른다.
七月	好機到來　果敢行之 若過以時　幸運不再	좋은 기회가 이르니 과감하게 행하라. 만일 이때를 지나면 행운이 다시 오지 않는다.
八月	三五明月　天光皎潔 運氣到來　名利俱得	삼오 명월에 하늘빛이 교결하도다. 운기가 도래하니 명리를 함께 얻으리라.
九月	勿近喪家　諸事不吉 虛中有實　心身自安	상가에 가지 마라. 모든 일이 불길하도다. 허함 가운데 실속이 있으니 심신이 자연 편하다.
十月	移基他營　必得財利 或出南方　貴人相逢	이사하거나 업을 고치면 반드시 재물을 얻는다. 혹 남방으로 가면 귀인을 상봉하리라.
十一月	雖有財物　得以半失 莫信親人　損財可畏	비록 재물이 있으나 얻어서 반이나 잃는다. 친한 사람을 믿지 마라. 손재가 두렵다.
十二月	萬里風帆　瞬息歸還 錦衣加身　以顯祖宗	만리풍범에 순식간에 귀환한다. 벼슬 위에 오르니 조상을 빛나게 한다.

[初六]

九一

四八 ䷏	雷地豫 (뇌지예) 風雨凄凄　雷聲振地 身運否塞　欲起不能 蠅附驥尾　可致千里 世察見機　災消安身	풍우가 쓸쓸하고 뇌성은 땅을 울린다. 신운이 비색하니 일어나고자 하나 능하지 못하다. 파리가 준마의 꼬리에 붙어 천리를 쉽게 간다. 세사를 살피고 기회를 보라. 재앙이 사라지고 몸이 편하리라.

正月	靜處生財　紛紛則爭 今月之數　愼之他人	고요한 곳에 재물이 생기니 시끄러운 곳은 다툼이 있다. 금월의 운수는 타인을 조심하라.
二月	大川雖險　利涉無危 小往大來　君子道長	큰 내가 비록 험하나 건너도 위험이 없다. 작게 가고 크게 오니 군자의 도가 장구하다.
三月	前途茫茫　恐有驚憂 出動有厄　不如在家	전도가 망망하니 놀랄 근심이 있을까 두렵다. 출동하면 액이 있으니 집에 있음만 같지 못하다.
四月	依賴他力　營事小成 財數論之　得而半失	타인의 힘을 의뢰하면 경영하는 일을 약간 이룬다. 재수를 논지하면 얻어서 반이나 잃는다.
五月	量少心高　不能容物 若非移舍　妻子有憂	아량이 적고 마음만 높으니 물정을 용납치 못한다. 만일 이사하지 않으면 처자의 근심이 있으리라.
六月	是非雲起　在家無益 酒色成病　愼之可矣	시비가 구름같이 일어나며 집에 있으면 무익하다. 주색으로 병을 이루니 조심함이 좋으리라.
七月	一鳴驚人　朋友有損 莫行東方　必有損財	한 번 울어도 사람이 놀라니 붕우를 잃게 된다. 동방에 가지 마라. 반드시 손재가 있으리라.
八月	飢者得飯　無匙何食 財運逢空　求財不能	주린 자가 밥을 얻었으나 수저가 없으니 어이하리요. 재운이 공을 만났으니 구하여도 얻지 못한다.
九月	勿聽人言　事有虛荒 莫近女人　必有損財	남의 말을 듣지 마라. 일에 허황됨이 있다. 여인을 가까이 마라. 반드시 손재가 있으리라.
十月	莫近東方　謀事難成 若非疾苦　移舍之數	동방에 가지 마라. 꾀하는 일을 이루기 어렵다. 만일 질고가 아니면 이사할 운수로다.
十一月	所望之事　終無一成 若逢貴人　必有大成	소망하는 일은 마침내 하나도 이루지 못한다. 만일 귀인을 만나면 반드시 크게 성공하리라.
十二月	所營之事　必有成就 財利可得　宜行南方	경영하는 일은 성취됨이 있다. 재물을 얻으리니 남방으로 출행하라.

[六二]

雷地豫 (뇌지예)

四八

在仕升職　未仕登科
心正修善　貴人薦拔
濫進不可　知分有助
今年之運　羊變爲馬

관리는 승진하고 실직자는 벼슬을 얻는다. 마음을 바르게 갖고 선을 행하면 귀인이 천거해 주리라. 지나친 욕심은 불가하나 분수를 알면 도움이 있다. 금년의 운수는 양이 변하여 말이 되는 격이다.

正月	安貧樂道　心離富貴 有才有德　成功何難		가난을 편히 알고 도를 즐기니 마음이 부귀를 떠났다. 재주와 덕망이 있으나 성공은 어려우리라.
二月	烟花三月　乘鶴楊州 貴人知我　登科有時		연화 삼월에 학을 타고 양주에 간다. 귀인이 나를 알아주니 벼슬할 때가 있으리라.
三月	或有失敗　謀事無益 東方有吉　南方有害		혹 실패수 있으니 꾀하는 일이 무익하다. 동방은 길하고 남방은 해가 있다.
四月	欲進氣盡　何望生活 身數不好　安分上策		나가고자 하나 기운이 진하니 어찌 살 길을 바라리요. 신수가 좋지 않으니 분수를 지킴이 상책이다.
五月	經營之事　有始無終 若非作客　官災操心		경영지사는 처음은 있고 끝이 없다. 만일 타향에서 작객이 아니면 관재를 조심하라.
六月	若無疾病　必是生産 財數論之　損財不少		만일 질병이 없으면 반드시 생산한다. 재수를 논지하면 손재가 적지 않으리라.
七月	或有疾病　豫爲防厄 勿爲相爭　官災可畏		혹 질병이 있으니 미리 액을 막으라. 서로 다투지 마라. 관재가 두렵다.
八月	好機到來　求財得財 若遇人助　婚姻之事		좋은 기회가 왔으니 구하면 재물을 얻는다. 만일 남의 도움을 만나면 혼인의 경사가 있으리라.
九月	月滿卽虧　謙厚爲德 卦有吉星　死地求生		달이 둥글면 이지러지나니 겸후하면 덕이 된다. 괘에는 길성이 있으니 사지에서 생을 구한다.
十月	家有慶事　弄璋之慶 心正待時　必有興旺		집에 경사가 있으니 생남할 경사로다. 마음을 바로잡고 때를 기다리라. 반드시 흥왕하리라.
十一月	文書有吉　利在田庄 家有喜事　貴人來助		문서의 길함이 있으니 이익이 전장에 있다. 집에 기쁜 일이 있으니 귀인이 와서 도우리라.
十二月	月明紗窓　事機必成 每事如意　大財入門		달이 사창에 밝으니 사업을 반드시 이룬다. 매사가 여의하니 큰 재물이 문으로 들어온다.

雷地豫 (뇌지예)

[六三] 四八

進退無定　心志不安
鑿石得玉　淘沙見金
暗中一箭　名譽有關
事須三思　改舊取新

진퇴를 정하지 못하니 심지가 불안하다. 돌을 쪼개어 옥을 얻고, 모래를 일궈 금을 본다. 음모가 나를 해치니 명예에 관계가 있다. 일에 모름지기 세 번 생각하라. 옛것을 고치고 새것을 취하리라.

正月	月明紗窓　心自快樂 文書有吉　利在田庄		달이 사창에 밝으니 마음이 자연 쾌락하도다. 문서에 길함이 있으니 토지를 넓히게 되리라.
二月	凡事有吉　財利入門 貴人相助　利在其中		범사에 길하니 재리가 문 안에 든다. 귀인이 서로 도우니 이익이 그 가운데 있다.
三月	財祿臨身　名傳四海 貴人來助　事事順成		재록이 몸에 임하니 이름을 사해에 떨친다. 귀인이 와서 도우니 일마다 순조로우리라.
四月	月盈則虧　器滿則溢 若非損財　或有疾病		달이 둥글면 이지러지고 그릇이 차면 넘친다. 만일 손재수가 아니면 혹 질병이 있으리라.
五月	幸運已回　福祿自來 先得大利　後得安定		행운이 이미 돌아오니 복록이 자연 이른다. 먼저는 큰 이익을 얻고 뒤에는 안정을 얻는다.
六月	無事無業　勞而無功 財在北方　求則可得		일도 없고 직업도 없으니 수고하나 공이 없도다. 재물이 북방에 있으니 구하면 가히 얻으리라.
七月	凡事可愼　或恐口舌 事有多滯　求事難成		범사를 조심하라. 혹 구설수가 두렵다. 일에 막힘이 많으니 일을 구하나 이루기 어렵다.
八月	莫行西方　以吉爲凶 若逢貴人　意外橫財		서방에 가지 마라. 흉액을 만난다. 만일 귀인을 만나면 의외로 횡재하리라.
九月	財在北方　求則可得 若無官事　家有疾病		재물은 북방에 있으니 구하면 가히 얻으리라. 만일 관재수가 없으면 집안에 질병이 있으리라.
十月	小鳥出林　無依無托 若非橫厄　損財難免		작은 새가 수풀을 벗어나니 의지할 곳이 없다. 만일 횡액수가 아니면 손재를 면키 어려우리라.
十一月	若非移舍　膝下有驚 陰雨濛濛　不見好月		만일 이사수가 아니면 슬하에 놀라운 일이 있다. 음산한 비가 몽롱하니 좋은 달을 보지 못한다.
十二月	他人之財　偶然到家 東南之財　意外入門		타인의 재물이 우연히 집에 이른다. 동남방의 재물이 의외로 문 안에 들어온다.

[九四]

九四

雷地豫(뇌지예)

夫婦偕老　子孫得慶
萬里春風　得意揚揚
際遇明君　重整舊冠
經營獲利　室家團樂

부부가 해로하고 자손의 경사를 얻는다. 만리 춘풍에 득의양양하리라. 밝은 임금을 만나니 공명을 얻게 된다. 경영하면 이를 얻으리니 집안이 단락하리라.

正月	桃李逢春　花開結實 祿在四方　到處春風	도화 이화가 봄을 만나니 꽃이 피고 열매를 맺는다. 재록이 사방에 있으니 도처에 기쁜 일이 있으리라.	
二月	下筆成文　龍蛇飛騰 聲名漸高　知己拔薦	붓을 들어 글씨를 쓰니 용사가 비등한다. 명성이 점차 높아지니 지기가 나를 추천한다.	
三月	東北兩方　必得財利 入則困苦　出則吉利	동북 양방에서 반드시 큰 이익을 얻는다. 집에 들면 곤고하고 나가면 길리하다.	
四月	深山失路　東西不辨 心無定處　事有虛荒	깊은 산에 길을 잃으니 동서를 분변 못한다. 마음에 정한 곳이 없으니 일에 허황함이 있다.	
五月	財在四方　到處有吉 喜色滿面　百事可成	재물이 사방에 있으니 도처에 길하다. 희색이 만면하니 백사를 가히 이룬다.	
六月	勿謀他營　損財不鮮 心中無憂　財數不利	다른 경영을 꾀하지 마라. 손재가 적지 않도다. 심중의 근심이 없으나 재수는 불리하리라.	
七月	飢者逢豊　生活太平 名振四方　人多欽仰	주린 자가 풍년을 만나 생활이 태평하도다. 이름을 사방에 떨치니 사람마다 흠앙하리라.	
八月	月出雲外　天地明朗 祈禱名山　凶反爲吉	달이 구름 밖으로 나오니 천지가 명랑하도다. 명산에 기도하면 흉이 변하여 길이 된다.	
九月	出行不利　杜門不出 財數亦滯　與受可愼	출행하면 불리하니 문을 닫고 나가지 마라. 재수가 또한 막히니 돈 거래를 조심하라.	
十月	莫信親言　損財可畏 心身散亂　在家心閑	친한 사람을 믿지 마라. 손재가 두렵다. 심신이 산란하니 집에 있으면 마음이 한가하다.	
十一月	家運旺盛　月出黑雲 貴人多助　必是成功	가운이 왕성하니 검은 구름에서 달이 나온다. 귀인이 많이 도와주니 필시 성공하리라.	
十二月	功勞過人　謀事多滯 雖有得財　得而半失	공로가 과인하나 꾀하는 일이 많이 막힌다. 비록 재물을 얻게 되나 얻어서 반은 잃는다.	

四八	**雷地豫 (뇌지예)**	달이 구름 밖으로 나오니 천지가 명랑하도다. 비가 순하고 바람이 고르니 시절이 화평하고 풍년이 들었다. 봄풀이 비를 만나니 백화가 다투어 핀다. 몸이 건강하고 재물이 왕하니 안과태평하리라.
	月出雲外　天地明朗 雨順風調　時和年豊 春草逢雨　百花爭發 身旺財旺　安過太平	

正月	春化日煖	百花爭發	봄날이 따뜻하니 백화가 다투어 핀다.
	家有吉慶	心身安樂	집안에 경사가 있으니 심신이 안락하리라.
二月	貴人相助	謀事必成	귀인이 도와주니 꾀하는 일을 이룬다.
	東北兩方	必是吉利	동북 양방에서 필시 길한 일이 있으리라.
三月	身遊外方	意外橫財	몸이 외방에서 노니니 의외로 횡재한다.
	一家和合	諸事順成	일가가 화합하니 모든 일이 순조롭다.
四月	水源長流	福祿長久	물의 근원이 길게 흐르니 복록이 장구하다.
	若非婚姻	弄璋之慶	만일 혼인의 경사 아니면 생남할 운수로다.
五月	財數大吉	意外得財	재수가 대길하니 의외로 득재한다.
	或有疾病	誠心度厄	혹 질병이 있으나 성심으로 액을 막으라.
六月	貴人相助	官祿臨身	귀인이 도와주니 관록이 몸에 임한다.
	一身自安	添口之數	일신이 편안할 것이요, 인구를 더할 운수로다.
七月	暗夜得燭	前程有明	어둔 밤에 촛불을 얻으니 전정이 밝게 트인다.
	一家和合	諸事吉慶	일가가 화합하니 모든 일에 경사가 있다.
八月	財運大通	橫財豊饒	재운이 대통하니 횡재로 풍요하다.
	家中無憂	一見火厄	가중에 근심이 없으나 한 번 화액을 보리라.
九月	身遊外方	意外橫財	몸이 외방에서 노니 의외로 횡재한다.
	財生身安	稀貴之事	재물이 생기고 몸이 편안하니 희귀한 일이로다.
十月	有人相助	安過太平	서로 돕는 이가 있으니 안과태평하리라.
	財數大吉	積小成大	재수가 대길하니 작은 것을 쌓아 큰 것을 이룬다.
十一月	家有不安	東西有憂	집에 불안함이 있으니 동서에 근심이 있다.
	若非損財	疾病可畏	만일 손재수가 아니면 질병이 두렵다.
十二月	官鬼發動	官災可畏	관귀가 발동하니 관재가 두렵다.
	運數不逢	心多辛苦	운수를 만나지 못하니 심중에 신고가 많으리라.

[上六]

九六

雷地豫 (뇌지예)

䷏

日月朦朦　晝失光彩
改過遷善　福祿長久
貪官貪財　災禍重重
財運已回　萬事順成

일월이 몽몽하니 낮이 광채를 잃었다. 허물을 고치고 선을 행하면 복록이 장구하리라. 벼슬과 재물을 탐하면 재화가 중중하다. 재운이 이미 돌아오니 만사가 순성하리라.

正月	毒藥苦口　利於疾病		독한 약이 입에 쓰나 질병에 이롭다.
	納言從諫　可以免咎		남의 말을 잘 받아들이면 가히 허물을 면하리라.
二月	一雁啣木　飛箭落中		기러기가 나무를 물었으니 화살을 맞고 떨어진다.
	若不謹愼　大厄當頭		만일 조심하지 않으면 대액이 당두하리라.
三月	是非莫近　官訟可畏		시비를 가까이 마라. 관송이 두렵다.
	出路逢山　無路不進		길을 나서서 산을 만나니 길이 없어 나가지 못한다.
四月	雖有財數　疾病可畏		비록 재수는 있으나 질병은 있도다.
	南方不利　勿爲出行		남방은 불리하니 출행하지 마라.
五月	秋草逢霜　何事有益		가을풀이 서리를 만난 격이니 무슨 일이 유익하리요.
	家運不利　憂苦不離		가운이 불리하니 근심 고초가 떠나지 않는다.
六月	在家心亂　出外無益		집에 있으면 심란하고 나가도 이익이 없다.
	南方不利　不宜出行		남방은 불리하니 출행함이 마땅치 않다.
七月	雖有財數　疾病可畏		비록 재수는 있으나 질병이 두렵다.
	勿貪分外　必是虛荒		분수 밖의 일을 탐하지 마라. 필시 허황하리라.
八月	若非移徙　服制可畏		만일 이사수가 아니면 복제수가 두렵다.
	莫近是非　可慮傷身		시비를 가까이 마라. 몸을 상할까 근심이로다.
九月	東西兩方　吉運漸回		동서 양방에서 길운이 점점 돌아온다.
	動則有益　靜則無利		활동하면 유익하고 안정하면 이익이 없다.
十月	晴天月出　天地明朗		개인 하늘에 달이 나오니 천지가 명랑하도다.
	財在東方　行則可得		재물이 동방에 있으니 출행하면 얻으리라.
十一月	雖有財物　得而半失		비록 재물은 있으나 얻어서 반이나 잃는다.
	吉凶相半　一喜一悲		길흉이 상반하니 한 번 기쁘고 한 번 슬프다.
十二月	若非口舌　必有慶事		만일 구설수가 아니면 반드시 경사가 있다.
	宜行西南　大財可得		서남방이 길하니 큰 재물을 가히 얻으리라.

[初九] 九七

澤雷隨 (택뢰수)

風止波靜　巨鰲自來
富而且貴　福祿日來
協力衆人　大成功業
公正無私　諸厄不至

바람이 멈추고 물결이 고요하니 큰 자라가 자연 이른다. 부하고 또 귀하니 복록이 날로 오리라. 무리 사람이 협력하여 주니 공업을 대성한다. 공정무사하면 모든 액이 이르지 않으리라.

正月	冀北良馬　忽逢伯樂 渡山渡水　千里如飛		기북의 양마가 홀연히 백락을 만났다. 산을 넘고 물을 건너니 천리를 나는듯이 간다.
二月	秋天無雲　明月更新 利在何處　西方得利		가을 하늘에 구름이 없으니 밝은 달이 다시 새롭다. 이익이 어느 곳에 있는고. 서방에서 이익을 얻으리라.
三月	正心修德　利在其中 北方有吉　勿失好機		마음을 바로잡고 덕을 닦으니 이익이 그 가운데 있다. 북방이 길하니 좋은 기회를 놓치지 마라.
四月	勿近惡人　守分安居 動則大凶　靜則有吉		악한 사람을 가까이 말고 분수를 지키면 편하다. 활동하면 대흉하고 안정하면 길하다.
五月	事不如意　一成一敗 因人致敗　其害不少		일이 여의치 못하니 한 번 이루고 한 번 패한다. 남으로 인하여 치패하니 그 해가 적지 않으리라.
六月	君唱臣和　貴人來助 去舊從新　積小成大		군신이 화창하니 귀인이 와서 도와준다. 옛것이 가고 새것이 오니 작은 것을 쌓아 큰 것을 이룬다.
七月	一枝梅花　一家光明 經營之事　貴人來助		한 가지 매화에 한 집이 광명이로다. 경영지사는 귀인이 와서 도우리라.
八月	莫信他言　終時不利 雖有財旺　得而半耗		타인의 말을 믿지 마라. 마침내는 불리하도다. 비록 재물이 왕성하나 얻어서 반이나 잃는다.
九月	與人謀事　兩人各心 所謂經營　必是逢吉		남과 더불어 모사하면 두 사람이 마음을 달리 한다. 경영하는 바의 일은 필시 길함을 만나리라.
十月	東南兩方　貴人助我 利在何方　西方有利		동남 양방에서 귀인이 나를 돕는다. 이익이 어느 곳에 있는고. 서방이 유리하리라.
十一月	虛慾更發　大害難免 莫貪人財　凶事不免		허욕이 다시 생기니 큰 해를 면키 어렵다. 남의 재물을 탐하지 마라. 흉액을 면치 못하리라.
十二月	利在南方　偶然助力 財運旺盛　失物愼之		이익이 남방에 있으니 우연히 힘을 도와준다. 재운은 왕성하나 실물을 조심하라.

〔六二〕 澤雷隨 (택뢰수)

心志不定　親奸遠賢
陰盛陽衰　初得後失
至誠接人　凶變爲吉
財運漸回　萬事順成

마음을 정하지 못하니 간사함을 친하고 어진 이를 멀리 한다. 음이 성하면 양이 쇠하니 처음은 얻고 뒤에 잃는다. 지성으로 사람을 대접하면 흉함이 변하여 길이 된다. 재운이 점차 돌아오니 만사가 순조로우리라.

正月	秋天月明　其色蒼然		가을 하늘에 달이 밝으니 그 빛이 창연하다.
	利在何方　西北兩方		이익이 어느 방위에 있는고. 서북 양방이로다.
二月	半天風雨　忽然聚至		반천의 풍우가 홀연히 몰아온다.
	事不順調　愁心不解		일이 순조롭지 못하니 수심이 풀리지 않으리라.
三月	賢者有道　勿親奸邪		어진 이는 도리가 있는 법이니 간사한 이를 친하지 마라.
	小得大失　兩般失手		작게 얻어서 크게 잃으니 두 가지가 모두 실수로다.
四月	知機守分　自有避禍		기틀을 알고 분수를 지키면 자연히 화를 피한다.
	北方有吉　勿失好機		북방에 길함이 있으니 좋은 기회를 놓치지 마라.
五月	雲深月隱　無風起波		달이 구름 속에 깊이 숨으니 바람은 없으나 파도가 인다.
	莫行南方　必有大損		남방에 가지 마라. 반드시 큰 손해가 있으리라.
六月	宜親君子　須防小人		군자를 친하고 소인을 멀리 하라.
	莫信他言　終時不利		남의 말을 믿지 마라. 마침내 불리하리라.
七月	心高志遠　求財如意		마음이 높고 뜻이 원대하니 구하면 여의하다.
	東方來客　偶然助我		동방에서 오는 사람이 우연히 나를 도우리라.
八月	經營之事　貴人來助		경영하는 일은 귀인이 와서 돕는다.
	雖有財旺　得而半失		비록 재물은 왕성하나 얻어서 반이나 잃는다.
九月	利在何處　西方得利		이익이 어느 곳에 있는고. 서방이 유리하다.
	凡事如意　所望成就		범사가 여의하니 소망이 성취되리라.
十月	功勞過人　謀事多滯		공로가 과인하나 꾀하는 일에 막힘이 많다.
	貴人多助　必是得財		귀인이 많이 도우니 반드시 재물을 얻으리라.
十一月	若非官祿　意外橫財		만일 관록이 아니면 의외로 횡재한다.
	宜行西方　大財可得		서방에 출입하면 큰 재물을 얻게 되리라.
十二月	因人致敗　其害不少		남으로 인하여 치패하니 그 해가 적지 않도다.
	事有虛妄　謀事不成		일에 허망함이 있으니 꾀하는 일이 성사되지 않는다.

[六三]

澤雷隨 (택뢰수)

月明天地　其色蒼然
若有營事　成功可得
因人薦擧　爵祿之榮
若近小人　恐有讒謗

달이 천지에 밝으니 그 빛이 창연하도다. 경영하는 일이 있으면 가히 성공하리라. 남이 나를 천거하면 벼슬을 얻게 된다. 만일 소인을 가까이 하면 참소를 입을까 두렵다.

正月	勿營大事　損害必有 東南之財　遇然入手	큰 일을 경영치 마라. 손해가 있도다. 동남방의 재물이 우연히 손에 들어온다.
二月	梅花淸月　對酌美人 婚姻之慶　喜事重重	매화꽃 맑은 달에 미인과 잔을 대하였다. 혼인의 경사 있으며 기쁜 일이 중중하리라.
三月	心高志足　求財如意 若非官祿　生子之數	마음이 높고 뜻이 족하니 재물을 구하면 여의하다. 만일 벼슬을 얻지 못하면 귀자를 낳으리라.
四月	經營之事　貴人助我 利在何方　西方有吉	경영지사는 귀인이 나를 돕는다. 이익이 어느 곳에 있는고. 서방이 길하리라.
五月	勿爲妄動　必有失物 人多害我　心身不平	망동하지 마라. 반드시 실물수가 있다. 사람이 많이 나를 해하니 심신이 불평하리라.
六月	桃李逢春　花開結實 祿在四方　到處春風	도화 이화가 봄을 만나니 꽃이 피고 열매를 맺는다. 사방에 녹이 있으니 도처에 봄바람이로다.
七月	月入雲中　不見好月 有路南北　奔走無暇	달이 구름 속에 들었으니 좋은 달을 보지 못한다. 남북에 길이 열렸으니 분주하여 한가롭지 못하다.
八月	陰陽相生　必有吉祥 若非官祿　反爲凶禍	음양이 상생하니 반드시 길한 상서가 있다. 만일 관록이 아니면 오히려 흉화가 있으리라.
九月	兩虎相爭　誰勝誰負 若近是非　口舌紛紛	두 범이 서로 다투니 승부를 분변키 어렵다. 시비를 가까이 마라. 구설이 분분하리라.
十月	莫近他人　疾病相侵 財上有損　去來愼之	타인을 가까이 마라. 질병이 침입한다. 재물의 손해가 있으니 돈을 빌려주지 마라.
十一月	勿貪分外　安靜則吉 我心正直　曖昧心多	분수 밖의 일을 탐하지 마라. 안정하면 길하다. 내 마음은 바르나 몽매하여 밝지 못하다.
十二月	心中無憂　財聚則散 家人不和　心不安定	심중에 근심은 없으나 재물을 모으면 곧 흩어진다. 집안 사람이 불화하니 마음이 안정을 못하리라.

[九四]

澤雷隨 (택뢰수)

險中順行　履危惟謹
身居要職　權勢壓衆
進取必成　貴人拔薦
若不謙讓　群衆猜忌

험한 곳에서도 순행하니 위태한 곳에서 조심하라. 몸이 요직에 거하니 권세가 무리를 누른다. 진취하면 반드시 성취하니 귀인이 천거해 준다. 만일 겸양하지 않으면 군중의 시기를 받으리라.

正月	家有吉慶　美人相酌 名振一世　立門榮家		집안에 길경이 있으니 미인과 상대한다. 이름을 일세에 떨치니 문호를 빛내리라.
二月	千里長道　車輪將覆 得人救助　更有大財		천리 장도에 거륜이 장차 전복된다. 구원해 주는 이를 만나면 다시 큰 재물을 얻으리라.
三月	心正待時　必有興旺 勿爲相爭　必有損害		마음을 바로잡고 때를 기다리면 반드시 흥왕한다. 서로 다투지 마라. 반드시 손해가 있으리라.
四月	家有吉慶　弄璋之慶 貴人相助　利在其中		집에 길경이 있으니 생남할 수로다. 귀인이 도와주니 이익이 그 가운데 있다.
五月	基地發動　必有口舌 莫貪人財　未免狼狽		기지가 발동하니 반드시 구설이 있다. 남의 재물을 탐하지 마라. 낭패를 면치 못하리라.
六月	飢者得飯　無匙何食 財運逢空　橫財反凶		주린 자가 밥을 얻었으나 수저가 없으니 어이하리요. 재운이 공을 만났으니 횡재가 오히려 흉하다.
七月	若非移舍　妻子有憂 與人謀事　徒勞無功		만일 이사수가 아니면 처자의 근심이 있도다. 남과 더불어 모사하면 한갓 수고만 있고 공이 없다.
八月	勿聽人言　事有虛荒 莫近女人　損財不少		남의 말을 믿지 마라. 일에 허황함이 있다. 여인을 가까이 마라. 손재가 적지 않으리라.
九月	勿爲旅行　疾病可畏 生疎之人　勿而交之		여행하지 마라. 질병이 두렵다. 생소한 사람과는 사귀지 마라.
十月	東北之間　財運通泰 財數論之　得而半失		동북지간에 재운이 통태하다. 재수를 논지하면 얻어서 반이나 잃는다.
十一月	金井風至　梧桐先秋 身安心平　百事俱吉		금정에 바람이 이르니 모친상을 입는다. 몸이 편하고 마음이 평하니 백사가 함께 길하다.
十二月	爲商爲農　每事如意 米穀盈倉　一室和平		장사와 농사는 매사가 여의하다. 미곡이 창고에 가득하니 일실이 화평하리라.

〔九五〕

澤雷隨 (택뢰수)

有信有德　捨己從人
月中丹桂　我先折挿
滿船載魚　得意歸來
誠積於中　萬人欽服

신망과 덕망이 있으나 나를 버리고 남을 좇는다. 월중의 단계는 내가 먼저 꺾었다. 고기를 배에 가득 실으니 득의하여 돌아오리라. 정성을 쌓는 가운데 만인이 흠복하리라.

正月	靜中有興　自酌自飮 朋友相信　其樂陶陶		고요한 가운데 흥이 있으니 스스로 부어 스스로 마신다. 붕우가 서로 믿으니 그 즐거움이 도도하리라.
二月	事必三思　不可太急 急則大凶　緩則吉利		일에 임하여 깊이 생각하라. 태급함은 불가하다. 서두르면 크게 흉하나 침착하면 길리하리라.
三月	基地發動　移居爲吉 若非其然　反爲凶禍		기지가 발동하였으니 이사하면 길하다. 만일 그렇지 않으면 오히려 흉화가 있다.
四月	出自幽谷　遷于喬木 一躍龍門　手折丹桂		스스로 깊은 골에서 나와 교목에 옮겨 앉는다. 한 번 뛰어 용문에 오르니 등과하게 되리라.
五月	工商多利　事業擴張 貴人助我　必有成功		공업과 상업은 사업이 확장되리라. 귀인이 나를 도우니 반드시 성공하리라.
六月	洋洋江水　日夜長流 好得財源　增加田庄		양양한 강수는 낮과 밤으로 길게 흐른다. 좋은 재원을 얻으니 토지가 넓어지리라.
七月	水滿則溢　傍人猜忌 出行不利　靜則爲吉		물이 가득 차면 넘치니 옆 사람이 시기한다. 출행하면 불리하고 안정하면 길하리라.
八月	綠衣紅裳　佳人在邇 若不失信　三生有緣		녹의 홍상에 가인이 가까이 있다. 만일 신용을 잃지 않으면 삼생의 인연을 맺으리라.
九月	謹愼行事　百事自弛 財運逢空　徒勞無功		근신 행사하라. 백사가 자연 풀린다. 재운이 공을 만나니 한갓 수고만 하게 되리라.
十月	經營之事　有始無終 若非作客　官災操心		경영하는 일은 처음만 있고 끝이 없다. 만일 작객을 아니하면 관재수를 조심하라.
十一月	每事有滯　心身散亂 心無所主　意外遇事		매사에 막힘이 많으니 심신이 산란하도다. 마음에 주장하는 바가 없으니 의외의 일을 만나게 되리라.
十二月	以大易小　必有損害 以財傷心　勿貪虛欲		크게 주고 작게 받으니 손해수로다. 재물로써 마음을 상하리니 허욕을 탐하지 마라.

〔上六〕

一四 	澤雷隨(택뢰수) 至誠通天　亦能感人 誹謗日至　或見官訟 志氣不堅　每事不就 今年之運　猶豫未成	정성이 지극하면 하늘이 통하고 사람이 감화한다. 남의 비방이 날로 이르니 혹 관액을 당하리라. 의지가 굳지 못하니 매사가 허황하도다. 금년의 운수는 망설이다 이루지 못한다.
正月	十年大旱　日月明朗 待人不來　何日相逢	십 년 큰 가뭄에 일월만 명랑하도다. 기다리는 사람이 오지 않으니 어느 날 상봉하리요.
二月	隱居山林　麋鹿爲伴 雲開長天　月映波心	산림에 은거하여 사슴과 벗삼는다. 구름이 장천에 열리니 달 그림자가 물결 위에 비친다.
三月	蓬萊山上　神仙日遊 虛慌之事　勿掛於心	봉래산 위에 신선이 날마다 노닌다. 허황한 일을 마음 속에 두지 마라.
四月	一事已去　心何兩牽 猶豫未決　事有魔障	한 가지 일이 이미 갔는데 마음은 어찌 두 가지뇨. 망설이다 결정을 못하니 일에 장애가 많다.
五月	寒風蕭蕭　一時疾病 出行有吉　宜行南方	한풍이 소소하니 한때 질병이 있다. 출행함이 길하니 남방으로 감이 마땅하리라.
六月	口舌旣有　且見獄訟 以誠待人　轉憂爲吉	구설이 이미 있는데 또한 형옥수를 본다. 정성으로 사람을 대하면 근심이 변하여 기쁨이 된다.
七月	守分安心　不然傷財 若而移舍　終得財利	분수를 지키고 마음을 편히 하라. 불연이면 손재한다. 만약 이사를 하면 마침내 재물을 얻으리라.
八月	若無財數　應有人謀 身立高峰　人心離脫	만일 재수가 없으면 남의 꾀에 응하라. 몸이 높은 봉우리에 홀로 처하니 인심이 나를 떠나간다.
九月	我無失策　人多忌我 每事愼之　凶禍難測	나는 실책이 없으나 남은 나를 꺼린다. 매사를 조심하라. 흉화를 측량키 어렵다.
十月	若無疾病　必是生産 東方有吉　南方有害	만일 질병이 없으면 필시 생산할 운수로다. 동방에 길함이 있으며 남방은 해가 있으리라.
十一月	春日芳草　依舊還綠 時運將至　厄去福轉	봄날의 방초가 예와 다름없이 푸르다. 시운이 장차 이르니 액이 가고 복이 오리라.
十二月	月明江南　酒色愼之 身上有吉　貴人來助	달이 강남에 밝으니 주색을 조심하라. 신상의 길함이 있으니 귀인이 와서 도우리라.

[初六]

山風蠱(산풍고)

先人事業　繼承興家
出入政府　斥廢奸詐
建功立志　傳之子孫
今年之運　身登高位

선인의 사업을 계승하면 집안이 흥한다. 정부에 출입하며 폐단을 물리치고 간사를 배척한다. 공을 이루고 뜻을 세우니 영화를 자손에게 전한다. 금년의 운수는 반드시 벼슬을 얻으리라.

正月	經營之事	有始無終	경영지사는 처음만 있고 끝이 없도다.
	若非作客	官厄操心	만일 타향에서 작객하지 않으면 관액을 조심하라.
二月	或有失敗	謀事不成	혹 실패수가 있으니 꾀하는 일을 이루지 못한다.
	東方有吉	南方有害	동방은 길하고 남방은 해가 있다.
三月	若無疾病	必是生産	만일 질병이 없으면 필시 생산하리라.
	身上有危	莫行都市	신상에 액이 있으니 도시에 나가지 마라.
四月	在家愁心	出外心閑	집에 있으면 수심이 많고 외출하면 마음이 한가하다.
	身遊東方	貴人助我	몸이 동방에 놀면 귀인이 나를 도우리라.
五月	利在文書	田庄之事	이익이 문서에 있으니 토지를 넓히리라.
	家神助我	凶去福來	가신이 나를 도우니 액이 가고 복이 오리라.
六月	若無疾病	口舌可侵	만일 질병이 없으면 구설이 침노한다.
	勿爲强求	轉禍爲福	억지로 구하지 마라. 화가 굴러 복이 되리라.
七月	東北兩方	貴人自來	동북 양방에서 귀인이 자연 이른다.
	若逢貴人	家有吉慶	만일 귀인을 만나면 집안에 경사가 있으리라.
八月	事有未決	有頭無尾	일에 미결됨이 있으니 머리만 있고 꼬리가 없도다.
	事多瓦解	以亦奈何	일이 와해됨이 많으니 이 역시 어찌하리요.
九月	勿爲妄動	待時安定	망동하지 마라. 때를 기다리면 안정한다.
	訟事有數	勿爲爭訟	송사수가 있으니 다투거나 송사하지 마라.
十月	日月不見	心多有憂	일월을 보지 못하니 마음에 근심이 있다.
	若非如此	家有憂患	만일 이 같지 않으면 집안에 우환이 있으리라.
十一月	心有不安	求財不得	마음에 불안함이 있으니 재물을 구하나 얻지 못한다.
	若無疾病	口舌難免	만일 질병이 없으면 구설을 면치 못하리라.
十二月	莫近喪家	諸事不吉	상가에 가지 마라. 모든 일이 불길하다.
	若不其然	盜賊愼之	만일 그렇지 않으면 도적을 조심하라.

山風蠱(산풍고)

虧月更明　改舊從新
勤儉治家　財產裕足
若非火厄　水厄愼之
今年之運　移徙爲吉

이지러진 달이 다시 밝으니 옛것을 고치고 새것을 좇는다. 근검하게 집안을 다스리면 재산이 유족하리라. 만일 화재가 아니면 수액을 조심하라. 금년의 운수는 이사하면 길하리라.

正月	中心正直　受人欽仰 利在東南　謀事方成	중심이 정직하면 사람의 흠앙을 받는다. 이익이 동남에 있으니 꾀하는 일이 성공하리라.	
二月	日月不明　心多憂苦 莫信人言　損財可畏	일월이 밝지 못하니 마음에 근심이 많다. 남의 말을 믿지 마라. 손재가 가히 두렵다.	
三月	官則退位　農則無益 幸逢貴人　橫厄可免	관리는 지위를 잃고 농사는 이익이 없다. 다행히 귀인을 만나면 횡액을 가히 면하리라.	
四月	若無疾病　口舌可侵 勿爲强求　轉禍爲福	만일 질병이 없으면 구설이 침노한다. 억지로 구하지 마라. 화가 굴러 복이 되리라.	
五月	家無財產　生活困苦 日落西窓　冤心退去	집에 재산이 없으니 생활이 곤고하도다. 날이 서창에 떨어지니 원심이 물러간다.	
六月	官鬼發動　官厄愼之 之東之西　虛往虛來	관귀가 발동하였으니 관액을 조심하라. 동서지간에 헛되이 가고 헛되이 온다.	
七月	莫近喪家　疾病可畏 東方來客　偶然助我	상가에 가지 마라. 질병이 두렵다. 동방에서 오는 손이 우연히 나를 도우리라.	
八月	有人害我　愼之愼之 到處有財　求而可得	해하는 사람이 있으니 삼가고 조심하라. 도처에 재물이 있으니 구하면 얻으리라.	
九月	文上有吉　必有得財 他鄕旅窓　喜逢故人	문서의 길함이 있으니 반드시 재물을 얻는다. 타향 객창에서 기쁘게 고인을 만난다.	
十月	哭子靑山　又逢喪妻 名山祈禱　可免此厄	아들을 청산에 묻고 또한 상처수를 만났다. 명산에 기도하라. 가히 이 액을 면하리라.	
十一月	始逢大運　萬事亨通 美人相對　必有喜事	비로소 큰 운을 만났으니 만사가 형통하도다. 미인을 상대하니 반드시 기쁜 일이 있으리라.	
十二月	若有人助　經營成事 意外榮貴　生活太平	만일 사람의 도움을 입으면 경영하는 일을 이룬다. 의외로 영귀하니 생활이 태평하리라.	

山風蠱 (산풍고)

早歷風霜　晚始平安
諸營之事　一成一敗
得而半失　終不成富
朱雀煩鳴　口舌紛紛

일찍 풍상을 겪으니 늦게 평안하다. 모든 경영하는 일은 한 번 이루고 한 번 패한다. 얻어서 반이나 잃으니 마침내 부자는 되지 못한다. 주작이 번거롭게 우니 구설이 분분하리라.

正月	勿貪女色　名譽毀損	勞而無功　虛度光陰	여색을 탐하지 마라. 명예가 훼손된다. 수고하나 공이 없으니 세월만 허송하리라.
二月	心無定處　事有未決	到處有害　靜則爲吉	마음 정할 곳이 없으니 일에 미결됨이 있다. 도처에 해가 있으니 안정하면 길하리라.
三月	半晴半雨　吉中有凶	千里他鄕　悲淚難禁	반은 개이고 반은 흐리니 길한 가운데 흉이 있도다. 천리타향에서 슬픔을 금치 못한다.
四月	紅花滿開　片時春光	勿思虛榮　不如守舊	붉은 꽃이 만개하니 한때의 봄빛이로다. 허영을 생각 마라. 옛것을 지킴만 같지 못하다.
五月	一朝風雨　一朝晴明	許多艱苦　忽至樂事	일조는 풍우요, 일조는 청명하다. 간난과 신고가 허다하나 홀연 즐거운 일이 이른다.
六月	心有悲苦　訟事紛紛	我心正直　人不知我	마음에 슬픔과 고초가 있으니 송사가 분분하도다. 내 마음은 정직하나 남은 나를 알아주지 않는다.
七月	財則可得　是非口舌	西北兩方　財運漸回	재물은 가히 얻으나 시비 구설이 있다. 서북 양방에서 재운이 점점 돌아오리라.
八月	財數論之　得而半失	勿謀他營　損財可畏	재수를 논지하면 얻어서 반이나 잃는다. 다른 경영을 꾀하지 마라. 손재수가 두렵다.
九月	遠行有數　行則大利	宜行南方　東北不利	원행수가 있으니 출행하면 유리하도다. 남방은 길하고 동북방은 불리하다.
十月	飢者逢豊　渴者飮水	雖有災難　强求小得	주린 자가 풍년을 만나고 목마른 자 물을 마신다. 비록 재난이 있으나 힘쓰면 조금 얻으리라.
十一月	春草逢霜　成長不完	在家有吉　動則有害	봄풀이 서리를 만나니 완전히 자라지 못한다. 집에 있으면 길하고 동하면 해가 있다.
十二月	安靜則吉　出家不利	好運晚回　勿失好機	안정하면 길하고 출가하면 불리하리라. 좋은 운이 늦게 돌아오니 이 기회를 놓치지 마라.

山風蠱(산풍고)

高名之士　不遇明君
志大心遠　英雄失機
諸營之事　有意未就
或有人助　小謀可成

고명한 선비가 밝은 임금을 만나지 못했다. 뜻은 크고 마음은 원대하나 영웅이 때를 잃었다. 경영하는 일은 뜻만 두고 이루지 못한다. 혹 남의 도움이 있으면 작은 일은 이루리라.

正月	路遠多險　艱難辛苦 雖得人助　不堪大事	길은 멀고 험함이 많으니 간난신고하게 된다. 비록 남의 도움이 있으나 큰 일은 감당 못하리라.
二月	心身散亂　事有多滯 分外之事　愼勿行之	심신이 산란하니 일에 막힘이 많다. 분수 밖의 일은 조심해서 행하라.
三月	相冲相剋　悲淚難禁 幸逢貴人　可以艱滅	상충 상극하니 슬픔을 금치 못한다. 다행히 귀인을 만나면 가히 어려움이 소멸하리라.
四月	去舊生新　財數大通 貴人相助　所求必得	옛것이 가고 새것이 오니 재수가 대통한다. 귀인이 도와주니 구하는 바를 반드시 얻으리라.
五月	一身安樂　心身和暢 南方貴人　偶來助我	일신이 안락하니 심신이 화창하도다. 남방의 귀인이 우연히 와서 나를 돕는다.
六月	少得多用　終也損失 安靜有吉　動則不利	적게 얻어서 많이 쓰니 마침내 손실한다. 안정하면 길하고 활동하면 불리하리라.
七月	世事如夢　相離有吉 遠方有信　何時歸家	세상 일이 꿈 같으니 서로 떠나는 것이 길하다. 먼 곳에서 소식은 있으나 어느 때 귀가하리요.
八月	信人有害　交友愼之 守舊大吉　動則不利	믿는 사람이 해로우니 벗 사귐을 삼가라. 옛것을 지키면 대길하고 활동하면 불리하다.
九月	家人不睦　先吉後凶 吉凶相半　失物愼之	집안이 화목치 못하니 먼저는 길하고 뒤에 흉하다. 길흉이 상반하니 실물수를 조심하라.
十月	古基不利　移居爲吉 東西兩方　貴人相助	옛 터는 불리하니 이사하면 길하다. 동서 양방에서 귀인이 서로 도우리라.
十一月	官祿臨身　可免喪妻 莫行南方　吉變爲凶	관록이 몸에 임하면 가히 상처수를 면한다. 남방에 가지 마라. 길이 변하여 흉이 된다.
十二月	若無官事　家有疾病 若逢貴人　可免以厄	만일 관재수가 아니면 집에 질병이 있다. 만일 귀인을 만나면 가히 이 액을 면하리라.

[六五]

七五	山風蠱(산풍고) 龍盤虎距　君臣相得 立身揚名　以顯父母 濟世安民　成就大業 婚姻生子　門戶更新	용이 서리고 범이 웅거하니 군신이 서로 만났다. 입신 양명하여 부모를 기쁘게 하리라. 세상을 구제하고 백성을 편히 하니 대업을 성취한다. 혼인이 아니면 자손이 생기니 문호가 다시 새롭다.
正月	有德臨位　繼承先業 誠心努力　必有亨通	덕이 있고 관위에 임하니 선업을 계승한다. 성심으로 노력하면 반드시 형통하리라.
二月	鶯上柳枝　黃金片片 米穀倉庫　前後有之	꾀꼬리가 버들가지에 오르니 황금이 편편히 날아든다. 미곡 창고가 전후에 있으리라.
三月	鴻雁傳信　喜事重重 婚姻之慶　人口增加	기러기가 서신을 전하니 기쁜 일이 중중하도다. 혼인의 경사 있으니 인구가 증가하리라.
四月	修德濟世　大業成就 立身揚名　以顯父母	덕을 닦고 세상을 구제하니 대업을 성취한다. 입신 양명하여 부모를 기쁘게 하리라.
五月	忽遇貴人　可致千金 東南兩方　財利大通	홀연히 귀인을 만나니 가히 천금을 이룬다. 동남 양방에서 재리가 대통하리라.
六月	長安大道　三絃六角 身登靑雲　祖先有榮	장안 대도에 삼현 육각이로다. 몸이 청운에 오르니 선조에 영화를 미친다.
七月	威振千里　仁聲四海 貴人來助　謀事順成	위엄이 천리를 진동하고 성명이 사해에 들린다. 귀인이 와서 도우니 꾀하는 일이 순조로우리라.
八月	東風解氷　千里登程 到處春風　人人欽仰	동풍에 얼음이 풀리니 천리에 등정한다. 도처에 기쁜 일이 있으니 사람마다 우러러본다.
九月	門戶更新　室家安樂 添口添土　富如石崇	문호를 갱신하니 집안이 안락하도다. 식구와 토지를 더하니 부함을 석숭과 견주리라.
十月	修身齊家　多福長壽 或有疾病　豫爲防厄	수신제가하니 다복하고 장수한다. 혹 질병이 있으리니 미리 액을 막으라.
十一月	陽春三月　萬花芳暢 自下達上　名振四海	양춘 삼월에 만화가 방창하도다. 상하가 달통하니 이름을 사해에 떨치리라.
十二月	雲捲月出　長江澄淸 上下和樂　無愁無憂	구름이 걷히고 달이 나오니 장강의 물이 맑도다. 상하가 화락하니 근심과 우환이 없으리라.

山風蠱 (산풍고)

綠水淸江　垂釣老人
守舊安常　不可進取
諸營之事　增資不利
待時逢賢　可得財祿

녹수청강에 노인이 낚시를 드리웠다. 옛것을 지키면 편안하니 발전을 생각 마라. 경영하는 일은 자본을 늘리면 불리하도다. 때를 기다리면 귀인을 만나리니 가히 재록을 얻으리라.

正月	口舌生財　作事如意 生我助我　其人在北	말로써 재물이 생기니 하는 일이 여의하다. 나를 돕는 이는 북방에 있으리라.
二月	淡泊生涯　紅塵不染 虛中有實　心身自安	생애가 담박하니 홍진에 물들지 않는다. 허한 가운데 실속이 있으니 심신이 안락하리라.
三月	東風斜日　楚江長流 垂釣閑人　不思公便	동풍 저문날에 초강이 길게 흐른다. 한가하게 낚시질하니 공명을 생각지 않는다.
四月	芳蘭黃菊　各自有時 勿思濫進　修善待時	난초와 국화는 각자 제 때가 있다. 지나친 욕심을 부리지 말고 선을 닦고 때를 기다리라.
五月	棄職休官　片舟往來 先凶後吉　諸事愼之	직장과 벼슬을 버리고 조각배로 왕래한다. 먼저는 흉하나 뒤에는 길하니 모든 일을 조심하라.
六月	春風桃李　秋月芙蓉 一室康寧　家道漸昌	춘풍의 도화 이화요, 가을 달의 부용이로다. 일실이 강녕하고 가도가 창성하리라.
七月	王侯雖貴　不如隱退 山生水疎　親友不得	왕후가 비록 귀하나 은퇴함만 같지 못하다. 산수간에 생소하니 친우를 얻지 못한다.
八月	農功已畢　臥牛芳草 謹守舊業　勿貪進取	대사를 완수하니 몸을 편안히 쉰다. 옛 업을 지키고 진취를 생각지 마라.
九月	淵深釣魚　幽林禽獲 南方不利　勿爲出行	깊은 물에서 고기를 낚고 깊은 숲에서 새를 잡는다. 남방이 불리하니 출행하지 마라.
十月	若非疾病　損財之數 又有口舌　愼口勿言	만일 질병이 아니면 손재할 수로다. 또한 구설수가 있으니 말을 조심하라.
十一月	紛紛世事　茫茫無涯 雖有財數　疾病可畏	세상 일이 분분하니 망망하여 끝이 없다. 비록 재수는 있으나 질병이 두렵다.
十二月	且修且勤　功名有日 在家有吉　出行不利	수련하고 근면하면 공명을 얻으리라. 집에 있으면 길하고 출행하면 불리하다.

[初九]

地澤臨 (지택림)

匣裡寶劍　光射斗牛
仕者升遷　農家逢豊
與人共事　積小成大
心志公正　鄉里薦揚

갑속의 보검이 두우에 빛을 발한다. 관리는 승진하고 농민은 풍년을 만난다. 남과 더불어 일을 같이하면 작은 것을 쌓아 큰 것을 이룬다. 심지가 공정하면 향리의 추대를 받아 뜻을 세우리라.

正月	春風三月　閑居草間	춘풍 삼월에 초가에 한가히 거한다.
	悠悠自適　安過太平	유유자적하면 안과태평하리라.
二月	陽翟大賈　手弄千金	양적 대고가 손으로 천금을 희롱한다.
	爲商爲業　手弄千金	장사로 업을 삼으면 손으로 천금을 희롱하리라.
三月	靑山流水　知之者稀	청산 유수이나 아는 이가 드물다.
	忽逢貴人　躍登龍門	홀연히 귀인을 만나 벼슬 녹을 얻으리라.
四月	若非妻病　損財不少	만일 처병이 아니면 손재가 적지 않도다.
	千里他鄕　獨坐歎息	천리 타향에서 홀로 앉아 탄식하리라.
五月	胎夢協吉　必有慶事	태몽이 길하니 반드시 경사가 있다.
	弄璋之喜　四隣共賀	귀자를 낳으니 인근의 치하를 받으리라.
六月	龍得明珠　興雲施雨	용이 구슬을 얻었으니 구름이 일고 비를 내린다.
	金榜第一　名振四方	과시에 급제하니 이름을 떨치게 되리라.
七月	前路開通　任意發程	앞 길이 열렸으니 임의로 등정하리라.
	東南兩方　必有財利	동남 양방에서 반드시 재백을 얻으리라.
八月	幽谷回春　芳香自聞	깊은 골에 봄이 오니 꽃다운 향기가 들린다.
	士者修道　自有知人	선비가 도를 닦으니 자연히 아는 이가 있으리라.
九月	若非婚慶　或有官事	만일 혼인수가 아니면 혹 관청의 일이 있다.
	在家有吉　出行得利	집에 있어도 길하고 출행해도 이를 얻으리라.
十月	千里長江　順風舟楫	천리 장강에 순풍에 배를 저어 간다.
	得意前進　萬事稱心	뜻대로 전진하니 만사가 쉽게 이루어지리라.
十一月	一枝梅花　淸香遠播	한 가지 매화의 맑은 향기가 멀리 가득하다.
	勿貪分外　必有虛荒	분수 밖의 일은 탐하지 마라. 반드시 허황됨이 있으리라.
十二月	魚入大海　活氣揚揚	고기가 큰 바다에 들어가니 활기가 양양하도다.
	財數大吉　積小成大	재수가 대길하니 작은 것을 쌓아 큰 것을 이루리라.

地澤臨 (지택림)

一躍龍門　首着金冠
千里登程　細雨浥塵
風波已息　一朝揚揚
參酌而行　吉中防凶

한 번 용문에 뛰어오르니 머리에 금관을 썼다. 천리 길을 등정함에 가랑비가 먼지를 적셔 준다. 풍파가 이미 자니 일조에 양양하리라. 모든 일을 참작하면 길한 가운데 흉액을 방지하리라.

正月	沙上鷗鷺　飛去飛來 圍棋消日　落子丁丁	모래 위의 구로가 날아가고 날아온다. 바둑으로 소일하니 그 소리가 정정하다.
二月	草綠江邊　白馬長嘶 求財東西　意氣揚揚	초록 강변에 백마가 길게 운다. 재물을 동서에서 구하니 의기가 양양하리라.
三月	如或移家　反見吉祥 若不其然　別無所得	혹 집을 옮기면 길한 상서를 보리라. 만일 그렇지 않으면 별로 소득이 없으리라.
四月	喜中有憂　樂處生悲 在家無益　動則爲吉	기쁜 가운데 근심이 있으니 즐거운 곳에 슬픔이 생긴다. 집에 있으면 무익하나 움직이면 길하리라.
五月	謀事不利　勿謀他營 莫近東方　損財可畏	꾀하는 일이 불리하니 다른 경영을 꾀하지 마라. 동방에 가지 마라. 손재수가 두렵다.
六月	運數多逆　多有致敗 莫信友人　口舌入耳	운수가 거슬림이 많으니 치패가 많이 있으리라. 벗을 믿지 마라. 구설이 귀에 들어온다.
七月	東南之財　偶然到來 身旺財旺　安過太平	동남방의 재물이 우연히 도래한다. 몸과 재물이 왕하니 안과태평하리라.
八月	勿爲人助　吉反爲凶 家中有憂　妻憂子患	남을 도와주지 마라. 좋은 일이 오히려 흉하다. 집안에 근심이 있으니 처자의 우환이로다.
九月	邪魔在近　每事多難 若無官訟　未免口舌	사마가 가까이 있으니 매사에 어려움이 많다. 만일 관재 송사가 아니면 구설을 면치 못하리라.
十月	與人和合　喜信忽至 身數大吉　財數興旺	남과 더불어 화합하면 기쁜 소식이 홀연히 이른다. 신수가 대길하고 재수는 흥왕하리라.
十一月	勿爲人爭　爭訟可畏 東奔西走　虛度光陰	남과 다투지 마라. 쟁송이 있으리라. 동서에 분주하며 헛되이 세월을 보낸다.
十二月	利在何處　南方有吉 謀事多滯　每事愼之	이익이 어디에 있는고. 남방이 길하다. 꾀하는 일에 막힘이 많으니 매사를 조심하라.

地澤臨 (지택림)

夜雨紛紛　庭花滿地
好事多魔　吉中有凶
鵬鳥傷翼　欲飛不能
烏飛梨落　無端口舌

밤비가 분분하니 뜰 꽃이 땅에 가득하다. 좋은 일에 마가 많으니 길한 가운데 흉이 있다. 붕새가 날개를 상했으니 날고자 하나 날지 못한다. 까마귀 날자 배 떨어지니 무단한 구설이 분분하리라.

正月	勿爲邪道　反被其害	교사한 일을 하지 마라. 오히려 그 해가 있도다.
	或逢貴人　萬事順成	혹 귀인을 만나면 만사가 순조롭게 이루어지리라.
二月	在上不驕　爲下不悖	지위가 높아도 교만치 말며 윗사람을 어기지 마라.
	如以行之　可無大禍	이같이 행동하면 가히 큰 화가 없으리라.
三月	山間葉飛　幽遂險難	산간에 나뭇잎이 나니 그윽하고 험난하도다.
	蒼黃奔走　心志莫定	창황하고 분주하니 뜻을 정하지 못한다.
四月	職居公正　官員承服	벼슬에 거하여 공정하니 관원이 승복한다.
	立志暢達　名振四海	뜻을 세워 창달하니 이름을 사해에 떨친다.
五月	出門南行　先困後旺	남방으로 행하면 먼저는 곤하고 뒤에 왕하다.
	東西兩方　閙事多端	동서 양방에 번요한 일이 다단하리라.
六月	移基有吉　勿爲遲滯	이사하면 길하니 지체하지 마라.
	利在何處　南方最吉	이익이 어느 곳에 있는고. 남방이 가장 길하다.
七月	安定有吉　妄動則凶	안정하면 길하고 망동하면 흉하다.
	南方宜行　北方不利	남방이 길하고 북방은 불리하리라.
八月	世事如夢　相離有吉	세상 일이 꿈 같으니 서로 떠나면 길하다.
	遠方有數　海外進出	원방에 나갈 수가 있으니 해외로 진출하리라.
九月	天神助我　官祿隨身	천신이 나를 도우니 관록이 몸에 따른다.
	吉星照門　一身榮譽	길성이 문에 비치니 일신이 영귀하리라.
十月	臨江無船　前路暗暗	강에 임하여 배가 없으니 전로가 암암하도다.
	暗夜失燭　不知東西	어둔 밤에 등불을 잃었으니 동서를 알지 못한다.
十一月	深山失路　進退兩難	깊은 산에서 길을 잃으니 진퇴양난이로다.
	諸事如意　心有和平	모든 일이 여의하니 마음이 화평하리라.
十二月	謀事不利　安定則吉	꾀하는 일이 불리하니 안정하면 길하리라.
	莫爲人爭　損財不吉	남과 다투지 마라. 손재가 불길하도다.

〔六四〕

	地澤臨(지택림) 二人相逢　雲中有慶 人情和合　經營得利 朋友相信　功業易就 今年之運　吉凶相半	두 사람이 상봉하니 구름 가운데 경사가 있다. 인정이 화합하니 경영하여 이를 얻는다. 붕우가 서로 믿으니 공업을 쉽게 이룬다. 금년의 운수는 길흉이 상반하리라.
正月	今月之數　別無所得 勿爲妄動　安分最吉	이 달의 운수는 별로 소득이 없다. 망동하지 마라. 분수를 지킴이 가장 길하다.
二月	志高心大　必是成功 官鬼守路　遠行不利	뜻이 높고 마음이 크니 반드시 성공한다. 관귀가 길을 지키니 원행하면 불리하다.
三月	莫聽人言　其害不少 吉運已回　凡事如意	남의 말을 듣지 마라. 그 해가 적지 않으리라. 길운이 이미 돌아오니 범사가 여의하다.
四月	雖有生財　得而半失 守分安居　外凶內吉	비록 재물이 생기나 얻어서 반이나 잃는다. 분수를 지키고 편안히 거하면 밖은 흉하나 안은 길하다.
五月	事有奔忙　財星隨身 莫近是非　口舌紛紛	일에 분망함이 있으나 재물은 몸에 따른다. 시비를 가까이 마라. 구설이 분분하리라.
六月	莫近他人　疾病相侵 喜中有憂　官厄愼之	타인을 가까이 마라. 질병이 침입한다. 기쁜 가운데 근심이 있으니 관액을 삼가라.
七月	陰事方盛　非親則戚 吉祥臨身　必有喜事	암암리에 하는 일이 있으니 육친이 아니면 외척이라. 길한 상서가 몸에 임하니 반드시 기쁜 일이 있으리라.
八月	月入雲間　不見好月 南方不利　勿爲出行	달이 구름 사이에 드니 좋은 달을 보지 못한다. 남방은 불리하니 출행하지 마라.
九月	身數有吉　凶中有吉 有路南北　奔走無暇	신수에 길함이 있으니 흉한 가운데 길이 있다. 남북에 길이 있으니 분주하고 한가하지 못하다.
十月	兩虎相爭　誰勝誰負 莫近是非　口舌紛紛	두 마리 범이 상쟁하니 승부를 결정 못한다. 시비를 가까이 마라. 구설이 분분하리라.
十一月	出行不利　守舊安靜 若有家憂　豫爲祈禱	출행하면 불리하니 옛것을 지키고 안정하라. 만일 집안에 우환이 있으면 기도하면 무사하리라.
十二月	陰陽相生　必有吉祥 若非官祿　弄璋之慶	음양이 상생하니 반드시 길상이 있다. 만일 관록이 아니면 생남할 운수로다.

[六五]

八一 ䷒	地澤臨(지택림) 太陽東升 黑雲已開 上承君恩 下安黎民 身居貴位 人人仰視 勿爲妄動 必有失敗	태양이 동녘에 떠오르니 검은 구름이 이미 개인다. 위로는 군은을 입고 아래로는 백성을 편안케 한다. 몸이 귀한 자리에 거하니 사람마다 우러러본다. 망동하지 마라. 반드시 실패가 있으리라.
正月	急則失事 緩圖可矣 喜中有憂 官厄愼之	급히 하면 실수하니 늦게 도모함이 가하다. 기쁨 속에 근심이 있으니 관액을 조심하라.
二月	崢嶸豪傑 萬人稱讚 衣祿隨身 金玉滿堂	쟁영한 호걸이니 만인이 칭찬한다. 의록이 몸에 따르니 금옥이 만당하리라.
三月	魚躍龍門 變化不測 虎榜雁塔 姓名其彰	고기가 용문에 뛰어오르니 변화불측이로다. 호방 안탑에 그 성명이 빛나리라.
四月	好賢禮士 自有吉事 南方不利 勿爲出行	현인을 좋아하고 선비를 예로 대하면 좋은 일이 있다. 남방은 불리하니 출행하지 마라.
五月	缺月重圓 春花再發 徘徊雲街 名振洛陽	이지러진 달이 거듭 둥글고 봄꽃이 다시 피었다. 청운가에 배회하니 이름을 낙양에 떨치리라.
六月	好事有阻 憂愁終日 有路南北 奔走無暇	좋은 일에 막힘이 있으니 종일을 근심한다. 남북에 길이 있으니 분주하여 한가함이 없다.
七月	身數有吉 凶中有吉 轉禍爲福 心中無憂	신수가 길함이 있으니 흉한 가운데 길하다. 전화위복하니 심중에 근심이 없으리라.
八月	財在路上 强求後得 好事綿綿 先損後益	재물이 노상에 있으니 힘써 구한 뒤 얻으리라. 좋은 일이 면면하니 먼저는 손해 보고 뒤에 유익하다.
九月	所營之事 別無成就 日落西山 前途遠遠	경영지사는 별로 성취가 없다. 해가 서산에 떨어지니 전도가 멀고도 멀다.
十月	今月之運 始得財物 憂散喜生 安過太平	금월의 운수는 비로소 재물을 얻는다. 근심이 사라지고 기쁨이 생기니 안과태평하리라.
十一月	出行不利 守舊安靜 大事不利 小事可成	출행함이 불리하니 옛것을 지키고 안정하라. 대사는 불리하나 작은 일은 가히 성공한다.
十二月	莫信人言 反有不利 財物興旺 百事如意	남의 말을 믿지 마라. 오히려 불리하도다. 재물이 흥왕하니 백사가 여의하리라.

[上六]

地澤臨 (지택림) 八一

同聲相應　同氣相合
貴人自來　所願成就
改舊生新　家給人足
今年之運　同業爲吉

같은 소리가 서로 응하니 동기가 상합한다. 귀인이 스스로 오니 소원이 성취되리라. 옛것을 고치고 새것이 생하니 집안이 늘고 인구가 족하다. 금년의 운수는 동업하면 길하리라.

正月	十年燈下　學問大成 祿在四方　到處春風		십 년 등하에 학문이 대성하였다. 재록이 사방에 있으니 도처에 춘풍이로다.
二月	桃李逢春　花開結實 若非官祿　損財可畏		도화 이화가 봄을 만나니 꽃이 피고 열매를 맺는다. 만일 관록이 아니면 손재수가 두렵다.
三月	他人之財　疾病相侵 喜中有憂　官厄愼之		타인의 재물이니 질병이 침입한다. 기쁨 속에 근심이 생기니 관액을 조심하라.
四月	謀事不利　勿謀他營 東方之財　自然入手		모사함이 불리하니 다른 경영을 꾀하지 마라. 동방의 재물이 자연히 손에 이른다.
五月	朦朧秋月　憂心漸消 貴人自至　愛我助我		추월이 몽롱하니 근심이 점점 사라진다. 귀인이 자연 이르니 나를 아끼고 도와준다.
六月	近取遠交　無往不利 貴人在傍　偶然助我		가까운 것을 취하고 먼 것을 사귀니 이롭지 않은 곳이 없다. 귀인이 곁에 있으니 우연히 나를 돕는다.
七月	良馬在北　伯樂相逢 一躍嘶鳴　展足千里		양마가 기북에 있으니 백락과 상봉한다. 한 번 뛰며 우니 발을 펴면 천리를 간다.
八月	忠義之心　念念不忘 貴人偶至　提携玉堂		충의지심은 염념으로 잊지 못한다. 귀한 사람을 만나니 옥당에 이끌어 올린다.
九月	順風出帆　千里一日 身數有吉　事事順成		순풍에 배를 저으니 천리도 하루에 간다. 신수가 길하니 일마다 순조로우리라.
十月	出行不利　守舊安靜 無吉無凶　一身平安		출행하면 불리하니 집에 가만히 있으라. 좋고 나쁜 일이 없으니 일신이 평안하리라.
十一月	花燭洞房　佳人相逢 情意相合　三生之緣		화촉 동방에 가인을 상봉하였다. 정의가 상합하니 삼생의 인연이로다.
十二月	若有人助　滯事漸通 大事難成　以待明春		만일 남의 도움이 있으면 막힌 일이 점점 통한다. 큰 일은 이루기 어려우니 명춘을 기다리라.

一五

[初六]

風地觀(풍지관)

畫虎不成　反爲狗子
心急事滯　怏怏不樂
諸營之事　有頭無尾
知分守靜　庶無凶厄

범을 그리다 이루지 못하니 반대로 개가 되었다. 마음은 급하고 일은 막히니 앙앙불락이로다. 제영지사는 머리만 있고 꼬리가 없으리라. 자신을 알고 안정하면 대체로 흉액이 없으리라.

正月	雖有喜事　口舌不免 吉祥臨身　必有喜事	비록 좋은 일은 있으나 구설을 면치 못한다. 길한 상서가 몸에 임하니 반드시 기쁜 일이 있으리라.	
二月	他人之財　偶然到家 東南之財　意外入門	타인의 재물이 우연히 집에 이른다. 동남의 재물이 의외로 문 안에 들어온다.	
三月	家宅發動　賣買之數 南方不利　勿爲出行	가택이 발동하니 매매수가 있도다. 남방은 불리하니 출행하지 마라.	
四月	莫近他人　疾病相侵 喜中有憂　官厄愼之	타인을 가까이 마라. 질병이 침노한다. 기쁜 가운데 근심이 있으니 관액을 조심하라.	
五月	深山失路　東西不辨 心無定處　事有虛荒	깊은 산에 길을 잃었으니 동서를 구분 못한다. 마음에 정한 곳이 없으니 일에 허황됨이 있으리라.	
六月	財在四方　到處有吉 喜色滿面　百事可成	재물이 사방에 있으니 도처에 길함이 있다. 희색이 만면하니 백사를 가히 이루리라.	
七月	身數有滯　內患何免 月入雲中　一時有苦	신수가 막힘이 있으니 내환을 어이 면하리요. 달이 구름 가운데 드니 일시 곤고가 있으리라.	
八月	雲雨滿空　大雨卽降 兩人同心　日得大財	운우가 하늘에 가득하니 큰 비가 곧 내린다. 양인이 마음을 같이하면 날로 큰 재물을 얻으리라.	
九月	千里有信　喜逢親友 莫近訟事　口舌難免	천리에 소식이 있으니 기쁘게 친우를 만난다. 송사를 일으키지 마라. 구설을 면키 어려우리라.	
十月	雖有經營　不中奈何 莫貪人財　反受其害	비록 경영함이 있으나 적중치 못하니 어이하리요. 남의 재물을 탐하지 마라. 오히려 그 해를 받으리라.	
十一月	商路得財　到處有吉 求之可得　勿失此機	장사길에 재물을 얻으니 도처에 길함이 있다. 구하면 얻으리니 이 기회를 잃지 마라.	
十二月	若非損財　當見受吊 財在西北　求之可得	만일 재물 손해가 아니면 조상을 받게 된다. 재물이 서북에 있으니 구하면 가히 얻으리라.	

[六二]

風地觀 (풍지관)

毛羽未成	不能高飛
局量狹小	井中之蛙
雖有內助	終見醜陋
閨中之言	不可說也

날개가 나지 않았으니 높이 날지 못한다. 국량이 협소하니 우물 가운데 개구리로다. 비록 내조가 있으나 마침내 추루함을 본다. 규중의 말은 남에게 말함이 불가하니라.

正月	雖有小才	力量不及	비록 작은 재주 있으나 역량이 미치지 못한다.
	財數平吉	心亂奈何	재수가 평길하나 심란하니 어이하리요.
二月	在外則明	在內則暗	밖에 있으면 밝고 안에 있으면 어둡다.
	大抵此年	女喜男憂	대저 이 해의 운은 여자는 길하고 남자는 흉하다.
三月	雲捲靑天	明月自新	구름이 걷혀 청천이 되니 밝은 달이 스스로 새롭다.
	有吉無凶	身旺財旺	길함은 있으나 흉함이 없으니 몸과 재물이 왕성하다.
四月	吉中有欠	憂喜相半	길한 가운데 흠이 있으니 기쁨과 근심이 상반이로다.
	在家心亂	出行則吉	집에 있으면 심란하고 출행하면 길하리라.
五月	楊柳風暖	鶯聲可愛	양류에 바람이 따사로우니 꾀꼬리 소리가 사랑스럽다.
	女子多情	恐有失策	여자가 다정하니 실책이 있을까 두렵다.
六月	雪中松栢	獨帶春色	눈 가운데 송백이 홀로 봄빛을 띠었다.
	婦人之事	貞淑爲德	부인의 일은 정숙함이 덕이 되리라.
七月	此月之數	水火愼之	이 달의 운수는 수화를 조심하라.
	身運不均	有苦多憂	신운이 고르지 못하니 근심 고초가 많으리라.
八月	才勝德薄	早職小官	재승박덕하니 이른 직업은 작은 벼슬이로다.
	十年守燈	然後成功	십 년을 등을 지키니 그런 뒤에 성공하리라.
九月	家有吉慶	生男之數	집에 길경이 있으니 생남할 운수로다.
	雖有經營	不中奈何	비록 경영함이 있으나 맞지 않으니 어이하리요.
十月	陰人多助	或得成業	남모르게 돕는 이가 있으니 혹 업을 이룸이 있다.
	局量淺小	失事可憂	국량이 얕고 작으니 직업을 잃을까 근심이로다.
十一月	若非損財	當見受吊	만일 손재수가 아니면 조상을 받게 된다.
	財在西北	求之可得	재물이 서북에 있으니 구하면 얻으리라.
十二月	深山失路	東西不辨	깊은 산에 길을 잃으니 동서를 구분 못한다.
	家無財産	生活困苦	집에 재산이 없으니 생활이 곤고하리라.

[六三]

風地觀(풍지관)

山雉群飛　蒼鷹搏翼
若得人助　金珠在堂
進退無定　反覆不一
今年之運　食少事煩

산 꿩이 무리로 나니 푸른 매가 날개를 친다. 만일 남의 도움을 입으면 금구슬을 얻게 되리라. 진퇴를 정함이 없으니 반복됨이 한결같지 않도다. 금년의 운수는 식소사번하리라.

正月	家無財產　生活困苦 日落西窓　寃心退去	집에 재산이 없으니 생활이 곤고하도다. 날이 서창에 떨어지니 원통한 마음이 물러간다.
二月	到處有財　人人仰視 若非親憂　疾病可畏	도처에 재물이 있으니 사람마다 우러러본다. 만일 부모의 근심이 아니면 질병이 가히 두렵다.
三月	勿爲相爭　口舌不免 謀事多端　不中奈何	상쟁하지 마라. 구설을 면치 못한다. 꾀하는 일은 다단하나 맞지 않으니 어이하리요.
四月	着冠出門　奔走之格 守分爲吉　求財不得	관을 쓰고 문을 나서니 분주한 격이로다. 분수를 지킴이 길하니 구하나 얻지 못하리라.
五月	身在他鄉　奔走之像 勞而無功　身數奈何	몸이 타향에 있으니 분주한 상이로다. 수고하나 공이 없으니 신수라 어이하리요.
六月	官鬼發動　官厄愼之 若有人助　婚姻有慶	관귀가 발동하니 관액을 조심하라. 만일 남의 도움이 있으면 혼인의 경사가 있으리라.
七月	淸風明月　獨坐叩盆 每事不成　或有疾病	청풍명월에 홀로 동이를 두드린다(부부 이별). 매사를 이루지 못하니 혹 질병이 되리라.
八月	莫行西方　吉變爲凶 若逢貴人　意外橫財	서방에 가지 마라. 좋은 일이 오히려 흉하다. 만일 귀인을 만나면 의외로 횡재하리라.
九月	前有高山　後有峻嶺 旱天甘雨　時霑新苗	앞에는 높은 산이 있고 뒤에는 준령이 있다. 가문 하늘에 단비가 내리니 새싹을 적셔 준다.
十月	家有吉慶　必是生男 財在北方　求財可得	집에 경사가 있으니 반드시 생남하리라. 재물이 북방에 있으니 구하면 가히 얻으리라.
十一月	愁心滿面　不如居家 勿爲爭訟　口舌當頭	수심이 만면하니 집에 있음만 같지 못하다. 쟁송하지 마라. 구설이 당두하리라.
十二月	小鳥出林　無依無托 若非橫厄　損財難免	산새가 수풀에 나오니 무의무탁하도다. 만일 횡액수가 아니면 손재를 면키 어려우리라.

[六四]

五	風地觀(풍지관) 鵬飛萬里　君子得志 若在士位　金榜掛名 輔佐明君　萬人之上 若爲庶俗　商業大利	대붕이 만리를 나니 군자가 뜻을 얻었다. 만일 선비의 몸이라면 장원급제하리라. 밝은 임금을 보좌하니 만인의 윗자리로다. 만일 평범한 인물이라면 상업으로 큰 이익을 얻으리라.
正月	心安身閑　家室無事 在家心亂　出外心閑	마음이 편하고 몸이 한가하니 집안이 무사하도다. 집에 있으면 심란하고 밖에 나가면 마음이 한가롭다.
二月	因人借力　功業完成 乘時進出　和樂太平	남의 힘을 빌리면 공업을 완성하리라. 때를 타고 진출하면 화락하고 태평하리라.
三月	眼底之事　不差無錯 謀事周密　凡事成功	눈 아래의 일은 착각이 없도다. 꾀하는 일이 주밀하니 범사에 성공하리라.
四月	大鵬搏翼　高飛雲中 得時行道　萬民樂業	붕새가 날개를 치니 높이 구름 가운데로 난다. 때를 얻어 도를 행하면 만민이 업을 즐긴다.
五月	月桂天香　七里可聞 掛名金榜　衣食充足	월계의 향기가 하늘에 차니 칠 리나 가히 들린다. 금방에 이름을 서니 의식이 충족하리라.
六月	才高學廣　揚名海內 或恐橫厄　豫爲禱厄	재주가 높고 배움이 넓으니 이름을 바다 안에 드날린다. 혹 횡액수가 두려우니 미리 액을 빌라.
七月	月明靑山　杜鵑悲鳴 莫行東方　必有損害	달이 청산에 밝으니 두견이 슬피 운다. 동방에 가지 마라. 반드시 손해가 있으리라.
八月	雖爲功勞　勞而無功 若非官祿　橫厄有數	비록 공로를 들여 수고하나 공이 없도다. 만일 관록이 아니면 횡액수가 있으리라.
九月	東南兩方　財運已回 速則達成　緩則必敗	동남 양방에 재운이 이미 돌아온다. 속히 하면 달성하고 늦으면 실패한다.
十月	心身太平　家有吉事 柳綠桃紅　景色可美	심신이 태평하니 집에 길한 일이 있다. 버들은 푸르고 도화는 붉으니 경색이 가히 아름답다.
十一月	運數多滯　必有損害 事有定理　凶化爲吉	운수가 막힘이 많으니 반드시 손해가 있다. 일에는 정한 이치가 있으니 흉이 화하여 길하리라.
十二月	貴人扶助　豈非生光 花落無實　狂風何事	귀인이 부조하니 어찌 생광이 아니리요. 꽃이 지고 열매가 없는데 광풍은 또 웬일인고.

風地觀(풍지관)

```
五六
☰☰ (괘상)
```

鳥飛靑山　魚遊春水
文章冠世　富貴榮達
施政萬民　德業乃成
久年重病　必有回春

새는 청산에 날고 고기는 봄 물결에 논다. 문장이 세상을 덮으니 부귀영달하리라. 정사를 베풀고 만민을 다스리니 덕업을 성취한다. 오래된 중병은 반드시 쾌차하게 되리라.

正月	君子修身　人皆仰望 身旺財旺　一家和平		군자가 몸을 닦으니 모든 사람이 우러러본다. 몸과 재물이 왕하니 일가가 화평하리라.
二月	雨打山扉　落花滿地 兒患在邇　豫防爲好		비가 산비를 때리니 낙화가 땅에 가득하다. 자손의 근심이 가까이 있으니 예방함이 좋으리라.
三月	以商爲業　每事如意 財在外方　出行有吉		장사로 업을 삼으면 매사가 여의하다. 재물이 외방에 있으니 출행하면 길하리라.
四月	魚龍得水　布雲施雨 旱苗逢雨　其色靑靑		어룡이 물을 얻으니 운우를 포시한다. 가문 싹이 비를 만나니 그 색이 청청하도다.
五月	添口添土　喜事重重 雷聲百里　有聲無形		인구와 토지가 느니 기쁜 일이 중중하도다. 뇌성이 백리를 울리니 소리만 있고 형적이 없으리라.
六月	若非官祿　生子之數 奔走四海　別無利害		만일 관록이 아니면 생남할 운수로다. 사해에 분주하나 별로 이해가 없으리라.
七月	雖有財數　得而反失 事不如意　恨歎不已		비록 재수는 있으나 얻어서 오히려 잃는다. 일이 여의치 않으니 한탄할 뿐이로다.
八月	心多煩惱　愁心不解 若非慶事　必然橫財		마음에 번민이 있으니 수심이 풀리지 않는다. 만일 경사가 아니면 반드시 횡재하리라.
九月	西北兩方　貴人助我 若無妙計　反而有困		서북 양방에서 귀인이 나를 돕는다. 만일 묘한 꾀가 없으면 오히려 곤함이 있으리라.
十月	日煖風和　春江氷解 率先行善　萬人相化		일란풍화하니 봄강에 얼음이 풀린다. 솔선 행선하면 만인이 서로 화하리라.
十一月	缺月入雲　一雁叫啼 室內有憂　恐有一別		이지러진 달이 구름 속에 드니 외기러기 슬피 운다. 집안에 우환이 있으니 한 번 이별이 있을까 두렵다.
十二月	米穀盈倉　金銀在箱 榮華旣得　謙讓可矣		미곡이 창고에 가득하고 금은이 상자에 있다. 영화를 이미 얻었으니 겸양함이 옳으리라.

[上九]

風地觀 (풍지관)

一往一來　得失相雜
利在田土　人及害我
大事難成　小利可得
今年之運　改業不吉

하나는 가고 하나는 오니 득실이 상잡한다. 이익은 전토에 있고 해는 사람에게 있다. 큰 일은 이루기 어려우나 작은 이익은 가히 얻는다. 금년의 운수는 업을 바꾸면 불길하리라.

正月	或有時病　且有憂然 出路失馬　何望遠行		혹 때에 따른 병이 있으며 또한 근심이 있다. 길에 나서서 말을 잃으니 어찌 원행함을 바라리요.
二月	春風二月　因人成功 若營商業　以小易大		춘풍 이월에 사람으로 인하여 성공한다. 만일 상업을 경영하면 작은 것으로 큰 것을 바꾸리라.
三月	先損後泰　晚時財物 若非家憂　一次身病		먼저는 손해 보고 뒤에 태평하니 늦게 재물을 얻는다. 만일 집안의 근심이 아니면 일차 신병이 있으리라.
四月	奔走四方　辛苦奈何 事多不成　別無所得		사방에 분주하니 신고함을 어이하랴. 일에 이루지 못함이 많으니 별로 소득이 없으리라.
五月	財旺東方　南方有吉 若非親喪　兄弟有憂		재물이 동방에 왕하고 남방에는 길함이 있도다. 만일 부모의 상이 아니면 형제간에 근심이 있으리라.
六月	七里灘邊　垂釣滄波 不關世事　一身安閑		칠 리 물가의 창파에 낚시를 드리운다. 세상 일을 관계치 않으니 일신이 안한하리라.
七月	家有風波　是非可畏 莫行酒家　損財損名		집에 풍파가 있으니 시비가 두렵다. 술집에 가지 마라. 재물과 명예를 손상하리라.
八月	雖有財數　得而半失 妖鬼作害　事多有魔		비록 재수는 있으나 얻어서 반이나 잃는다. 요귀가 작해하니 일에 마가 많으리라.
九月	事多不成　別無災禍 財星助我　得財成家		일을 이루지 못함이 많으나 별로 재앙이 없다. 재성이 나를 도우니 재물을 얻어 성가하리라.
十月	擇地移居　一室平安 勿爲凌人　反有其害		땅을 가려 이사하면 일실이 평안하도다. 사람을 능멸하지 마라. 오히려 그 해가 있으리라.
十一月	親人不利　勿與同事 若非敗財　便有口舌		친한 사람이 불리하니 더불어 동업하지 마라. 만일 패재수가 아니면 문득 구설수가 있으리라.
十二月	隨分而行　不失其度 南方不利　每事不成		분수를 따라 행하면 그 법도를 잃지 않는다. 남방은 불리하니 매사가 이루어지지 못하리라.

〔初九〕

三

	火雷噬嗑(화뢰서합)		된서리가 비로소 내리니 차가운 얼음이 엉키려 한다. 재주는 있으나 마음에 겁을 먹어 일을 감당치 못한다. 비천한 인품이나 우연히 작은 벼슬을 얻는다. 혹 형옥수가 있으나 조심하면 가히 이 수를 면하리라.
	嚴霜始降 有才心怯 卑賤之人 或被刑獄	寒氷將結 不能發達 偶得其位 謹愼可免	
正月	宜行正直 莫貪外財	可作貴人 守分則泰	마음을 바르게 행하면 귀인의 위치에 이른다. 밖의 재물을 탐하지 마라. 분수를 지키면 태평하리라.
二月	心怯退守 怠慢則敗	每事不成 勤則小成	일에 겁을 먹고 물러가니 매사를 이루지 못한다. 게으르면 실패하나 부지런하면 작은 성취가 있다.
三月	山路險峻 分外之事	行步艱難 莫作最善	산길이 험준하니 걸음 걷기가 어렵다. 분수 밖의 일은 하지 않는 것이 가장 좋다.
四月	朱雀頻鳴 多言爲病	口舌紛紛 守口安康	주작이 번거롭게 우니 구설이 분분하도다. 말이 많으면 병이 되나 입을 다물면 안강하리라.
五月	今月之數 偶逢吉人	先困後吉 小事成就	이 달의 운수는 먼저 곤하고 뒤에 길하다. 우연히 길한 사람을 만나 작은 일은 성취하리라.
六月	良工琢玉 姑待春風	終成大器 百花滿發	양공이 옥을 쪼니 마침내 큰 그릇을 이루었다. 춘풍을 고대하니 백화가 만발하리라.
七月	身數不利 身出他鄕	豫防則可 風霜重重	신수가 불리하니 예방함이 가하도다. 몸이 타향에 나가서 중중한 풍상을 겪는다.
八月	順則春風 每事有分	逆則秋霜 勿思虛妄	순리하면 춘풍이 있고 거스르면 된서리가 온다. 매사에는 분수가 있는 것이니 허망한 일을 생각지 마라.
九月	人依樓上 莫歎身勢	心中多憂 以待天命	사람이 다락 위에 의지하니 심중의 근심이 많도다. 신세를 한탄 말고 하늘의 명을 기다리라.
十月	高山植木 一朝升遷	國家棟樑 功名顯達	높은 산에 나무를 심으니 국가의 동량이 되었다. 일조에 높이 오르니 공명이 현달하리라.
十一月	財有閙中 若不然也	以商得財 反爲損失	재물이 열요한 곳에 있으니 장사하면 재물을 얻는다. 만일 그렇지 않으면 오히려 손실하리라.
十二月	綠林月昏 他人之禍	狂人窺墻 損財損名	녹림에 달이 어두우니 광인이 담장을 엿본다. 타인의 화가 있으니 재물과 명예를 손상하리라.

〔六二〕

火雷噬嗑(화뢰서합)

䷔

陽春將近　芳草日新
月朗中天　天地輝恍
若不逢辱　骨肉有傷
桃花殘落　佳人無緣

양춘이 장차 이르니 꽃다운 풀이 날로 새롭다. 달이 중천에 밝으니 천지가 휘황하도다. 혹 욕된 일을 만나지 않으면 골육의 손실이 있다. 도화가 떨어지니 가인의 인연은 없으리라.

正月	春風佳節　花柳方姸 災消福來　喜滿一家		춘풍가절에 꽃과 버들이 바야흐로 곱다. 재앙이 사라지고 복이 오니 기쁨이 일가에 가득하리라.
二月	上下相違　妻子俱怨 心身無定　東西奔走		상하가 서로 어기니 처자가 모두 원망한다. 심신을 정하지 못하니 동서에 분주하리라.
三月	春景芳麗　喜信傳鵲 若非婚慶　故人相逢		봄 경치가 아름다운데 기쁜 소식을 까치가 전한다. 만일 혼인의 경사 아니면 고인을 상봉하게 되리라.
四月	進退兩難　困厄可知 無端之事　是非口舌		진퇴가 양난이니 곤액을 가히 알리라. 무단한 일로 시비 구설이 생긴다.
五月	松下問童　訪師修道 我力不及　有助可成		소나무 아래에서 아이에게 물으니 스승을 찾아 수도한다. 내 힘은 미치지 못하니 도움이 있으면 성공하리라.
六月	楊柳千絲　依依東風 身出他鄕　得意成功		버들이 천 가닥인데 동풍에 의의하도다. 몸이 타향에 나가면 뜻을 얻어 성공하리라.
七月	守口如瓶　是非雲起 不然暗疾　身厄何免		입을 병같이 막으라. 시비가 구름같이 일어난다. 불연이면 암질이 있으니 신액을 어이 면하리요.
八月	勿貪非理　先得後失 失物可畏　去來愼之		이치 아닌 것을 탐하지 마라. 먼저 얻고 뒤에 잃는다. 실물수가 두려우니 거래함을 조심하라.
九月	今月之運　吉凶相半 財數無欠　骨肉有患		금월의 운수는 길흉이 상반하도다. 재수는 흠이 없으나 골육의 근심이 있으리라.
十月	十年勤學　燈下之苦 靑雲無路　勞而無功		십 년을 부지런히 배웠으나 등불 아래 고초로다. 벼슬길이 없으니 수고하나 공이 없다.
十一月	採藥深山　仙童指路 偶得貴人　前程可明		깊은 산에서 약을 캐니 선동이 길을 가리킨다. 우연히 귀인을 만나니 전정이 가히 밝으리라.
十二月	驛馬星照　門外之慶 若不移家　他國作客		역마성이 조림하니 문 밖의 경사로다. 만일 집을 옮기지 않으면 타국의 작객이 되리라.

[六三]

火雷噬嗑(화뢰서합)

崎嶇山路　車行甚難
黑雲蔽天　日色昏暗
才疎學淺　人心不服
或生心病　不然驚恐

거칠고 거친 산길에서 수레 몰기가 어렵도다. 검은 구름이 하늘을 가리웠으니 햇빛이 어둡다. 재주 없고 배운 것이 얕으니 남이 복종치 아니한다. 혹 심화병이 아니면 크게 놀라운 일이 있으리라.

正月	尋友洛陽　長醉靑樓	낙양성에서 벗을 찾던 사람이 청루에 취해 잠들었다.
	無益之事　虛送光陰	무익한 일로 세월만 헛되이 보내도다.
二月	五穀不成　飢寒難免	오곡이 자라지 않았으니 주리고 추움을 면키 어렵다.
	每事有時　守分待機	매사에 때가 있는 법이니 분수를 지키고 기회를 기다리라.
三月	若遇人助　意外成功	만일 남의 도움을 만나면 뜻밖의 성공이 있다.
	有財東南　强求後得	재물이 동남방에 있으니 강구한 뒤에 얻게 되리라.
四月	德行不足　何以服人	덕행이 부족하니 어찌 남을 열복할 수 있으리요.
	誠心處世　可得小成	정성껏 처세하면 작은 성취는 있으리라.
五月	雲暗北堂　慈母依枕	구름이 북당에 일어나니 모친의 우환이로다.
	若非親喪　身病可畏	만일 부모의 상이 아니면 신병이 가히 두렵도다.
六月	黑雲四起　日色失光	검은 구름이 사방에서 일어나니 날빛이 어둡다.
	出行不利　橫厄愼之	출행하면 이롭지 못할 것이요, 횡액을 만날까 조심하라.
七月	險峻山徑　一杖急行	험준한 산골짜기에 임하여 급한 걸음을 걷게 되었다.
	事多沈滯　善無功德	일에 막힘이 많으니 잘한 일에 공덕이 없다.
八月	暗夜得燭　前程可明	어둔 밤에 촛불을 얻었으니 앞길이 환히 트이도다.
	日就月將　以小易大	일취월장하여 작은 것을 주고 큰 것을 받는다.
九月	家中有慶　必是弄璋	집안의 경사가 있으니 반드시 슬하의 기쁨이로다.
	若非生男　疾病困苦	만일 생남할 수가 아니면 질병으로 곤고하리라.
十月	萬點銀鱗　金角未成	은비늘은 만 점이나 되는데 금뿔을 아직 이루지 못했다.
	始終努力　可得大成	처음부터 끝까지 노력하면 가히 큰 성공을 하리라.
十一月	身數不利　守分安靜	신수가 이롭지 못하니 분수를 지키고 안정하라.
	若非口舌　官災是非	만일 구설수가 아니면 관재나 시비가 따르리라.
十二月	中心日損　外喜內懼	중심이 날로 흩어지니 겉은 기쁘고 안은 두렵도다.
	勿信他人　損財損名	남의 말을 믿지 마라. 재물과 명예를 손상하리라.

火雷噬嗑 (화뢰서합)

能勝大任　不畏不怯
張弓射鳥　一雁中箭
始難終易　必得陞遷
爲士成名　商業得利

큰 일을 능히 감당해 냈으니 두려움도 겁도 없도다. 장궁이 새를 겨냥하니 기러기가 화살에 맞았다. 처음은 어렵고 뒤는 쉬우니 반드시 관직이 오른다. 선비는 명예를 이룰 것이요, 장사하는 이는 큰 이익을 얻으리라.

正月	如月初升　如泉始達 經營之事　日就月將		달이 처음 뜨는 것 같고 샘물이 비로소 솟는 것 같다. 경영지사는 날로 나가고 달로 자라리라.
二月	上下和睦　夫唱婦隨 積善之家　必有餘慶		상하가 화복하고 부부의 금슬이 좋다. 적선한 집안에는 반드시 남은 경사가 있으리라.
三月	馳馬長安　得意春風 立身揚名　錦衣還鄕		장안에 말을 달리니 춘풍에 뜻을 얻었다. 입신양명하여 금의환향하게 되리라.
四月	久埋龍劍　光射斗牛 位高名高　丈夫之榮		용검을 오래 묻었다가 빛이 두우성을 반사한다. 지위가 높고 명예가 높으니 장부의 영화로다.
五月	萬里風帆　不遠將到 盈則必昃　謹愼謹愼		만리 바다에 바람이 배를 몰아주니 머지않아 장차 이르리라. 가득 차면 반드시 기우나니 삼가고 삼가라.
六月	因人借力　百事易成 東西兩方　貴人來助		사람으로 인하여 힘을 빌리니 백사가 쉽게 이루어진다. 동서 양방에서 귀인이 와서 도와주리라.
七月	朱雀飛鳴　口舌可愼 若不愼之　官訟當到		주작이 날아와 울어대니 구설을 가히 삼가라. 만일 삼가지 않으면 관재 송사를 당하리라.
八月	綠林日暮　匹馬孤單 信人爲賊　勿謀他營		녹림에 날이 저무니 한 필 말이 고단하도다. 믿는 사람이 도적이 되니 다른 경영을 꾀하지 마라.
九月	陰陽配合　自足自處 水星不利　與受愼之		음양이 배합하니 스스로 족하도다. 수성이 불리하니 주고받는 것을 조심하라.
十月	月明紗窓　佳人奉酌 身安心樂　榮華滿庭		달이 사창에 밝으니 미인이 잔을 받든다. 몸이 편하고 마음이 즐거우니 영화가 뜰에 가득하리라.
十一月	雨順風調　百穀豊登 少失多得　終成大富		비가 순하고 바람이 고르니 백곡이 풍등하도다. 적게 잃고 많이 얻으니 마침내 큰 부자가 되리라.
十二月	勿貪虛慾　好事有阻 守分上策　然則安身		허욕을 탐하지 마라. 좋은 일에 막힘이 있다. 분수를 지킴이 상책이니 그리하면 몸이 편안하리라.

〔六五〕

火雷噬嗑(화뢰서합)

萬里雲程 大鵬展翼
富貴赫赫 福祿臻臻
守正除奸 萬人自服
今年之運 功名出世

만리 운정에 대붕이 날개를 폈다. 부귀가 혁혁하니 복록이 진진하리라. 바름을 지키고 간사함을 제하니 만인이 자연 복종한다. 금년의 운수는 공을 세우고 출세하리라.

正月	花鳥迎春 好運將至 衣祿豊隆 萬事如意		꽃과 새가 봄을 맞이하니 좋은 운이 장차 이른다. 의록이 풍륭하니 만사가 뜻과 같으리라.
二月	井魚出海 意氣揚揚 一身榮貴 何人不羨		우물 고기가 바다에 나가니 의기가 양양하도다. 일신이 영귀하니 어느 사람이 부러워 아니하리요.
三月	仲秋月明 雲捲四天 名利俱全 名振四方		중추 명월에 구름이 온 하늘에 걷혔다. 명리가 함께 온전하니 이름을 사방에 떨치리라.
四月	逐兔靑山 先難後得 財數大吉 求財必得		토끼를 청산에서 쫓으니 먼저는 어려우나 뒤에 얻는다. 재수가 대길하니 재물을 구하면 반드시 얻으리라.
五月	厚德施仁 萬物榮昌 喜中生憂 家中不安		덕을 후히 하고 인을 베풀면 만물이 영창하도다. 기쁜 가운데 근심이 생기니 집안이 불안하리라.
六月	天心自順 人事和同 東北兩方 財神助我		하늘 뜻을 순히 하면 사람의 일도 같이 화순한다. 동북 양방에서 재신이 나를 도와준다.
七月	一躍龍門 變化風雲 官祿隨身 名滿四海		한 번 용문에 뛰어오르니 풍운의 변화 있도다. 관록이 몸에 따르니 이름이 사방에 가득하리라.
八月	求財如意 或有口舌 親人同事 後必損財		재물을 구하면 여의하나 혹간의 구설은 있도다. 친한 사람과 일을 같이하면 뒤에는 반드시 손재를 보리라.
九月	凶中有吉 終得吉祥 意外功名 人人仰視		흉한 가운데 길이 있으니 마침내 길상을 얻는다. 의외로 공명하니 사람마다 우러러보리라.
十月	順風行船 日行千里 膝下有慶 必是弄璋		순풍에 배를 저으니 하루에 천리를 간다. 슬하에 경사가 있으니 필시 생남할 수로다.
十一月	月滿則虧 哭盈則溢 謹愼自重 庶無橫厄		달이 둥글면 이지러지고 그릇이 차면 넘친다. 근신 자중하라. 대체로 횡액이 없으리라.
十二月	先吉後凶 吉凶相半 若非水火 身病可畏		먼저는 길하고 뒤에 흉하니 길흉이 상반하도다. 만일 수화의 액이 아니면 신병이 가히 두렵다.

[上九] 三六

火雷噬嗑(화뢰서합)

龍虎相鬪　勝敗難分
耳目不明　世事暗昧
若非爭訟　他人之害
今年之數　忍之上策

용과 범이 서로 싸우니 승패를 구분키 어렵다. 귀와 눈이 밝지 못하니 세상 일이 어둡다. 만일 송사로 다투지 않으면 타인의 해가 있도다. 금년의 운수는 참는 것이 상책이 되리라.

正月	出則無益　入則有憂 莫信親友　損財可畏	나가면 이익이 없고 들어와도 근심이 있다. 친한 벗을 믿지 마라. 손재가 가히 두렵다.
二月	偶得吉人　所營得意 積小成大　財聚如山	우연히 길한 이를 만나서 경영하는 바가 여의하다. 작은 것을 쌓아 큰 것을 이루니 재물이 산같이 모이리라.
三月	兩虎相爭　利在獵夫 無益之事　徒費心力	두 범이 서로 싸우니 이익은 사냥꾼에게 있도다. 무익한 일로 한갓 심력만 허비하리라.
四月	霧起枕頭　房中昏暗 若非親患　膝下之憂	안개가 베개 머리에 일어나니 방 안이 어둡고 어둡다. 만일 부모의 우환이 아니면 슬하의 근심이 있으리라.
五月	東園春至　薔薇開發 心意快樂　每事順成	동원에 봄이 이르니 장미꽃이 만발하였도다. 마음과 뜻이 쾌락하니 매사가 순조롭게 이루어지리라.
六月	禍起墻內　心身顚倒 家中不平　不然失物	재앙이 담장 안에서 일어나니 심신이 전도되리라. 집안에 불평이 있으며 그렇지 않으면 실물하리라.
七月	先吉後凶　一時之榮 若無口舌　訟獄愼之	먼저는 길하고 뒤에 흉하니 한때의 영화로다. 만일 구설수가 아니면 관송과 형옥을 조심하라.
八月	不明不聰　事多沈滯 凶厄自來　杜門不出	밝지도 않고 총명치도 못하니 일에 막힘이 많도다. 흉액이 자연히 오니 문을 닫고 나가지 마라.
九月	靑鳥傳信　佳人相逢 若非婚慶　膝下之榮	청조가 서신을 전하니 가인을 상봉하도다. 만일 혼인의 경사 아니면 슬하의 영화 있으리라.
十月	吉凶相半　成敗難分 守舊財吉　妄動不利	길흉이 상반하니 성패를 구분하기 어렵다. 옛것을 지키면 길하나 망령되이 움직이면 불리하리라.
十一月	三日路程　一日行之 身雖多困　終得小利	삼 일이나 걸리는 길을 하루에 걷게 된다. 몸은 비록 곤함이 많으나 마침내 작은 이익을 얻으리라.
十二月	好事多魔　善無功德 出則必損　在家無欠	좋은 일에 마가 많으니 잘한 공덕이 없다. 나가면 반드시 손해가 있고 집에 있으면 흠이 없으리라.

[初九]

山火賁 (산화비)

窮不失義　達不移道
可求不求　可信不信
捨舊從新　月光更明
今年之數　改業則吉

궁박해도 의를 잃지 않고 넉넉해도 도를 떠나지 않는다. 구할 것 같으나 구하지 못하고 믿을 것 같으나 믿지 못한다. 옛것을 버리고 새것을 좇으니 달빛이 다시 밝아온다. 금년의 운수는 업을 바꾸면 길하리라.

正月	草堂三間　芳草已長	초당 삼칸에 방초가 이미 자랐다.
	莫近酒色　疾病損財	주색을 가까이 마라. 질병과 손재가 있으리라.
二月	日暖長江　白鷗去來	장강에 일기가 따뜻하니 백구가 오고 간다.
	到處有財　人人仰視	도처에 재물이 있으니 사람마다 우러러보리라.
三月	崎嶇山路　車行困難	험준한 산길에 수레 행하기 곤란하다.
	欲進不進　徒費努力	나가고자 하나 나가지 못하니 한갓 노력만 허비하리라.
四月	正直公平　諸事皆順	정직하고 공평하면 모든 일이 다 순조롭다.
	一得功名　勿失機會	한때 공명을 얻을 운이니 기회를 놓치지 마라.
五月	事如泰山　有疑未定	일은 태산처럼 많은데 의심이 있어 결정치 못한다.
	日落西山　事急身困	해는 서산에 떨어지니 일은 급하고 몸은 곤하다.
六月	捨舊從新　所營如意	옛것을 버리고 새것을 좇으니 경영하는 바가 여의하다.
	若不移居　官位必遷	만일 이사하지 않으면 직장을 옮기게 되리라.
七月	藤蘿百丈　依附松栢	등라가 백 장이나 되나 송백에 의지한다.
	朋友提携　後必可成	벗이 이끌어 주니 뒤에 반드시 성취하리라.
八月	遠親雖在　不如近隣	먼 친척이 비록 있으나 가까운 사람만 같지 못하다.
	勿營虛妄　守分小成	허망한 일을 경영치 마라. 분수를 지키면 작게 성취한다.
九月	身在他鄕　奔走之像	몸이 타향에 있으니 분주한 상이로다.
	勞而無功　身數奈何	수고하나 공이 없으니 신수라 어이하리요.
十月	日暮道遠　奔走不暇	해는 지고 길은 머니 분주하여 한가롭지 못하다.
	事不如意　財運之吉	일이 뜻같지 아니하니 재운이 길하지 못하리라.
十一月	先困後泰　勤勉則吉	먼저는 곤하고 뒤에 길하니 부지런하면 좋으리라.
	長江千里　順風行船	천리나 되는 장강에 순풍에 배를 저어간다.
十二月	心思未定　一無成事	심사를 안정치 못하니 하나도 되는 일이 없다.
	時不再來　速決則可	때는 두 번 오지 않는 법이니 속히 결단함이 좋으리라.

[六二]

七三 山火賁 (산화비)

旭日東升　暗室復明
君令臣行　棟樑之材
三陽始泰　君子道通
今年之運　金榜掛名

밝은 날이 동녘에 떠오르니 암실이 다시 밝아진다. 임금은 명하고 신하는 행하니 동량의 재목이로다. 삼양이 비로소 통태하니 군자가 도를 통하였다. 금년의 운수는 벼슬을 구하면 쉽게 얻으리라.

正月	金殿出入　錦衣加身 若非功名　財物大通	대궐에 출입하니 비단옷을 몸에 걸쳤다. 만일 공명을 못하면 재물이 대통하리라.	
二月	乘時而進　大業可成 進官進祿　庶人富足	때를 타서 나아가면 큰 업을 가히 성취한다. 벼슬이 오르고 녹봉이 오르며 서인은 부하게 되리라.	
三月	每事順成　凡謀百中 兩人同心　財物自來	매사가 순조롭게 되니 무릇 꾀함이 적중된다. 두 사람이 마음을 같이하니 재물이 자연 이르리라.	
四月	陰陽和合　必有慶事 若非官祿　生男之數	음양이 화합하니 반드시 경사가 있도다. 만일 관록을 얻지 않으면 생남할 운수로다.	
五月	周遊四方　先吉後凶 不意之變　凡事謹愼	사방으로 두루 노니니 먼저 길하고 뒤에 흉하다. 뜻밖의 변괴가 있으리니 범사를 근신하라.	
六月	身雖奔忙　勞而有功 春草逢雨　壽福自來	몸은 비록 분망하나 수고하면 공이 있다. 봄풀이 단비를 만났으니 복록이 자연 이르리라.	
七月	園中桃李　逢時爛漫 名振遠近　人皆仰視	동산의 도화 이화는 때를 만나 난만하다. 이름을 원근에 떨치리니 사람마다 우러러보리라.	
八月	太剛則折　勿妄恃勢 操心守分　庶免厄禍	태강하면 꺾이나니 망령되이 세력만 믿지 마라. 조심하고 분수를 지키면 대체로 화액을 면하리라.	
九月	添口添土　一家之榮 千里他鄕　故人相逢	식구가 더하고 토지가 느니 한 집안의 영화로다. 천리 타향에서 반가운 사람과 상봉하리라.	
十月	貴星照門　吉人來助 福祿有餘　何欽金谷	귀성이 문에 비치니 길한 사람이 와서 도와준다. 복록이 유여하니 어찌 금곡을 부러워하리요.	
十一月	以大易小　終也損財 勿營他事　失敗可畏	큰 것으로 작은 것을 바꾸니 마침내는 손재수로다. 다른 일을 경영치 마라. 실패가 가히 두렵도다.	
十二月	今月之數　口舌愼之 無端之事　官訟何事	이 달의 운수는 구설을 삼가야 한다. 무단한 일로 관재 송사는 웬일인고.	

山火賁 (산화비)

潛龍得水　變化無窮
龍虎兩榜　壯元及第
庶人之命　食祿豊足
或間是非　不久自解

잠긴 용이 물을 얻었으니 변화가 무궁하도다. 문무 양과에 장원급제하리라. 서인의 운명은 식록이 풍족하도다. 혹간의 시비가 따르나 오래지 않아 자연 해소되리라.

正月	文章道德　一世推仰 君前受命　頭挿桂花	문장과 도덕으로 일세의 추앙을 받는다. 임금 앞에서 영을 받으니 벼슬을 얻게 되리라.
二月	陰退陽進　物物自新 捨舊從新　羊變爲馬	음이 물러가고 양이 나가니 물건마다 자연 새롭다. 옛것을 버리고 새것을 좇으니 양이 변하여 말이 되리라.
三月	秋月升天　喜信自來 貴人來訪　所願成就	가을 달이 하늘에 오르니 기쁜 소식이 자연 이른다. 귀인이 심방하니 소원을 성취하리라.
四月	羽翼一展　徘徊中天 到處春風　人皆欽仰	날개를 한 번 펴서 중천을 배회한다. 도처에 기쁜 일이 있으니 사람마다 다 흠앙하게 되리라.
五月	桃花方開　蜂蝶爛舞 佳人相逢　室家之榮	도화가 바야흐로 피었으니 봉접이 춤을 춘다. 가인을 상봉하니 가정의 즐거운 영화로다.
六月	門庭多吉　祥光更新 人人助我　何事難之	집안에 길함이 많으니 상서로운 빛이 다시 새롭다. 사람마다 나를 도우니 무슨 일이 어려우리요.
七月	勿貪大利　反失家財 莫近火星　我事妨害	큰 이익을 탐하지 마라. 오히려 가재를 잃어버린다. 화성을 가까이 마라. 나의 일을 방해한다.
八月	因人借力　志氣用伸 財在何處　西南兩方	남의 힘을 빌려 얻으니 지기를 펴게 되리라. 재물이 어느 곳에 있는고. 서남 양방이로다.
九月	立身揚名　以顯父母 文書有吉　利在田土	입신양명하여 부모를 즐겁게 한다. 문서의 길함이 있으니 이익이 전토에 있다.
十月	身上有吉　必有亨通 安靜居家　利在其中	신상의 길함이 있으니 반드시 형통하리라. 편안히 집안에 거하면 이익이 그 가운데 있다.
十一月	知進知退　居安慮危 月盈必昃　興盡悲來	나가고 물러남을 알면 편안할 때 위태로움을 생각한다. 달이 차면 반드시 기우나니 흥함이 다하면 슬픔이 온다.
十二月	家有吉慶　美人奉酌 若非佳人　弄璋之慶	집안에 길한 경사가 있으니 미인이 술잔을 받든다. 만일 가인을 만나지 않으면 슬하의 경사가 있으리라.

[六四]

七三 山火賁(산화비)

絶處逢生　先難後順
若非賊寇　必有婚慶
怨反爲恩　顚禍爲福
或當服制　吉中有凶

막다른 곳에서 생을 만나니 먼저는 어렵고 뒤에 순하다. 만일 도적을 맞지 않으면 반드시 혼인의 경사로다. 원수가 은인이 되었으니 화가 굴러 복이 되었다. 혹 복제수를 당하리니 길한 중에도 흉함이 있으리라.

正月	雖有小財　得而半失	비록 작은 재물은 있으나 얻어서 반은 잃는다.
	若無口舌　盜賊可畏	만일 구설수가 없으면 도적이 가히 두렵다.
二月	風波將息　長江平穩	풍파가 장차 멈추니 장강이 평온하도다.
	先困後泰　非官則財	먼저 곤하고 뒤에 태평하니 벼슬이 아니면 재물이 생긴다.
三月	三月春風　百花爛漫	삼월 춘풍에 백화가 난만하도다.
	苦盡甘來　必見榮華	쓴것이 다하면 단것이 오나니 반드시 영화를 보리라.
四月	先得大利　後得安靜	먼저는 큰 이익을 얻고 뒤에는 안정을 얻는다.
	幸運已回　福祿自來	행운이 이미 돌아오니 복록이 스스로 오리라.
五月	憂中有喜　暗裡逢明	근심 가운데 기쁨이 있으며 어둠 속에서 밝음을 만났다.
	古木逢雨　自此生氣	고목이 비를 만난 격이니 이로부터 생기를 얻으리라.
六月	日出雲中　天地明朗	해가 구름 속에서 나오니 천지가 명랑하도다.
	家患消滅　喜事到門	집안 근심이 사라지고 기쁜 일이 문 안에 이르리라.
七月	驛馬星照　他鄕作客	역마성이 비쳤으니 타향에서 작객할 수로다.
	勞中有利　財寶自得	수고하는 가운데 이익이 있으니 재보를 자연 얻으리라.
八月	好事多魔　逢時不進	좋은 일에 마가 많으니 때를 만나도 나가지 못한다.
	莫近是非　人誹難免	시비를 가까이 마라. 남의 비방을 면치 못하리라.
九月	月中丹桂　蜂蝶貪香	월중의 단계는 봉접이 향기를 탐한다.
	佳人相逢　家有慶事	가인을 상봉하니 집안에 경사가 있으리라.
十月	喜中生憂　無端風波	기쁜 가운데 근심이 생기니 무단한 풍파로다.
	家有不平　事不如意	집안에 불평이 있으니 일이 여의치 못하리라.
十一月	與受不可　必是損財	주고받는 것이 불가하니 필시 손재수로다.
	莫信人言　先甘後苦	남의 말을 믿지 마라. 먼저는 달고 뒤에는 쓰다.
十二月	曉鷄三唱　天將明矣	새벽닭이 세 번 우니 하늘이 장차 밝아오도다.
	憂患消滅　一家和平	우환이 소멸하고 한 집안이 화평하리라.

[六五]

七三 山火賁 (산화비)

龍得天門　必爲榮貴
田園廣豁　金帛自來
始逢好運　諸事順成
小事必成　大業難發

용이 천문을 얻었으니 반드시 영귀하게 되리라. 전원이 광활하니 금과 재백이 자연 이른다. 비로소 좋은 운을 만났으니 모든 일이 순조롭게 된다. 작은 일은 반드시 성취하나 큰 업은 어려우리라.

正月	以臣逢君　平生所願 我先折桂　人皆仰視	신하로서 임금을 만남은 평생의 소원이로다. 내가 먼저 벼슬에 오르니 사람마다 우러러보리라.
二月	修德布恩　自然助我 家無憂患　天下太平	덕을 닦고 은혜를 베풀면 자연히 나를 도와준다. 집안에 근심이 없으니 천하가 태평하리라.
三月	神龍得水　造化無窮 得意春風　到處有榮	신룡이 물을 얻었으니 조화가 무궁하도다. 춘풍에 뜻을 얻으니 도처에 영화가 있다.
四月	天降福星　吉事頻頻 家中有慶　生男之數	하늘이 복된 별을 내려주니 길한 일이 빈번하도다. 집안에 경사가 있으니 생남할 운수로다.
五月	財旺身旺　買入田庄 南北兩方　財數有利	재물이 왕하고 몸이 왕하니 전장을 사들인다. 남북 양방에서 재수가 유리하리라.
六月	未月之數　吉凶相半 出行不吉　在家無欠	이 달의 운수는 길흉이 상반하도다. 출행하면 불길하나 집에 있으면 흠이 없으리라.
七月	十年積功　一日之榮 吉星來照　恩人助我	십 년을 공을 쌓아서 하루의 영화로다. 길성이 와서 비치니 은인이 나를 도와준다.
八月	庭前梧桐　鳳凰來栖 喜事重重　財足身平	뜰 앞의 오동나무에 봉황이 와서 깃들인다. 기쁜 일이 중중할 것이요, 재물이 족하고 신수가 편하리라.
九月	登山採樵　臨水釣魚 隨時應變　諸事順成	산에 올라 나무를 하고 물에 가서 고기를 잡는다. 때를 따라 변통하니 모든 일이 순조로우리라.
十月	家人合心　喜在其中 人口增進　田庄買得	집안 사람의 마음이 합하니 기쁨이 그 가운데 있다. 인구가 늘 것이요, 전장도 사들이리라.
十一月	莫貪分外　過則必損 大業未成　小營可就	분수 밖의 일을 탐하지 마라. 지나치면 손해가 있다. 큰 업은 이루지 못하나 작은 경영은 가히 되리라.
十二月	中心未定　事無頭緖 憂喜相半　一得一失	중심을 결정 못하니 일에 두서가 없다. 기쁨과 근심이 상반하니 한 번 얻고 한 번 잃게 되리라.

[上九]

七三 山火賁 (산화비)

☷ (괘상)

風雲際會　和合萬年
明月團圓　顏色欣然
往者必還　難極必通
親戚之間　恐當服制

풍운이 제회하니 만년이나 화합하도다. 밝은 달이 둥글고 둥그니 낯빛이 기쁘다. 간 사람은 반드시 돌아오고 어려움이 극하면 반드시 통하게 된다. 친척지간에 복제수를 당할까 두렵다.

正月	心事不安　進退未定 今月之運　一無所得	마음과 일이 불안하니 진퇴를 정하지 못한다. 금월의 운수는 하나도 소득이 없다.
二月	莫信親人　言甘事違 他人欺我　每事不成	친한 사람을 믿지 마라. 말은 달지만 일은 어긴다. 타인이 나를 속이니 매사가 이루어지지 못하리라.
三月	雲外喜信　傳至草堂 家中有慶　添口添土	구름 밖의 기쁜 소식을 초당에 전해 이른다. 집안에 경사가 있으니 식구가 늘고 토지가 는다.
四月	鰥者得婦　千里佳緣 若不然也　貴人來助	홀아비가 지어미를 얻으니 천리의 가연이로다. 만일 그렇지 않으면 귀인이 와서 도우리라.
五月	雲散月出　景色一新 貴人將近　厄消福來	구름이 흩어지고 달이 나오니 경색이 한 번 새롭다. 귀인이 상차 가까우니 액이 사라지고 복이 오리라.
六月	閑中滋味　衣食隨分 日月恒明　喜滿家中	한가한 가운데 재미가 있으니 의식은 분수를 따른다. 일월이 항상 밝으니 기쁨이 집안에 가득하리라.
七月	是非之事　終見損失 若非如此　口舌紛紛	시비의 일로 마침내 손실을 보리라. 만일 이같지 아니하면 구설이 분분하리라.
八月	心有煩悶　誰能知之 若非移居　服制之數	마음에 번민이 있으니 누가 능히 알리요. 만일 이사하지 않으면 복제수가 있으리라.
九月	門前桃花　含笑春風 離者必還　喜在其中	문전의 도화가 춘풍에 웃음을 머금었다. 떠난 사람이 반드시 돌아오니 기쁨이 그 가운데 있다.
十月	雨順風調　百穀皆盛 身安心樂　凡事如意	비가 순하고 바람이 고르니 백곡이 다 무성하다. 몸이 편하고 마음이 즐거우니 범사가 여의하리라.
十一月	莫近酒色　是非口舌 增業不可　守分安身	주색을 가까이 마라. 시비와 구설이 있다. 업을 더함은 불가하니 분수를 지키면 몸이 편안하리라.
十二月	若得人助　赤手成家 小往大來　財足身平	만일 사람의 도움이 있으면 맨손으로 성가하리라. 작게 가고 크게 오니 재물이 족하고 몸이 편하리라.

〔初六〕

一三三

山地剝 (산지박)

老人渡橋　里犬群吠
事無頭緒　小人侵害
見機而動　勿貪虛欲
年運不好　每事愼之

노인이 다리를 건너니 마을 개가 짖어댄다. 일에 두서가 없고 소인의 해를 입으리라. 기회를 잘 보아 움직이고 허욕을 탐하지 마라. 연운이 좋지 아니하니 매사를 삼가라.

正月	我心忠直　人不信之 逆水行進　行進可難	내 마음은 충직하나 남이 믿지 아니한다. 물을 거슬러 나아가니 행하기가 가히 어렵다.
二月	僅免狐狸　更踏虎尾 身數不利　杜門不出	간신히 여우와 삵을 피하니 다시 호랑이 꼬리를 밟았다. 신수가 불리하니 문을 닫고 나가지 마라.
三月	一身有困　財星隨身 友人莫信　意外損失	일신의 곤함은 있으나 재물이 몸에 따른다. 친구를 믿지 마라. 의외의 손실이 있으리라.
四月	每事不利　欲進反阻 前業不改　平平無事	매사에 불리하니 나가고자 하나 오히려 막힌다. 예전의 업을 고치지 아니하면 평하고 무사하리라.
五月	小人誹謗　有害君子 我無不善　人皆忌我	소인이 비방하니 군자가 해를 입는다. 나는 착하지 않음이 없으나 남이 모두 나를 꺼린다.
六月	月缺花殘　必當怪事 出行不利　在家安身	달이 이지러지고 꽃이 지니 반드시 괴이한 일을 당한다. 출행하면 불리하고 집에 있으면 몸이 편하리라.
七月	今月之運　身厄可畏 手足之間　或恐被傷	금월의 운수는 신액이 가히 두렵다. 수족 사이에 상처를 입을까 염려된다.
八月	諸營之事　有頭無尾 東西奔走　虛送歲月	모든 경영하는 일은 머리만 있고 꼬리가 없다. 동서에 분주하며 허송세월하리라.
九月	口舌是非　是何故也 骨肉之間　以財相爭	구설과 시비가 있으니 이 무슨 연고이뇨. 골육지간에 재물로 서로 다투리라.
十月	進就難成　必有煩悶 失職退官　不然損財	진취함을 이루기 어려우니 반드시 번민이 있다. 실직하고 벼슬에서 물러나니 불연이면 손재하리라.
十一月	上下相克　其害不少 若非服制　膝下之憂	상하가 상극하니 그 해가 적지 않도다. 만일 복제수가 아니면 슬하의 근심이 있으리라.
十二月	幾年天涯　歸鄕長隔 家宅不寧　災厄不絶	타향살이 여러 해인데 고향 길이 길게 막혔다. 집안이 편안치 못하고 재액이 끊이지 않으리라.

山地剝 (산지박)

桃李正開	霜雪何事
事多阻碍	欲進不進
若非夫婦	兄弟離別
營謀不遂	且有口舌

도화 이화가 활짝 핀 곳에 눈서리가 웬일인고. 일에 장애가 많으니 나가고자 하나 나가지 못한다. 만일 부부간이 아니면 형제간에 이별수로다. 꾀하는 일을 이루지 못할 것이요, 또한 구설수도 있으리라.

正月	入室有憂	出外心閑	집에 들면 근심이 있고 밖에 나가면 마음이 한가롭다.
	周遊四方	虛送光陰	사방에 두루 다니면서 헛되이 세월만 보내리라.
二月	久旱不雨	草木不長	오랜 가뭄에 비가 오지 않으니 초목이 자라지 못한다.
	一夜狂風	落花紛紛	하룻밤 미친 바람에 낙화가 분분하다.
三月	心有忠信	何人知己	마음에 충직과 믿음이 있으나 누가 나를 알아주리요.
	莫歎困苦	初困後泰	곤고함을 탄하지 마라. 처음은 곤하나 뒤에 태평하리라.
四月	家計難立	親眷無依	집안을 다스리지 못하니 가족이 의지할 곳 없도다.
	守分安居	凶變爲吉	분수를 지키고 편안히 거하면 흉이 변하여 길하게 되리라.
五月	桑中之約	遷延歲月	뽕나무밭 속의 언약은 세월만 지연할 뿐이다.
	千里他鄕	日暮道遠	천리 타향에서 날은 저물고 길은 멀다.
六月	一事關心	轉轉不寐	한 가지 일에 관심두니 좀처럼 잠을 이루지 못한다.
	勞心努力	終無成事	노심노력하나 마침내 되는 일이 없으리라.
七月	方過險山	更逢泰嶺	바야흐로 험산을 지나니 다시 큰 고개를 만났다.
	口舌是非	官訟可畏	구설과 시비수 있으니 관재 송사가 가히 두렵다.
八月	財在水邊	力求可得	재물이 물가에 있으니 힘써 구하면 얻게 된다.
	若不然也	財得北方	만일 그렇지 아니하면 북방에서 재물을 얻으리라.
九月	勿欺他人	反害自身	타인을 속이지 마라. 오히려 자신에게 손해가 있다.
	存心正直	庶無凶厄	마음을 정직하게 지니면 대체로 흉액이 없으리라.
十月	兄耶弟耶	信人勿信	형이냐 아우냐 믿는 사람도 믿지 마라.
	財不隨身	求之不得	재물이 몸에 따르지 않으니 구해도 얻지 못한다.
十一月	千里發程	偶逢吉人	천리 길에 등정하니 우연히 길한 이를 만났다.
	厄運消滅	所望如意	액운이 사라지니 바라는 바가 여의하다.
十二月	勤儉致産	衣食自足	근검하게 치산하면 의식이 자연 족해진다.
	今年之運	先困後泰	금년의 운수는 먼저 곤하고 뒤에 태평하리라.

山地剝 (산지박)

前程有險　修身齊家
若非口舌　官災可畏
堂上憂患　不然妻病
今年之運　凶多吉少

앞 길이 험난하니 수신제가하라. 만일 구설수가 아니면 관재수가 가히 두렵다. 부모의 우환이 있으며, 불연이면 처에게 병이 있다. 금년의 운수는 흉함이 많고 길함이 적으리라.

正月	醉裡乾坤　不知歲月 妙計不出　事無一成	건곤에 취해 있으니 세월 가는 줄을 알지 못한다. 묘한 꾀가 나오지 않으니 일이 하나도 성취됨이 없다.
二月	峨洋佳曲　難遇知音 知己不逢　心鬱思煩	아양가곡을 아는 이를 만나기 어렵다. 지기를 만나지 못하니 마음이 답답하고 생각이 괴롭다.
三月	流水光陰　靑春不來 居安思危　禍厄可免	광음은 유수와 같으니 청춘은 다시 오지 않는다. 편할 때 위태함을 생각하면 화액을 가히 면하리라.
四月	在家心亂　遠行則吉 若非損財　疾病可畏	집에 있으면 심란하고 멀리 가면 길하도다. 만일 손재수가 아니면 질병이 가히 두렵다.
五月	吉運已回　勿失好期 財官雙美　一身榮貴	길운이 이미 돌아오니 좋은 기회를 놓치지 마라. 재관이 쌍미하니 일신이 영귀하리라.
六月	身數不吉　至誠祈禱 堂上有憂　不然身病	신수가 불길하니 지성으로 기도하라. 부모의 근심이 있으며 불연이면 신병이 있으리라.
七月	利在他方　出則得財 每事順成　上下和平	이익이 타방에 있으니 나가면 재물을 얻으리라. 매사가 순조롭게 이루어지니 상하가 화평하리라.
八月	雲裡見月　朦朧之間 聰明不足　事有未定	구름 속으로 달을 보니 몽롱한 사이로다. 총명이 부족하니 일에 결정 못함이 있으리라.
九月	偶逢貴人　所望成就 災去福來　疾病不侵	우연히 귀인을 만나니 소망이 성취되리라. 재앙이 가고 복이 오니 질병이 침노치 않는다.
十月	莫貪分外　過則必損 大業未成　小事成就	분수 밖의 일을 탐하지 마라. 지나치면 반드시 손실한다. 대업은 이루지 못하나 작은 일은 성취하리라.
十一月	泛舟前川　逢友欣握 與人同事　喜在其中	앞 냇물에 배를 띄우니 벗을 만나 손을 잡는다. 사람과 더불어 동사하면 기쁨이 그 가운데 있다.
十二月	草堂閑處　觀書自樂 守分不動　身安心樂	초당의 한가한 곳에서 책을 보며 즐거워한다. 분수를 지키고 동하지 않으면 심신이 즐거우리라.

山地剝 (산지박)

自作之孼　天不佑之
履危自行　刑獄層生
守德行善　凶中遇吉
莫近妄動　官厄重重

스스로 지은 허물은 하늘이 돕지 않는다. 위험을 밟고 방자히 놀면 형옥이 거듭 생기리라. 덕을 닦고 선을 행하라 흉한 가운데 길함을 만난다. 망령되이 동하지 마라. 관액이 중중하리라.

正月	前日宿醉　尙今未醒 心無決斷　事無頭緖		전일의 숙취가 아직도 깨지 않았다. 마음에 결단성이 없으니 일에도 두서가 없으리라.
二月	財在何處　閙鬧之中 以商爲業　可得財利		재물이 어느 곳에 있는고. 시장 가운데 있다. 장사로 업을 삼으면 가히 재물의 이익을 얻으리라.
三月	不從平地　獨行險逕 勿行固執　正道可吉		평지를 버리고 험난한 길을 홀로 걷는다. 고집을 부리지 마라. 바른 길을 걸으면 가히 길하다.
四月	身數雖吉　口舌紛紛 出入官門　多得財物		신수는 비록 길하나 구설은 분분하도다. 관문에 출입하면 많은 재물을 얻게 되리라.
五月	草堂枕上　山日遲遲 事多未決　終無一得		초당의 베개 위에 산중 날이 더디고 더디다. 일에 미결됨이 많으니 마침내는 하나도 얻지 못하리라.
六月	謹愼行仁　凶裡藏吉 先困後吉　待時行之		삼가고 인을 행하라. 흉한 가운데에도 길함이 있다. 먼저는 곤하고 뒤에 길하니 때를 기다려 행동하라.
七月	羊腸已過　穩步平地 諸營之事　自此順成		굽은 길을 이미 지났으니 편안히 평지를 걷는다. 모든 경영하는 일은 이로부터 순탄히 이루어지리라.
八月	自作不善　災禍忽至 守分安靜　庶免凶變		스스로 착하지 못하면 재화가 홀연 이른다. 분수를 지키고 안정하면 대체로 흉변을 면하리라.
九月	霜落庭畔　芝蘭有損 家中有患　膝下之憂		서리가 뜰 앞에 떨어지니 지란의 손실이 있다. 집안에 우환이 있으니 슬하의 근심이로다.
十月	困夢未覺　心氣昏昏 欲飛無羽　凡事不成		곤한 꿈이 깨지 않았으니 심기가 침침히 어둡다. 날고자 하나 날개가 없으니 범사를 이루지 못하리라.
十一月	群陰剝陽　君子受謗 小人作害　必當其禍		무리 음이 양을 깎으니 군자가 훼방을 받는다. 소인이 해를 지으니 반드시 그 화를 당하리라.
十二月	劫運始過　忽逢貴人 到處有財　安過泰平		겁운이 비로소 지났으니 홀연히 귀인을 만난다. 도처에 재물이 있으니 안과태평하리라.

山地剝(산지박)		
桃花灼灼 佳人汲水 人情和合 進官就業 成敗多端 吉凶未定 田庄增加 衣食自足		도화가 작작하니 가인이 물을 긷는다. 인정이 화합하니 벼슬과 직업을 얻으리라. 성패가 다단하니 길흉을 정하지 못한다. 전장이 증가되니 의식이 자연 족하리라.

正月	順風泛舟 一行千里 每事如意 家產豊足	순풍에 배를 띄우니 하루에 천리를 간다. 매사가 뜻과 같으니 가산이 풍족하게 된다.
二月	毛羽未成 欲飛不能 事當資少 不如不作	털억과 깃이 이루어지지 않았으니 날려 해도 날지 못한다. 일을 당하여 자본이 적으니 하지 않음만 같지 못하다.
三月	鰥者十年 偶逢佳人 貴星來照 必有身榮	홀아비 십 년 만에 우연히 가인을 만났다. 귀성이 와서 비춰 주니 반드시 일신의 영화 있으리라.
四月	自下達上 一躍千丈 與人同心 凡事皆成	아래로부터 위에 달하니 한 번 뛰어 천 장이나 오른다. 남과 더불어 마음을 같이하면 범사를 모두 이루리라.
五月	初困後泰 東西奔走 依托富豪 衣食自足	처음은 곤하고 뒤에 태평하니 동서에 분주하도다. 부호에게 의탁하면 의식이 자연 족하리라.
六月	進財添土 家和福生 若非橫財 官祿隨身	재물이 불고 토지가 느니 집안이 화목하고 복이 생긴다. 만일 횡재수가 아니면 관록이 몸에 따르리라.
七月	貴人來助 妙計必中 家道興旺 膝下有慶	귀인이 와서 도와주니 묘한 꾀가 반드시 적중된다. 가도가 흥왕할 것이요, 슬하에 경사 있으리라.
八月	有財有權 到處春風 財如丘山 此外何望	재물도 있고 권세도 있으니 도처에 춘풍이로다. 재물이 언덕과 같으니 이밖에 무엇을 바라리요.
九月	捨己從人 獲得寵榮 兩人同心 因人成事	자신을 버리고 남을 좇으면 귀인의 총애를 얻는다. 두 사람이 마음을 같이하면 남으로 인하여 성사하리라.
十月	圓月已缺 十五更圓 雖有小憂 終見亨通	둥근달이 이미 이지러지니 보름날에 다시 둥글었다. 비록 작은 근심이 있으나 마침내는 형통하리라.
十一月	加官進祿 一身榮貴 與人謀事 必有吉利	벼슬이 오르고 녹봉을 더하니 일신이 영귀하도다. 남과 더불어 모사하면 반드시 길리하리라.
十二月	貴人提拔 何事不成 利在何方 東北兩方	귀인이 이끌어주니 무슨 일인들 이루지 못하리요. 이익이 어느 곳에 있는고. 동북 양방에 있도다.

山地剝 (산지박)

君子雖好　小人不吉
莫營分外　破產之數
身厄不絶　水火愼之
路上逢厄　豫防則可

군자는 비록 좋으나 소인은 불길하도다. 분수 밖의 일을 경영치 마라. 파산할 수로다. 신액이 끊이지 않으니 수화에도 조심하라. 노상에서 액을 만나리니 예방함이 좋으리라.

正月	時習工夫　勉力待時 至誠極盡　必顧天神		때때로 공부를 익히고 힘을 다하여 때를 기다리라. 지성이 극진하면 반드시 천신이 돌보리라.
二月	白屋寒士　偶逢貴人 身出官門　登科之數		백옥에 앉은 한미한 선비가 우연히 귀인을 만난다. 몸이 관문에 나가니 벼슬에 오를 운수로다.
三月	財數不利　必是失物 莫貪虛欲　別無所得		재수가 불리하니 필시 실물수로다. 허욕을 탐하지 마라. 별로 소득이 없다.
四月	老龍無力　欲登可難 日入雲中　難變東西		늙은 용이 힘이 없으니 오르고자 하나 가히 어렵다. 해가 구름 속에 들어가니 동서를 분변 못하리라.
五月	革舊改新　寒士官貴 大人雖吉　小人不吉		옛것을 바꿔 새것으로 고치니 한미한 선비가 벼슬이 귀하다. 대인은 비록 길하나 소인은 불길하리라.
六月	誠心盡力　以待天命 運雖不好　努力小得		성심껏 힘을 다하고 천명을 기다리라. 운수는 비록 좋지 아니하나 노력하면 약간 얻으리라.
七月	心無頭緖　猶豫未定 虛妄之事　徒費心力		마음에 두서가 없으니 망설이다 결정을 못한다. 허망한 일은 한갓 심력만 허비한다.
八月	若非橫財　反爲失物 一得一失　吉凶相半		만일 횡재수가 아니면 오히려 실물하리라. 한 번은 얻고 한 번은 잃으니 길흉이 상반하도다.
九月	今月之數　身厄可畏 出外逢變　杜門不出		이 달의 운수는 신액이 가히 두렵다. 밖에 나서서 변을 만나리니 문을 닫고 나가지 마라.
十月	水旺之節　東南有利 靜則無益　動則可得		겨울의 운수는 동남이 유리하도다. 정하면 이익이 없고 움직이면 가히 얻으리라.
十一月	若非死喪　口舌官厄 今月之運　愼之愼之		만일 사상의 액이 아니면 구설과 관액이로다. 금월의 운수는 삼가고 조심하라.
十二月	祿馬扶身　意氣揚揚 日出雲中　天地明朗		녹마가 몸을 붙드니 의기가 양양하도다. 해가 구름 속에서 나오니 천지가 명랑하리라.

[初九]

地雷復 (지뢰복)

半夜雷聲　一陽始復
陰極生陽　凶變爲吉
開基創業　富貴兼全
進取有望　經營獲利

반야에 뇌성이 들리니 일양이 비로소 회복되었다. 음이 극하여 양이 생기니 흉함이 변하여 길하게 된다. 터를 열고 업을 창설하면 부귀가 겸전한다. 진취가 유망하니 경영사에 이를 얻으리라.

正月	凶化爲吉　世事太平 夫婦和順　一室安樂	흉이 화하여 길함이 되니 세상 일이 태평하도다. 부부가 화순하니 일실이 안락하리라.
二月	細雨東風　百草成長 財物豊足　心身自樂	동풍 가랑비에 백초가 성장한다. 재물이 풍족하니 심신이 자연 즐거우리라.
三月	今月之運　一得一失 親人有害　凡事可愼	금월의 운수는 한 번 얻고 한 번 잃는다. 친한 사람의 해가 있으니 범사를 가히 삼가라.
四月	東園紅桃　獨帶春色 東北兩方　求則可得	동원의 홍도가 홀로 봄빛을 띠었다. 동북 양방에서 구하면 가히 얻으리라.
五月	莫近是非　非訟則舌 若不然也　盜賊失物	시비를 가까이 마라. 송사가 아니면 구설이로다. 만일 그렇지 아니하면 도적에게 실물하리라.
六月	逆水行舟　欲進不進 事多阻碍　庶無一成	물을 거슬러 배를 저으니 나가고자 하나 나가지 못한다. 일에 장애가 많으니 하나도 이루어지는 것이 없다.
七月	金榜雁塔　壯元及第 桂花頭揷　錦衣還鄕	금방안탑에 장원급제한다. 머리에 어사화를 꽂고 금의환향하게 되리라.
八月	三秋之數　佳人相逢 兩人同心　樂在其中	가을의 운수는 혼인의 경사가 있다. 두 사람이 마음을 같이하니 즐거움이 그 가운데 있다.
九月	日光東照　暗黑已消 凶去吉來　身勢太平	햇빛이 동녘에 비치니 암흑이 이미 사라졌다. 흉이 가고 길함이 오니 신세가 태평하리라.
十月	垂釣滄浪　金鱗自來 春風細雨　草木成長	창파에 낚시를 드리우니 금잉어가 자연히 이른다. 봄바람 가랑비에 초목이 성장하리라.
十一月	橫財之數　勿失好機 親人來助　手弄千金	횡재수가 있으니 좋은 기회를 놓치지 마라. 친한 사람이 와서 도우니 손에 천금을 희롱하리라.
十二月	皓月被雲　或明或暗 吉凶相半　一得一失	흰 달이 구름에 가렸으니 밝았다 어두웠다 한다. 길흉이 서로 상반하니 한 번 얻고 한 번 잃게 되리라.

〔六二〕 一四〇

地雷復 (지뢰복)

前江垂釣　鯉魚復來
建功立業　富貴長享
危而復安　病者蘇生
誠信待人　每事順成

앞강에 낚시를 드리우니 잉어가 다시 이른다. 공을 세우고 업을 세우니 부귀를 오래 누리리라. 위험한 가운데 다시 편안하니 병자가 소생한다. 정성과 믿음으로 사람을 대접하면 매사가 순탄하리라.

正月	時且來到　修身待命	先凶後吉　終得官祿	때가 또다시 이르니 몸을 닦고 기다리라. 먼저 흉하고 뒤에 길하니 마침내 관록을 얻으리라.
二月	貴人提携　聲名遠播	心身自安　一室和樂	귀인이 이끌어주니 이름이 멀리 알려진다. 심신이 자연 편안하니 일실이 화락하리라.
三月	潛龍出海　變化風雲	君恩厚重　立志成功	잠긴 용이 바다에 나오니 풍운의 변화로다. 임금의 은덕이 두터우니 뜻을 세워 성공하리라.
四月	爲商爲農　財寶如山	到處有利　得意揚揚	상업이나 농업을 하면 재보가 산같이 쌓인다. 도처에 유리하니 뜻을 얻어 양양하리라.
五月	春風一到　草木欣欣	每事如意　生計自足	봄바람이 한 번 이르니 초목이 모두 기뻐한다. 매사가 여의하니 생계가 자연 족하리라.
六月	不驕不傲　上下愛敬	人人隨我　何事不成	교만치 않고 오만치도 않으면 상하가 사랑하고 공경한다. 사람마다 나를 따르니 무슨 일인들 이루지 못하리요.
七月	手握重權　丈夫功名	名振四方　萬人仰視	손에 중한 권세를 쥐니 장부의 공명이로다. 이름을 사방에 떨치니 만인이 우러러보리라.
八月	今月之運　手弄千金	千里他鄕　佳人相逢	금월의 운수는 손으로 천금을 희롱한다. 천리 타향에서 가인을 상봉하리라.
九月	雲散月出　景色一新	小有憂患　自然消滅	구름이 흩어지고 달이 돋으니 경색이 한 번 새롭다. 약간의 우환이 있으나 자연히 소멸하리라.
十月	三月東風　百花爭發	家有餘慶　必見弄璋	삼월 동풍에 백화가 다투어 피었다. 집안에 남은 경사가 있으니 반드시 생남하리라.
十一月	若不謹愼　或有失物	勿爲同事　親人被害	만일 삼가지 아니하면 혹 실물수가 있다. 동업하지 마라. 친한 사람의 해를 입으리라.
十二月	一有口舌　別無凶厄	財在外方　出入得財	한때 구설은 있으나 별로 흉액이 없다. 재물은 외방에 있으니 출입하면 재물을 얻으리라.

[六三]

八四

地雷復(지뢰복)

改過遷善　乍退乍進
難中取易　短中求長
每事三省　不然失敗
一進一退　非凶非吉

허물을 고치고 선을 행하면 나가고 물러감이 잠깐이로다. 어려운 가운데 쉽게 취하고 짧은 가운데 긴 것을 구하였다. 매사를 세 번 생각하라. 불연이면 실패수 있다. 한 번 나가고 한 번 물러서니 길함도 아니고 흉함도 아니다.

正月	心雖至急　欲速不達 安靜待時　終得一成	마음은 비록 급하고 빠르고자 해도 달성치 못한다. 안정하고 때를 기다리라. 마침내 한 가지는 성취하리라.
二月	酒肆青樓　何事放蕩 事有未定　何日成就	주사청루에서 무슨 일로 방탕하는고. 일에 결정을 못하니 어느 날에 성취하리요.
三月	少得多失　必是損財 莫貪外財　安分則吉	적게 얻어서 많이 잃으니 필시 손재수로다. 외재를 탐하지 마라. 안분하면 길하리라.
四月	走過江山　又逢一關 勤勉努力　小事可成	강산을 달려 지나니 다시 한 관문을 만났다. 부지런히 노력하면 작은 일은 가히 이루리라.
五月	乍進乍退　反覆非常 事不如意　吉中有凶	잠깐 나가고 잠깐 물러서니 반복이 비상하도다. 일이 뜻 같지 아니하니 길한 가운데 흉함이 있다.
六月	花落蝶去　鴛鴦分離 夫婦離別　不然膝憂	꽃이 지고 나비가 가니 원앙이 분리하도다. 부부가 이별수요, 그렇지 않으면 슬하의 근심이다.
七月	與受操心　利反損害 無端之事　口舌臨身	돈거래를 조심하라. 이가 반하여 손해가 된다. 무단한 일로 구설이 몸에 따르리라.
八月	吉凶相半　用心定之 每事謹愼　凶方宜避	길흉이 상반하니 마음쓰기에 달렸다. 매사를 근심하고 흉한 일은 마땅히 피하라.
九月	猿攀弱枝　走躍無定 心無定處　事多未決	원숭이가 약한 가지에 깃들이니 뛰고자 하나 갈 곳이 없다. 마음에 정한 곳이 없으니 일에 미결됨이 많으리라.
十月	草木逢秋　欲望不達 莫近女人　失敗損名	초목이 가을을 만나니 욕망을 달성 못한다. 여인을 가까이 마라. 실패하고 명예도 손상한다.
十一月	明月蔽雲　冷雪侵襟 家中有憂　不然損財	밝은 달이 구름에 가리니 찬 눈이 이불을 침범한다. 집안에 우환이요, 그렇지 않으면 손재하리라.
十二月	千里遠程　口舌生財 財數旺盛　衣食豊足	천리 원정에서 입으로 재물을 번다. 재수가 왕성하니 의식이 풍족하리라.

[六四]

地雷復 (지뢰복)

鶴立鷄群　崑山片玉
放釣滄江　巨鰲隨手
高山人上　食祿長久
意勿躊躇　前程可明

학이 닭의 무리에 섞이고 곤륜산의 편옥이로다. 창강에 낚시를 드리우니 큰 자라가 손에 잡힌다. 사람 중에서 높게 뛰어나니 식록이 장구하다. 주저하지 말고 나가라. 전정을 가히 기약하리라.

正月	門戶更新	室家團樂	문호가 다시 새로우니 가정이 단락하도다.
	去舊從新	心意豁達	옛것을 버리고 새것을 좇으니 마음이 활달하리라.
二月	尋春長安	忽見薔薇	장안에서 봄을 찾으니 홀연 장미꽃을 보았다.
	初雖困苦	後得光榮	처음은 비록 곤고하나 뒤에는 영광을 얻으리라.
三月	無事閑人	徘徊林間	일 없는 한가한 사람이 수풀 사이로 배회한다.
	心身散亂	一無成事	심신이 산란하니 하나도 되는 일이 없다.
四月	居安思危	橫厄可免	편할 때 위급함을 생각하면 횡액을 가히 면하리라.
	勤儉節用	不然狼狽	근검 절용하라. 불연이면 낭패가 있으리라.
五月	時來風送	千里瞬息	때가 와서 바람을 보내니 천리도 순식간이로다.
	貴人助力	凡事順成	귀인이 힘을 도와주니 범사가 순조롭게 되리라.
六月	財有東西	貴人南北	재물은 동서에 있고 귀인은 남북에 있다.
	到處春風	喜色滿面	도처에 기쁜 일이 있으니 희색이 만면하리라.
七月	投竿淸溪	漁鱉滿篚	맑은 시내에 낚시를 던지니 고기가 바구니에 가득하다.
	隨時應變	財足身榮	때를 따라 변통하면 재물이 족하고 몸이 영귀하다.
八月	時運到來	勿爲躊躇	시운이 도래하였으니 주저하지 마라.
	臨事速決	前程無碍	일에 임하여 속히 결정하면 전정의 장애가 없으리라.
九月	中道退歸	笑中悲事	중간 길에서 돌아서니 웃음 가운데 슬픔이로다.
	勿爲出他	有損無益	출타하지 마라. 손해만 있고 이익이 없다.
十月	月明高樓	美人相對	높은 누각에 달이 밝으니 미인과 서로 대하였다.
	家人同心	所望如意	집안이 마음을 같이하니 소망이 뜻과 같으리라.
十一月	窈窕淑女	琴瑟友之	요조숙녀와 금슬이 화락하도다.
	一家和樂	子孫昌盛	일가가 화목하니 자손도 창성하리라.
十二月	莫貪過慾	反有損失	지나친 욕심을 탐하지 마라. 오히려 손실이 있도다.
	大財無緣	小利可得	큰 재물은 인연이 없으나 작은 이익은 가히 얻으리라.

一四二

〔六五〕 地雷復(지뢰복)

五湖波浪　金魚自來
移根千里　皓首成家
金冠玉帶　錦衣還鄉
堂上憂患　恐有服制

오호의 물결에 금고기가 자연 이른다. 고향을 떠나 천리 밖에서 흰 머리로 성가하리라. 금관옥대로 금의환향한다. 부모의 우환이 있으니 복을 입을까 두렵다.

正月	見金則急　當事則緩 運阻命塞　見以不食	돈을 보면 마음이 급하고 일을 당하면 게으르다. 운이 막히고 명이 막히니 보고도 먹지 못한다.
二月	勿思虛荒　分外之事 盡心竭力　必見榮華	허황된 일을 생각 마라. 분수 밖의 일이로다. 마음을 다하고 힘을 다하면 반드시 영화를 보리라.
三月	暗中行人　偶得明燭 到處有財　百事俱吉	어둠에 다니는 사람이 우연히 밝은 불을 얻었다. 도처에 재물이 있으니 백사가 모두 길하리라.
四月	以勤生涯　田園增廣 喜中生憂　豫防則吉	부지런하게 생애하면 전원을 널리 장만한다. 기쁜 가운데 근심이 생기니 예방하면 길하리라.
五月	洞房花燭　百年佳約 若非婚慶　弄璋之慶	동방 화촉에 백년가약을 맺는다. 만일 혼인의 경사가 아니면 생남할 경사로다.
六月	馬移險路　花發陽春 所望如意　可得大財	말이 험한 길을 벗어나니 꽃은 양춘에 피었다. 소망이 뜻과 같으니 가히 큰 재물을 얻으리라.
七月	他鄉十年　得意還家 災消福來　萬事太平	타향살이 십년에 뜻을 얻어 집으로 돌아온다. 재앙이 사라지고 복이 오니 만사가 태평하리라.
八月	旱草逢雨　其色更靑 意外成功　財官雙美	가문 풀이 비를 만나니 그 빛이 다시 푸르다. 의외로 성공하니 재관이 쌍미하리라.
九月	神明所賴　福祿悠長 若非口舌　一見失物	신명의 힘을 입은 바이니 복록이 유구하도다. 만일 구설수가 아니면 한 번 실물수를 보리라.
十月	舊業不吉　改革則可 若不然也　移居之數	옛 직업은 불길하니 개혁함이 가하리라. 만일 그렇지 아니하면 집을 옮겨 살게 되리라.
十一月	山雖泰高　登則可達 家中之樂　膝下之慶	산이 비록 크고 높으나 올라가면 가히 오르리라. 집안의 즐거움은 슬하의 경사로다.
十二月	一進一退　喜悲相雜 凡事愼之　無事度日	한 번 나가고 한 번 물러서니 기쁨과 슬픔이 섞였다. 범사를 삼가면 무사하게 날을 보내리라.

[上六]

一四四

地雷復 (지뢰복)

明者富貴　暗者貧賤
棄惡向善　災厄可免
今年之數　失物愼之
勿聽人言　空費歲月

총명한 이는 부귀하고 우매한 이는 빈천하다. 악을 버리고 선을 향하면 재액을 가히 면하리라. 금년의 운수는 실물을 조심하라. 남의 말을 믿지 마라. 세월만 헛되이 보내리라.

正月	踏山渡水　重重風霜 財如雲散　疾病何事		산을 밟고 물을 건너니 중중한 풍상이로다. 재물이 구름같이 사라지는데 질병은 웬일인고.
二月	志高不達　心不自安 莫近酒色　損財可畏		뜻은 높으나 달성치 못하니 마음이 자연 편안치 못하다. 주색을 가까이 마라. 손재가 가히 두렵다.
三月	身運不吉　又何口舌 靜則安身　動則有害		신운이 비색한데 구설은 또 웬일인고. 가만히 있으면 편안하고 움직이면 해가 있다.
四月	改舊從新　事業繁昌 雖有財物　用送多處		옛것을 바꾸어 새것을 좇으면 사업이 번창한다. 비록 재물은 있으나 쓸 곳이 많다.
五月	雪滿春山　草木不生 雖有妙計　不中奈何		눈이 춘산에 가득하니 초목이 나오지 못한다. 비록 묘한 꾀가 있으나 맞지 않으니 어이하리요.
六月	莫近女色　耗財損名 些少之事　口舌紛紛		여색을 가까이 마라. 재물과 명예를 손실한다. 사소한 일로 구설이 분분하리라.
七月	難進難退　徘徊未定 心思不安　終無所得		나가기도 어렵고 물러서기도 어려우니 배회할 따름이다. 심사가 불안하니 마침내 소득이 없으리라.
八月	與人同事　必有失敗 害者誰何　不遠不近		남과 일을 같이하면 반드시 실패가 있다. 해로운 이는 누구뇨. 멀지도 않고 가깝지도 않다.
九月	事有未決　憂苦何事 兄弟相爭　一身孤單		일에 미결함이 있는데 우환과 고초는 웬일인고. 형제가 서로 다투니 일신이 고단하리라.
十月	酒肆靑樓　浪費千金 出則有損　靜而待時		주사청루에 천금을 낭비한다. 나가면 손해가 있으니 가만히 앉아 때를 기다리라.
十一月	於人於財　摠勿關心 身數不好　官訟可畏		사람이나 재물에 도시 관심을 갖지 마라. 신수가 좋지 않으니 관송 시비가 두렵다.
十二月	士人得官　商人得利 一年之苦　方得成功		선비는 벼슬을 얻고 장사꾼은 이를 얻는다. 일년의 고초가 바야흐로 성공을 얻었다.

[初九]

一四五

四 ☰☷	**天雷无妄(천뢰무망)** 龍得明珠　造化無窮 知時識勢　策謀大展 福祿悠久　遠近稱訟 誠實無妄　人心自服	용이 여의주를 얻었으니 조화가 무궁하도다. 때와 형세를 아니 꾀하는 일이 크게 발전한다. 복록이 유구하니 원근의 칭송이 있다. 성실하고 망령됨이 없으면 인심이 자연 복종하리라.

正月	身數平穩　何事所望 一家和平　豈不美哉	신수가 평온하니 무슨 일을 바라리요. 일가가 화평하니 어찌 아름답지 않으리요.
二月	得君得民　救濟蒼生 官祿隨身　得意丈夫	임금과 백성을 얻으니 창생을 구제한다. 관록이 몸에 따르니 뜻을 얻은 장부로다.
三月	淸心寡欲　所願必成 西南兩方　千金自來	마음이 맑고 욕심이 적으면 소원을 반드시 이룬다. 서남 양방에서 천금이 스스로 오리라.
四月	求名可得　求財亦吉 財官雙美　富貴之人	명예를 구하면 얻을 것이요, 재물을 구해도 또한 길하다. 재관이 쌍으로 아름다우니 부귀의 인물이로다.
五月	波靜浪息　遊魚得意 人多助我　凡事順成	파도가 잠잠하니 노는 고기가 뜻을 얻었다. 남이 많이 나를 도우니 범사를 순탄히 이루리라.
六月	萬里無雲　日月恒明 厄消福來　心身自安	만리에 구름이 없으니 일월이 항시 밝다. 액이 가고 복이 이르니 심신이 자연 편안하리라.
七月	和氣到門　萬物化生 添口添土　壽富兼全	화기가 문에 이르니 만물이 화생한다. 식구가 늘고 토지가 느니 수복이 겸전하리라.
八月	門戶改換　事事更新 改業亦吉　日就月將	문호를 고치고 바꾸니 일마다 다시 새롭다. 업을 바꾸면 길하니 일취월장하게 되리라.
九月	洞房春夜　花燭更明 美人相逢　喜在其中	동방의 봄밤에 화촉을 다시 밝힌다. 미인과 서로 만나니 기쁨이 그 가운데 있으리라.
十月	水滿池塘　連花開笑 意外貴人　必然助我	연못에 물이 가득하니 연꽃이 웃고 피었다. 의외의 귀인이 필연 나를 도우리라.
十一月	勿近深水　落眉之厄 身數如此　愼之愼之	깊은 물에 가까이 마라. 눈썹 밑에 떨어진 액이로다. 신수가 이 같으니 삼가고 삼가라.
十二月	家人合心　凡事如意 出行不利　在家則吉	집안 사람이 마음을 합하니 범사가 여의하도다. 출행하면 불리하나 집에 있으면 길하리라.

	天雷无妄(천뢰무망)		
䷘	春風一度 萬花自開 不求自得 不爲自成 添口添土 富貴天然 若逢貴人 大財可得		춘풍이 한 번 이르니 백화가 스스로 피었다. 구하지 않아도 자연 얻고 하지 않아도 자연 이루리라. 식구가 늘고 토지가 느니 부귀가 천연적으로 온다. 만일 귀인을 만나면 큰 재물을 가히 얻으리라.

正月	雲掩月光 憂散喜到	俄箒風捲 一心更新	구름이 달빛을 가렸으나 바람이 다시 걷어준다. 근심이 흩어지고 기쁨이 오니 한 마음이 다시 새롭다.
二月	滄浪投釣 謀計百中	巨鼈自來 何不成就	푸른 물결에 낚시를 던지니 큰 자라가 자연 이른다. 모계가 백중되니 어느 일인들 이루지 못하리요.
三月	勿聽他言 守舊安靜	別無所望 有人來助	다른 사람의 말을 듣지 마라. 별로 바라는 바가 없다. 옛 본분을 지키고 있으면 와서 도우는 이가 있으리라.
四月	本無期望 勞半功倍	自然而成 身數大通	본래 바라는 바가 없는데 자연히 이루어졌다. 노력은 반이요, 공이 갑절이니 신수가 대통하리라.
五月	家給人足 吉中有欠	金玉滿堂 口舌愼之	집안이 늘고 인구가 족하니 금옥이 만당하도다. 길한 가운데에도 흠이 있으니 구설수를 삼가라.
六月	以小易大 東西兩方	橫財之數 謀事不利	작은 것으로 큰 것을 바꾸니 횡재할 운수로다. 동서 양방에서 일을 꾀하면 불리하리라.
七月	事當勿劫 不勞心力	自然成就 名利俱足	일을 당하여 겁내지 마라. 자연히 성취한다. 마음과 힘을 수고롭지 않아도 명망과 재리가 구족하리라.
八月	不耕不釣 買入田庄	獲鱗得穀 家產日昌	갈지 않고 낚지 않아도 곡식과 고기를 얻었다. 전장을 사서 보태니 가산이 날로 창성하리라.
九月	樂中生悲 若不然也	膝下之憂 損財可畏	즐거운 가운데 슬픔이 있으니 슬하의 근심이로다. 만일 그렇지 않으면 손재수가 있으리라.
十月	運數不好 如此妄動	勿思妄計 橫厄大敗	운수가 좋지 않으니 망령된 계획을 내지 마라. 이같이 망동하면 횡액으로 크게 패하리라.
十一月	靑鳥傳信 若非婚慶	鴛鴦相逢 生男之數	청조가 서신을 전하니 원앙이 상봉한다. 만일 혼인의 경사 아니면 생남할 운수로다.
十二月	在家不安 出入東西	出他心快 別無所得	집에 있으면 불안하고 출타하면 마음이 쾌하다. 동서에 출입하나 별로 소득이 없도다.

一四七

〔六三〕

天雷无妄(천뢰무망)

得失無常　憂樂不一
有善有德　富貴可保
以牛得財　商賈成功
年運平平　宜可守分

얻고 잃는 것이 무상하고 근심과 즐거움이 한결같지 않다. 선행이 있고 덕이 있으면 부귀를 가히 보전하리라. 소로써 재물을 얻을 것이요, 상업으로 성공한다. 연운이 평평하나 분수를 지킴이 마땅하리라.

正月	一渡長江　非淺非深 每事愼之　所望成就		한 번 장강을 건너니 깊지도 않고 얕지도 않다. 매사를 삼가면 소망이 뜻과 같으리라.
二月	心思散亂　事無頭緖 若非移基　膝下有憂		심사가 산란하니 일에 두서가 없다. 만일 집을 옮기지 않으면 슬하의 근심이 있으리라.
三月	人事無常　反覆不一 一成一敗　一得一失		인사가 무상한 법이니 반복이 한결같지 않다. 한 번 이루고 한 번 패하니 하나는 얻고 하나는 잃는다.
四月	天不助我　災害突至 虛妄之事　必見損失		하늘이 나를 돕지 않으니 재해가 돌연히 이른다. 허망한 일로 반드시 손실을 보게 되리라.
五月	若營商賈　得利獲財 以小易大　利在四方		만일 장사를 경영하면 이익을 얻고 재물을 모은다. 작게 주고 크게 받으니 이익이 사방에 있으리라.
六月	吉凶相半　一勝一敗 若非婚慶　反及服制		길흉이 상반하니 한 번 이기고 한 번 패한다. 만일 혼인의 경사 아니면 반대로 복제수가 미치리라.
七月	莫重大事　持疑未定 與人同事　必有損害		막중한 큰 일에 의심을 갖고 결정 못한다. 남과 더불어 동사하면 반드시 손해가 있으리라.
八月	販牛市中　獲利無雙 利在何方　南東有利		시장에서 소를 판매하니 이를 많이 얻었다. 이익이 어느 곳에 있는고. 남동이 유리하리라.
九月	暗中人害　思反爲仇 事多爭競　困苦可知		모르는 해가 있으니 은인이 원수가 되었다. 일마다 경쟁이 많으니 곤고함을 알리로다.
十月	出入生財　商業最吉 勿失好機　勞必生利		출입하면 재물이 생기나니 상업이 가장 길하다. 좋은 기회를 놓치지 마라. 노력하면 반드시 이가 생긴다.
十一月	庭前蘭枝　霜雪侵之 膝下之憂　豫防則可		뜰 앞의 난초에 눈서리가 침범하였다. 슬하의 근심이 있으니 예방함이 가하리라.
十二月	無端之事　口舌紛紛 東西兩方　謀事不利		무단한 일로 구설이 분분하도다. 동서 양방에서 꾀하는 일은 불리하리라.

一四八

[九四]

	天雷无妄(천뢰무망)		아람드리 고송은 천추나 풍상을 지냈다. 바르게 덕을 닦으면 의식이 풍족하리라. 바쁜 가운데 한가함이 있으니 옛 직업을 고수하라. 일취월장하여 마침내 부호가 되리라.
四 ䷘	澗畔古松 守正修德 忙中有閑 日就月將	勁節千秋 衣食豊足 固守舊業 終得成富	

正月	向陽花木 少年登科	早春有榮 意氣揚揚	양지를 향한 화목은 이른 봄에 영화가 있다. 소년에 등과하여 의기가 양양하리라.
二月	閑中滋味 一家和樂	最不尋常 家道昌盛	한가한 가운데 재미가 가장 심상치 않도다. 일가가 화락하고 가도가 창성하리라.
三月	靜守無憂 佳音傳耳	動則不利 必見喜事	정숙하면 근심이 없고 움직이면 불리하도다. 아름다운 소리가 귀에 들리니 반드시 기쁜 일을 보리라.
四月	白玉不琢 諸營之事	難成佳器 有頭無尾	백옥도 쪼지 않으면 아름다운 그릇이 되지 않는다. 모든 경영하는 일은 머리만 있고 꼬리가 없으리라.
五月	以小易大 勿貪人財	財運大通 反爲損失	작은 것으로 큰 것을 바꾸니 재운이 대통하도다. 남의 재물을 탐하지 마라. 오히려 손실이 있으리라.
六月	事有頭緖 或有口舌	勿爲太急 不然身病	일에는 두서가 있으니 태급히 서두르지 마라. 혹 구설이 있을 것이요, 불연이면 신병이로다.
七月	仲秋夜月 官人得祿	皓光滿天 小人得財	중추의 밤달에 흰빛이 하늘에 가득하다. 벼슬아치는 녹봉을 얻고 소인은 재물을 얻으리라.
八月	順則春風 守正不阿	逆則秋霜 人人悅從	순하면 봄바람이요, 거슬리면 된서리로다. 바름을 지키고 아부하지 않으면 사람마다 기뻐 좇으리라.
九月	心志不堅 如此之故	中心散亂 每事不成	심지가 굳지 못하니 중심이 산란하도다. 이와 같은 연고로 매사가 불성하리라.
十月	固守前業 不意之事	改革不可 損財多端	전업을 고수하라. 개혁하면 옳지 못하다. 뜻밖의 일로 손재가 다단하리라.
十一月	得失無常 事不如意	一喜一悲 世事如夢	얻고 잃음이 무상하니 한 번 기쁘고 한 번 슬프다. 일이 여의치 못하니 세상 일이 꿈과 같으리라.
十二月	若無疾病 莫出遠行	堂上之憂 必受其害	만일 질병이 없으면 부모의 근심이로다. 먼 곳에 출행하지 마라. 반드시 그 해를 받으리라.

〔九五〕

天雷无妄 (천뢰무망)

四三

千里長江　順風舟泛
誠心爲國　德化萬人
一見災厄　因人得解
今年之運　必有喜事

천리장강에 순풍에 배를 띄웠다. 성심으로 나라를 위하면 덕화가 만인에게 미치리라. 한 번 재액을 보게 되나 사람으로 인하여 풀린다. 금년의 운수는 반드시 기쁜 일이 있으리라.

正月	能大能小　變化無窮 男兒得意　錦衣還鄕		능히 크고 능히 작으니 변화가 무궁하도다. 남아가 뜻을 얻으니 금의환향하리라.
二月	欲動反住　苦待時機 妄動不利　乘機行動		움직이고자 하면 오히려 멈추니 시기를 고대하라. 망동함은 불리하니 기회를 타서 행동하라.
三月	安靜居家　利在其中 若不婚慶　生男之數		편안히 집에 있으면 이익이 그 가운데 있다. 만일 혼인의 경사 아니면 생남하게 될 운수로다.
四月	日入雲中　暫時之暗 初困後泰　何有所憂		해가 구름 속에 들어가니 잠시간 어둡다. 처음은 곤하고 뒤에 태평하니 어찌 근심할 바가 있으리요.
五月	世事浮雲　初吉後凶 若無口舌　盜賊可畏		세상 일이 뜬구름 같으니 처음은 길하고 뒤에 흉하다. 만일 구설수가 없으면 도적이 가히 두렵다.
六月	君臣皆賢　一國泰平 上下和睦　凡事如意		임금과 신하가 모두 어지니 일국이 태평하도다. 상하가 화목하니 범사가 여의하리라.
七月	始終如一　必見榮華 若非橫財　或有疾病		처음과 끝이 한결같으니 반드시 영화를 보리라. 만일 횡재수가 아니면 혹 질병이 있으리라.
八月	一入困境　自然得解 死地求生　先困後泰		한때 곤경에 빠지나 자연히 풀린다. 사지에서 삶을 구하였으니 먼저는 곤하고 뒤에 태평하리라.
九月	財星入門　必有橫財 先得大利　後得安靜		재성이 문에 들어오니 반드시 횡재수가 있도다. 먼저는 큰 이익을 얻고 뒤에는 안정을 얻으리라.
十月	財源如泉　用之不渴 塵土成山　終成大富		재물의 근원이 샘물과 같으니 써도 마르지 않는다. 티끌이 모여 산을 이루니 마침내 큰 부자가 되리라.
十一月	貴人來助　利在其中 身數不凶　口舌奈何		귀인이 와서 도우니 이익이 그 가운데 있다. 신수는 흉하지 않으나 구설은 어찌하리요.
十二月	深山失路　進退不能 人皆忌我　所望難成		깊은 산에서 길을 잃으니 진퇴가 능하지 못하다. 사람이 다 나를 꺼리니 소망을 이루기 어려우리라.

〔上九〕

天雷无妄 (천뢰무망)

一進一退　吉凶難分
文化爲福　意外得財
莫貪外財　官厄可畏
今年之數　一喜一悲

한 번 나가고 한 번 물러서니 길흉을 구분키 어렵다. 문서가 화하여 복이 되니 의외의 재물을 얻으리라. 밖의 재물을 탐하지 마라. 관액이 두렵다. 금년의 운수는 한 번 기쁘고 한 번 슬프다.

正月	得失有時　勿恨窮達 在家無益　出行得財		얻고 잃음이 때가 있으니 궁달을 한탄 마라. 집에 있으면 무익하고 출행하면 재물을 얻는다.
二月	去年氷雪　尙今不解 固執不通　百事難成		지난해 눈과 얼음이 아직도 풀리지 않았다. 고집이 통하지 않으니 백사를 이루기 어려우리라.
三月	自下克上　事理不順 六親不睦　損財多端		아랫사람이 윗사람을 극하니 사리가 순탄치 못하다. 육친이 화목치 아니하고 손재가 다단하리라.
四月	莫歎身勢　運也奈何 苦盡甘來　人間常事		신세를 한탄 마라. 운이니 어이하리요. 쓴것이 다하면 단것이 오는 것은 인간의 상사로다.
五月	莫行水邊　橫厄可畏 勞心努力　必有財利		물 가에 가지 마라. 횡액이 가히 두렵다. 노심 노력하면 반드시 재물의 이익을 얻으리라.
六月	每事有滯　心身散亂 財數論之　損財不少		매사에 막힘이 있으니 심신이 산란하도다. 재수를 논지하면 손재가 적지 않으리라.
七月	若無疾病　口舌紛紛 古木逢春　終時有榮		만일 질병이 없으면 구설이 분분하도다. 고목이 봄을 만나니 마침내는 영화가 있으리라.
八月	莫近是非　官厄口舌 心無所主　意外怪變		시비를 가까이 마라. 관액과 구설이 있다. 마음에 주장이 없으니 의외의 괴변을 당하리라.
九月	經營之事　有頭無尾 奔走四方　虛送光陰		경영지사는 머리만 있고 꼬리가 없도다. 사방에 분주하며 세월만 헛되이 보내리라.
十月	運回晩時　先困後泰 桂花更發　再登龍門		운이 늦게 돌아오니 먼저는 곤하고 뒤에 태평하다. 계화가 다시 피었으니 두 번 용문에 오르리라.
十一月	兩人同心　何事不成 貴人扶助　可得千金		두 사람이 마음을 같이하니 무슨 일인들 이루지 못하랴. 귀인이 부조하여 주니 가히 천금을 얻으리라.
十二月	旱天甘雨　百穀豊登 積小成大　財聚如山		마른 하늘에 단비가 내리니 백곡이 풍등하도다. 작은 것을 쌓아 크게 이루니 재물을 산같이 모으리라.

一五

〔初九〕

七二 ䷙	山天大畜(산천대축) 隨時應物　到處有榮 明哲知機　壽福可保 士者待時　庶人守舊 妄動爲事　厄禍將臨	때를 따라 변통하니 도처에 영화가 있도다. 지기가 명철하니 수복을 가히 기약하리라. 선비는 때를 기다리고 서민은 옛것을 지키라. 망동으로 일을 삼으면 액화가 장차 이르리라.
正月	進就不利　退守爲吉 增業不可　守舊安樂	나가는 것은 불리하나 물러가 지키면 길하다. 업을 늘림이 불가하니 종전의 업을 지키면 안락하리라.
二月	三災不犯　室家安穩 春化日暖　萬化方暢	삼재가 범하지 않으니 집안이 안온하다. 봄이 화하여 날이 따뜻하니 만화가 방창하리라.
三月	疾病方生　豫先治防 心身無定　東西奔走	질병이 바야흐로 생기니 미리 치료하면 무흠하다. 심신의 정처가 없으니 동서에 분주하리라.
四月	陰來陽受　自足自處 財數論之　少失多得	음이 오면 양을 받으니 스스로 족하도다. 재수를 논지하면 적게 잃고 많이 얻는다.
五月	暗雲風捲　明月當空 先困後泰　吉人來助	어둔 구름을 바람이 거두니 밝은 달이 공중에 떴다. 먼저는 곤하고 뒤에 태평하니 길인이 와서 도우리라.
六月	身數不利　每事操心 若不豫防　禍將臨身	신수가 불리하니 매사를 조심하라. 만일 예방하지 않으면 화가 장차 몸에 이르리라.
七月	莫近女色　口舌身厄 出行不利　安分最吉	여색을 가까이 마라. 구설과 신액이로다. 출행하면 불리하고 분수를 편히 함이 가장 길하다.
八月	固守靑燈　以待時來 男兒得志　正在此時	청등을 고수하니 때가 오기를 기다린다. 남아가 뜻을 얻으니 바로 이때가 있음이라.
九月	隨時定計　謀事必成 外貧內富　財足平安	때를 따라 계책을 정하니 꾀하는 일을 반드시 이룬다. 겉은 가난하나 안은 부하니 재물이 족하고 편안하리라.
十月	月明中天　天地明朗 小往大來　積小成大	달이 중천에 밝으니 천지가 명랑하도다. 작게 가고 크게 오니 작은 것을 쌓아 큰 것을 이루리라.
十一月	若逢貴人　身榮家安 財數平吉　口舌愼之	만일 귀인을 만나면 몸이 영화롭고 집안이 편하다. 재수는 평길하나 구설은 삼가라.
十二月	身旺財消　吉凶相半 所謀經營　不中奈何	몸은 왕하고 재물은 사라지니 길흉이 상반하도다. 꾀하는 바 경영은 맞지 않으니 어찌하리요.

一五二

[九二]

七二	山天大畜(산천대축)	사시는 차례가 있으니 성공한 자 물러간다. 한 때 영화가 극하면 스스로 물러감이 좋다. 밝은 거울이 한 번 깨지니 가인이 눈물을 흘린다. 일마다 근신함이 마땅하니 불연이면 재액이 있으리라.
	四時有序 成功者退 掛冠東門 疏廣歸鄕 明鏡一破 佳人垂淚 事宜謹愼 不然災厄	

正月	謀事順成 衣食豊足 兩人相和 喜事滿門		꾀하는 일이 순조로우니 의식이 풍족하도다. 두 사람이 서로 합하니 기쁜 일이 문에 가득하리라.
二月	知機行身 自有安樂 一進一退 終無損失		기틀을 알고 행하면 자연히 안락함이 있도다. 한 번 나가고 한 번 물러서니 마침내 손실이 없으리라.
三月	封金掛印 歸省父母 知進知退 保身之本		벼슬을 사양하고 부모의 곁으로 돌아온다. 나가고 물러감을 알면 몸을 보호하는 근본이니라.
四月	秋風起會 泛舟江東 乘機行動 自然消厄		추풍이 일어남이여, 강동에 배를 띄웠도다. 기회를 타서 행동하면 자연히 액이 사라지리라.
五月	身數不好 事有難處 兼有失物 運也奈何		신수가 좋지 못하니 일에 난처함이 있다. 겸하여 실물수 있으니 운이라 어이하리요.
六月	進則不利 退則安身 若逢貴人 身榮家安		나아가면 불리하나 물러가면 몸이 편하다. 만일 귀인을 만나면 몸이 영귀하고 집이 편안하리라.
七月	謀事不中 事業不可 或生足疾 不然有災		꾀하는 일이 맞지 않으니 사업은 불가하도다. 혹 족질이 생길 것이요, 불연이면 재앙이 있으리라.
八月	門外是非 勿關於心 若入是非 意外逢變		문 밖의 시비는 마음에 두지 마라. 만일 시비 속에 들어가면 의외로 변을 만나리라.
九月	一星飛落 佳人長歎 若非家患 骨肉分離		한 별이 날아 떨어지니 가인이 길이 탄식한다. 만일 가환이 아니면 골육간에 분리하리라.
十月	斷橋人行 須可謹愼 身運不利 勿思分外		끊어진 다리를 사람이 다니니 모름지기 삼가라. 신운이 불리하니 분수 밖의 일은 생각지 마라.
十一月	在家有益 守分上策 東北之方 不利出行		집에 있으면 유익하니 분수를 지킴이 상책이로다. 동북의 방향은 출행함이 불리하리라.
十二月	困夢已醒 月上東山 先困後泰 漸次增業		곤한 꿈이 이미 깨었으니 달이 동산에 솟았다. 먼저는 곤하고 뒤에 태평하니 점차 사업이 더하리라.

七二 山天大畜(산천대축)

良馬展足　千里奔騰
統率軍馬　朝廷重任
知己相助　所業成就
傲霜松栢　四時長靑

양마가 두 발을 펴니 천리나 달아난다. 군마를 통솔하니 조정의 대임을 맡았다. 지기가 서로 도우니 소업을 성취한다. 오상송백은 사시에 길이 푸르도다.

正月	今月之運　好事多魔		금월의 운수는 좋은 일에 마가 많도다.
	凶中有吉　力求乃得		흉중에 길함이 있으니 힘써 구하면 얻으리라.
二月	勞碌奔波　然後利順		노록 분파하니 그런 뒤에 순탄하리라.
	初困後泰　終得大財		처음은 곤하고 뒤에 태평하니 마침내 큰 재물을 얻는다.
三月	龍躍天門　榮加一身		용이 천문에 뛰어오르니 영화가 일신을 덮었다.
	得意春風　錦衣還鄕		춘풍에 뜻을 얻으니 금의환향하리라.
四月	時運到來　身登龍門		시운이 와서 이르니 몸이 용문에 오른다.
	君前受命　身受大任		임금 앞에서 명을 받으니 몸에 큰 책임을 받는다.
五月	朋友有情　艱難相救		붕우간에 유정하니 간난을 서로 구제한다.
	經營之事　貴人多助		경영지사는 귀인의 도움이 많으리라.
六月	傲霜松栢　四時靑靑		오상송백은 사시에 청청하도다.
	身旺財旺　何事憂之		신이 왕하고 재가 왕하니 무엇을 근심하리요.
七月	人逢美事　月到中天		사람은 좋은 일을 만나고 달은 중천에 이르렀다.
	小往大來　積小成大		작게 가고 크게 오니 작은 것을 쌓아 큰 것을 이룬다.
八月	財數平吉　口舌愼之		재수가 평길하나 구설을 삼가라.
	經過山路　前程大路		산길을 지났으니 앞길은 평탄하리라.
九月	朱雀飛來　玄武在門		주작이 날아오고 현무는 문 앞에 있다.
	若非口舌　盜賊可愼		만일 구설수가 아니면 도적을 가히 조심하라.
十月	五馬西來　巡行列郡		다섯 말이 서쪽에서 오니 열군을 순행한다.
	東西奔走　名振四方		동서로 분주하니 이름을 사방에 떨치리라.
十一月	夜雨頻頻　花落無聲		밤비가 빈빈하니 꽃이 지나 소리가 없다.
	心身不安　坐不安席		심신이 불안하니 앉아도 자리가 편치 못하다.
十二月	庭前寶樹　花落結實		정전의 보배나무는 꽃이 지고 열매가 맺혔다.
	若非得財　生男之慶		만일 재물을 얻지 못하면 생남할 경사가 있으리라.

一五四

[六四]

七一三 山天大畜(산천대축)

乘龍乘虎　變化無雙
鵲噪屋上　喜慶雙全
飛龍在天　利見大人
牛羊繁殖　米穀盈倉

용을 타고 범을 타니 변화가 무쌍하도다. 까치가 옥상에서 지저귀니 기쁜 경사가 쌍전하리라. 날으는 용이 하늘에 있으니 대인을 봄이 이롭다. 소와 양도 번식하고 미곡이 창고에 가득하리라.

正月	東風解凍　古木逢春 災消福來　心身自安	동풍에 얼음이 풀리니 고목이 봄을 만났다. 재앙이 사라지고 복이 오니 심신이 자연 편안하리라.
二月	時機未到　蓬門可守 修身修德　可期後成	때가 아직 이르니 아직 일어서지 마라. 몸을 닦고 덕을 닦으면 가히 뒤에는 성공하리라.
三月	長安大道　馳馬紅塵 頭揷月桂　意氣揚揚	장안 대도에서 홍진을 일으키며 말을 달린다. 머리에 월계를 꽂았으니 의기가 양양하리라.
四月	幽谷回春　喜事將至 家有吉慶　心身安樂	깊은 골에 봄이 돌아오니 기쁜 일이 장차 이른다. 집안에 길한 경사가 있으니 심신이 안락하리라.
五月	勿信他言　先甘後苦 財物之故　是非口舌	다른 사람의 말을 믿지 마라. 먼저는 달고 뒤에는 쓰다. 재물로 인하여 시비와 구설이 이른다.
六月	在家心亂　出外無益 南方不利　勿爲出行	집에 있으면 마음이 산란하고 밖에 나가도 이익이 없다. 남북이 불리하니 출행을 하지 마라.
七月	耕田得牛　牛價暴騰 有人來助　意外成事	밭을 갈고자 함에 소를 얻으니 소값이 폭등한다. 와서 도우는 이가 있으니 의외로 일을 성취하리라.
八月	貴人相助　官祿臨身 暗夜得燭　前程有明	귀인이 서로 도와주니 관록이 몸에 이른다. 어둔 밤에 촛불을 얻었으니 전정의 밝음이 있으리라.
九月	鵲噪屋上　喜事臨門 人口增進　田庄買得	까치가 옥상에 지저귀니 기쁜 일이 문에 임한다. 인구가 증진할 것이요, 전장도 사게 되리라.
十月	月盈則虧　器滿則溢 身數不吉　疾病可愼	달이 차면 기울고 그릇이 가득 차면 넘친다. 신수가 불길하니 질병이 가히 두렵다.
十一月	洞房春風　花燭再輝 佳人相逢　室家之樂	동방 춘풍에 화촉이 두 번 밝았다. 가인을 상봉하니 실가의 즐거움이로다.
十二月	和氣到門　萬物和生 家人合心　利在其中	화기가 문에 이르니 만물이 화생한다. 집사람이 합심하니 이익이 그 가운데 있으리라.

一五五

〔六五〕

七一三 山天大畜(산천대축)

丹山鳳鳥 禽中最奇
浪靜波平 釣鉤可投
大才大德 補佐君王
吉慶滿庭 營謀皆成

단산의 봉황새는 새 중에 가장 기이하다. 풍파가 잠잠해지니 가히 낚시를 던진다. 큰 재주와 큰 덕으로 군왕을 보좌하리라. 길한 경사가 뜰에 가득하고 꾀를 경영하면 모두 성취하리라.

正月	家憂不離 心亂事滯 初雖事逆 終見亨通	집안의 근심이 떠나지 않으니 마음이 어지럽고 일은 막힌다. 처음은 비록 일이 거슬리나 마침내 형통함을 보리라.
二月	雲中一鶴 徘徊長鳴 背陰向明 將到喜事	구름 속의 한 마리 학이 배회하며 길게 운다. 그늘을 등지고 밝음을 향하니 장차 기쁜 일이 이르리라.
三月	逢春梅花 好添芳香 身數大利 無不成事	봄을 만난 매화가 꽃다운 향기를 더하였다. 신수가 크게 이로우니 성취 안 되는 일이 없으리라.
四月	一躍龍門 姓名顯揚 男兒得志 錦衣還鄕	한 번 뛰어 용문에 오르니 성명을 드날리게 된다. 남아가 뜻을 얻었으니 금의환향하리라.
五月	金佩玉帶 輔佐君王 功成名立 意氣揚揚	금을 차고 옥을 띠었으니 임금을 보좌하게 된다. 공을 이루고 이름을 세우니 의기가 양양하리라.
六月	雲散月明 天地明朗 厄消福來 太平歲月	구름이 흩어지고 달이 밝으니 천지가 명랑하리라. 액이 사라지고 복이 오니 세월을 태평히 보내리라.
七月	窈窕佳人 偶然相逢 家人合心 日就月將	요조한 가인을 우연히 상봉하리라. 집안 사람이 합심하니 날로 나가고 달로 자라리라.
八月	羊變爲馬 以小易大 偶然之事 多得財物	양이 변하여 말이 되니 작은 것으로 큰 것을 바꾼다. 우연한 일로 재물을 많이 얻게 되리라.
九月	今月之數 萬事亨通 吉中少欠 失物操心	금월의 운수는 만사가 형통한다. 길한 중에 약간 흠이 있으니 실물수를 조심하라.
十月	雖得財物 少得多用 合作不可 友人反害	비록 재물은 얻게 되나 적게 얻어서 많이 쓴다. 합작함이 불가하니 친구가 오히려 해롭다.
十一月	器滿則溢 勤儉修德 勿高心志 吉變爲凶	그릇이 차면 넘치나니 근검하고 덕을 닦으라. 뜻을 높게 가지지 마라. 길이 변하여 흉이 된다.
十二月	貴客盈門 宴歌太平 一家和平 豈不美哉	귀한 손이 문에 가득하니 태평한 노래를 부른다. 일가가 화평하니 어찌 아름답지 않으리요.

[上九]　　　　　　　　　　　　　一五六

七一三	山天大畜(산천대축) 雲散月出　古木開花 旱苗施雨　草木日新 功成名播　丈夫之榮 若非登科　反爲困窮	구름이 흩어지고 달이 나오며 고목에는 꽃이 피었다. 가문 싹에 비가 내리니 초목이 날로 새롭다. 공을 이루고 이름을 전파하니 장부의 영화로다. 만일 벼슬을 못하면 오히려 곤궁하리라.
正月	春不耕種　秋不收穫 修身讀書　以待好機	봄에 씨뿌리지 않으면 가을에 수확을 못한다. 몸을 닦고 글을 읽으며 좋은 기회를 기다린다.
二月	古木逢春　萬物始生 初雖困多　終見榮華	고목이 봄을 만나니 만물이 비로소 생긴다. 처음은 비록 곤함이 많으나 마침내 영화를 보리라.
三月	始逢大運　萬事有成 若非官祿　弄璋之慶	비로소 큰 운을 만났으니 만사에 성취함이 있다. 만일 관록이 아니면 생남할 경사로다.
四月	蛟龍得雲　造化不測 功成名立　食祿萬種	교룡이 구름을 얻었으니 조화를 측량치 못한다. 공을 이루고 이름을 세우니 식록이 만종이나 된다.
五月	背暗向明　喜事將至 南北兩方　必有妙計	어둠을 등지고 밝음을 향하니 기쁜 일이 장차 이른다. 남북 양방에 반드시 묘한 꾀가 있으리라.
六月	棄舊向新　心身爽快 諸事逐意　氣高萬丈	옛것을 버리고 새것을 향하니 심신이 상쾌하도다. 모든 일이 뜻을 따르니 기세가 만장이나 높으리라.
七月	家有吉慶　美人相酌 人口增進　田土買得	집안에 길한 경사 있으니 미인과 술잔을 같이한다. 인구가 증진될 것이요, 토지를 사들이게 된다.
八月	莫信親人　言甘事違 在家無欠　出行損害	친한 사람을 믿지 마라. 말은 달고 일은 어긋난다. 집에 있으면 흠이 없고 출행하면 해가 있으리라.
九月	雨順風調　百穀皆豊 一家和樂　何事憂之	비가 순하고 바람이 고르니 백곡이 모두 풍성하다. 일가가 화평하니 무슨 일을 근심하리요.
十月	志大心高　事不如意 莫作分外　恐有災禍	뜻이 크고 마음이 높으나 일은 뜻과 같지 않도다. 분수 밖의 일을 하지 마라. 재화가 있을까 두렵다.
十一月	千里孤客　貴人相逢 初雖困苦　後得安靜	천리의 외로운 손이 귀인을 상봉한다. 처음은 비록 곤고하나 뒤에는 안정을 얻으리라.
十二月	大去小來　必是損財 家有不平　事不如意	크게 가고 작게 오니 필시 손재수로다. 집안에 불평이 있으니 일이 뜻같지 아니하리라.

[初九]

山雷頤 (산뢰이)

閑臥高亭　不知世事
喜中生憂　恐有凶禍
日落西山　前路千里
勤勉不怠　可免諸厄

한가히 높은 정자에 앉았으니 세상 일을 알지 못한다. 기쁜 가운데 근심이 생기니 흉화가 있을까 두렵다. 해가 서산에 떨어지는데 앞길은 천리나 된다. 근면하고 게으르지 않으면 가히 모든 액을 면하리라.

正月	吉中有凶　一喜一悲		길한 가운데 흉이 있으니 한 번 기쁘고 한 번 슬프다.
	家憂突起　何而防之		집안 근심이 돌기하니 어떻게 막으리요.
二月	無端之事　徒費心力		무단한 일로 한갓 심력만 허비한다.
	成敗在命　奔走不得		성패는 명에 있으니 분주하나 얻지 못한다.
三月	酒色雖好　一時之樂		주색이 비록 좋으나 한때의 즐거움이로다.
	泰山峻嶺　何日登程		태산 준령을 어느 날에 등정하리요.
四月	入則有憂　出則喜樂		들어오면 근심이 있고 나가면 기쁨이로다.
	他鄕千里　因人成事		타향 천리에서 남으로 인하여 성사하리라.
五月	勿貪虛慾　少得多失		허욕을 탐하지 마라. 적게 얻고 많이 잃는다.
	碌碌浮生　不知安分		녹록한 부생이 안분할 줄을 알지 못한다.
六月	酒肆靑樓　好飮好色		주사청루에서 주색을 즐긴다.
	莫近酒色　損財損名		주색을 가까이 마라. 재물과 명예를 손상하리라.
七月	家無財産　生活困苦		집안에 재산이 없으니 생활이 곤고하도다.
	財不隨身　雖求不得		재물이 몸을 따르지 않으니 비록 구하나 얻지 못한다.
八月	上下不和　口舌不絶		상하가 화목치 못하고 구설도 끊이지 않는다.
	若悲親患　疾病可畏		만일 부모의 우환이 아니면 질병이 가히 두렵다.
九月	財運不利　與受愼之		재운이 불리하니 돈거래를 삼가라.
	雖爲我財　離則不來		비록 내 재물이라 하나 떠나가면 오지 않는다.
十月	凡謀不中　一無成事		범사가 맞지 않으니 하나도 성사됨이 없다.
	若非口舌　官訟是非		만일 구설이 아니면 관송 시비가 있으리라.
十一月	莫出北方　損財不免		북방으로 가지 마라. 손재를 면치 못한다.
	經營之事　必見狼狽		경영지사는 반드시 낭패를 보게 되리라.
十二月	飢者得食　財運亨通		주린 자가 먹이를 얻었으니 재운이 형통하도다.
	身數如此　堂上之憂		신수가 이 같으나 부모의 근심은 있으리라.

[六二]

山雷頤 (산뢰이)

風前明燭　漸時之明
莫營虛妄　其害不少
作事猶豫　終無成就
今年之運　守分待時

바람 앞에 촛불을 밝혔으니 잠시간의 밝음이로다. 허망한 일을 경영치 마라. 그 해가 적지 않으리라. 하는 일에 망설임이 있으니 마침내 성취함이 없다. 금년의 운수는 분수를 지키고 때를 기다리라.

正月	雖有吉慶　喜中有懼 莫近女色　損財損名	비록 길한 경사가 있으나 기쁜 가운데 두려움이 있다. 주색을 가까이 마라. 재물과 명예를 손상하리라.
二月	少不勤學　及時有悔 大事當頭　無備不達	젊어서 부지런히 배우지 않으면 때를 당하여 후회가 있다. 큰일을 당두함에 준비가 없어 달성 못하리라.
三月	欲保前職　勿思虛慾 若犯分外　失官失職	직장을 보전하려면 허욕을 부리지 마라. 만일 분수 밖의 일을 범하면 벼슬과 직업을 잃으리라.
四月	一堆黃金　見而難取 身運否塞　妄動不利	한 무더기와 황금을 보고도 취하기 어렵다. 신운이 비색하니 망동하면 불리하리라.
五月	若犯不正　必當官訟 人人忌我　修身待時	만일 부정한 것을 범하면 반드시 관송을 당한다. 사람마다 나를 꺼리니 몸을 닦고 때를 기다리라.
六月	舟行險水　難到平津 身數不利　每事愼之	배를 험한 물에 저어가니 평탄한 나루에 이르기 어렵다. 신수가 불리하니 매사를 삼가라.
七月	欲進反退　每事魔障 事業不利　僅僅生涯	나가려면 오히려 물러가니 매사에 장애가 있다. 사업이 불리하니 근근히 생애하리라.
八月	鼠失米庫　衣食不足 身出他關　東西奔走	쥐가 쌀 창고를 잃었으니 의식이 궁핍하도다. 몸이 타관에 나오니 동서에 분주하리라.
九月	果枝有病　其實難保 家中有憂　膝下之厄	과일 나무가 병이 드니 그 열매를 보전키 어렵다. 집안에 근심이 있으니 슬하의 액이로다.
十月	勿關他事　口舌是非 財物關係　保證不可	남의 일을 간섭 마라. 구설과 시비수로다. 재물 관계는 보증서는 것이 좋지 못하리라.
十一月	家中有厄　哭聲一聞 若免此厄　誠心祈禱	집안에 액이 있으니 곡성이 한 번 들린다. 만일 이 액을 면하려면 성심으로 기도하라.
十二月	去去泰山　何日免厄 守分上策　妄動不利	갈수록 태산이니 어느 날 액을 면하리요. 분수를 지킴이 상책이요, 망동하면 불리하리라.

[六三]

山雷頤(산뢰이)

捨近望遠　終無一得
凡事三省　轉禍爲福
日藏雲裡　天地陰暗
年運不吉　勿關是非

가까운 것을 버리고 먼 것을 바라니 마침내 하나도 얻지 못한다. 범사를 깊이 살피면 전화위복하리라. 날빛이 구름에 가렸으니 천지가 어둡다. 연운이 불길하니 시비를 간섭하지 마라.

正月	文書發動　田土有利	南北有利　東西不利	문서가 발동하니 전토에 이익이 있도다. 남북방에 이익이 있고 동서는 불리하리라.
二月	如兄若弟　以財相爭	財數論之　得而反失	형도 같고 아우도 같으니 재물로써 서로 다툰다. 재수를 논지하면 얻으나 오히려 잃게 된다.
三月	改過歸善　凶反爲吉	禍侵家中　火厄愼之	개과귀선하면 흉이 반하여 길하게 된다. 재앙이 집안을 침범하니 화액을 삼가라.
四月	綠林之中　幼子失路	身厄不絶　莫行他關	수풀 가운데서 어린이가 길을 잃었다. 신액이 떠나지 않으니 타관 땅에 나서지 마라.
五月	立而不安　坐亦不安	經營之事　如成不就	서도 불안하고 앉아도 또한 불안하다. 경영하는 일은 이루어질 것 같으면서 이루지 못한다.
六月	若非移基　一次遠行	在家不安　出則心快	만일 이사하지 않으면 한 차례 원행할 수로다. 집에 있으면 불안하고 나가면 마음이 상쾌하다.
七月	順天者昌　逆理則敗	與人謀事　反受其害	하늘을 순하면 창성하고 이치에 어긋나면 패한다. 남과 더불어 일을 꾀하면 오히려 그 해를 받으리라.
八月	樂極生悲　陽極陰來	運數沈滯　勿營他事	즐거움이 극하면 슬픔이 오니 양이 극하면 음이 온다. 운수가 침체되니 다른 일을 경영치 마라.
九月	捨小取大　反爲其害	莫貪分外　其害不少	작은 것을 놓고 큰 것을 가지나 오히려 해가 되리라. 분수 밖의 일을 탐하지 마라. 그 해가 적지 않으리라.
十月	妖魔入庭　必有家變	若非膝下　堂上之憂	요마가 뜰 안에 드니 반드시 가변이 있다. 만일 슬하가 아니면 부모의 우환이 있으리라.
十一月	莫信人言　必見狼狽	百事有滯　在家最善	남의 말을 믿지 마라. 반드시 낭패를 보리라. 백사가 막힘이 있으니 집에 있음이 최선이로다.
十二月	我心正直　人不信我	南方貴人　偶然助我	내 마음은 정직하나 남이 나를 믿지 않는다. 남방의 귀인이 우연히 나를 도우리라.

[六四]

山雷頤 (산뢰이)

君前受命　萬人仰視
驅邪逐奸　日加新光
貴人來助　營謀遂意
或有口舌　別無我害

임금 앞에서 영을 받으니 만인이 우러러본다. 간사함을 몰아내면 날로 새로운 빛이 더하리라. 귀인이 와서 도우니 경영하는 꾀가 뜻을 따른다. 혹 구설은 있으나 별로 나에게 해가 없다.

正月	先困後旺　因人成事 利在四方　求財如意	먼저는 곤하고 뒤는 왕하니 사람으로 인하여 성사한다. 이익이 사방에 있으니 재물을 구하면 여의하다.
二月	靜裡乾坤　長醉不醒 事多未決　一無所得	고요히 건곤 속에 묻혀 길게 취하여 깨지 못한다. 일에 미결됨이 많으니 하나도 얻는 바가 없다.
三月	去舊生新　財數大通 兩人合心　謀事順成	옛것이 가고 새것이 오니 재수가 대통하도다. 두 사람이 마음을 합하니 모사가 순조로우리라.
四月	天賜厚福　不勞所得 日暖風和　喜事將到	하늘이 두터운 복을 주니 수고하지 않아도 얻는다. 날이 따뜻하고 바람이 화평하니 기쁜 일이 장차 이르리라.
五月	喜中生憂　凡事愼之 財數論之　先吉後凶	기쁜 가운데 근심이 나오니 범사를 삼가라. 재수를 논지하면 먼저는 길하고 뒤에 흉하다.
六月	南方貴人　偶來助我 以正驅邪　四海太平	남방의 귀인이 우연히 와서 나를 돕는다. 바름으로써 간사함을 몰아내니 사해가 태평하리라.
七月	虎榜雁塔　姓名顯揚 身上榮貴　財祿可隨	호방안탑에 성명을 드날린다. 신상이 영귀하니 재록이 가히 따르리라.
八月	勿貪酒色　損財敗家 莫作虛妄　意外逢變	주색을 탐하지 마라. 손재하고 패가한다. 허망한 일을 경영 마라. 의외의 변을 만나리라.
九月	羽翼一展　遠飛江山 東馳西驅　前程無碍	날개를 한 번 펴니 멀리 강산을 날은다. 동으로 달리고 서로 모니 전정의 장애가 없다.
十月	友人相助　所營如意 若非婚姻　事業昌盛	벗이 서로 도와주니 경영함이 여의하다. 만일 혼인이 아니면 사업이 창성하리라.
十一月	草家寒屋　忽改瓦家 財祿隨身　身入金谷	초가 한옥을 홀연히 기와집으로 고친다. 재록이 몸을 따르니 몸이 금곡에 들도다.
十二月	雨順風調　豊作可期 利在何處　東方最吉	비가 순하고 바람이 고르니 풍작을 가히 기약한다. 이익이 어느 곳에 있는고. 동방이 가장 길하리라.

山雷頤 (산뢰이)

男負女戴 移居他鄉
若不移居 改業則吉
依托貴人 困後成功
今年之運 可愼水厄

남부여대하고 타향으로 이사한다. 만일 이사하지 않으면 업을 바꿔야 길하다. 귀인에게 의탁하면 곤한 뒤에 성공한다. 금년의 운수는 가히 수화를 삼가라.

正月	利在他鄉 有人多助	出行得利 所望如意	이익이 타향에 있으니 출행하면 이를 얻는다. 사람의 도움이 많이 있으니 소망이 여의하리라.
二月	遍踏江山 身數不好	虛送歲月 徒勞無功	강산을 편답하며 헛되이 세월만 보낸다. 신수가 좋지 못하니 한갓 수고하나 공이 없다.
三月	好機到來 莫近是非	急進勿退 其害不少	좋은 기회가 이르렀으니 급히 나가고 물러가지 마라. 시비를 가까이 마라. 그 해가 적지 않으리라.
四月	謀事不堅 畫虎爲狗	多見失敗 不如不爲	꾀하는 일이 견고하지 못하니 실패를 많이 보리라. 범을 그리다가 개가 되니 하지 않음만 같지 못하다.
五月	機會逢着 好運始來	一石二鳥 怠慢無益	기회를 봉착하면 일석이조의 이득이 있다. 좋은 운이 비로소 왔으니 태만하면 이익이 없으리라.
六月	每事有時 若不省察	勿作躁急 一見大敗	매사에 때가 있으니 조급히 서두르지 마라. 만일 잘 살피지 않으면 한 번 큰 패를 보리라.
七月	移基有吉 利在何處	勿爲遲滯 南方最吉	집을 옮겨 삶이 길하니 지체하지 마라. 이익이 어느 곳에 있는고. 남방이 가장 길하리라.
八月	退居安逸 知進知退	進就無用 防厄之本	물러가 거하면 편안하고 나아가면 쓸데없다. 물러가고 나갈 줄 알면 액을 막는 근본이니라.
九月	月明中天 富時節約	忽起風雲 無事太平	달이 중천에 밝은데 홀연히 구름이 일어난다. 넉넉할 때 절약해 쓰면 무사태평하리라.
十月	若非服制 此月之數	失物可愼 凶多吉少	만일 복제수가 없으면 실물수를 삼가라. 이 달의 운수는 흉함이 많고 길함이 적다.
十一月	與人相爭 百忍家中	必是官訟 必有泰和	남과 더불어 서로 다투면 필시 관재 송사로다. 백번을 참는 집안에는 반드시 화목함이 있으리라.
十二月	旱天甘雨 添丁添土	萬物生光 商業大利	가문 하늘에 단비가 오니 만물이 빛을 생한다. 인정이 늘고 토지가 늘며 상업으로 이를 얻으리라.

一六二

[上九]

山雷頤 (산뢰이)

上乘天寵　下受民望
勳業冠世　福澤深遠
運數大吉　到處春風
利在他鄕　出行得利

위로는 임금의 굄을 받고 아래로는 백성의 신망이 있다. 훈업이 세상을 덮으니 복택이 심원하리라. 운수가 대길하니 도처에 기쁜 일이로다. 이익이 타향에 있으니 출행하면 이익을 얻으리라.

正月	心志正大　凡事順成		심지가 바르고 크니 범사가 순탄히 이루어진다.
	財官隨身　人皆欽慕		재물과 벼슬이 몸에 따르니 사람이 다 흠모하리라.
二月	今月之運　意外橫財		금월의 운수는 의외의 횡재수 있도다.
	其財何處　東北路上		그 재물이 어느 곳에 있는고. 동북간의 노상이로다.
三月	謀計周密　諸事成就		계획이 주밀하니 모든 일이 성취된다.
	百花爭發　千里有光		백화가 다투어 피니 천리에 광명이 있으리라.
四月	位尊德重　萬人仰視		지위가 높고 덕이 중하니 만인이 우러러본다.
	所望皆成　身安心和		소망을 모두 이루니 몸이 편하고 마음이 화평하리라.
五月	雖有財物　入手則消		비록 재물이 있으나 손에 들면 곧 사라진다.
	庶人不好　士人登科		시인은 좋지 않으나 선비는 등과하리라.
六月	午未之月　不見其益		오월과 유월은 그 이익을 보지 못한다.
	若非口舌　疾病辛苦		만일 구설이 아니면 질병으로 신고하리라.
七月	東風借力　千里瞬息		동풍의 힘을 빌리니 천리도 순식간이로다.
	順風行船　凡事如意		순풍에 배를 저어 가니 범사가 여의하리라.
八月	財運通泰　錦衣玉食		재운이 통태하니 금의옥식을 하리라.
	莫歎初困　後必榮華		처음 곤궁을 탄식 마라. 뒤에는 반드시 영화가 있다.
九月	明月樓下　佳人相逢		밝은 달빛 다락 밑에서 가인을 상봉한다.
	天緣相逢　琴瑟和樂		하늘 인연이 서로 만났으니 금슬이 화락하리라.
十月	春風秋月　寤寐不忘		봄 바람 가을 달에 잠 못 이루고 잊지 못한다.
	待人不來　晝宵一念		기다리는 사람이 오지 않으니 밤낮으로 한 생각뿐이로다.
十一月	掃開雲霧　皓月圓明		구름과 안개가 걷히니 흰 달이 둥글고 밝다.
	厄運消盡　一家太平		액운이 다 사라지니 일가가 태평하리라.
十二月	吉中有凶　事必三思		길한 가운데 흉이 있으니 일에 반드시 깊이 생각하라.
	每事愼之　庶無凶厄		매사를 삼가면 뭇 흉액이 없으리라.

一六三

[初六]

澤風大過(택풍대과)		
隱跡山林	修道遠跡	몸을 산속에 숨기어 자취를 감추고 수도한다. 길한 가운데 흉이 있으니 부모의 복을 입게 된다. 여간 재물은 얻으나 반은 잃는다. 심중의 근심이 있으니 인사를 알지 못하리라.
吉中有凶	孝服之數	
如干財物	得而半失	
心中有憂	不知人事	

正月	寅月之數 或得或失	不分吉凶 節用上策	정월의 운수는 길흉을 구분 못한다. 혹은 얻고 혹은 잃으니 절약함이 상책이로다.
二月	閑釣江上 大財不得	小魚上竿 小財可得	한가히 강상에서 낚시질하니 작은 고기가 낚시에 오른다. 큰 재물은 얻지 못하나 작은 재물은 가히 얻으리라.
三月	晝耕夜讀 運入好機	修身治家 科試登名	낮에는 갈고 밤에 읽으니 몸을 닦고 집을 다스린다. 운이 좋은 기회로 들었으니 과시에 이름이 오르리라.
四月	一進一退 兄弟難分	凶也吉也 每事夢中	한 번 나가고 한 번 물러서니 흉함이냐 길함이냐. 형제를 구분키 어려우니 매사가 꿈 가운데 있도다.
五月	一朝烟雨 吉則生凶	一朝忽晴 凶則生吉	하루아침의 안개비가 하루아침에 홀연 갠다. 길하면 흉함이 생기고 흉하면 길함이 생긴다.
六月	事業不利 隱居山野	農耕大吉 耕田度日	사업은 불리하나 농사 일은 대길하다. 산야에 은거하여 밭을 갈며 날을 보낸다.
七月	利在何處 偶然生財	閙鬧之中 富足可期	이익이 어느 곳에 있는고. 사람이 많은 가운데로다. 우연히 재물이 생기니 부족함을 가히 기약하리라.
八月	財運通泰 以小易大	求則必得 積小成大	재운이 통태하니 구하면 반드시 얻으리라. 작은 것으로 큰 것과 바꾸고 작은 것을 쌓아 큰 것을 이룬다.
九月	無端風雨 若無家變	落花飛庭 落眉之厄	무단한 풍우로 꽃이 뜰에 떨어진다. 만일 집안의 변이 아니면 액이 눈 밑에 있으리라.
十月	世事無情 非凶非吉	閑居歲月 別無變動	세상 일에 뜻이 없으니 한가히 거하며 세월한다. 흉도 아니요, 길도 아니니 별로 변동이 없으리라.
十一月	財足勿矜 勤儉節用	財出他處 損財可免	재물이 족하다 자랑 마라. 재물이 다른 곳에 나간다. 근검 절용하면 손재를 가히 면하리라.
十二月	我力不足 財星照門	人助可成 求則可得	내 힘은 부족하나 남이 도우면 성취한다. 재성이 문에 비치니 구하면 가히 얻으리라.

〔九二〕

澤風大過 (택풍대과)

七顚八起　建功立業
事多障碍　難得成功
莫歎失敗　初困後榮
千里客舘　偶逢佳人

일곱 번 엎어지고 여덟 번째 일어나니 공을 세운다. 일에 장애가 많으니 성공을 얻기 어려우리라. 실패함을 탄식 마라. 처음은 곤하나 뒤에 영화로다. 천리의 객관에서 우연히 가인을 만나리라.

正月	終日持竿　一魚不得	종일을 낚시질하나 한 마리도 잡지 못하였다.
	東馳西驅　食少事煩	동으로 달리고 서로 모니 식소사번하리라.
二月	求事多處　別無所益	여러 곳에 일을 구하나 별로 소득이 없도다.
	若非移席　文書爭訟	만일 자리를 옮기지 않으면 문서로 다투고 송사하리라.
三月	枯楊生花　老夫得女	마른 버들에 꽃이 생기니 노부가 아내를 얻었다.
	困窮之餘　絶處逢生	곤궁한 나머지 막다른 곳에 생함을 만나게 되리라.
四月	凶化爲吉　死地求生	흉이 화하여 길이 되니 사지에서 생을 구하였다.
	失位復職　損者得財	실직자는 복직되고 손재한 이가 재물을 얻는다.
五月	靑江求魚　求財如意	청강에서 고기를 구하니 재물을 구하면 여의하다.
	利在何處　南方最吉	이익이 어느 곳에 있는고. 남방이 가장 길하리라.
六月	日照高堂　父母壽康	날이 고당에 비치니 부모가 수하고 강녕한다.
	上下無憂　一家太平	상하의 근심이 없으니 일가가 태평하리라.
七月	見得思義　正是君子	얻으면 의를 생각하니 바로 이것이 군자로다.
	布恩施德　天必報之	은혜를 베풀고 덕을 베풀면 하늘이 반드시 복을 주리라.
八月	無月洞房　花燭再輝	달 없는 동방에 화촉을 다시 밝혔다.
	鰥者得配　寡婦逢夫	홀아비는 짝을 얻고 과부는 남편을 만난다.
九月	風光佳麗　開花結實	풍광이 가려하니 꽃이 피고 열매를 맺는다.
	財穀豊隆　何羨金谷	재곡이 풍륭하니 어찌 금곡을 부러워하리요.
十月	幾年風波　一朝得意	풍파가 몇 년인고. 일조에 뜻을 얻는다.
	禍去福來　喜滿一家	재앙이 가고 복이 오니 기쁨이 일가에 가득하리라.
十一月	財旺身旺　所望如意	재가 왕하고 신이 왕하니 소망이 여의하도다.
	若非橫財　必有慶事	만일 횡재수가 아니면 반드시 경사가 있으리라.
十二月	一妻一妾　家道不順	일처 일첩은 가도가 순탄치 못하다.
	若非口舌　爭訟是非	만일 구설수가 아니면 쟁송 시비가 있으리라.

[九三]

䷛	澤風大過(택풍대과) 一人之非 怨滿天下 若非刑傷 酒色見敗 如干財物 得而半失 初吉後凶 每事愼之	한 사람의 잘못으로 원망이 천하에 가득하다. 만일 형상을 당하지 않으면 주색으로 패를 보리라. 여간 재물은 얻어서 반이나 잃는다. 처음은 길하나 뒤에 흉하니 매사를 조심하라.

正月	如流歲月 無爲徒食 東西四方 怨聲飛來	세월은 유수와 같은데 하는 것 없이 먹기만 한다. 동서 사방에 원망하는 소리가 날아든다.
二月	我運不利 獨立失敗 若有人助 可成小業	내 운이 불리하니 독립하면 실패한다. 만일 남의 도움이 있으면 작은 사업은 성취하리라.
三月	每事愼重 人多忌我 孑孑單身 無依無托	매사를 신중하라. 사람이 다 나를 꺼린다. 혈혈단신이니 무의무탁하도다.
四月	若非傷足 眼疾困苦 運弱財少 是何故也	만일 발을 상하지 않으면 안질로 곤고하리라. 운이 약하고 재물이 적으니 이 어인 연고이뇨.
五月	風起雲暗 長沙之厄 若不謹愼 刑獄難免	바람이 일고 구름이 어둡게 가리니 귀양살이의 액이다. 만일 근신하지 않으면 형옥을 면키 어려우리라.
六月	勿關他事 是非口舌 烏飛梨落 不意逢變	타인의 일을 관여하지 마라. 시비와 구설수로다. 까마귀 날자 배 떨어지니 불의의 변을 만나리라.
七月	靑天白日 陰雨濛濛 殘厄未消 修身待時	청천 백일에 음산한 비가 몽롱하도다. 잔액이 사라지지 않았으니 몸을 닦고 때를 기다리라.
八月	多年修學 功業可成 所望如意 喜事到門	여러 해 학문을 닦으니 공업을 가히 이룬다. 소망이 여의하니 기쁜 일이 문에 이르리라.
九月	戌月之數 安分最吉 出入無益 在家治産	구월의 수는 안분함이 가장 길하다. 출입하면 이익이 없으니 집에 머물러 산업을 다스리라.
十月	莫行西方 意外逢厄 不如進退 黑白不分	서쪽으로 가지 마라. 의외의 액을 만난다. 진퇴를 알지 못하니 흑백을 구분 못하리라.
十一月	虛名虛利 反不如無 少得多失 損財之數	허명과 허리는 오히려 없는 것만 못하다. 적게 얻고 많이 잃으니 손재할 운수로다.
十二月	劫運將盡 凶厄漸消 意外貴人 自來助我	겁운이 장차 다하니 흉액이 점점 사라진다. 의외의 귀인이 자연히 와서 나를 돕는다.

[九四]

澤風大過 (택풍대과)

剛柔相濟　國家棟樑
頭揷桂花　風樂前導
家屋興隆　修理墻屋
或墮奸計　是非四起

강유를 상제하니 국가의 동량이로다. 머리에 어사화를 꽂았으니 풍악으로 앞길을 인도한다. 가옥을 일으키고 담장을 수리한다. 혹 간계 속에 떨어지면 시비가 사방에서 일어나리라.

正月	今月論之　不見其益 東南兩方　交友愼之	금월의 운수는 그 이익을 보지 못한다. 동남 양방에서 벗 사귐을 삼가라.
二月	多年修學　文章大成 功業蓋世　國家棟樑	여러 해 학문을 닦으니 문장을 대성하였다. 공업이 세상을 덮으니 국가의 동량이로다.
三月	洛陽城中　桂花先折 金鞍駿馬　錦衣還鄕	낙양성 중에서 계화를 먼저 꺾었다. 금안준마에 금의환향하리라.
四月	久埋龍劍　光射星斗 英雄逢時　南征北伐	용검을 오래 묻었다가 빛을 성두에 발사한다. 영웅이 때를 만나니 남북으로 정벌하리라.
五月	福神照臨　百事可成 渴龍得水　造化無窮	복신이 조림하니 백사를 가히 이룬다. 목마른 용이 물을 얻으니 조화가 무궁하리라.
六月	三生有緣　偶逢佳人 花燭洞房　百年佳約	삼생의 연분으로 우연히 가인을 만났다. 화촉동방에 백년을 가약하리라.
七月	陰陽和合　所望如意 與人同力　可致財産	음양이 화합하니 소망이 여의하도다. 남과 더불어 힘을 같이하면 가히 재산을 이루리라.
八月	花朝月夕　身醉花間 福祿悠久　人多欽仰	화조 월석에 몸은 꽃 사이에 취했다. 복록이 유구하니 사람이 다 흠앙하리라.
九月	驛馬星照　遠行之數 千里他關　吉人助我	역마성이 비쳤으니 원행할 운수로다. 천리·관산에서 길인이 나를 도우리라.
十月	出入金馬　身登龍門 若非功名　吉變爲凶	금마로 출입하니 몸이 용문에 올랐다. 만일 공명이 아니면 길이 변하여 흉이 되리라.
十一月	此月之數　口舌紛紛 與人謀事　吉反爲凶	이 달의 운수는 구설이 분분하도다. 남과 더불어 모사하지 마라. 길이 도리어 흉이 된다.
十二月	勿爲人助　善無功德 身數有苦　出行不利	남을 도와 주지 마라. 잘한 일에 공덕이 없다. 신수의 곤고가 있으니 출행함이 불리하리라.

澤風大過(택풍대과)

枯楊生花　老婦得夫
雖足財物　名譽不可
舊業更新　其利倍加
喜中生憂　君失忠臣

마른 버들에 꽃이 피었으니 늙은 지어미가 남편을 얻었다. 비록 재물은 족하나 명예는 불가하다. 옛 업을 다시 고치면 그 이가 배가된다. 기쁨 중에 근심이 생기니 임금이 충신을 잃음과 같으리라.

正月	一進一退　成敗難分 今月之運　徒費光陰		한 번 나가고 한 번 물러서니 성패를 구분키 어렵다. 금월의 운수는 한갓 시간만 허비하리라.
二月	勿說心事　盜人窺門 親人反害　依人不可		심중의 일을 말하지 마라. 문 밖에서 엿듣는 이가 있다. 친한 사람이 오히려 해로우니 남을 의지함이 옳지 못하다.
三月	碌碌小人　每事不順 若行西方　必得少利		녹록한 소인은 매사가 순탄치 못하다. 만일 서방으로 가면 반드시 적은 재물을 얻으리라.
四月	好運未到　接人謹愼 誠心感化　敵反助我		좋은 운이 이르지 않았으니 사람 상대를 삼가라. 성심으로 감화하면 적이 반대로 나를 도우리라.
五月	午未之月　莫近水邊 身厄常隨　操心操心		오월과 유월에는 물 가를 가까이 마라. 신액이 항시 따르리니 조심조심할지어다.
六月	老後逢婦　憂喜相半 安靜有吉　動則不利		늙은 뒤에 지어미를 만나니 기쁨과 슬픔이 상반이로다. 안정하면 길함이 있으나 움직이면 불리하리라.
七月	優遊度日　無榮無辱 與人莫爭　官訟可畏		넉넉히 놀며 날을 보내니 영욕이 없다. 남과 더불어 다투지 마라. 관재 송사가 두렵다.
八月	一事兩心　猶豫未定 精神昏迷　可否未決		한 가지 일에 두 마음이니 망설이다 결정을 못한다. 정신이 혼미하니 옳고 그름을 분간 못하리라.
九月	古木生花　晚時之歎 事大力小　弱馬駄重		마른 나무에 꽃이 생하니 때가 늦은 탄식이로다. 일은 크고 힘은 작으니 약마에 짐이 무거움이라.
十月	久鳥逢箭　長留無益 諸營之事　速決速斷		오래 앉은 새가 화살을 만나니 길게 머물면 무익하다. 모든 경영지사는 빠르게 결정함이 좋다.
十一月	之東之西　心無定向 莫信人言　言甘事違		동서로 왕래하니 마음에 정하는 곳이 없다. 남의 말을 믿지 마라. 말은 달고 일은 어긋난다.
十二月	莫營他事　非農則商 東北兩方　必見財利		다른 일을 경영치 마라. 농사나 상업이 좋다. 동북 양방에서 반드시 재물의 이익을 보게 되리라.

二六 〔上六〕

澤風大過(택풍대과)

捨生取義 名標靑史
士人進職 庶人逢厄
一輪孤月 獨照千里
今年之運 口舌可畏

생을 버리고 의를 취하니 이름이 청사에 남는다. 선비는 직위가 오르나 서민은 액을 만나리라. 한 바퀴 외로운 달은 홀로 천리나 비춘다. 금년의 운수는 구설이 가히 두렵다.

正月	寅卯之月 喜中憂生 雖有財物 聚財不能	정월 이월은 기쁜 가운데 근심이 생긴다. 비록 재물은 있으나 모으기는 어려우리라.	
二月	園中花木 逢春再發 禍厄漸消 改舊從新	동산의 꽃나무는 봄을 만나 다시 피었다. 화액이 점점 사라지니 옛것을 고치고 새것을 좇는다.	
三月	臨危不懼 前路開通 勇略非常 天下無敵	위태로움에 임하여도 두렵지 않으니 앞길이 열렸다. 용맹과 지략이 비상하니 천하에 대적할 이가 없다.	
四月	兩人合心 所營必成 進退有路 進則有望	두 사람이 합심하니 경영하는 바를 반드시 이룬다. 나가고 물러감에 길이 있으니 전진하면 유망하리라.	
五月	立身揚名 名垂竹帛 大人功名 小人不利	입신양명하여 이름을 죽백에 새겼다. 대인은 공명을 얻으나 소인은 불리한 운이라.	
六月	花開必衰 月圓將虧 吉運已盡 用財節約	꽃이 피면 지는 법이요, 달이 둥글면 이지러진다. 길운이 이미 다하였으니 재물 쓰기를 절약하라.	
七月	少得多用 終見損耗 莫行東方 似吉非吉	적게 얻어서 많이 쓰니 마침내는 손실이 된다. 동방에 가지 마라. 길한 것 같으나 길하지 않다.	
八月	有志未遂 凡謀不達 運衰力盡 安分待時	뜻이 있으나 이루지 못하니 모든 꾀가 달성 못한다. 운이 쇠하고 힘이 다하니 안분하고 때를 기다리라.	
九月	家人不睦 先吉後凶 若近女人 損名損財	집안이 화목치 못하니 먼저는 길하고 뒤에 흉하다. 만일 여인을 가까이 하면 명예와 재물을 손실하리라.	
十月	未嫁閨女 弄玉不當 莫犯分外 意外怪事	시집가지 않은 처녀가 아이를 낳음이 부당하다. 분수 밖의 일을 범하지 마라. 의외의 괴사를 만난다.	
十一月	貴星照門 因人成事 自此以後 始得財物	귀성이 문에 비치니 남으로 인하여 성사한다. 이후부터는 비로소 재물을 얻으리라.	
十二月	若非官位 橫財之數 守舊大吉 動則不利	만일 벼슬이 아니면 횡재할 운이로다. 옛것을 지키면 대길하나 움직이면 불리하리라.	

[初六]

坎爲水 (감위수)

虎入陷穽　生死不知
逆水行舟　困厄可知
求魚靑山　萬萬不當
今年之運　安靜最可

범이 함정에 들었으니 생사를 알지 못한다. 물을 거슬러 배를 행하니 곤액이 있다. 고기를 청산에서 구하니 만만부당하다. 금년의 운수는 안정하면 가장 길하다.

正月	若非改業　一次遠遊 兄弟相別　必有災厄		만일 업을 바꾸지 않으면 한 번 먼 곳에 여행한다. 형제가 서로 이별수요, 반드시 재액이 있으리라.
二月	財數論之　先吉後凶 家有喜事　弄璋之慶		재수를 논지하면 먼저는 길하고 뒤에 흉하다. 집에 기쁜 일이 있음은 생남할 경사로다.
三月	莫近酒色　得病損財 家中不和　心無定處		주색을 가까이 마라. 병을 얻고 손재하리라. 집안이 불화하니 마음에 정한 곳이 없다.
四月	茫茫大海　妄意採珠 勞心努力　謀事不中		망망대해에서 망령되이 구슬을 캐고자 한다. 노심노력하나 꾀하는 일이 맞지 않는다.
五月	運數否塞　妄動不利 雖得少財　入手則消		운수가 비색하니 망동함이 불리하다. 비록 적은 재물을 얻으나 손에 들면 곧 사라진다.
六月	才弱志劫　每事難成 莫近是非　雪上加霜		재주는 약하고 겁이 있으니 매사를 이루기 어렵다. 시비를 가까이 마라. 설상가상의 액이로다.
七月	初吉後凶　每事愼之 困窮之餘　貴人有助		처음은 길하고 뒤는 흉하니 매사를 삼가라. 곤궁한 나머지에 귀인의 도움이 있으리라.
八月	雨中行人　進退兩難 財散人離　獨坐長歎		빗속에 다니는 사람이 진퇴가 양난하도다. 재물이 흩어지고 사람이 떠나가니 홀로 앉아 탄식하리라.
九月	身遊他鄕　風霜重重 安靜不害　動則逢厄		몸이 타향에서 노니니 풍상이 중중하도다. 안정하면 해가 없으나 움직이면 액을 만나리라.
十月	坐井觀天　不知世事 才力不足　所望不成		우물에 앉아서 하늘을 보니 세상 일을 알지 못한다. 재력이 부족하니 소망을 이루지 못하리라.
十一月	勿行江岸　惟恐陷弱 若無水厄　一驚火魔		강 언덕을 가까이 마라. 그 액이 있을까 두렵다. 만일 수액이 없으면 한 번 화마에 놀라리라.
十二月	今年之運　吉少凶多 守舊安分　凶厄減少		금년의 운수는 길함이 적고 흉함이 많다. 옛것을 지키고 안분하면 흉액이 감소되리라.

	坎爲水 (감위수)		험한 길을 이미 지났으니 전정이 순탄하다. 때를 타서 움직이면 이름보다 공이 크리라. 몸이 청운에 오르니 대과에 급제할 운수로다. 한때 곤액이 있으니 질병이 두렵다.
	險程已過 前途有順 乘時而動 名半功倍 身登靑雲 大科不及 一有困厄 疾病可畏		

正月	世應比合	近人來助	세응이 비합하니 가까운 사람이 와서 돕는다.
	與人同事	其利倍加	남과 더불어 동사하면 그 이익이 배가 되리라.
二月	春江日麗	鴛鴦相遊	봄강에 날이 따뜻한데 원앙이 서로 노닌다.
	花燭洞房	佳人相逢	화촉동방에 가인을 상봉하리라.
三月	行雲施雨	萬物發生	구름이 행하여 비가 내리니 만물이 발생하도다.
	魚變成龍	造化無窮	고기가 변하여 용이 되니 조화가 무궁하리라.
四月	金榜題名	必是壯元	금방에 이름을 썼으니 필시 장원이로다.
	運數大吉	百事順成	운수가 대길하니 백사가 순히 이루어지리라.
五月	道遠任重	氣力衰盡	길은 멀고 책임은 무거우니 기력이 쇠진하였다.
	莫貪分外	一無成事	분외지사를 탐하지 마라. 하나도 성사됨이 없다.
六月	靑山歸路	日入西山	청산에 돌아가는 길에 날이 서산에 들어간다.
	心急事遲	一身困苦	마음은 급하나 일이 늦으니 일신이 곤고하리라.
七月	四野回春	草木更生	사야에 봄이 오니 초목이 다시 생한다.
	事窮則通	喜事將至	일이 궁하면 통하는 법이니 기쁜 일이 장차 이르리라.
八月	小鳥傷翼	欲飛不能	작은 새가 날개를 상하니 날고자 하나 날지 못한다.
	險山峻嶺	弱馬駄重	험산준령에서 약한 말이 무거운 짐을 실었다.
九月	在家無益	出外生榮	집에 있으면 무익하고 밖에 나가면 영화가 생긴다.
	他關千里	貴人相逢	타관 천리에서 귀인을 상봉하게 되리라.
十月	井魚出海	得意揚揚	우물 고기가 바다에 나오니 득의양양하리라.
	厄運皆消	前道明朗	액운이 모두 사라지니 앞길이 명랑하도다.
十一月	累年積功	一朝成就	여러 해 적공한 것이 일조에 성취되었다.
	若非官祿	財數大吉	만일 관록이 아니면 재수가 대길하리라.
十二月	雁飛東西	兄弟分離	기러기가 동서로 날으니 형제가 분리한다.
	若不然也	身病可畏	만일 그렇지 않으면 신병이 가히 두렵다.

[六三]

坎爲水 (감위수)

登登山路　何時出險
才弱智短　事多阻滯
雨至花落　雲掩月昏
若非口舌　爭訟可愼

산길을 오르고 오르나 어느 때 험지에서 나갈꼬. 재주는 약하고 지혜가 짧으니 일마다 장애가 많다. 비가 이르고 꽃이 떨어지며 구름이 가리어 달빛이 어둡다. 만일 구설수가 아니면 송사를 삼가라.

正月	傍人猜忌　凡事操心		곁의 사람이 시기하니 범사를 조심하라.
	莫向北方　逢厄可畏		북방으로 향하지 마라. 액을 만날까 두렵다.
二月	往來峻嶺　日色已暮		준령을 왕래하다 보니 날이 이미 저물었다.
	事積泰山　一無成就		일이 태산같이 쌓였는데 하나도 성취됨이 없다.
三月	莫信親戚　口舌損財		친척을 가까이 마라. 구설과 손재수로다.
	妻宮有厄　豫先禱厄		처궁의 액이 있으니 먼저 예방하여 도액하라.
四月	雖無大難　困苦何言		비록 큰 어려움은 없으나 곤고함을 어찌 말하리요.
	之東之西　重重風霜		동으로 가고 서로 가니 중중한 풍상을 겪으리라.
五月	身旺東方　財旺南地		몸은 동방에 왕성하고 재물은 남쪽에서 왕한다.
	百事雖吉　火災愼之		백사가 비록 길하나 화재수를 조심하라.
六月	見而不食　畫中之餠		보고도 먹지 못하니 그림 가운데 떡이로다.
	世事浮雲　莫作虛妄		세상 일이 뜬구름 같으니 허망한 일을 경영치 마라.
七月	所向先暗　晚覺大路		먼저 향하는 바가 어두우나 늦게 큰 길 있음을 깨쳤다.
	先凶後吉　終得大利		먼저는 흉하고 뒤에 길하니 마침내 큰 이익을 얻으리라.
八月	無端之事　忽起是非		무단지사로 홀연 시비가 일어난다.
	若不忍之　官訟可畏		만일 참지 않으면 관재 송사가 가히 두렵다.
九月	出入東方　勤苦後得		동방에 출입하면 근고 뒤에 얻으리라.
	意外功名　到處有權		의외의 공명을 얻으니 도처에 권세가 있도다.
十月	花開月明　壽福綿綿		꽃이 피고 달이 밝으니 수복이 면면하도다.
	膝下有慶　和氣滿堂		슬하의 경사 있으니 화기가 집안에 가득하리라.
十一月	勿爲急圖　吉事反害		급히 도모하지 마라. 길한 일이 오히려 해가 된다.
	誠心求之　貴人來助		성심으로 구하면 귀인이 와서 도우리라.
十二月	東風初起　財源漸昌		동풍이 처음 일어나니 재물 근원이 점점 창성한다.
	財旺外方　出入可得		재물이 외방에 왕하니 출행하면 가히 얻으리라.

[六四]

坎爲水 (감위수)

誠實勤儉　德業可成
易成易敗　或聚或散
洞房春風　蛾眉相對
吉凶居半　喪亂忽起

성실하고 근검하면 덕업을 가히 이루리라. 쉽게 이루고 쉽게 패하니 혹 모이고 혹 흩어진다. 동방춘풍에 결혼할 운이로다. 길흉이 반반이요, 상액도 홀연 일어나리라.

正月	舟泊干岸　閑居無事 幸逢貴人　可得巨財		배를 언덕에 정박하니 한거하고 무사하다. 다행히 귀인을 만나면 가히 큰 재물을 얻으리라.
二月	知足可樂　莫貪虛慾 不知本分　後悔莫及		족함을 알면 즐거우니 허욕을 탐하지 마라. 본분을 알지 못하면 후회막급이로다.
三月	東風解氷　諸凶自消 出入東方　事事有光		동풍에 얼음이 풀리니 모든 흉화도 자연 사라진다. 동방에 출입하면 일마다 빛이 있으리라.
四月	當此時機　漸入佳境 事業成就　財帛陳陳		시기가 당두하니 점차 운이 좋아진다. 사업을 성취하니 재백이 진진하리라.
五月	花笑芳園　蝴蝶探香 貴人來助　手弄千金		꽃이 방원에 웃고 피었으니 호접이 향기를 탐한다. 귀인이 와서 도우니 손으로 천금을 희롱하리라.
六月	困鳥破籠　任意遠飛 靜則無益　動則成就		곤한 새가 조롱을 파하니 임의로 멀리 날도다. 가만히 있으면 무익하나 움직이면 성취하리라.
七月	小富在勤　大富在天 知命處世　萬無一失		소부는 부지런함에 있고 대부는 하늘에 있다. 명을 알고 처세하면 만 가지 중 하나도 잃지 않으리라.
八月	靑鳥傳信　婚談必至 若非婚慶　營謀成就		청조가 서신을 전하니 혼담이 반드시 이르리라. 만일 혼인의 경사 아니면 경영함을 성취하리라.
九月	祿重身弱　固守分數 勿建家宅　意外橫厄		녹은 중하고 몸은 약하니 분수를 고수하라. 새 집을 짓지 마라. 의외의 횡액이 있으리라.
十月	朱雀發動　必有口舌 莫謂事遲　速成則敗		주작이 발동하니 반드시 구설이 있도다. 일이 더디나 탓하지 마라. 속히 이루면 패하리라.
十一月	事與心違　自歎身勢 莫聽人言　先甘後苦		일이 마음을 어기니 신세를 자탄하도다. 남의 말을 믿지 마라. 먼저는 달고 뒤에는 쓰다.
十二月	賴人成功　小事遂意 財在外方　出入可得		남의 힘을 빌려 성공하니 작은 일은 여의하리라. 재물이 외방에 있으니 출입하면 가히 얻는다.

〔九五〕

坎爲水 (감위수)

上應天命　下慰民心
文武兼全　名垂竹帛
官人榮轉　庶人得業
年運大吉　所望必成

위로는 천명을 응하고 아래로는 민심을 위로한다. 문무에 겸전하니 이름을 역사에 기록하리라. 관인은 영전하고 서인은 업을 얻는다. 연운이 대길하니 소망이 반드시 성취되리라.

正月	雖有小利　用度必大 聚散無常　名大實小	비록 작은 이익이 있으나 쓰는 곳이 반드시 크도다. 모이고 흩어짐이 무상하니 이름만 크고 실속은 작으리라.
二月	得而反失　徒傷心中 若非妻患　子孫之憂	얻어서 반이나 잃으니 한갓 심중만 상한다. 만일 처환이 아니면 자손의 근심이 있다.
三月	一場春雨　草木生新 厄運消盡　但有喜事	한마당 봄비에 초목이 새빛을 생한다. 액운이 다 사라지니 다만 기쁜 일만 있으리라.
四月	錦冠桂花　馳馬長安 百事雖吉　火厄愼之	금관에 계화를 꽂고 장안에 말을 달린다. 백사가 비록 길하나 불을 조심하라.
五月	一喜一悲　吉凶相半 言語愼重　口舌可畏	한 번 기쁘고 한 번 슬프니 길흉이 상반하도다. 언어를 신중히 하라. 구설이 가히 두렵다.
六月	運數大通　百事如意 到處春風　喜事陳陳	운수가 대통하니 백사가 여의하도다. 도처에 춘풍이니 기쁜 일이 진진하리라.
七月	千里長程　駿馬馳走 男兒得志　此外何羨	천리장정에 준마를 타고 달린다. 남아가 뜻을 얻었으니 이밖에 무엇이 부러우리요.
八月	吉夢枕上　生男有慶 東山花發　蜂蝶探香	길몽이 베개 위에 있으니 생남할 경사 있도다. 동산에 꽃이 만발하니 봉접이 향기를 탐한다.
九月	人逢美事　精神爽快 事事有光　子孫榮華	사람이 좋은 일을 만나니 정신이 상쾌하도다. 일마다 영광이 있으며 자손의 영화 있으리라.
十月	意外功名　名播四方 利在外方　出行得財	의외의 공명을 얻으니 이름이 사방에 퍼진다. 이익이 외방에 있으니 출행하면 재물을 얻으리라.
十一月	偶到東城　喜逢故人 若非官祿　財積丘山	우연히 동성에 이르렀더니 반갑게 고인을 만났다. 만일 관록이 아니면 재물이 산같이 쌓이리라.
十二月	古木逢春　病者回生 先困後泰　終成大富	고목이 봄을 만나니 병자가 회생하리라. 먼저는 곤하고 뒤에 태평하니 마침내 큰 부자가 되리라.

一七四

[上六]

坎爲水 (감위수)

山中無曆　不知甲子
隱忍自重　或得安康
骨肉相爭　破家亡身
今年所畏　獄牢不免

산중에 책력이 없으니 날짜 가는 것을 알지 못한다. 은인자중하면 혹 안강함을 얻으리라. 골육이 상쟁하니 파가망신한다. 금년의 운수는 형옥을 면하기 어려우리라.

正月	良劍藏匣　玉沒塵土 心大志高　運何否塞	양검이 갑 속에 감추이고 옥이 진토에 묻혔다. 마음은 크고 뜻은 높으나 운은 어이 비색한고.
二月	日暮西天　山鳥失巢 出則有憂　入則心閑	날이 서천에 저무는데 산새가 둥우리를 잃었다. 나가면 근심이 있고 집에 들면 마음이 한가하다.
三月	雪中孤松　獨帶春光 膝下有憂　心身不安	눈 가운데 외로운 소나무가 홀로 봄빛을 띠었다. 슬하의 근심이 있을 것이요, 심신이 불안하리라.
四月	秘密之事　向人莫言 親人有害　愼之不近	비밀된 일을 남에게 말하지 마라. 친한 사람이 해가 있으니 삼가고 가까이 마라.
五月	勿營大事　運數不利 欲速不達　以此爲病	큰 일을 경영치 마라. 운수가 불리하도다. 속히 하려다 이루지 못하니 이로써 병을 얻으리라.
六月	隱居林中　吟風咏月 一身雖安　別無所得	수풀 속에 은거하며 풍월을 읊도다. 일신은 비록 편안하나 별로 소득이 없으리라.
七月	若無服制　身病重重 心身散亂　世事如夢	만일 복제수가 없으면 신병이 중중하도다. 심신이 산란하니 세상 일이 꿈과 같으리라.
八月	平地生荊　花園雨打 水魔窺門　莫渡深川	평지에 가시가 생기고 화원에 비가 때린다. 수마가 문을 엿보니 깊은 내를 건너지 마라.
九月	獨行南北　貴人何在 無益之事　虛送歲月	홀로 남북으로 거니나 귀인이 어디 있는고. 무익한 일로 헛되이 세월만 보내리라.
十月	暗夜行人　偶得明燭 去舊從新　積小成大	어둔 밤에 다니는 사람이 우연히 밝은 등을 얻었다. 옛것이 가고 새것을 좇으니 작은 것을 쌓아 큰것을 이루리라.
十一月	空谷回春　絶處逢生 初雖困苦　晚時生光	빈 골짜기에 봄이 돌아오니 절처봉생하였도다. 처음은 비록 곤고하나 늦게는 광명이 생기리라.
十二月	財源始達　和氣融融 身數大吉　喜事到門	재물 근원이 비로소 통달하니 화기가 융융하도다. 신수가 대길하니 기쁜 일이 문에 이르리라.

一七五

[初九]

䷝ **离爲火(이위화)**

事有定分　勿躁勿妄
風動波生　違理難生
鸞傳天書　功業可成
年運如此　官訟愼之

일에는 정한 몫이 있으니 조급하거나 망동하지 마라. 바람이 불고 파도가 일어나니 이치를 어기면 살기 어렵다. 난새가 임금의 글을 전해 주니 공업을 가히 성취하리라. 연운은 이 같으나 관재와 송사를 삼가라.

正月	驛馬到門　早朝登程 身出旅路　得失相半		역마가 문에 이르렀으니 일찍 등정하게 되리라. 몸이 객지에 나가서 얻는 것과 잃는 것이 상반하리라.
二月	官化爲孫　疾病自消 諸營之事　自此漸昌		관귀가 화하여 자손이 되니 질병이 자연 사라진다. 모든 경영하는 일은 차차로 창성하게 되리라.
三月	栽者倍之　天賜厚福 苦盡甘來　後必榮華		하늘은 노력하는 자를 돕나니 두터운 복을 줄 것이다. 쓴것이 다하면 단것이 오니 뒤는 반드시 영화 있으리라.
四月	一進一退　吉凶相半 事無始終　心身散亂		한 번 나가고 한 번 물러나니 길흉이 상반하도다. 일에 처음과 끝이 없으니 심신이 산란하리라.
五月	莫近是非　訟事不利 每事三思　庶無厄禍		시비를 가까이 마라. 송사에 불리하도다. 매사에 깊이 생각하면 대체로 액화가 없으리라.
六月	勿爲妄動　致敗多端 得而反失　此數奈何		망령되이 움직이지 마라. 치패수가 다단하도다. 얻으면 그 반절을 잃게 되니 이 수를 어찌하리요.
七月	莫爲急圖　晩則爲吉 妄動不利　守分則吉		일을 급히 서두르지 마라. 늦게 하면 길하도다. 망동하면 불리하나 분수를 지키면 길하리라.
八月	若有人助　意外成功 積小成大　財祿陳陳		만일 남의 도움이 있으면 의외로 성공한다. 작은 것을 쌓아 큰 것을 이루니 재록이 진진하리라.
九月	萬事已定　妄動不利 順理行之　前程無咎		만사는 이미 정해져 있거늘 망동하면 이롭지 못하다. 순리로 행하면 전정에 아무 탈이 없으리라.
十月	守分安居　終見財利 月明草堂　閑坐讀書		분수를 지키고 안거하라. 마침내 재물의 이익이 있다. 달이 초당에 밝으니 한가히 앉아 글을 읽는 상이라.
十一月	西南兩方　必有財旺 運數大吉　安過太平		서남 양방에 반드시 재물이 왕성하도다. 운수가 대길하니 태평하게 세월을 보내리라.
十二月	西人有害　愼之莫近 幸逢貴人　別無過失		서쪽 사람은 해가 있으니 가까이 함을 삼가라. 다행히 귀인을 만나서 별로 과실이 없게 되리라.

离爲火 (이위화)

井魚出海　意氣揚揚
身登靑雲　國家重任
波平浪靜　泛舟出帆
今年之數　一身自安

우물 고기가 바다에 나가니 의기가 양양하도다. 몸이 벼슬길에 오르니 국가의 중임을 맡게 되리라. 풍파가 자고 고요한 물결에 배를 띄운 형상이라. 금년의 운수는 일신이 자연 편안하게 되리라.

正月	兩人對酒　山花正開 時機未到　修身待時	두 사람이 술잔을 대하니 산 꽃이 바로 피었도다. 좋은 운이 아직 이르지 않았으니 몸을 닦고 시기를 기다리라.
二月	勿求他業　商業大吉 西北兩方　有人助力	다른 업을 구하지 마라. 상업만이 대길하도다. 서북 양방에서 도와주는 사람이 있으리라.
三月	龍虎兩榜　姓名顯赫 若非官祿　遠行之數	문과 무과 두 과제에 모두 급제하였도다. 만일 벼슬을 얻지 못하면 멀리 출행할 수가 있도다.
四月	靑鳥飛來　喜信傳達 若非婚慶　財利可取	청조가 날아오니 기쁜 소식을 전달해 주도다. 만일 혼인의 경사가 아니면 재물의 이익을 가히 얻으리라.
五月	一喜一悲　吉凶相半 東方得財　西方見害	한 번 기쁘고 한 번 슬프니 길흉이 서로 반이로다. 동방에서는 재물이 생기나 서방에서는 해를 보리라.
六月	雲散月出　天地明朗 功成名立　人人仰視	구름이 개고 달이 나오니 천지가 명랑하도다. 공을 이루고 이름을 세우니 사람마다 우러러보리라.
七月	食祿長遠　何事憂之 天賜其福　百事皆成	식록이 장원하니 무엇을 근심하리요. 하늘이 복을 주니 백 가지 사업이 모두 성취되리라.
八月	吉星隨身　必有餘慶 所望如意　喜色滿庭	길성이 몸에 따르니 반드시 경사가 있도다. 바라는 바가 여의하니 기쁜 빛이 집안에 가득하리라.
九月	家人合心　家道興旺 財星入門　日取千金	집안 사람이 합심하니 가도가 흥왕한다. 재성이 문 안에 들어오니 날로 천금을 얻으리라.
十月	二八佳人　天定之緣 若無婚慶　貴子必生	이팔 가인은 천정의 인연이로다. 만일 혼인의 경사가 없으면 반드시 귀자를 낳으리라.
十一月	世事難測　福過禍至 莫爲人爭　財譽有傷	세상 일은 측량키 어려우니 복이 가고 화가 온다. 남과 다투지 마라. 재물과 명예의 손상함이 있으리라.
十二月	月運不好　暫時之厄 雨止風息　此後泰平	이 달 운이 좋지 못하나 잠시간의 액이로다. 비가 그치고 바람이 자니 이후는 태평하리라.

[九三]

离爲火 (이위화)

一喜一悲　吉凶相雜
日中則昃　月滿則虧
知身知命　可避凶禍
若不然也　傷財傷身

한 번 기쁘고 한 번 슬프니 길흉이 섞였도다. 해가 가운데 있으면 곧 기울고 달이 둥글면 곧 이지러진다. 자신을 잘 알면 가히 흉화를 피하게 된다. 만일 조심함이 없으면 재물의 손해와 신상의 액이 있으리라.

正月	舟過金陵　恩友顧我 困窮之餘　憂散喜來	배가 금릉을 지났으니 은혜로운 벗이 나를 돌봐준다. 곤궁한 뒤에야 근심이 사라지고 기쁨이 오리라.
二月	若非刑妻　膝下之厄 家有憂患　豫防則可	만일 아내의 이별이 아니면 슬하의 액이로다. 집안에 우환이 있으니 예방함이 옳으리라.
三月	順天者昌　逆理則凶 世事已定　莫作分外	하늘을 순응하면 창성하나 이치를 어기면 망한다. 세상 일이 이미 정해져 있거늘 분수 밖의 일은 하지 마라.
四月	古木逢霜　秋菊逢雪 花落無實　無依無托	마른 나무가 서리를 만나고 가을 국화에 눈이 내렸다. 꽃이 지고 열매가 없으니 의탁할 곳이 없게 되리라.
五月	老龍失珠　造化難施 若無損財　一驚傷身	늙은 용이 여의주를 잃었으니 조화를 부리기 어렵다. 만일 손재수가 없으면 몸을 다쳐 크게 놀라리라.
六月	西山日傾　暗夜將臨 勿爲遲滯　去日不來	해가 서산마루에 기우니 장차 어두운 밤이 이른다. 모든 일을 게을리하지 마라. 지나간 날은 다시 오지 않는다.
七月	謀事多端　奔走之格 東奔西走　終無所得	꾀하는 일이 다단하니 분주한 격이로다. 동서로 바삐 노력하나 마침내 얻는 바가 없으리라.
八月	勿改前業　改革必損 守舊安靜　凡事無害	종전의 업을 바꾸지 마라. 반드시 손해가 있다. 옛것을 지키고 안정하면 범사에 해가 없으리라.
九月	長江小艇　巨浪高起 身數不利　每事愼之	장강에 작은 배를 띄우니 풍랑이 높게 일어난다. 신수가 불리하니 매사를 조심하라.
十月	親人莫信　口舌難免 西方不利　勿爲出行	친한 사람을 믿지 마라. 구설을 면하기 어렵다. 서쪽 방위가 불리하니 출행하지 마라.
十一月	斜日登程　或遇貴人 家有小憂　膝下之患	저무는 날에 등정하여 혹 귀인을 만나리라. 집안에 약간 근심이 있으니 이는 슬하의 근심이로다.
十二月	陰極生陽　憂中生喜 吉運始到　一家太平	음이 극하면 양이 생기나니 근심 중에 기쁨이 생긴다. 길한 운이 비로소 이르니 일가가 태평하리라.

[九四]

离爲火 (이위화)

守舊安常　妄動禍逼
聰明自尊　忤逆長上
以卑逆尊　必受其禍
年運論之　愼之妄動

옛것을 지키면 편안하나 망동하면 화가 가깝다. 총명만 믿고 훌륭한 체 하여 윗사람을 거스른다. 낮은 신분으로 높은 이를 거스르면 반드시 그 화를 받는다. 일년 운수를 논하건대 망동함을 삼가라.

正月	身運不利　始終行善 若不然則　人人背我	신수와 운이 불리하니 항시 선행하라. 만일 그렇지 않으면 사람마다 나를 배반한다.
二月	朱雀頻鳴　必有口舌 若無口舌　家中有病	주작이 번거롭게 우니 반드시 구설수가 있으리라. 만일 구설수가 없으면 집안에 질병이 있으리라.
三月	人多忌我　誠心處世 恩人反仇　害我者多	사람들이 나를 꺼리니 성심으로 처세하라. 은인이 도리어 원수로 바뀌니 나를 해하는 이가 많으리라.
四月	身數論之　安分上策 靜則無害　動則受厄	신수를 논하건대 분수를 지킴이 상책이로다. 가만히 있으면 해가 없으나 움직이면 액을 받으리라.
五月	他人之事　干涉不利 無端之事　是非不絶	남의 일에 간섭하면 불리하도다. 무단한 일로 인하여 시비가 끊이지 않으리라.
六月	莫歎運塞　自取之禍 三戰三敗　氣盡力盡	운수가 막힘을 탄식 마라. 스스로 취한 화근이로다. 세 번 싸워 세 번 패하니 기운과 힘이 다하였도다.
七月	酒肆靑樓　妖女誘之 莫近酒色　損財損名	주사청루에서 요사한 계집이 유혹한다. 주색을 가까이 마라. 재물과 명예를 손상하리라.
八月	欲進不進　是何運也 吉運未到　守靜待時	나가고자 하나 나가지 못하니 이 어인 운수뇨. 길운이 이르지 않았으니 고요히 앉아 좋은 때를 기다리라.
九月	駿馬傷足　險山何走 財力不足　知而難行	준마가 발을 다쳤으니 험한 산을 어찌 달리리요. 재물과 힘이 부족하니 알고도 행하지 못한다.
十月	兵火將起　何處避之 莫爲出行　路上失金	난리가 장차 일어나니 어느 곳으로 피할꼬. 출행하지 마라. 거리에서 돈을 잃어버린다.
十一月	年事論之　終無一成 少得多失　家産縮小	연사를 논하건대 마침내 한 가지도 이루어짐이 없다. 적게 얻고 많이 잃으니 재산이 줄게 되리라.
十二月	之東之西　虛送歲月 累經風霜　晚時安康	동으로 가고 서로 가니 세월만 헛되이 보내도다. 여러 번 풍상을 겪은 뒤에 늦게 편안함을 얻으리라.

离爲火(이위화)

☲

入山逢虎　進退兩難
危險當頭　何而免之
誠心行善　死地求生
事有多滯　一無成事

산에 들어 범을 만나니 진퇴가 양난하도다. 위험이 당도하니 어떻게 면하리요. 성심으로 선을 행하라. 사지에서 생을 구하게 되리라. 일마다 막힘이 많으니 한 가지도 되는 일이 없으리라.

正月	陽極陰生　喜中生憂	양이 극하면 음이 생기나니 기쁜 가운데 근심이 생긴다.
	身上有困　疾病可畏	신상의 곤고함이 있으니 질병이 가히 두렵도다.
二月	勿爲出行　損害多端	출행하지 마라. 손해가 다단하도다.
	若行南方　意外逢變	만일 남방으로 행하면 의외의 변을 만나리라.
三月	官者失位　復職難望	벼슬아치는 관직을 잃으니 복직하기 어렵도다.
	運滯如是　靜而待時	운이 이와 같이 막혔으니 고요히 때를 기다리라.
四月	孑孑單身　孤立無依	혈혈단신으로 외로이 서서 의지가 없도다.
	親人自疏　是何運也	친한 사람이 자연 멀어지니 이 어찌된 운이뇨.
五月	無虎山中　狐狸自尊	산중에 범이 없으니 여우와 이리가 잘난 체한다.
	君子隱身　小人作凶	군자는 몸을 감추고 소인은 흉계를 꾸민다.
六月	風雨不止　何時渡津	풍우가 그치지 않으니 어느 때 나루를 건너리요.
	心急事滯　恐或成病	마음은 급하나 일은 더디니 혹 병을 얻을까 두렵도다.
七月	擇地移居　一室平安	자리를 가려 이사하면 일실이 평안하도다.
	勿爲凌人　反有其害	사람을 업신여기지 마라. 오히려 그 해가 있으리라.
八月	井中見天　自謂天小	우물 속에서 하늘을 보니 스스로 하늘이 작다 한다.
	雲起蔽月　聰明不足	구름이 일어나 달빛을 가리니 총명이 부족하리라.
九月	有志未就　身數奈何	뜻은 있으나 이루지 못하니 신수라 어찌하리요.
	在家不利　出亦不安	집에 있으면 불리하고 나가도 또한 편안치 못하리라.
十月	古木逢春　絶處逢生	고목이 봄을 만나니 절처에서 생을 만나도다.
	陰極生陽　禍厄漸消	음이 극하면 양이 생기나니 화액이 점점 사라진다.
十一月	吉人來助　自無疾苦	길한 사람이 와서 도우니 자연히 질고가 없다.
	財星照臨　小財可得	재성이 조림하니 작은 재물은 가히 얻으리라.
十二月	雖有求事　似成不成	비록 구하는 일이 있으나 될 것 같으면서도 되지 않는다.
	偶逢貴人　憂散喜生	우연히 귀인을 만나니 근심이 사라지고 기쁨이 오리라.

[上九]

离爲火 (이위화)

龍得明珠　雲行雨施
君前受任　錦衣還鄉
花燭洞房　佳人相逢
今年之數　官祿隨身

용이 밝은 구슬을 얻었으니 구름이 일고 비가 내린다. 임금 앞에서 명을 받으니 금의환향하리라. 화촉동방에 가인을 상봉한다. 금년의 운은 관록이 몸에 따르리라.

正月	兩處有事　一身兩役 身雖奔忙　財帛隨身	두 곳에 일이 있으니 한 몸으로 두 가지 역할을 하게 된다. 몸은 비록 분주하나 재백은 몸에 따르리라.	
二月	春風解氷　氣和日暖 家有慶事　添口添土	봄바람에 얼음이 풀리니 기후가 화창하고 날이 따뜻하다. 집안에 경사가 있으니 식구가 늘고 토지가 늘리라.	
三月	君臣相會　國事論之 治國安民　泰平天下	군신이 서로 모여 국사를 의논한다. 나라를 다스려 백성이 편안하니 천하가 태평하리라.	
四月	朱雀飛鳴　口舌之數 勿行北方　其處不利	주작이 날아와 우니 구설수로다. 북방으로 가지 마라. 바로 그곳이 불리하리라.	
五月	垂釣綠水　錦鱗自來 謀事到處　因人成事	푸른 물결에 낚시를 드리우니 비단잉어가 자연히 이른다. 꾀하여 가는 곳마다 남으로 인하여 성사되리라.	
六月	月裡姮娥　自愛少年 家有吉慶　喜滿一家	월궁의 항아는 자연히 소년의 쬠을 받는다. 집안에 길한 경사가 있으니 기쁨이 일가에 가득하리라.	
七月	魚躍龍門　變化風雲 功成名立　威振天下	고기가 용문에 뛰어오르니 풍운의 변화를 부린다. 공을 이루고 이름을 세우니 위엄을 천하에 떨치리라.	
八月	旱餘甘霖　三農俱慶 百事大吉　財祿滿堂	가뭄 속에 단 장마가 이르니 농가에 모두 경사로다. 백사에 대길하니 재록이 집에 가득하리라.	
九月	芳閨夜靜　嬌娥相對 相逢佳緣　情意樂樂	밤 깊은 규방에서 어여쁜 여인과 마주 하였도다. 아름다운 인연을 서로 만나니 정의가 즐겁고 즐겁도다.	
十月	勿貪大利　得少失多 雖有小憂　終見亨通	큰 이익을 탐하지 마라. 적게 얻고 많이 잃는다. 비록 작은 근심이 있으나 마침내는 형통하리라.	
十一月	萬頃蒼波　順風出帆 諸事遂意　一身自安	만경창파 순풍에 돛을 달았도다. 모든 일이 뜻과 같으니 일신이 자연 편안하리라.	
十二月	月明蒼空　其色明朗 經營之事　名大實小	창공에 달이 밝으니 그 빛이 명랑하도다. 경영지사는 이름만 크고 실속은 작으리라.	

[初六]

一八

二七	澤山咸(택산함) 弱馬任重　志在千里 心急事滯　一無成事 擇地離居　終見吉祥 今年之運　有志未達	약한 말에 짐이 무거우나 뜻은 천리 밖에 있다. 마음은 급하고 일은 더디니 하나도 일을 이루지 못한다. 땅을 가려 이사하면 마침내 좋은 일을 보리라. 금년의 운수는 뜻은 있으나 이루지 못한다.
正月	有志未能　時機未到 守靜待時　後必成就	뜻은 있으나 능하지 못하니 시기가 이르지 않았다. 안정하고 때를 기다리라. 뒤에는 반드시 성취하리라.
二月	守口如瓶　口舌可畏 此月之數　爭訟是非	입을 병같이 봉하라. 구설이 두렵다. 이 달의 운수는 쟁송과 시비가 있다.
三月	若非橫財　橫厄難免 先凶後吉　勉則避凶	만일 횡재수가 아니면 횡액을 면치 못한다. 먼저는 흉하고 뒤에 길하니 부지런하면 흉함이 없으리라.
四月	遠地爲商　可得利潤 財數大吉　萬事如意	먼 곳에서 장사하면 가히 이익을 얻는다. 재수가 대길하니 만사가 뜻과 같이 된다.
五月	千里他鄕　喜逢故人 事事如意　喜事重重	천리타향에서 반갑게 고인을 만났다. 일마다 뜻과 같으니 기쁜 일이 중중하리라.
六月	莫信親人　損財不鮮 急速不達　緩則吉利	친한 사람을 믿지 마라. 손재수가 적지 않으리라. 급히 하면 이루지 못하나 늦게 하면 길리하리라.
七月	財數平吉　身數不利 豫爲禱厄　可免此厄	재수는 평길하나 신수는 불리하도다. 미리 액을 빌라. 가히 이 액을 면하리라.
八月	春雪漸消　災逐逢喜 財利俱足　其外何求	봄눈이 점점 사라지니 재앙을 쫓고 기쁨을 만난다. 재리가 구족하니 그밖에 무엇을 구하리요.
九月	暗行失路　偶得明燭 東西兩方　財運大通	어둔 밤 행인이 길을 잃었다가 우연히 밝은 불을 얻었다. 동서 양방에서 재운이 대통하리라.
十月	或有虛荒　每事愼之 若非官厄　口舌難免	혹 허황된 일이 있으니 매사를 조심하라. 만일 관액이 아니면 구설을 면키 어려우리라.
十一月	李花落處　其實可美 所望之物　無難取得	이화가 떨어지는 곳에 그 열매가 아름답도다. 바라는 물건은 어렵지 않게 얻으리라.
十二月	居家無益　出則吉利 丑月之數　貴人助我	집에 있으면 무익하고 나가면 길리하다. 이 달의 운수는 귀인이 나를 도우리라.

〔八二〕

澤山咸 (택산함) 二七

隨時而動　財利不取
靜則有吉　動則大凶
身數不好　莫營大事
今年之數　守舊則吉

때를 따라 움직이나 재물은 얻지 못한다. 가만히 있으면 길하고 움직이면 크게 흉하다. 신수가 좋지 않으니 큰 일을 경영치 마라. 금년의 운수는 옛것을 지키면 길하리라.

正月	身上無欠 東西兩方	損財可畏 或出貴人	신수는 흠이 없으나 손재수가 두렵다. 동서 양방에 혹 귀인이 나타나리라.
二月	順理行善 財數大吉	事事順成 以小易大	순리로 선을 행하면 일마다 순조롭다. 재수가 대길하니 작은 것으로 큰 것을 바꾼다.
三月	安分無害 或往或來	守靜最吉 得而半失	분수를 지키면 무해하니 안정하면 가장 길하다. 혹은 가고 혹은 오니 얻어서 반은 잃는다.
四月	貪財暴利 南北兩方	有損無益 財運通泰	폭리를 탐하면 손해만 있고 이익이 없다. 남북 양방에서 재운이 통태하리라.
五月	上和下睦 得男之數	一室和樂 財取可得	상하가 화목하니 일실이 화락하도다. 생남할 운수요, 재물을 구하면 가히 얻으리라.
六月	東奔西走 每事不利	衣食不穩 勞而無功	동서에 분주하나 의식은 넉넉지 못하다. 매사에 불리하니 수고하나 공이 없으리라.
七月	敗軍之將 先凶後吉	無面渡江 勉則小得	패군한 장수가 강 건널 낯이 없도다. 먼저는 흉하고 뒤에 길하니 힘쓰면 약간 얻으리라.
八月	財運漸開 利在四方	身運亦吉 少求多得	재운이 점점 열릴 것이요, 신수도 또한 길하다. 이익이 사방에 있으니 적게 구해도 많이 얻는다.
九月	凡事有吉 貴人相助	財利入門 利在其中	범사에 길함이 있으니 재리가 문에 들어온다. 귀인이 서로 도와주니 이익이 그 가운데 있다.
十月	家有喜事 財運通泰	一室和樂 意外得財	집안에 기쁜 일이 있으니 일실이 화락하도다. 재운이 통태하니 의외로 득재하리라.
十一月	文書有吉 若不其然	田庄吉利 意外損財	문서의 길함이 있으니 전장을 장만한다. 만일 그렇지 않으면 의외로 손재하리라.
十二月	卦有吉星 若非橫財	死地求生 訟事可畏	괘에 길성이 있으니 사지에서 생을 구한다. 만일 손재수가 아니면 송사가 두렵다.

澤山咸 (택산함)

山擇通氣　至誠感天
十年經營　一日之榮
奔走四方　晚時小得
今年之運　改革不吉

산을 가려 기가 통하니 지성이면 하늘이 감응한다. 십년을 경영하니 하룻날의 영화로다. 사방으로 분주하면 늦게 조금 얻는다. 금년의 운수는 개혁함이 불길하리라.

正月	財數不吉　失物愼之 若非添口　必是官祿		재수가 불길하니 실물수를 조심하라. 만일 식구를 더하지 않으면 필시 관록을 얻으리라.
二月	一室和樂　膝下有慶 正心修德　利在其中		일실이 화락하니 슬하의 경사가 있으리라. 마음을 바르게 하고 덕을 닦으면 이익이 그 가운데 있으리라.
三月	淸風明月　獨坐歎息 財數不利　勞費無功		청풍명월에 홀로 앉아 탄식한다. 재수가 불리하니 수고하나 공이 없으리라.
四月	西南有害　莫行西南 或出貴人　意外成事		서남방에 해가 있으니 그곳으로 가지 마라. 혹 귀인이 나타나면 의외로 성사되리라.
五月	官祿臨身　名振四方 所望如意　大事成就		관록이 몸에 임하니 이름을 사방에 떨친다. 소망이 여의하니 큰 사업을 성취하리라.
六月	自尊不利　從人善導 與人同事　必是成功		높은 체하면 불리하니 남의 권고를 좇으라. 남과 더불어 동사하면 반드시 성공하리라.
七月	或有婚事　誠求可成 若非婚事　橫厄之數		혹 혼사가 있으니 지성으로 구하면 이루어진다. 만일 혼인을 아니하면 횡액수가 있으리라.
八月	若非口舌　官厄愼之 此月之數　靜則最吉		만일 구설수가 아니면 관액을 조심하라. 이 달의 운수는 안정함이 가장 좋으리라.
九月	莫信親人　損財不少 東方最吉　西則大凶		친한 사람을 믿지 마라. 손재가 불소하도다. 동방은 길하고 서방은 대흉하리라.
十月	基地發動　移居爲吉 若不其然　出行爲吉		집터가 발동하였으니 이사하면 길하다. 만일 이사수가 아니면 출행함이 길하리라.
十一月	所望之事　可以成就 利在四方　求而可得		소망하는 일은 가히 성취한다. 이익이 사방에 있으니 구하면 가히 얻으리라.
十二月	四面危機　不出最善 遠行不利　守舊安靜		사면에서 위기를 만나리니 나가지 않음이 좋다. 원행함이 불리하니 옛것을 지키고 안정하라.

[九四]

澤山咸 (택산함)

至誠感天　爵位榮昌
秉公執政　一躍升遷
交情疏濶　奔走勞碌
隨分行事　家庭安樂

지성이면 하늘이 감응하나니 벼슬이 영창한다. 공사를 맡으니 일약 승진하리라. 사귀는 정이 소활하니 분주 노록하도다. 분수를 따라 일을 행하면 가정이 안락하리라.

正月	親人有害　去來不利 身數平吉　財數不吉	친한 사람이 해가 있으니 돈거래는 불리하다. 신수는 평길하나 재수는 좋지 못하리라.
二月	剛正君子　爵位成高 名振四方　財祿滿堂	강정한 군자가 벼슬이 높이 오른다. 이름을 사방에 떨칠 것이요, 재록이 집안에 가득하리라.
三月	聲名赫赫　錦衣還鄕 貴人來助　萬事如意	성명이 혁혁하니 금의환향한다. 귀인이 와서 도우니 만사가 여의하리라.
四月	至誠動天　祝手神人 災消祥臻　晩得榮貴	지성이면 하늘이 동하니 신령께 빌라. 재앙이 가고 상서가 이르니 늦게 영귀하리라.
五月	心多煩惱　事有未成 東奔西走　食少事煩	마음에 번뇌가 많으니 일에 성취 못함이 있다. 농서로 분주하나 식소사번하리라.
六月	貴人自來　偶然成事 莫行南方　吉變爲凶	귀인이 스스로 이르니 우연히 성사한다. 남방으로 가지 마라. 길이 변하여 흉이 된다.
七月	雖有辛苦　以商爲吉 財在北方　求而可得	비록 신고가 있으나 장사하면 길하도다. 재물은 북방에 있으니 구하면 가히 얻으리라.
八月	春光秋月　景色可美 喜事重重　一身泰平	봄빛과 가을 달이니 경색이 아름답다. 기쁜 일이 중중하니 일신이 태평하리라.
九月	舟行千里　生死未判 運數不吉　勿思妄計	배를 천리에 저어가니 생사를 판단 못한다. 운수가 불길하니 망령된 꾀를 생각 마라.
十月	秉公執政　事有煩多 或有口舌　勿爲爭訟	공무를 집정하니 일에 번다함이 있다. 혹 구설이 있으나 쟁송하지 마라.
十一月	莫行西方　吉變爲凶 經營之事　虛妄奈何	서방에 가지 마라. 길이 변하여 흉이 된다. 경영지사는 허망하니 어찌하리요.
十二月	雖有得財　得而半失 若逢貴人　身上榮貴	비록 재물을 얻게 되나 얻어서 반은 잃는다. 만일 귀인을 만나면 일신이 영귀하리라.

[九五] 一八五

澤山咸 (택산함) 二七

逍遙山水　三公不換
萬花滿山　眼中無花
人情離散　一身孤獨
事業不可　一身安閑

산수간에 소요하니 정승이 부럽지 않다. 만화가 산에 가득하나 안중에 보이지 않는다. 인정이 이산하니 일신이 고독하다. 사업은 불가하나 일신은 편안하리라.

正月	守志行善　一家太平 人口增進　田庄買得	지조를 지키고 선을 행하면 일가가 태평하도다. 인구가 증진하고 전장을 사들이게 되리라.
二月	魚龍得水　變化莫測 財利俱全　金玉滿堂	고기와 용이 물을 얻으니 변화가 막측하도다. 재리가 구전하니 금옥이 만당하리라.
三月	運數淺薄　一事難成 周遊四方　虛送歲月	운수가 천박하니 한 가지도 이루기 어렵다. 사방에 주유하며 허송세월하리라.
四月	固執不通　敗家亡身 先凶後吉　勉則有吉	고집불통하면 패가망신한다. 먼저는 흉하고 뒤에 길하니 힘쓰면 길함이 있으리라.
五月	月影上欄　砲聲淒凉 心無安定　事無定處	달그림자가 난간에 비치니 포성이 처량하도다. 마음을 안정치 못하니 일에도 정한 곳이 없다.
六月	商財有利　以商爲吉 貴人來助　事事順成	상재가 유리하니 장사하면 길하다. 귀인이 와서 도우니 일마다 순조로우리라.
七月	進退自由　寒谷回春 雖有吉運　別無所得	진퇴가 자유로우니 찬 골에 봄이 왔도다. 비록 운수는 길하나 별로 소득이 없다.
八月	財損不利　凡事愼之 莫行東方　宜行南方	손재수가 불리하니 범사를 삼가라. 동방에 가지 마라. 남방은 길하리라.
九月	水邊莫行　不然火厄 事多沈滯　天命奈何	물가에 가지 마라. 불연이면 화액이로다. 일이 막힘이 많으니 운명이라 어이하리요.
十月	五穀茂盛　牛羊繁殖 事事如意　心身快活	오곡이 무성하고 소와 양이 번식한다. 일마다 여의하니 심신이 쾌활하리라.
十一月	大事不成　小營可得 雖有得財　得而半失	대사는 이루지 못하나 작은 사업은 가하다. 비록 재물 얻음이 있으나 얻어서 반이나 잃는다.
十二月	莫求大財　或有失物 雖無功業　靜中事閑	큰 재물을 구하지 마라. 혹 실물수 있으리라. 비록 공업은 없으나 고요한 중에 한가하리라.

[上六]

澤山咸 (택산함)

多言招辱　靜默受寵
事有多滯　勞心費力
晚開吉運　或掌文書
不然被謗　人情不合

말이 많으면 욕됨을 부르니 침묵하면 꾐을 받는다. 일에 막힘이 많으니 노력만 허비한다. 늦게 길운이 열리니 혹 문권을 장악한다. 그렇지 않으면 비방을 입을 것이요, 인정이 합하지 않는다.

正月	感人利言　口舌成財 財利隨身　小求大利		사람을 감동시키고 말을 잘하니 언변으로 재물을 얻는다. 재리가 몸에 따르니 작게 구하여 크게 얻는다.
二月	親人爲害　勿說秘語 基地發動　離居爲吉		친한 사람이 해가 되니 비밀을 말하지 마라. 기지가 발동하니 떠나가면 길하리라.
三月	正心修德　利在其中 祿在四方　太平安過		정심으로 수덕하면 이가 그 가운데 있다. 재록이 사방에 있으니 안과태평하리라.
四月	事不如意　勿爲妄動 守分安居　自然太平		만사가 여의하나 망동하지 마라. 분수를 지키고 편히 거하면 자연히 태평하리라.
五月	雲滿四天　聚雨狂風 暗夜失路　前道暗暗		구름이 하늘에 가득하니 광풍에 비를 몰아온다. 어둔 밤에 길을 잃으니 앞길이 어둡다.
六月	財星入門　不求可得 萬事如意　安過太平		재성이 문에 드니 구하지 않아도 얻는다. 만사가 여의하니 안과태평하리라.
七月	動作不穩　何以成事 財運不利　妄動則凶		동작이 불온하니 어찌 성사됨이 있으랴. 재운이 불리하니 망동하면 흉하리라.
八月	去舊生新　積小成大 東方出行　求財可得		옛것이 가고 새것이 오니 작게 쌓아 큰 것을 이룬다. 동방으로 출행하면 구함을 가히 얻으리라.
九月	月明西天　孤鴻得友 欲速不達　緩則吉利		달이 서천에 밝으니 외기러기 짝을 얻었다. 속히 하고자 하나 되지 않으니 늦게 하면 길리하리라.
十月	枝頭寒蟬　嗚咽斜陽 千里他鄉　孤客悲淚		매미소리는 구슬픈데 까마귀는 사양에 지저귄다. 천리타향에 외로운 나그네가 처량하다.
十一月	損財有數　每事愼之 利在何方　必有西方		손재수가 있으니 매사를 삼가라. 이가 어느 곳에 있는고. 반드시 서방에 있으리라.
十二月	事無頭緒　世事浮雲 晚得小財　勉則有吉		일에 두서가 없으니 세상 일이 뜬구름 같다. 늦게 작은 재물을 얻으니 힘쓰면 길함이 있으리라.

一八七

〔初六〕

四五 ䷟	雷風恒(뇌풍항) 世事難測　人情反覆 日暮西山　歸路茫然 彷徨道中　山長路險 歲運否塞　靜守安定	세상 일이 측량키 어려우니 인정이 반복된다. 날이 서산에 저무니 돌아오는 길이 바쁘다. 도중에 방황하니 산은 길고 길은 험하다. 세운이 비색하니 안정을 지키면 길하다.
正月	若有緣人　婚路始開 財利大通　求而可得	만일 인연이 있으면 혼인길이 열린다. 재리가 대통하니 구하면 가히 얻는다.
二月	四方周遊　東方取利 若非妻患　必有損財	사방에 주유하니 동방에서 이를 취한다. 만일 처환이 아니면 반드시 손재수가 있으리라.
三月	基地發動　移居爲吉 東北有吉　西南最凶	기지가 발동하니 이사하면 길하리라. 동북방이 길하고 서방은 가장 흉하다.
四月	身運不利　財運有吉 莫近花房　本妻有別	신운은 불리하나 재수는 길하다. 화류계를 가까이 마라. 본처와 이별이 있으리라.
五月	意外得財　名振四方 或恐口舌　勿爲爭訟	의외의 재물이 생기며 이름을 사방에 떨친다. 혹 구설이 두려우니 쟁송을 하지 마라.
六月	東方貴人　偶然來助 吉星照門　自然得吉	동방의 귀인이 우연히 와서 돕는다. 길성이 문에 비치니 자연히 길하게 되리라.
七月	莫信親人　損財可畏 東西兩方　吉運通泰	친한 사람을 믿지 마라. 손재가 두렵다. 동서 양방에서 길운이 통태하리라.
八月	意外高名　名振四方 莫信女人　必有損財	의외로 이름이 높게 되니 이름을 사방에 떨친다. 여인의 말을 믿지 마라. 반드시 손재가 있으리라.
九月	家人合心　家道興旺 家有慶事　榮在膝下	집안 사람이 합심하니 가도가 흥왕하도다. 집안에 경사가 있으니 영화가 슬하에 있으리라.
十月	災消福來　一室和平 若非橫財　必有損財	재앙이 사라지고 복이 오니 일실이 화평하도다. 만일 횡재하지 않으면 반드시 손재를 당하리라.
十一月	月明萬里　故人來助 心身和樂　喜滿家庭	달이 만리에 밝으니 고인이 와서 돕는다. 심신이 화락하니 기쁨이 가정에 가득하다.
十二月	莫爲人爭　財譽有傷 西北兩方　貴人有助	남과 다투지 마라. 재물과 명예를 손상한다. 서북 양방에서 귀인의 도움이 있으리라.

〔九二〕 一八八

四五 ䷟	**雷風恒(뇌풍항)** 雲中潔月　光彩輝煌 富貴壽康　聲名振世 別無世業　自手成家 小人得財　大人加權	구름 사이의 맑은 달이 광채가 휘황하도다. 부귀와 수강을 누리니 성명이 세상을 떨친다. 별로 세업은 없으나 자수성가한다. 소인은 재물을 얻게 되고 대인은 권세를 더하리라.
正月	本心正直　壽福可期 日月明朗　心身灑落	본심이 정직하면 수복을 기약한다. 일월이 명랑하니 심신이 쇄락하리라.
二月	今月之數　添口添土 喜滿家中　萬事如意	금월의 운수는 식구가 늘고 토지가 는다. 기쁨이 집안에 가득하니 만사가 여의하리라.
三月	暗夜失路　偶得明燭 若非娶妻　必有生財	어둔 밤에 길을 잃으니 우연히 밝은 불을 얻었다. 만일 아내를 얻지 않으면 반드시 재물이 생기리라.
四月	莫近北方　必有損財 財運回來　以商得財	북방으로 가지 마라. 손재수가 있도다. 재운이 돌아오니 장사로 재물을 얻으리라.
五月	霜露草降　芳草瘦黃 爭訟是非　必有敗訴	서리가 풀 위에 내리니 방초가 마르고 누렇다. 쟁송과 시비는 반드시 소송에 패하리라.
六月	欲知前程　因人成事 必逢貴人　問之東方	전정을 알고자 하면 사람으로 인하여 성사한다. 귀인을 만나려면 동방에 가서 물으라.
七月	之南之北　必有大財 基地發動　移居爲吉	남북지간에 반드시 큰 재물이 있으리라. 기지가 발동하였으니 이사하면 길하리라.
八月	莫交他人　損財不鮮 財福俱全　日得千金	남과 사귀지 마라. 손재수가 적지 않으리라. 재복이 구전하니 날로 천금을 얻는다.
九月	祿重權多　男兒得意 若去北方　可得橫財	녹이 중하고 권세가 많으니 남아가 뜻을 얻었다. 만일 북방으로 가면 가히 횡재하게 되리라.
十月	月明萬里　故人來助 莫作遠行　損財可畏	달이 만리나 밝으니 고인이 와서 돕는다. 먼 곳에 여행을 마라. 손재가 두렵다.
十一月	守舊安定　動則多損 所望如意　喜滿家中	옛것을 지키고 안정하라. 동하면 손해가 많다. 소망이 여의하니 기쁨이 집안에 가득하리라.
十二月	與人同心　財得千金 有財多權　到處春風	남과 더불어 동심하면 재물을 천금이나 얻는다. 재물이 있고 권세가 많으니 도처에 즐거운 일이 있으리라.

八九

〔九三〕

四五三 雷風恒 (뇌풍항)

時運未到　待時則吉
田獵南山　一矢不中
功名勞心　孤守靑燈
若非豫防　誹謗爭訟

좋은 때가 이르지 않았으니 때를 기다리면 길하다. 남산에서 수렵하니 한 화살도 맞지 않는다. 공명은 수고로움이 있으니 외로이 청등을 지킨다. 만일 예방을 아니하면 비방과 쟁송이 있다.

正月	窮達有數　勿爲奔忙 依舊第一　宜避妄動	궁달에 분수가 있으니 분망하지 마라. 옛것을 지킴이 가장 좋으니 마땅히 망동함을 피하라.
二月	擇地移居　日得千金 東北可吉　行則有利	자리를 가려 이사하면 날로 천금을 얻는다. 동북방이 가히 길하니 행하면 유리하리라.
三月	遍踏江山　萬化芳暢 進退無欠　活動財得	강산을 편답하니 만화가 방창하다. 진퇴함에 흠이 없으니 활동하면 재물을 얻으리라.
四月	龍未生角　登天有時 與人同事　必有損財	용이 뿔이 나지 않았으니 하늘에 오름에 때가 있다. 남과 더불어 동사하면 반드시 손재수가 있으리라.
五月	莫近東方　損財莫測 在家有憂　出外亦損	동방에 가지 마라. 손재가 막측하도다. 집에 있으면 근심이 있고 출외하면 또한 손실한다.
六月	幸逢貴人　事事如意 家道漸旺　所業隆昌	다행히 귀인을 만나면 일마다 여의하다. 가도가 점점 왕하니 소업이 융창하리라.
七月	或恐官訟　莫爲是非 此月之數　橫厄愼之	관송이 두려우니 시비를 일삼지 마라. 이 달의 운수는 횡액을 삼가라.
八月	有財多權　到處有吉 十人耕作　一人食之	재물과 권세가 많으니 도처에 길함이 있다. 열 사람이 노력하여 한 사람이 먹으리라.
九月	身運逢吉　不求自豊 經營之事　改則必損	신운이 길함을 만나니 구하지 않아도 자연 풍족하다. 경영지사는 바꾸면 반드시 손실하리라.
十月	財運旺盛　必以商賈 東南爲吉　行則大吉	재운이 왕성하니 반드시 장사하게 된다. 동남이 길하니 출행하면 대길하리라.
十一月	此月之數　意外災難 愼之愼之　內憂外患	이 달의 운수는 의외의 재난이 있다. 삼가고 조심하라. 안과 밖으로 근심이 있다.
十二月	家有吉慶　膝下有榮 大事順成　豈不樂哉	집안에 길경이 있으니 슬하에 영화가 있도다. 대사가 순조롭게 되니 어찌 즐겁지 않으리요.

〔九四〕

一九〇

四五 ䷟	雷風恒 (뇌풍항) 草堂三間　生涯淡泊 田獵無禽　畫中之餠 羽翼未生　欲飛不能 仕必佐遷　進取無成	초가삼간에 생애가 담박하도다. 사냥하고자 함에 짐승이 없으니 그림 가운데 떡이로다. 날개가 나오지 않았으니 날고자 하나 날지 못한다. 관리는 반드시 좌천되고 사업은 진전이 없다.
正月	春風一到　萬化芳暢 男兒得意　名滿四海	봄바람이 한번 이르니 만화가 방창하도다. 남아가 뜻을 얻으니 이름이 사방에 가득하리라.
二月	掘地得金　勞而有榮 雖有財利　或恐身病	땅을 파서 금을 얻으니 수고하면 영화가 있다. 비록 재리가 있으나 신병이 있을까 염려로다.
三月	獨釣寒江　渾忘世事 世事浮雲　意氣消沈	홀로 한강에서 낚시질하니 혼연히 세상 일을 잊는다. 세상 일이 뜬구름 같으니 의기가 소침해지리라.
四月	與人同事　一時成功 小人爲吉　官人不利	남과 더불어 동사하면 한때 성공하리라. 소인은 좋은 운이나 관리는 불리하리라.
五月	水鬼侵身　莫行水路 遠行不利　靜則大吉	수귀가 침노하니 수로로 다니지 마라. 원행하면 불리하나 가만히 있으면 대길하다.
六月	田獵靑山　鳥入叢林 欲速不達　緩則吉利	청산에서 수렵하니 새가 수풀 속에 숨었다. 속히 하고자 하나 이루지 못하니 서두르지 않으면 길리하다.
七月	一身榮貴　家有榮和 萬事如意　勿失此機	일신이 영귀하니 집안에 영화가 있다. 만사가 뜻 같으리니 이 기회를 놓치지 마라.
八月	小人則財　賤者又吉 或有移居　東財有吉	소인은 재물이 생기니 천한 이도 또한 길하다. 혹 이사수 있으며 동방 재물이 길리하다.
九月	魚龍得水　造化無窮 生財有數　勞而多得	어룡이 물을 얻으니 조화가 무궁하도다. 생재함에 수가 있으니 수고하면 많이 얻으리라.
十月	與人同事　必有損傷 東方之人　必爲害我	남과 더불어 동사하면 반드시 손상함이 있다. 동방의 사람은 반드시 나를 해하리라.
十一月	祿在四方　勉則得財 暗行失路　偶得明燭	녹이 사방에 있으니 힘쓰면 재물을 얻으리라. 밤길에 길을 잃었으나 우연히 밝은 빛을 얻었다.
十二月	身運逢吉　功名可得 此月之數　財運大通	신운이 길하니 공명을 얻게 된다. 이 달의 운수는 재운이 대통하리라.

一九一

〔六五〕

四五 雷風恒(뇌풍항)

淑女助夫　進取將成
自力無能　他人來助
阿附勢家　饒倖得利
不善其行　多招損財

숙녀가 남편을 도우니 진취함이 이루어진다. 자력은 능치 못하니 타인이 와서 도우리라. 세력가에 아부하면 요행으로 이를 얻는다. 그 행실이 나쁘면 손재수를 많이 부르리라.

正月	雖有得財　得而半失 財運吉利　身病可畏	비록 재물을 얻게 되나 얻어서 반이나 잃는다. 재운은 길리하나 신병이 있을까 두렵다.
二月	出行不利　依舊最吉 東西南北　北行生方	출행함이 불리하니 가만히 있음이 좋다. 동서남북 중에 북방이 좋으리라.
三月	經營之事　他人有助 貴人逢吉　南方貴人	경영지사는 남의 도움이 있다. 귀인을 만남이 길하니 남방의 귀인이로다.
四月	寤寐求之　幸得淑女 官祿隨身　政者最吉	전념으로 구하면 다행히 숙녀를 만난다. 관록이 몸에 따르니 정치인이 가장 길하리라.
五月	遠行有數　行則大吉 靜則吉小　動則大利	원행할 수가 있으니 여행하면 대길하다. 안정하면 소득이 없으나 움직이면 큰 이익이 있다.
六月	國亂思賢　家患妻重 深夜三更　獨坐歎息	국란에 현인이 중하고 가환에는 처가 중하다. 심야 삼경에 홀로 앉아 탄식하리라.
七月	八歲幼兒　俱沒兩親 千里他鄕　悲淚難禁	팔세되는 어린아이가 양친을 다 이별하였다. 천리 타향에서 슬픈 눈물을 금치 못하리라.
八月	莫交他人　損害不少 遠方貴人　自來我助	타인과 사귀지 마라. 손해가 적지 않도다. 원방의 귀인이 자연히 와서 나를 돕는다.
九月	若非娶妻　女人助我 莫近北方　有害無益	만일 장가들지 않으면 여인이 나를 돕는다. 북방에 가지 마라. 해만 있고 이익이 없다.
十月	災消祥至　一室太平 勿爲改業　必有不成	재앙이 사라지고 상서가 이르니 일실이 태평하도다. 업을 바꾸지 마라. 반드시 성취하지 못한다.
十一月	出則逢厄　守家爲吉 或出東方　得病可畏	출타하면 액을 만나고 집에 있으면 길하다. 혹 동방에 출타하면 병을 얻을까 두렵다.
十二月	莫信女人　損財傷命 此月之數　橫厄愼之	여인을 가까이 마라. 재물과 명을 손상한다. 이 달의 운수는 횡액을 조심하라.

[上六] 九二

雷風恒 (뇌풍항) 四五

未嫁閨女 弄玉何事
好大妄作 反爲敗着
以大易小 靜則有吉
莫交女人 損財傷命

미혼한 처녀가 아이를 낳음이 어인일인고. 큰 것을 좋아하여 망령되이 지으니 오히려 실패한다. 큰 것으로 작은 것을 바꾸니 안정하면 길하다. 여자를 사귀지 마라. 손재하고 손명하리라.

正月	動必待時 欲速不達	然後成事 待時爲吉	활동함에 때가 있으니 기다린 뒤 성사한다. 급히 하려면 이루지 못하니 때를 기다리면 길하다.
二月	東北兩方 財運最吉	偶然得財 勞而多得	동북 양방에서 우연히 재물을 얻는다. 재운이 가장 길하니 노력하면 얻으리라.
三月	慶事入門 財數大吉	財取如山 身數不利	경사가 문에 드니 재물이 산같이 모인다. 재수는 대길하나 신수는 불리하리라.
四月	孤枕寒燈 千里他鄕	獨坐歎息 四孤無援	고침 한등에 홀로 앉아 탄식한다. 천리타향에 아무도 도와주는 이가 없다.
五月	基地發動 出外爲吉	移居爲吉 內財不利	기지가 발동하였으니 이사가면 길하다. 밖에 나가면 길하나 안에 있으면 불리하다.
六月	意外財取 愼之愼之	幸也非也 橫厄可畏	의외의 재물을 취하니 좋고 나쁜 것을 모른다. 삼가고 조심하라. 횡액수가 두렵다.
七月	道高名利 身與財通	名振四方 取之可得	명리가 높으니 이름을 사방에 떨친다. 신수와 재수가 통하니 취하면 가히 얻는다.
八月	官祿臨身 遠行有數	政者大吉 出則大吉	관록이 몸에 이르니 정치인은 대길하다. 원행수가 있으니 출타하면 대길하리라.
九月	水鬼浸身 南方貴人	莫行水邊 偶然助我	수귀가 침노하니 물 가로 가지 마라. 남방의 귀인이 우연히 나를 돕는다.
十月	吉慶到門 吉事重重	喜滿家庭 不勝慶幸	길경이 문에 이르니 기쁨이 집안에 가득하다. 좋은 일이 거듭 있으니 경사가 진진하리라.
十一月	利在外方 動則有吉	出則大吉 靜則平安	이익이 외방에 있으니 출타하면 대길하다. 활동하면 길하고 정숙하면 평안하다.
十二月	膝下有厄 堂上父母	愼之病苦 天命可畏	슬하의 액이 있으니 질병을 삼가라. 부모의 복제수 있으니 천명이 두렵도다.

[初六]

一九三

天山遯 (천산돈)

```
和順中正　見用於世
若爲商業　必得大財
貴人接人　芳名傳播
財取如山　以外何求
```

화순중정하면 세상에 쓰임을 본다. 만일 상업을 경영하면 반드시 큰 재물을 얻는다. 귀인과 상대하니 꽃다운 이름을 전파한다. 재물이 산같이 쌓였으니 이밖에 무엇을 바라리요.

正月	上安下順　一家太平 或出遠方　宜行北方		상하가 화순하니 일가가 태평하도다. 혹 원방에 나갈 일이 있으니 마땅히 북방으로 가라.
二月	進可得位　退亦得財 財利大吉　或恐口舌		나가면 가히 지위를 얻고 물러가도 재물을 얻는다. 재리가 대길하나 혹 구설수가 있으리라.
三月	名掛金榜　身運最吉 道高得明　雖何不羨		이름이 금방에 걸렸으니 신운이 가장 길하다. 도가 높고 밝음을 얻으니 뉘를 부러워하리요.
四月	或有內患　膝下有榮 擇地移居　吉運通太		혹 내환이 있으나 슬하의 영화 있도다. 자리를 가려 옮겨 살면 길운이 통태하리라.
五月	幽谷回春　萬物生光 窈窕佳人　百年結緣		깊은 골에 봄이 돌아오니 만물이 빛을 발한다. 요조가인이니 백년의 인연을 맺는다.
六月	渴龍得水　幼鳥生翼 名振四方　意氣揚揚		목마른 용이 물을 얻고 어린 새는 날개가 생겼다. 이름을 사방에 떨치니 의기가 양양하리라.
七月	窮達有時　待時天命 此月之數　身運不利		궁달이 때가 있으니 천명을 기다리라. 이 달의 운수는 신운이 불리하리라.
八月	東方貴人　自來助我 萬事如意　勿失此期		동방의 귀인이 자연히 와서 나를 돕는다. 만사가 여의하니 이 기회를 놓치지 마라.
九月	北行吉利　南方大凶 途中逢厄　車馬操心		북행함이 길리하고 남방은 대흉하다. 도중에 액을 만나니 거마를 조심하라.
十月	千里遠程　行之困苦 出則不利　守舊安過		천리 원정에 행로가 곤고하다. 출행하면 불리하고 옛것을 지키면 안과한다.
十一月	胎夢吉祥　生男之數 若不其然　生財有數		태몽이 길하니 생남할 운수로다. 만일 그렇지 않으면 재물이 생기게 되리라.
十二月	滄波萬里　小船苦勞 身厄困苦　愼之每事		창파 만리에 작은 배가 신고한다. 신액이 곤고하니 매사를 조심하라.

[六二]

天山遯(천산돈)

黃昏遠程　前道暗暗
龍未生角　待時爲吉
事無頭緒　心無安定
晚時生光　先困後榮

황혼의 먼 길에 전도가 암암하도다. 용이 뿔이 나지 않았으니 때를 기다리라. 일에 두서가 없으니 마음 붙일 곳이 없다. 늦게 광명이 생하니 먼저 곤하고 뒤에 영화롭다.

正月	寬柔行事　上安下順 家有吉慶　一家太平	관유하게 행사하면 상하가 화순하다. 집안에 길한 경사가 있으니 일가가 태평하리라.
二月	出行有數　行則吉利 宜行南方　財利可得	여행할 수가 있으니 출행하면 길리하리라. 남방이 길하니 재리를 가히 얻으리라.
三月	進可爵位　退亦財得 理不當然　謀事不利	나가면 벼슬을 더하고 물러가도 재물을 얻는다. 이치가 당연하지 못하면 모사가 불리하리라.
四月	疾苦之憂　家不安定 到處有敗　豫爲禱厄	질고의 근심으로 집안이 안정을 못한다. 도처에 실패가 있으니 미리 액을 빌라.
五月	或恐訟事　勿爲是非 移居爲吉　在家無益	혹 송사수가 두려우니 시비를 조심하라. 이사하면 길하고 집에 있으면 무익하다.
六月	千里他鄉　赤手空拳 四面楚歌　困苦一身	천리 타향에서 한푼의 돈도 없다. 사면 초가이니 일신이 곤고하리라.
七月	若非橫財　生男之數 貴人來助　勿失此機	만일 손재수가 아니면 생남할 운수로다. 귀인이 와서 도우니 이 기회를 놓치지 마라.
八月	飢者逢豊　失明開眼 偶然生財　衣食俱足	주린 자가 풍년을 만나고 소경이 눈을 떴다. 우연히 재물이 생기니 의식이 구족하리라.
九月	到處有財　百事俱吉 所望如意　世事太平	도처에 재물이 있으니 백사가 다 길하다. 소망이 여의하니 세상 일이 태평하리라.
十月	財在南方　强求小得 身勞心勞　財取如山	재물이 남북방에 있으니 강력히 구하면 조금 얻는다. 몸과 마음을 노력하면 재물이 산같이 모이리라.
十一月	好運來時　勿失此機 或恐口舌　愼之爲吉	좋은 운이 이르렀으니 이 기회를 놓치지 마라. 혹 구설수가 있으니 조심하면 길하리라.
十二月	杜門不出　出門逢厄 賣買有損　文書有害	문을 닫고 나가지 마라. 문 밖에 액이 있다. 매매하면 손해가 있고 문서도 해롭다.

天山遯 (천산돈)

急流勇退　明哲保身
賢妻得配　來助成功
積小成大　漸漸亨通
晩時生光　待時爲吉

급류에서 날쌔게 물러서니 명철하면 보신한다. 어진 아내를 얻으니 내조로 성공한다. 작은 것을 쌓아 큰 것을 이루니 점점 형통한다. 늦게 광명이 생하리니 때를 기다리면 길하다.

正月	心無定處　空然奔忙 事有未成　意外損多		마음에 정처가 없으니 공연히 분망하도다. 일에 성취 못함이 있으니 의외의 손실이 많으리라.
二月	家有疾病　萬事虛慌 基地發動　安宅最先		집안에 질병이 있고 만사가 허황하도다. 기지가 발동하였으니 안택하면 길하리라.
三月	勿貪虛欲　損財不鮮 勿爲他營　利益全無		허욕을 탐하지 마라. 손재가 적지 않도다. 다른 일을 경영하지 마라. 이익이 없다.
四月	東方貴人　共謀成事 財運漸回　勞則取利		동방의 귀인과 꾀를 같이하면 성사된다. 재운이 점차 돌아오니 노력하면 이를 얻으리라.
五月	若不禱厄　疾病浸身 膝下有憂　家舍不安		만일 도액하지 않으면 질병이 몸에 따른다. 슬하의 근심이 있으니 집안이 불안하도다.
六月	花落無實　一無喜事 誠心禱供　可免此厄		꽃이 지고 열매가 없으니 하나도 기쁜 일이 없다. 성심으로 기도하면 가히 액을 면하리라.
七月	北方來客　損害不少 依舊經營　小財可得		북방에서 찾아오는 이는 손해가 적지 않다. 옛것을 지켜 경영하면 작은 재물을 가히 얻는다.
八月	若無損財　服制可畏 西北兩方　出行則吉		만일 손재수가 없으면 복제수가 두렵다. 서북 양방에 출동하면 길하리라.
九月	運回家庭　和氣自生 財與名利　共得可期		운이 가정에 돌아오니 화기가 자연 이른다. 재물과 명리를 같이 얻게 되리라.
十月	妻宮有憂　豫爲禱供 家神發動　出則爲吉		처궁의 근심이 있으니 미리 기도하라. 가신이 발동하니 출타함이 길하리라.
十一月	飢者逢豊　意氣揚揚 事事如意　喜滿家中		주린 자가 풍년을 만나니 의기가 양양하다. 일마다 여의하니 기쁨이 집안에 가득하리라.
十二月	千里他鄕　喜逢故人 橫財有數　官者昇進		천리타향에서 기쁘게 고인을 만났다. 횡재수가 있으며 관리는 승진하리라.

[九四]

天山遯(천산돈) 一七

欲飛靑天　時期尙早
失時以動　事有虛慌
徒費功力　一事無成
至誠强求　可以小得

청천에 날고자 하나 시기가 아직 이르다. 때를 잃어 동하면 일에 허황함이 있다. 한갓 심력만 허비하니 한 가지도 이룸이 없다. 지성으로 구하면 가히 작은 것은 얻으리라.

正月	家有憂苦	豫爲祈禱	집안에 근심 고초가 있으니 미리 도액하라.
	出行不利	守舊爲吉	출행하면 불리하고 옛것을 지키면 길하다.
二月	有頭無尾	事有未決	머리만 있고 꼬리가 없으니 일에 미결됨이 있다.
	天上天下	惟我獨存	천상 천하에 홀로 높은 체한다.
三月	基地發動	移居爲吉	기지가 발동하니 옮겨 살면 길하다.
	宜行南方	財積如山	남방으로 감이 마땅하니 재물이 산같이 쌓인다.
四月	經營之事	可得成功	경영지사는 가히 성공을 얻는다.
	與人同事	必有爲害	남과 더불어 동사하면 반드시 해가 있으리라.
五月	災消福來	喜滿家庭	재앙이 사라지고 복이 오니 기쁨이 가정에 가득하도다.
	貴人來助	百事順成	귀인이 와서 도우니 백사가 순성하리라.
六月	東北兩方	偶然取財	동북 양방에서 우연히 재물을 얻는다.
	莫信親人	反爲有害	친한 사람을 믿지 마라. 오히려 해가 있으리라.
七月	內患可畏	膝下有榮	내환이 두려우나 슬하에 영화가 있도다.
	一身困苦	財運大吉	일신이 곤고하니 재운이 대길하리라.
八月	勿爲改營	損財可畏	경영사를 바꾸지 마라. 손재가 두렵다.
	東方貴人	偶然來助	동방의 귀인이 우연히 와서 도우리라.
九月	入山不可	愼之愼之	산에 들어감이 나쁘니 삼가고 조심하라.
	財運如前	身厄可畏	재운은 여전하나 신액이 두렵다.
十月	若非爭論	素服之數	만일 다툴 일이 아니면 소복수가 있다.
	月夜三更	獨坐歎息	월야삼경에 홀로 앉아 탄식하리라.
十一月	古木逢春	開花滿實	고목이 봄을 만나니 꽃이 피고 열매를 맺는다.
	名利俱全	誰何不羨	명리가 구전하니 누가 부럽지 않으리요.
十二月	所營之事	必有成功	경영지사는 반드시 성공한다.
	小求大得	財取濫庫	작게 구하려다 크게 얻으니 재물이 창고에 가득하리라.

天山遯 (천산돈)

蓮花開秋　香氣滿天
富貴兼備　咸稱吉人
慶事間間　衣祿有足
福祿無比　誰何不羨

연꽃이 피었으니 향기가 가득하다. 부귀가 겸비하니 모두 길인이라 칭한다. 경사가 간간이요, 의록이 유족하다. 복록이 무비하니 누가 부러워하지 않으리요.

正月	動則得財　坐而無事 勤勉努力　可以成功	활동하면 재물을 얻고 가만히 있어도 무사하다. 부지런히 노력하면 가히 성공하리라.
二月	利見大人　佳謀善用 財運大通　勞而有功	대인을 봄이 이로우니 좋은 꾀를 잘 쓴다. 재운이 대통하니 수고하면 공이 있으리라.
三月	金冠玉珮　滿門富貴 身數大吉　家道興旺	금관옥대이니 부귀가 가득하다. 신수가 대길하니 가도가 흥왕하리라.
四月	調和陰陽　五穀豊登 萬事如意　勿失此機	음양이 조화하니 오곡이 풍등하도다. 만사가 여의하리니 이 기회를 놓치지 마라.
五月	中天月明　黑雲漸開 東方貴人　偶然來助	달이 중천에 밝으니 흑운이 점점 열린다. 동방의 귀인이 우연히 와서 도우리라.
六月	隨時應用　祥慶日到 厄消祥至　滿門和氣	때를 따라 응용하니 상서로운 경사가 날로 이른다. 액이 사라지고 상서가 오니 화기가 문에 가득하리라.
七月	財福俱全　金玉滿堂 事事如意　萬無一失	재복이 구전하니 금옥이 만당하도다. 일마다 뜻과 같으니 만무일실하리라.
八月	橫厄有數　愼之愼之 勿爲妄動　損財不少	횡액수가 있으니 삼가고 삼가라. 망동하지 마라. 손재가 적지 않으리라.
九月	損財之數　去來愼之 妻宮不利　分離爲吉	손재수가 있으니 돈 거래를 삼가라. 처궁이 불리하니 잠시 헤어지면 길하리라.
十月	家神發動　移舍爲吉 財運旺盛　少求多得	가신이 발동하니 이사하면 길하다. 재운이 왕성하니 적게 구하려다 많이 얻는다.
十一月	名利可得　富貴兼全 上下和睦　一室有榮	명리를 얻으니 부귀를 겸전한다. 상하가 화목하니 일실의 영화가 있으리라.
十二月	運數通泰　衣食自足 身遊金谷　心身豊肥	운수가 통태하니 의식이 족하다. 몸이 금곡에서 노니 심신이 즐겁고 편하리라.

[上九] 一九八

天山遯 (천산돈)

☰
☶

長江無航　巨波怒濤
從容觀機　妄進取禍
是非口舌　每有爭訟
勿登遠程　足疾受苦

장강에 배는 없고 성난 파도뿐이로다. 조용히 기회를 보라. 망동하면 화를 당한다. 시비 구설수가 있으니 매양 쟁송이 있다. 먼 곳에 등정치 마라. 발병이 나서 고생한다.

正月	多事多憂　眠食不甘 意氣消沈　萬事有阻		일도 많고 근심도 많으니 자고 먹는 것도 달지 않다. 의기가 소침하니 만사에 장애가 있다.
二月	基地發動　移居爲吉 東北兩方　財運通泰		기지가 발동하였으니 이사하면 길하다. 동북 양방에서 재운이 통태하리라.
三月	英雄豪傑　時運不利 每事多滯　勞多功少		영웅 호걸이 불리한 시운을 만났다. 매사에 막힘이 많으니 수고가 많으나 공은 적다.
四月	萬丈深淵　求魚不能 莫信親人　損財不鮮		만길이나 되는 연못에서 고기를 구하나 불능하다. 친한 사람을 가까이 마라. 손재가 적지 않으리라.
五月	財旺東方　日取千金 東西有吉　有名有財		재물이 동방에서 왕하니 날로 천금을 얻는다. 동서에 길함이 있으니 명예와 재물이 같이 있으리라.
六月	暗夜失路　前道暗暗 虎入陷穽　生事未判		어둔 밤에 길을 잃으니 전도가 암암하도다. 범이 함정에 들었으니 생사를 판단 못한다.
七月	當事之時　病者回春 莫近東方　疾病侵撼		일을 당한 때에 병자가 회춘한다. 동방에 가지 마라. 질병을 얻을까 두렵다.
八月	財在四方　勞而有功 若非橫財　爭訟是非		재물이 사방에 있으니 노력하면 공덕이 있다. 만일 손재수가 아니면 쟁송과 시비가 있다.
九月	時運不利　勞多功少 東奔西走　一事難成		시운이 불리하니 노력만 많고 공이 적다. 동서에 분주하나 한 가지도 이루기 어렵다.
十月	財數盛旺　赤手成家 西北之人　自來助我		재수가 왕성하니 맨손으로 성가한다. 서북의 사람이 자연히 와서 나를 돕는다.
十一月	擇地利居　福祿無窮 若不其然　橫厄愼之		자리를 가려 이사하면 복록이 무궁하도다. 만일 그렇지 않으면 횡액을 조심하라.
十二月	心身和平　百事俱吉 勿爲他營　損財莫甚		심신이 화평하니 백사가 모두 길하다. 다른 경영을 하지 마라. 손재가 막심하리라.

一九九 [初九]

四一 雷天大壯 (뇌천대장)

位居淸高　錦衣玉食
梨花正開　芳春三月
謀事稱心　吉多凶少
春回陰谷　晚時生光

지위가 청고한 곳에 거하니 금의옥식한다. 이화가 바로 피었으니 방춘 삼월이로다. 꾀하는 일이 마음과 같으니 길함이 많고 흉이 적다. 음곡에 봄이 돌아오니 늦게 영광이 생기리라.

正月	或有疾病　一時困苦 財運平平　身數不利	혹 질병이 있으니 일신이 곤고하도다. 재운은 평평하나 신수는 불리하도다.
二月	東北兩方　財運漸吉 失物有數　盜賊愼之	동북 양방에 재운이 길하다. 실물수가 있으니 도적을 조심하라.
三月	財源日新　志氣漸伸 豫爲祈禱　恐有妻厄	재원이 날로 새로우니 지기가 점점 펴진다. 미리 기도하라. 처액이 있을까 두렵다.
四月	誠心求之　小利可得 利在南方　行則取利	성심으로 구하면 작은 이익은 얻는다. 이익은 남방에 있으니 출행하면 이를 얻으리라.
五月	橫財有數　手弄千金 動則大吉　靜則小利	횡재수가 있으니 손으로 천금을 희롱한다. 활동하면 대길하고 안정하면 이익이 작다.
六月	衣食豊足　室家和樂 勿爲人爭　訟事可畏	의식이 풍족하니 집안이 화락하도다. 남과 다투지 마라. 송사가 두렵다.
七月	身數不吉　夜夢散亂 守舊安分　不然大凶	신수가 불길하니 밤 꿈이 산란하도다. 옛것을 지키고 안분하라. 불연이면 대흉하리라.
八月	經營之事　難免失敗 南方大吉　行則取利	경영지사는 실패수를 면치 못한다. 남방이 대길하니 출행하면 이를 얻으리라.
九月	白虎抱孫　生男之數 若不其然　損財傷身	백호가 손을 안으니 생남할 운수로다. 만일 그렇지 않으면 손재하고 몸을 상하리라.
十月	親人爲害　去來愼之 與人同事　必有災殃	친한 사람이 해가 있으니 거래를 삼가라. 남과 더불어 동사하면 반드시 재앙이 있다.
十一月	少年盛壯　進取成名 以月之數　貴人偶助	소년이 장성하니 나아가면 공명을 세운다. 이 달의 운수는 우연히 귀인이 도우리라.
十二月	商賈得名　以商爲業 財在四方　奔走取得	장사로 이름을 얻으리니 상업으로 업을 삼으라. 재물이 사방에 있으니 분주하면 취하리라.

[九二]

 **雷天大壯 (뇌천대장)**

龍爭虎鬪　萬人恐怖
好勇爭强　橫禍難測
進取多阻　官訟牽連
或有服制　堂上憂患

용호가 다투니 만인이 두려워한다. 용맹과 다투기를 좋아하니 횡화를 측량키 어렵다. 진취함에 장애가 많으며 관송이 연달아 일어난다. 혹 복제수가 있으니 부모의 근심이로다.

正月	所營有阻　晝夜以計 心無安定　事無頭緖	경영사가 마음 같지 않으니 주야로 꾀를 생각한다. 마음에 안정이 없으니 일에 두서가 있다.
二月	莫信親人　或恐口舌 東方來客　必然多損	친한 사람을 믿지 마라. 구설수가 두렵다. 동방에서 오는 손은 반드시 손해가 많으리라.
三月	身數不吉　夜夢散亂 從容中道　自然漸伸	신수가 불길하니 밤 꿈이 산란하도다. 조용히 있는 가운데 자연히 운이 펴지리라.
四月	如履春氷　謹愼免禍 妖鬼水路　莫行水邊	봄 얼음을 밟는 것 같으니 조심하면 화를 면한다. 요귀가 수로에 서리니 물 가에 출행하지 마라.
五月	身數大吉　家道興旺 心身和平　百事俱吉	신수가 대길하니 가도가 흥왕하도다. 심신이 화평하니 백사가 모두 길하리라.
六月	東南兩方　貴人來助 或恐妻患　不然親患	동남 양방에서 귀인이 와서 돕는다. 처환이 있을까 두려우니 불연이면 부모의 우환이로다.
七月	財運漸吉　少求多得 經營之事　日日隆昌	재운이 점차 길하니 작게 구하나 많이 얻는다. 경영지사는 날마다 융창하리라.
八月	白日靑天　狂風驟雨 意外橫厄　愼之愼之	청천에 날이 밝으니 광풍에 비를 몰아온다. 의외의 횡액수가 있으니 삼가고 조심하라.
九月	以月之數　每事不利 誠心求之　小利可得	이 달의 운수는 매사가 불리하도다. 성심으로 구하면 작은 이익은 얻으리라.
十月	豫先治防　恐有妻患 勿爲人爭　訟事可畏	미리 예방하라. 아내의 근심이 두렵다. 남과 더불어 다투지 마라. 송사가 있으리라.
十一月	夜雨行客　步履艱難 到處有害　安分第一	밤비에 다니는 사람이니 걸음 걷기가 어렵다. 도처에 해가 있으니 분수를 지키면 제일이로다.
十二月	吉運始到　厄消福來 貴人來助　身運漸伸	길운이 비로소 이르니 재앙이 가고 복이 온다. 귀인이 와서 도우니 신수가 점차 펴지리라.

雷天大壯 (뇌천대장)

少年文章　晚歲福祿
入險不險　處凶反吉
得時蹶起　高占壯元
家業豊隆　平生安逸

소년에 문장을 이루니 늦게 복록을 얻는다. 험지에 들어가도 험하지 않으며 허물이 있으나 오히려 길하다. 때를 얻어 궐기하면 장원급제한다. 가업이 풍륭하니 평생 편안하리라.

正月	初春尙寒　江氷未解 奔走東西　心勞身困		초봄이 아직 추우니 강 얼음이 풀리지 않았다. 동서에 분주하니 심신이 곤고하리라.
二月	災消福隨　自然亨通 萬事如意　男兒得意		재앙이 사라지고 복이 오니 자연히 형통한다. 만사가 여의하니 남아가 뜻을 얻는다.
三月	靑天白鶴　任意翺翔 財福俱全　一室和樂		청천의 백학이 임의로 날아간다. 재복이 구전하니 일실이 화락하리라.
四月	財運逢吉　積小成大 財數興旺　赤手成家		재운이 길하니 작은 것을 쌓아 큰 것을 이룬다. 재수가 흥왕하니 맨손으로 성가한다.
五月	東方貴人　偶然來助 財旺東方　日得千金		동방의 귀인이 우연히 와서 돕는다. 재물이 동방에서 왕하니 날로 천금을 얻는다.
六月	名題金榜　壯元到手 心身和平　百事俱吉		이름이 금방에 걸렸으니 장원급제한다. 심신이 화평하니 백사가 모두 길하다.
七月	一等駿馬　長途驅馳 若無官祿　反有災禍		일등 준마에 올라 먼 길을 치닫는다. 만일 관록이 없으면 오히려 재앙이 있으리라.
八月	或恐口舌　爭訟可畏 莫行東方　損財不鮮		혹 구설수가 있을까 두려우니 송사가 두렵다. 동방에 가지 마라. 손재가 적지 않으리라.
九月	貴人來助　意外功名 以小易大　豈非生光		귀인이 와서 도우니 의외의 공명이로다. 작은 것으로 큰 것을 바꾸니 어찌 생광이 아니랴.
十月	如干財物　少得多用 若非損財　子孫有榮		여간 재물은 적게 얻어 많이 쓴다. 만일 손재수가 아니면 자손의 영화 있으리라.
十一月	家人同心　必受天福 家庭和平　喜事重重		가인이 마음을 같이하니 반드시 천복을 받는다. 가정이 화평하니 즐거운 일이 중중하리라.
十二月	身上榮貴　人人仰視 衣食豊足　生活太平		일신이 영귀하니 사람마다 우러러본다. 의식이 풍족하니 생활이 태평하리라.

[九四]

雷天大壯 (뇌천대장)

柔能勝强　弱能制强
靜則有吉　妄動則凶
守分安居　利在其中
身遊都會　可得功名

부드러움이 강을 이기고 약함이 능히 강을 제한다. 안정하면 길하고 망동하면 흉하다. 분수를 지키고 안거하면 이익이 그 가운데 있다. 몸이 도회에서 노니 가히 공명을 얻으리라.

正月	小貪大失　靜守爲吉 東西奔走　虛名無實	작게 탐하여 크게 잃으니 안정을 지키면 길하다. 동서에 분주하니 이름만 헛되고 실속이 없다.
二月	家神發動　家有不平 豫爲禱厄　不然大禍	가신이 발동하니 집에 불평이 있다. 미리 도액하라. 불연이면 대화가 있다.
三月	足踏虎尾　生死未判 虛驚之事　每事愼之	발로 호랑이 꼬리를 밟으니 생사를 판단 못한다. 허망하고 놀라운 일이 있으니 매사를 조심하라.
四月	事有多浸　有勞無功 暗行失路　前道暗暗	일에 막힘이 많으니 수고하나 공이 없도다. 어둔 밤에 길을 잃으니 전도가 어둡고 어둡다.
五月	莫近親人　背恩忘德 勿爲出路　或有橫厄	친한 사람을 가까이 마라. 배은망덕한다. 여행을 하지 마라. 혹 횡액이 있으리라.
六月	小得大失　有何小得 勿爲遠行　別無所得	작게 얻으려다 크게 잃으니 어찌 조금인들 얻으리요. 먼 곳에 가지 마라. 별로 소득이 없다.
七月	淺水舟走　有勞無功 事多逆行　每事愼之	얕은 물에 배를 저으니 수고만 있고 공이 없다. 일에 거슬림이 많으니 매사를 조심하라.
八月	南方貴人　偶然來助 家運大通　萬事如意	남방의 귀인이 우연히 와서 돕는다. 가운이 대통하니 만사가 여의하도다.
九月	膝下有憂　用藥不差 到處有害　心身不安	슬하의 근심이 있으니 약을 써도 낫지 않는다. 도처에 해가 있으니 심신이 불안하다.
十月	在家心亂　遠行之數 莫聽他言　必有虛荒	집에 있으면 심란하니 원행할 수라. 타인의 말을 믿지 마라. 반드시 허황함이 있으리라.
十一月	求財不得　守分在家 至誠祈禱　可免凶厄	재물을 구하나 얻지 못하니 분수를 알아 집에 있으라. 지성으로 기도하면 가히 흉액을 면하리라.
十二月	莫信友人　無端損財 東南兩方　出行不利	벗을 믿지 마라. 무단히 손재가 있다. 동남 양방에 출행하면 불리하리라.

四二 雷天大壯 (뇌천대장)

羝羊觸藩　進退維谷
或恐口舌　長沙之厄
志壯才弱　每遭危難
是非爭訟　纏擾不已

염소 뿔이 울타리에 걸렸으니 진퇴유곡이로다. 혹 구설수가 있으며 관액도 있다. 뜻은 장하나 재주가 약하니 매양 위난을 만난다. 시비와 쟁송이 있으나 털어 버리기 어렵다.

正月	財福守基　外求內利 衣食豊足　壽福綿綿	재복이 따르니 안과 밖에 유리하다. 의식이 풍족하니 수복이 면면하리라.
二月	雲捲靑天　明月自新 有吉無凶　身旺財旺	청천에 구름이 걷히니 밝은 달이 새롭다. 길함 있고 흉함이 없으니 신이 왕하고 재가 왕하다.
三月	勿爲爭訟　是非有數 東北兩方　偶然得財	다투지 마라. 시비수가 있도다. 동북 양방에서 우연히 득재하리라.
四月	積小成大　財祿津津 若去水邊　橫厄可畏	작은 것을 쌓아 큰 것을 이루니 재록이 진진하도다. 만일 물 가로 가면 횡액이 두렵다.
五月	兄弟相爭　家庭不睦 失物有數　近人愼之	형제가 서로 다투니 가정이 화목치 못하다. 실물수가 있으니 가까운 사람을 삼가라.
六月	若逢女子　利在其中 與人同事　百事有吉	만일 여자를 만나면 이익이 그 가운데 있다. 남과 더불어 동사하면 백사가 길하리라.
七月	文書持世　勿近是非 失物有數　盜賊愼之	문서가 세를 지키니 시비를 가까이 마라. 실물수가 있으니 도적을 삼가라.
八月	秋鼠得庫　食祿津津 莫近女色　損財口舌	가을 쥐가 창고에 드니 식록이 진진하도다. 여색을 가까이 마라. 손재 구설이 있으리라.
九月	秋雨蕭蕭　梧桐葉落 每事未決　有勞未成	가을비가 소소하니 오동잎이 떨어진다. 매사에 미결됨이 있으니 수고만 있고 이루지 못한다.
十月	官高祿多　壽福綿綿 財聚如山　富如石崇	벼슬이 높고 녹이 많으니 수복이 면면하다. 재물이 산과 같으니 석숭과 같은 부자로다.
十一月	偶然得財　生計自足 移基改業　橫財之數	우연히 재물을 얻으니 생계가 자연 족하다. 집을 떠나고 업을 바꾸면 횡재수가 있으리라.
十二月	財源汪汪　手弄千金 官高祿重　壽福無窮	재물이 물같이 솟으니 손으로 천금을 희롱한다. 벼슬이 높고 녹이 중하니 수복이 면면하리라.

〔上六〕

四二 雷天大壯(뇌천대장)

雲散月出　豈非光明
東園桃李　逢時花發
意外成功　名振四方
雨順風調　時和年豊

구름이 흩어지고 달이 나오니 어찌 광명이 아니리요. 동원의 도화 이화는 때를 만나 만발하였다. 의외로 성공하니 이름을 사방에 떨친다. 비가 순하고 바람이 고르니 시대가 태평하고 풍년이 들리라.

正月	若非生産　小財可得 意外功名　名振四方	만일 생산수가 아니면 작은 재물은 가히 얻으리라. 의외의 공명을 얻으니 이름을 사방에 떨친다.
二月	家庭有慶　膝下有榮 莫聽人言　不利之數	집안에 경사가 있으니 슬하의 영화로다. 남의 말을 듣지 마라. 불리한 운수로다.
三月	財在西方　出則大得 財在商業　財物興旺	재물이 서방에 있으니 그곳으로 가면 크게 얻는다. 재물이 장사함에 있으니 재물이 홍왕하리라.
四月	西北兩方　出則大吉 與人謀事　必得大利	서북 양방에 출행하면 크게 흉하다. 남과 더불어 모사하면 반드시 큰 이익이 있다.
五月	雨順風調　萬物自樂 財運大吉　或恐疾病	우순풍조하니 만물이 스스로 즐긴다. 재운은 대길하나 혹 질병이 있을까 두렵다.
六月	守分安居　樂在其中 遠行不利　出則大凶	분수를 지키고 안거하면 즐거움이 그 가운데 있다. 원행하면 불리하니 출타하면 크게 흉하리라.
七月	若非婚姻　得男之數 利在文書　賣買爲吉	만일 혼인수가 아니면 득남할 운수로다. 문서에 이가 있으니 매매하면 길하리라.
八月	人口旺盛　意外得財 財在西北　出則大得	인구가 왕성하고 의외로 득재한다. 재물이 서북에 있으니 출행하면 크게 얻으리라.
九月	東方貴人　偶然來助 女人聽言　萬事休矣	동방의 귀인이 우연히 와서 돕는다. 여인의 말을 들으면 만사가 끝이로다.
十月	吉運更發　勉則得利 移基改業　取財如山	길운이 다시 피었으니 힘쓰면 이를 얻는다. 집을 옮기고 업을 바꾸면 재물 취함이 산과 같다.
十一月	南北有吉　小求大得 人口增進　名高財得	남북은 길하니 작게 구하려다 크게 얻는다. 인구가 늘 것이요, 명망과 재물을 얻으리라.
十二月	家運旺盛　衣食豊足 萬事如意　意氣揚揚	가운이 왕성하니 의식이 풍족하도다. 만사가 여의하니 의기양양하리라.

[初六]

火地晋 (화지진)

天命在人　枉道勿求
有謀身怠　事急心緩
着力前進　終有亨通
若在庶人　靜吉動凶

하늘의 명이 사람에 있으니 굽은 도를 구하지 마라. 꾀는 있으나 몸이 게으르니 일은 급하고 마음은 느리다. 힘을 내어 전진하면 마침내 형통한다. 서인의 명은 안정하면 길하고 활동하면 흉하다.

正月	小川歸海　積小成大 財利大通　以外何望	냇물이 바다로 돌아가니 작은 것을 쌓아 큰 것을 이룬다. 재리가 대통하니 이밖에 무엇을 구하리요.
二月	雖有財利　間或口舌 若非官祿　生産之數	비록 재물은 유익하나 간혹 구설이 있다. 만일 관록이 아니면 생남하리라.
三月	身有疾病　居處不安 擇地利居　勿以遲緩	몸에 질병이 있으니 거처가 불안하다. 땅을 가려 이사할 것이요, 일을 게을리하지 마라.
四月	東方吉利　出則大利 莫信親人　損財不少	동방이 길리하니 출행하면 대리하다. 친한 사람을 믿지 마라. 손재가 적지 않으리라.
五月	必須着力　莫爲躊躇 張弓欲發　一矢不中	반드시 힘을 기울일 것이요, 주저하지 마라. 활을 당겨 쏘고자 하나 하나도 맞지 않는다.
六月	福祿滿堂　憂散喜生 財運興旺　勿失好機	복록이 만당하니 근심이 흩어지고 기쁨이 생긴다. 재운이 흥왕하니 좋은 기회를 놓치지 마라.
七月	勿近親人　損財可畏 若不其然　疾病可畏	친한 사람을 가까이 마라. 손재가 두렵다. 만일 그렇지 않으면 질병도 두렵다.
八月	吉運已回　貴人來助 財在西北　出則大得	길운이 이미 돌아오니 귀인이 와서 돕는다. 재물이 서북에 있으니 출타하면 크게 얻는다.
九月	家人同心　財自天來 遠行愼之　橫厄可畏	집안이 마음을 같이하면 재물이 자연 이른다. 원행하지 마라. 횡액이 가히 두렵다.
十月	利在文書　添口添土 財在商業　財物興旺	이익이 문서에 있으니 식구를 더하고 토지를 더한다. 재물은 장사함에 있으니 재물이 흥왕하리라.
十一月	有人來助　終見喜事 若不其然　虛驚之事	돕는 사람이 있으니 마침내 기쁜 일을 본다. 만일 그렇지 못하면 허망하고 놀랄 일이 있다.
十二月	一身自安　世事泰平 喪家莫近　疾病可畏	일신이 자연 편안하니 세상일이 태평하다. 상가에 가지마라. 질병이 가히 두렵다.

[六二]

火地晉 (화지진)

瑤池盛宴　王母授福
日明雲外　古木生花
始難終易　求謀稱意
大得母力　或資妻財

요지 성연에 왕모가 복을 준다. 해가 구름 밖에 밝으니 고목이 생화한다. 처음은 어렵고 뒤에 쉬우니 꾀를 구하면 뜻을 이룬다. 모친의 은덕이 클 것이요, 혹은 아내의 재산을 얻으리라.

正月	身遊外方	何時歸家	몸이 외방에서 노니 어느 때 집에 돌아오리요.
	若非作客	移徙之運	만일 타향에 있지 않으면 이사할 운수로다.
二月	莫信親人	親人爲害	친한 사람을 믿지 마라. 친한 사람이 해가 있다.
	莫近是非	口舌紛紛	시비를 가까이 마라. 구설이 분분하리라.
三月	虛中有實	天與其福	허한 가운데 실속이 있으니 하늘이 그 복을 준다.
	貴人南方	自來助我	귀인이 남방에 있으니 자연히 와서 나를 돕는다.
四月	有頭無尾	事無頭緖	머리는 있고 꼬리가 없으니 일에 두서가 없다.
	在家則吉	動則有敗	집에 있으면 길하고 출동하면 패가 있다.
五月	擧頭他望	他人害我	머리를 들고 다른 곳을 보니 타인이 나를 해한다.
	憂喜無常	變動已多	근심과 기쁨이 무상하니 변동이 많다.
六月	一喜一悲	吉慶遠之	한 번 기쁘고 한 번 슬프니 길한 경사가 멀어진다.
	若非移徙	與人相爭	만일 이사수가 아니면 남과 더불어 상쟁한다.
七月	六親無德	恩反爲仇	육친이 무덕하니 은인이 도리어 원수가 된다.
	財帛退步	事不如意	재백이 물러가니 일이 뜻과 같지 않으리라.
八月	莫恨前日	脫出塵埃	지난 일을 한하지 마라. 진흙 구덩이에서 벗어났다.
	南方貴人	偶然助我	남방의 귀인이 우연히 나를 돕는다.
九月	財上有損	勿謀他營	재물의 손해가 있으니 다른 꾀를 경영치 마라.
	遠行之數	行之爲吉	원행할 수가 있으니 출행하면 길하리라.
十月	東方有吉	西方有敗	동방에 길함이 있고 서방은 실패가 있다.
	心身有苦	所望成事	심신의 고초가 있으니 소망을 성취하리라.
十一月	始難終易	先凶後吉	처음은 어렵고 뒤는 쉬우니 먼저는 흉하고 뒤는 길하다.
	勿謀大事	必有失敗	큰 일을 꾀하지 마라. 반드시 실패가 있다.
十二月	若非慶事	財貨可得	만일 경사가 아니면 재화를 얻는다.
	財運漸新	喜滿家庭	재운이 점점 새로워지니 기쁨이 가정에 가득하다.

火地晋 (화지진)

同聲相應　同氣相合
朋友相助　身登龍門
男兒大志　從此展發
營事即就　或防失脫

같은 소리가 서로 응하니 동기가 상합하도다. 붕우가 서로 도우니 몸이 용문에 오른다. 남아의 큰뜻을 이로부터 크게 편다. 경영사가 곧 이루어지나 혹 실패할 수를 방비하라.

正月	花開春日　百鳥和鳴	財旺三春　東方有損	꽃이 봄날에 피었으니 백조가 화명한다. 재물이 삼춘에 왕하니 동방에 손해가 있다.
二月	勿爲妄動　安分最吉	中正之德　已得人心	망동하지 마라. 분수를 지킴이 최선이다. 중정한 덕이 있으니 이미 인심을 얻었다.
三月	陽春來矣　萬化方暢	財運平平　或恐疾病	양춘이 돌아오니 만화가 방창하도다. 재운이 평평하니 혹 질병이 두렵다.
四月	若非移徙　與人相爭	莫信人言　損財不鮮	만일 이사수가 아니면 남과 다툴 수가 있다. 사람의 말을 믿지 마라. 손재가 적지 않으리라.
五月	在家無益　出則大利	貴人助我　宜行南方	집에 있으면 무익하나 나가면 이익이 크다. 귀인이 나를 도우니 남방으로 가는 것이 좋다.
六月	因人成事　衣祿充滿	心身有勞　所望可得	사람으로 인하여 성사하니 의록이 충만하다. 심신의 노고가 있으니 소망을 가히 얻으리라.
七月	此月之數　外財入門	或有內患　豫爲度厄	이 달의 운수는 밖의 재물이 문에 들어온다. 혹 내환이 있으니 미리 액을 막으라.
八月	心無安定　事無頭緖	損財口舌　難免愼之	마음에 안정이 없으니 일에 두서가 없다. 손재와 구설수를 알고도 면치 못한다.
九月	雲從神龍　風從猛虎	事事如意　衣食自足	신룡은 구름을 좇고 범은 바람을 좇는다. 일마다 여의하니 의식이 자연 족하리라.
十月	琴瑟不和　身數奈何	有路南北　出行得利	금슬이 불화하니 신수라 어이하리요. 남북에 길이 있으니 출타하면 이익이 있다.
十一月	風花落處　拾之無香	如干財利　得以半失	바람에 떨어지는 꽃은 주워도 향기가 없다. 여간 재물을 얻어서 반이나 잃는다.
十二月	金玉盈箱　米穀滿庫	衣食裕餘　以外何望	금옥은 상자에 가득하고 미곡은 창고에 가득하다. 의식이 유여하니 이밖에 무엇을 바라리요.

[九四]

火地晋(화지진)

有才無德　衆人嫉妬
在仕見阻　士人難進
念念多憂　一身孤單
若非訴訟　反有誹謗

재주는 있으나 덕이 없으니 중인이 질투한다. 벼슬에 거하면 장애가 있고 선비는 진취가 어렵다. 생각마다 근심이 많으니 일신이 고단하다. 만일 소송이 아니면 오히려 비방이 있으리라.

正月	無德無才　功業何望	재덕이 없으니 공업을 어찌 바라리요.
	勞多功小　每事不成	노력은 많으나 공이 작으니 매사가 불성하리라.
二月	移舍之數　都無利益	이사수가 있으나 도무지 이익이 없다.
	口舌紛紛　訟事可畏	구설이 분분할 것이요, 송사도 두렵다.
三月	雖在高官　嫉妬者多	비록 높은 자리에 있으나 시기하는 이가 많다.
	因人不成　近者愼之	사람으로 인하여 이루지 못하니 가까운 사람을 조심하라.
四月	是非之數　勿謀他人	시비수가 있으니 타인과 꾀하지 마라.
	東北兩方　貴人之助	동북 양방에서 귀인의 도움이 있으리라.
五月	作事無勇　欲進不進	일에 임하여 용기가 없으니 나가고자 하나 나가지 못한다.
	初雖事逆　終見亨通	처음은 일에 거슬림이 있으나 마침내 형통하리라.
六月	生涯淡泊　虛送歲月	생애는 담박하나 허송세월한다.
	家憂不離　心亂事滯	집안 근심이 떠나지 않으니 마음이 산란하고 일이 막힌다.
七月	家無財産　生活困苦	집에 재산이 없으니 생활이 곤고하도다.
	日落西窓　獨坐歎息	해가 서창에 떨어지니 홀로 앉아서 탄식한다.
八月	閑臥高亭　喜喜樂樂	한가히 높은 정자에 앉아서 희희낙락한다.
	到處有財　人人仰視	도처에 재물이 있으며 사람마다 우러러보리라.
九月	若非親患　疾病可畏	만일 부모의 근심이 아니면 질병이 두렵다.
	上下不和　口舌不絶	상하가 불화하니 구설이 떠나지 않으리라.
十月	意外得財　身上無憂	의외로 재물을 얻으니 일신에 근심이 없다.
	若有人助　婚姻之數	만일 남의 도움이 있으면 혼인할 수가 있으리라.
十一月	經營之事　日日順成	경영하는 일은 날마다 순조롭다.
	東南貴人　意外助我	동남의 귀인이 뜻밖에 나를 도와준다.
十二月	與友營商　小財可獲	벗과 더불어 같이 장사하면 작은 재물을 얻는다.
	初雖辛苦　晩得吉運	처음은 비록 신고가 있으나 늦게 길운을 만나리라.

火地晋 (화지진)

萬里無雲　災殃不至
天心日光　四海明朗
萬里淸江　波瀾不起
道高名利　何人不服

만리에 구름이 없으니 재앙이 이르지 않는다. 천심이 날로 빛나니 사해가 명랑하다. 만리청강에 파란이 일어나지 않는다. 도가 높고 명리가 길하니 누가 열복하지 않으리요.

正月	桃李逢春	花開結實	도화 이화가 봄을 만나니 꽃이 피고 열매가 맺는다.
	祿在四方	到處春風	재록이 사방에 있으니 도처에 춘풍이 있도다.
二月	勿爲妄動	必有失敗	망동하지 마라. 반드시 실패가 있다.
	人多害我	心神不安	사람이 많이 나를 해하니 심신이 불안하리라.
三月	必有陰事	利在其中	반드시 음사가 있으니 이익이 그 가운데 있다.
	若非官厄	疾病可畏	만일 관액이 아니면 질병이 두렵다.
四月	莫近喪家	疾病可畏	상가집에 가지 마라. 질병이 가히 두렵다.
	東南之方	意外得財	동남지방에서 의외의 재물을 얻는다.
五月	與人謀事	必有成功	남과 더불어 모사하면 반드시 성공한다.
	西北之人	意外來助	서북지인이 의외로 와서 도와준다.
六月	心中有憂	安定則吉	심중에 근심이 있으나 안정하면 길하다.
	若非損財	橫厄可畏	만일 손재수가 아니면 횡액이 두렵다.
七月	吉祥臨身	必有喜事	길상이 몸에 임하니 반드시 기쁜 일이 있다.
	南方不利	勿爲出行	남방은 불리하니 출행하지 마라.
八月	不求功力	自有其功	공력을 구하지 않아도 자연 그 공덕이 있다.
	身數有吉	凶中生喜	신수가 길함이 있으니 흉중에 기쁨이 생긴다.
九月	若近是非	口舌紛紛	시비를 가까이 마라. 구설이 분분하도다.
	若非如此	官災可畏	만일 이같지 않으면 관재수가 있으리라.
十月	基地發動	移居爲吉	집터가 발동하니 이사하면 길하다.
	心中有憂	安靜則吉	심중에 고민이 있으니 안정하면 길하다.
十一月	若非官祿	生男之數	만일 관록이 아니면 생남할 운수로다.
	去舊從新	人人仰視	옛것을 버리고 새것을 좇으니 사람마다 우러러본다.
十二月	祿在四方	强求得利	재록이 사방에 있으니 강구하면 이를 얻는다.
	東南之財	意外入門	남북의 재물이 의외로 문에 들어온다.

[上九]

火地晉 (화지진)

屋宇新成　風光明麗
錦衣加身　登科之榮
雲遮月暗　風吹葉落
成敗不一　或有爭訟

가옥을 새로 지으니 풍광이 곱다. 금의를 몸에 둘렀으니 등과할 운이로다. 구름이 달빛을 가리고 바람이 불어 잎이 진다. 성패가 한결같지 않으니 혹 쟁송이 있으리라.

正月	柔順可行　强爭有禍	事有多滯　徒費心力	유순하게 행동하라. 억지로 다투면 화가 있다. 일에 막힘이 많으니 한갓 심력만 허비한다.
二月	人多害我　每事愼之	與人同事　必是成功	남이 나를 해코자 하니 매사를 조심하라. 남과 더불어 동사하면 반드시 성공하리라.
三月	失物有數　去來不可	若非官厄　疾病侵身	실물수가 있으니 돈거래는 불가하다. 만일 관액이 아니면 질병이 따르리라.
四月	祿在到處　求而可得	萬事如意　衣食裕餘	재록이 도처에 있으니 구하면 가히 얻는다. 만사가 여의하니 의식이 유여하리라.
五月	東北兩方　財利可得	南方不利　勿爲出行	동북 양방에서 재리를 가히 얻는다. 남방은 불리하니 출행하지 마라.
六月	轉禍爲福　心中憂散	陰陽相生　必有吉祥	화가 굴러 복이 되니 심중의 근심이 사라진다. 음양이 상생하니 반드시 길상이 있다.
七月	喜中有憂　官厄愼之	兩虎相爭　誰勝誰負	기쁨 속에 근심이 있으니 관액을 조심하라. 두 범이 서로 다투니 승부를 알지 못한다.
八月	雖有生財　得而半失	訟事不絶　損財不免	비록 재물은 생기나 얻어서 반이나 잃는다. 송사가 끊이지 않으니 손재를 면치 못한다.
九月	若非移徙　出行則吉	遠方有事　去而求財	만일 이사수가 아니면 여행함이 길하다. 먼 곳에 일이 있으니 가면 재물을 구한다.
十月	到處有財　强求多得	財數平平　身上有憂	도처에 재물이 있으니 강구하면 많이 얻는다. 재수는 평평하나 신상에는 근심이 있다.
十一月	莫信人言　損財口舌	貴人何在　東南兩方	남의 말을 믿지 마라. 손재 구설이 있다. 귀인이 어느 곳에 있는고. 동남 양방이로다.
十二月	察察不明　徒費心力	移舍變業　凶變爲吉	살펴도 밝히지 못하니 심력만 허비한다. 이사하고 업을 바꾸면 흉이 변하여 길이 된다.

〔初九〕

地火明夷(지화명이)

治世行仁　亂時免禍
爲國干城　富貴光顯
蘭芝幷茂　滿屋春光
祿財四方　可獲千金

세상을 다스리고 인을 행하면 난시에 화를 면한다. 나라를 위하는 간성이니 부귀가 빛나도다. 난초와 지초가 같이 무성하니 집안에 봄빛이 있다. 재록이 사방에 있으니 가히 천금을 얻으리라.

正月	寒氣已退　芳春將到 事事漸昌　萬事如意	찬기운이 이미 물러가니 방춘이 장차 이른다. 일마다 점점 창성하니 만사가 여의하리라.	
二月	桃李逢春　花開滿實 祿在四方　不求自得	도화 이화가 봄을 만나니 꽃이 피고 열매가 가득하다. 재록이 사방에 있으니 구하지 않아도 저절로 얻는다.	
三月	南方不利　勿爲出行 若非損財　橫厄可畏	남방은 불리하니 출행하지 마라. 만일 손재수가 아니면 횡액이 두렵다.	
四月	吉祥臨身　必有喜事 心中有憂　安靜則吉	길상이 몸에 임하니 반드시 기쁜 일이 있다. 심중의 근심이 있으니 안정하면 길하리라.	
五月	基地發動　移徙爲吉 家神發動　豫爲祈禱	집터가 발동하였으니 이사하면 길하다. 가신이 발동하니 미리 기도하라.	
六月	若無官事　疾病可畏 若逢貴人　意外得財	만일 관재가 없으면 질병이 두렵다. 만일 귀인을 만나면 의외로 득재하리라.	
七月	凡事可愼　或恐損財 欲飛不能　以亦奈何	범사를 조심하라. 손재가 두렵다. 날고자 하나 능하지 못하니 이 역시 어찌하리요.	
八月	莫行南方　好事多魔 事有多滯　求事難成	남방에 가지 마라. 좋은 일에 마가 많다. 일에 막힘이 있으니 일을 구하나 이루기 어렵다.	
九月	若然渡江　損財多端 奔走東西　事不順成	만일 강을 건너가면 손재 다단하리라. 동서로 분주하나 일이 순조롭지 못하다.	
十月	家有慶事　必是生男 財在西方　求而可得	집안에 경사가 있으니 필시 생남하리라. 재물이 서방에 있으니 구하면 가히 얻는다.	
十一月	若非吉慶　必有喪敗 莫近東北　是非有數	만일 길한 경사가 아니면 반드시 상패가 있다. 동북방에 가지 마라. 시비수가 있으리라.	
十二月	始終如一　必有榮貴 若偶人助　必有婚姻	시종이 여일하니 반드시 영귀한다. 만일 남의 도움이 있으면 반드시 혼인하게 되리라.	

地火明夷 (지화명이)

潛龍待時　飛騰宇宙
籠中困鳥　一朝飛出
出身成名　文武官職
生子有慶　喜滿家中

잠긴 용이 때를 기다리니 장차 우주를 난다. 조롱 속에 든 곤한 새가 일조에 날아간다. 몸을 나타내고 이름을 세우니 문무의 관직이로다. 생남할 경사가 있으니 기쁨이 집안에 가득하리라.

正月	財化爲兄　空然費財 每事愼之　損財有數	재물이 화하여 형이 되니 공연히 재물만 낭비한다. 매사를 조심하라. 손재수가 있으리라.
二月	若非官祿　婚姻之數 春草逢雨　日益成長	만일 관록이 아니면 혼인할 수로다. 봄풀이 비를 만나니 날로 성장하리라.
三月	花風雪月　喜逢貴人 家有吉慶　美人相酌	화풍설월에 반갑게 귀인을 만난다. 집에 길경이 있으니 미인과 술잔을 같이하리라.
四月	膝下有榮　金玉滿堂 名振遠近　人皆仰視	슬하에 영화 있으며 금옥이 만당하도다. 이름을 원근에 떨치니 사람마다 우러러본다.
五月	君臣慶會　食祿千鍾 財運通泰　必有榮貴	군신이 경사롭게 모이니 식록이 천 종이나 된다. 재운이 통태하니 반드시 영귀하리라.
六月	魚躍池中　活氣洋溢 先得大利　後得安靜	고기가 못 속에 들어가니 활기가 양양하다. 먼저는 큰 이익을 얻고 뒤에는 안정을 얻으리라.
七月	若非橫財　或有疾病 勿爲相爭　必有損害	만일 손재수가 아니면 혹 질병이 있다. 서로 다투지 마라. 반드시 손해가 있다.
八月	文書有吉　利在田庄 月明紗窓　事構必成	문서의 길함이 있으니 이익이 전장에 있다. 달이 사창에 밝으니 사업이 반드시 성취하리라.
九月	凡事有吉　必有橫財 貴人相助　利在其中	범사에 길함이 있으니 반드시 손재가 있다. 귀인이 서로 도우니 이익이 그 가운데 있다.
十月	家有慶事　弄璋之慶 始終如一　必有榮貴	집안에 경사가 있으니 생남할 경사로다. 시종이 여일하니 반드시 영귀하리라.
十一月	勿貪大事　勞而無功 豫爲祈禱　可免凶禍	큰 일을 탐하지 마라. 수고하나 공이 없도다. 미리 기도하라. 가히 흉화를 면하리라.
十二月	恐有獄事　豫防可免 身數大凶　愼之愼之	형옥수가 두려우니 예방하면 면하리라. 신수가 크게 흉하니 삼가고 삼가라.

地火明夷 (지화명이)

威望權重　或被論駁
乘騎千里　雲捲太陽
士則登第　庶民災咎
文化爲福　意外得財

위엄이 있고 권세가 중하니 혹 논박을 입는다. 말을 타고 천리를 가니 구름이 걷히고 태양이 나온다. 선비는 벼슬을 하고 서민은 재앙이 있다. 문서가 화하여 복이 되니 의외로 재물을 얻으리라.

正月	經營之事　有始無終 身上有危　每事愼之	경영지사는 처음은 있고 끝이 없도다. 신상의 위험이 있으니 매사를 조심하라.
二月	才德俱備　執政治民 財在官門　莫貪外財	재덕을 구비하니 정사를 잡고 백성을 다스린다. 재물이 관문에 있으니 밖의 재물을 탐하지 마라.
三月	或有失敗　謀事無益 凡事不利　見機可行	혹 실패가 있으니 모사가 무익하도다. 범사가 불리하니 기회를 보아 가히 행하라.
四月	若無疾病　必有大患 心無所主　意外遇事	만일 질병이 없으면 반드시 대환이 있도다. 마음에 주장이 없으니 뜻밖의 일을 만나리라.
五月	守分安居　妄動則敗 莫近是非　官災難免	분수를 지키고 안거할 것이며 망동하면 실패한다. 시비를 가까이 마라. 관재수를 면키 어려우리라.
六月	古木回春　終時有榮 身上有吉　貴人來助	고목에 봄이 돌아오니 마침내 영화가 있도다. 신상의 길함이 있으니 귀인이 와서 도우리라.
七月	千里春光　柳綠花紅 靜則無益　動則大利	봄빛이 천리나 되니 버들은 푸르고 꽃은 붉다. 안정하면 이익이 없고 출행하면 크게 이로우리라.
八月	利在北方　出則可得 經營之事　可以順成	이익이 북방에 있으니 나가면 가히 얻으리라. 경영지사는 가히 순조롭게 이룬다.
九月	花發東園　必有生産 憂散喜生　生活富潤	동원에 꽃이 피니 반드시 생산할 수 있도다. 근심이 사라지고 기쁨이 생기니 생활이 윤택하리라.
十月	有財官門　豈不美哉 家門吉慶　膝下有榮	재물이 관문에 있으니 어찌 아름답지 않으리요. 집안에 길경이 있으니 슬하의 영화가 있으리라.
十一月	百事俱成　意外得財 家運旺盛　貴人助我	백사가 모두 이루어지니 의외의 재물을 얻는다. 가운이 왕성하니 귀인이 나를 도우리라.
十二月	在家無益　出行得財 東西兩方　吉運漸回	집에 있으면 무익하고 출행하면 재물을 얻는다. 동서 양방에서 길운이 점점 돌아오리라.

〔六四〕 地火明夷(지화명이)

千里長道　崎嶇險亂
凡事宜緩　輕妄致災
有弓無矢　來賊何防
一片彩雲　風物更新

천리장도가 기구하고 험난하도다. 범사를 서두르지 마라. 경망하면 재앙을 이룬다. 활은 있으나 화살이 없으니 오는 도적을 어이 막으리요. 한 조각 채운이 일어나니 풍물이 다시 새롭다.

正月	或有失敗　謀事難成 每事留意　前程有險	혹 실패수가 있으니 꾀하는 일을 이루기 어렵다. 매사를 유의하라. 전정이 험난하리라.
二月	猛虎入穽　生死未判 莫行深水　一時有厄	맹호가 함정에 드니 생사를 판단 못한다. 깊은 물을 건너지 마라. 한때 액이 있으리라.
三月	財在遠地　誠心求之 莫信親人　損財可畏	재물이 먼 곳에 있으니 성심으로 구하라. 친한 사람을 믿지 마라. 손재가 가히 두렵다.
四月	每事遲緩　速則必損 基地發動　擇地爲吉	매사가 더디나 속하면 반드시 손실한다. 집터가 발동하였으니 땅을 가려 이사하라.
五月	身數不利　心身散亂 一奔南北　有事悲傷	신수가 불리하니 심신이 산란하도다. 남북에 한 번 나가니 일에 처량함이 있도다.
六月	旱天甘雨　百穀豊登 身上有吉　貴人來助	가문 하늘에 단비가 내리니 백곡이 풍등한다. 신상에 길함이 있으니 귀인이 와서 도우리라.
七月	勿謀他營　損財不鮮 近者愼之　有損無益	다른 꾀를 경영하지 마라. 손재가 적지 않도다. 가까운 사람을 삼가라. 손해만 있고 이익이 없다.
八月	若而移舍　終得大利 古木回春　終見發花	만일 집을 옮기면 마침내 큰 재물을 얻는다. 고목에 봄이 돌아오니 마침내 꽃이 피리라.
九月	千里他鄕　喜逢故人 事事如意　喜不自勝	천리 타향에서 기쁘게 고인을 만났다. 일마다 여의하니 기쁨을 이기지 못한다.
十月	西北有吉　必是女人 利在北方　出則大利	서북에 길함이 있으니 필시 여인이로다. 이익은 북방에 있으니 출타하면 크게 이로우리라.
十一月	已脫劫運　厄消福來 薰風吹到　蘭芝芳新	겁운을 이미 벗었으니 액이 사라지고 복이 온다. 훈풍이 불어오니 난초지초가 아름답게 핀다.
十二月	有才有德　成功何難 莫信他人　好事多魔	재주도 있고 덕도 있으니 성공이 어찌 어려우리요. 타인을 믿지 마라. 좋은 일에 마가 많도다.

地火明夷 (지화명이)

奔馳勞苦　經營艱難
有危無功　憂愁不絶
十年經營　一日之榮
晩時光輝　莫歎運遲

노고로움이 많으니 경영사에 어려움이 많다. 위험이 있고 공은 없으니 근심이 떠나지 않는다. 십년을 경영하여 하룻날의 영화로다. 늦게 광명을 만나리니 운이 늦음을 탄식 마라.

正月	先得大利	後得安定	먼저는 큰 이익을 얻고 뒤에는 안정을 얻는다.
	財在西方	意外自得	재물이 서방에 있으니 의외로 얻게 되리라.
二月	若偶人助	婚姻之數	만일 남의 도움이 있으면 혼인할 운수로다.
	若不其然	疾病可畏	만일 그렇지 않으면 질병이 두렵다.
三月	家有吉慶	名振四方	집에 길경이 있으며 이름을 사방에 떨친다.
	卦有吉星	死地求生	괘에 길성이 있으니 사지에서 생을 구한다.
四月	人多忌我	所望難成	사람이 많이 나를 꺼리니 소망을 이루기 어렵다.
	深山失路	行路不能	깊은 산에서 길을 잃으니 걸음 걷기가 능치 못하다.
五月	貴人相助	利在其中	귀인이 서로 도우니 이익이 그 가운데 있도다.
	先得大利	後得安靜	먼저는 큰 이익을 얻고 뒤에는 안정을 얻는다.
六月	千仞山頭	難到頂上	천길이나 되는 산머리에 정상에 오르기 어렵다.
	時機不到	待時爲吉	시기가 이르지 않으니 때를 기다리면 길하리라.
七月	每事如意	大財入門	매사가 여의하니 큰 재물이 들어온다.
	男兒得意	勇進必成	남아가 뜻을 얻으니 용감히 나가면 성취하리라.
八月	深宮固門	靜女自守	깊고 깊은 궁중에 여인이 몸을 지킨다.
	心正待時	必有興旺	마음을 바로 갖고 때를 기다리면 반드시 흥왕함이 있으리라.
九月	文書有吉	利在田庄	문서에 길함이 있으니 이익이 전장에 있다.
	每事如意	大財入門	매사가 여의하니 큰 재물이 문에 들어오리라.
十月	勿爲遠行	失物有數	먼곳에 가지 마라. 실물수가 있도다.
	若逢貴人	財旺身旺	만일 귀인을 만나면 재물과 관운이 왕하리라.
十一月	家有慶事	弄璋之慶	집안에 경사가 있으니 생산할 수로다.
	財在四方	意外自得	재물이 사방에 있으니 의외로 얻게 되리라.
十二月	月明紗窓	事機必成	달이 사창에 밝으니 사기를 반드시 이룬다.
	每事如意	或恐口舌	매사가 여의하나 혹 구설수가 있으리라.

[上六]

地火明夷 (지화명이)

始騰天上　終墜下地
秋水江邊　佳人痛哭
莫歎身勢　凶中得安
待時得明　不斷勞力

비로소 천상에 올랐으나 마침내 떨어진다. 가을 물 강변에서 가인이 통곡한다. 신세를 탄식하지 마라. 흉중에 편안함을 얻는다. 때를 기다리면 밝음을 얻으리니 부단한 노력을 하라.

正月	旱天甘雨　百穀豊登 今年之數　謙恭謹愼		가뭄중에 비가 내리니 백곡이 풍등하도다. 금년의 운수는 겸공하고 근신하라.
二月	處高能讓　皇天保佑 不斷勞力　必是成功		높은 데 있어 겸양하면 하늘이 도와준다. 부단히 노력하면 반드시 성공하리라.
三月	東方貴人　偶然來助 生活泰平　人皆仰視		동방의 귀인이 우연히 와서 도와준다. 생활이 태평하니 사람마다 부러워한다.
四月	勿謀他營　必有損財 西南出行　必有大凶		다른 경영을 꾀하지 마라. 반드시 손재가 있도다. 서남에 출행하면 크게 흉함이 있으리라.
五月	莫行水邊　水鬼臨身 外富內貧　運數奈何		물가에 가지 마라. 수귀가 몸에 임한다. 외부내빈하니 운수를 어찌하리요.
六月	妄行貪欲　反有損缺 莫交女人　損財不少		망령된 행동과 탐욕은 오히려 손실이 있다. 여인을 사귀지 마라. 손재가 적지 않으리라.
七月	人知不明　佳人不逢 四面楚歌　獨坐歎息		사람이 밝지 못함을 아니 가인을 만나지 못한다. 사면에서 아우성이니 홀로 앉아 탄식하리라.
八月	親人爲害　勿爲爭訟 出行則吉　宜行南方		친한 사람이 해가 있으니 쟁송을 하지 마라. 출행하면 길하니 남방에 가면 좋다.
九月	若非官祿　疾病可畏 勿謀他營　謀事有錯		만일 관록이 아니면 질병이 두렵다. 다른 경영을 꾀하지 마라. 사업에 착오가 있다.
十月	東風解氷　萬物更新 謀事如意　得意揚揚		동풍에 얼음이 풀리니 만물이 다시 새롭다. 모사가 여의하니 득의양양하리라.
十一月	遠行有數　海外進出 若不其然　事有多滯		원행할 수가 있으니 해외로 진출할 수로다. 만일 그렇지 않으면 일에 막힘이 많으리라.
十二月	守分安居　妄動則害 莫恨困苦　終見大利		분수를 지키고 편히 거하라. 망동하면 해롭다. 곤고함을 탄하지 마라. 마침내 큰 이익을 보리라.

[初九]

風火家人 (풍화가인)

歲和年豊　家給人足
桃李爭發　淫山繞青
修身正家　和樂且榮
登科揚名　謀事有成

세화연풍하니 집안이 늘고 사람이 족하다. 도화 이화가 다투어 피니 산이 곱고 푸르다. 몸을 닦고 집안을 바로잡으면 화락하고 영화가 있다. 벼슬에 올라 이름을 날릴 것이요, 모사도 성취하리라.

正月	老翁年高　不利壽限	나이가 많은 늙은이면 수한이 불리하도다.
	今年之數　凶多吉少	금년의 운수는 흉이 많고 길함이 적으리라.
二月	芳草逢雨　其色萋萋	방초가 비를 만나니 그 색이 푸르르다.
	衣食豊足　壽福綿綿	의식이 풍족하니 수복이 면면하리라.
三月	淸風高臥　世事無關	청풍에 높이 누웠으니 세상 일이 무관하다.
	厄在膝下　愼之西方	액이 슬하에 있으니 서방에 보내지 마라.
四月	基地發動　移居爲吉	집터가 발동하니 이사하면 길하다.
	若不其然　損財不少	만일 그렇지 않으면 손재가 적지 않으리라.
五月	親人莫近　無益爲害	친한 사람을 가까이 마라. 이익은 없고 해만 있도다.
	千里遠程　前道暗暗	천리 원정에 전도가 어두우리라.
六月	若逢女人　利在其中	만일 여인을 만나면 이익이 그 가운데 있다.
	登科揚名　意氣洋溢	벼슬에 올라 이름을 날리니 의기가 양양하리라.
七月	與人同事　必是成功	남과 더불어 동사하면 반드시 성공한다.
	南方貴人　自然助我	남방의 귀인이 자연히 나를 도와준다.
八月	賴人生財　與人同謀	남의 도움을 입어 생재하니 남과 더불어 동업하라.
	以小易大　終成富家	작은 것으로 큰 것을 바꾸니 마침내 부자가 된다.
九月	失物有數　盜賊愼之	실물수가 있으니 도적을 조심하라.
	東方有吉　西人爲害	동방에는 길함이 있고 서쪽 사람은 해가 된다.
十月	雲開見月　前途光明	구름이 개고 달을 보니 전도가 빛나고 밝다.
	事事如意　衣食裕餘	일마다 여의하니 의식이 유여하리라.
十一月	勿爲爭論　訟事可畏	다투지 마라. 송사가 두렵다.
	疾病侵身　勿近喪家	질병이 침노하니 상가를 가까이 마라.
十二月	有吉無凶　身旺財旺	길은 있으나 흉이 없으니 신수와 재수가 왕성하다.
	積小成大　喜滿家中	작은 것을 쌓아 큰 것을 이루니 기쁨이 집안에 가득하리라.

風火家人 (풍화가인) 〔六二〕

```
桃李爭春   到處春風
家道正順   所望如意
躍進雲路   俸祿裕豊
衣食裕餘   成功無疑
```

도화 이화가 봄을 다투니 도처에 봄바람이로다. 가도가 순탄하니 소망이 여의하리라. 벼슬길에 뛰어오르니 녹봉이 넉넉하다. 의식이 유여하니 성공은 의심이 없으리라.

正月	財運旺盛 到處有吉	少求多得 萬事順成	재운이 왕성하니 생각보다 많이 얻는다. 도처에 길함이 있으니 만사가 순조로우리라.
二月	移基改業 或出東方	橫財之數 意外破産	집을 옮기고 업을 바꾸면 횡재할 운수로다. 혹 동방으로 나가면 의외로 파산을 당하리라.
三月	靑雲咫尺 幸逢貴人	登科壯元 財祿晋新	청운길이 지척에 있으니 장원으로 등과한다. 만일 귀인을 만나면 재록이 진진하리라.
四月	牛眠長堤 食祿有餘	芳草靑靑 以外何望	소가 긴 언덕에서 조니 방초가 청청하도다. 식록이 유여하니 이밖에 무엇을 바라리요.
五月	若非官祿 居家無感	損財有數 出外大凶	만일 관록이 아니면 손재수가 있도다. 집에 거하면 무흠하나 외출하면 크게 흉하다.
六月	有吉無凶 與人南去	身旺財旺 利在其中	길함은 있고 흉이 없으니 신수와 재수가 왕성하다. 남과 더불어 남방에 가면 이익을 그곳에서 얻으리라.
七月	圖南圖北 祿在四方	營謀皆就 强求大得	남북간의 경영하는 일은 모두 성취된다. 재록이 사방에 있으니 힘써 구하면 크게 얻으리라.
八月	東園桃李 勿爲爭論	逢時滿發 是非有數	동원의 도화 이화는 때를 만나 만발하였다. 다투지 마라. 시비가 따르리라.
九月	優遊亨福 財聚如山	衣之食之 富如石崇	형복을 넉넉히 누리니 의식간의 낙이로다. 재물이 산과 같으니 석숭과 같은 부자로다.
十月	兩人同謀 添口之數	利在可得 弄璋之慶	양인이 꾀를 같이하니 이익을 가히 얻으리라. 식구를 더할 운이니 생남할 경사로다.
十一月	利在南方 初雖災殃	出行得利 後招財利	이익은 남방에 있으니 출행하면 얻게 된다. 처음은 재앙이 있으나 뒤에는 재리가 따른다.
十二月	千里他鄕 立身揚名	喜逢故人 名播四海	천리타향에서 반갑게 고인을 만났다. 입신양명하여 이름이 사방에 떨치리라.

[九三]

風火家人 (풍화가인)

殘花落地　婦女嬉笑
夢得良弼　眞僞可知
齊家不謹　基業凋冷
進退之事　再參愼之

쇠잔한 꽃이 떨어지는 곳에서 부녀가 시시덕거린다. 꿈에 어진 배필을 만나니 진위를 가히 알리라. 집안을 잘 다스리지 않으면 조상의 업을 패한다. 나가고 물러감에 있어 두세 번 조심하라.

正月	財運旺盛　成功無疑	재운이 왕성하니 성공은 의심없다.
	東方來人　意外損財	동방에서 오는 사람이 의외로 손재를 입힌다.
二月	眞玉埋塵　誰有知之	진옥이 진토에 묻혔으니 아는 이가 누구뇨.
	家有不安　災害不絶	집에 불안이 있으니 재해가 끊이지 않는다.
三月	財運平平　疾病侵身	재운은 평평하나 질병이 침노한다.
	豫爲度厄　可免以厄	미리 액을 막으면 가히 액을 면하리라.
四月	圍棋山亭　逍遣歲月	산정에서 바둑을 두며 세월을 보낸다.
	若無産慶　必有大財	만일 생산할 경사가 아니면 큰 재물을 얻으리라.
五月	古基不利　移基財得	옛터는 불리하니 이사하면 재물을 얻는다.
	動則有吉　靜則無益	활동하면 길하고 안정하면 무익하다.
六月	明月淸風　貴人來助	밝은 달 청풍 속에 귀인이 와서 돕는다.
	與人同事　必有大成	남과 더불어 동업하면 반드시 크게 성공하리라.
七月	好事多魔　佳期易阻	좋은 일에 마가 많으니 아름다운 기약이 쉽게 막힌다.
	莫近喪家　疾病可畏	상가에 가지 마라. 질병이 두렵다.
八月	失物有數　近人愼之	실물수가 있으니 가까운 사람을 삼가라.
	若不其然　空然災禍	만일 그렇지 않으면 공연한 재앙이 있다.
九月	雲散月出　豈以生光	구름이 흩어지고 달이 나오니 어찌 생광이 아니리요.
	東園桃李　逢時花開	동원의 도화 이화가 때를 만나 꽃이 피었다.
十月	一家相爭　財産有損	일가가 서로 다투니 재산의 손해가 있다.
	失物有數　豫爲度厄	실물수가 있으니 미리 조심하라.
十一月	金菊秋黃　晩景可安	가을 국화가 누렇게 피었으니 늦은 경치가 볼 만하다.
	吉運已回　一家生光	길운이 이미 돌아오니 일가에 광명이 생긴다.
十二月	財在西方　去之大得	재물이 서방에 있으니 그곳에 가면 얻는다.
	財在商業　財物興旺	상업을 경영하면 재물이 흥왕하리라.

[六四]

五三 風火家人(풍화가인)

經理有道　邦固民寧
珠滿金盤　粟帛盈倉
日出扶桑　金鷄搏翼
在士榮遷　生活安穩

이치를 경륜하고 법도가 있으면 나라가 견고하고 백성이 편안하다. 구슬이 금반에 가득하고 속백이 창고를 메웠다. 아침 해가 떠오르니 햇살을 넓게 펼친다. 관리는 영전하고 서민은 유족하리라.

正月	安靜度日　吉運有時		안정하고 날을 보내라. 길운의 때가 있다.
	待時有吉　急則凶矣		때를 기다림이 길하니 서두르면 흉하다.
二月	風亂單木　花飛實落		바람이 단목에 어지러이 부니 꽃이 지고 열매가 떨어진다.
	東方來客　偶然財損		동방에서 오는 사람이 우연히 손해를 입히리라.
三月	道德政治　萬民樂業		도덕으로 정치하니 만민이 업을 즐긴다.
	志高心大　必是成功		뜻이 높고 마음이 크니 반드시 성공하리라.
四月	花燭輝煌　香氣郁郁		화촉이 휘황하니 향기가 욱욱하다.
	移基東方　必有亨通		동방으로 이사하면 반드시 형통하리라.
五月	百人耕之　倉廩盈穀		백 사람이 농사하니 창고에 곡식이 가득하다.
	食裕衣餘　和樂一家		식록이 유여하니 일가가 화락하리라.
六月	少年金榜　立身揚名		소년 급제하여 입신양명한다.
	一身自安　世事泰平		일신이 자연 편안하니 세상 일이 태평하리라.
七月	淸風明月　佳人鼓琴		청풍명월에 가인이 거문고를 탄다.
	在家則吉　動則不利		집에 있으면 길하나 활동하면 불리하리라.
八月	金玉盈盈　粟帛豊厚		금옥이 가득하고 속백이 풍후하도다.
	萬事如意　意氣洋溢		일마다 여의하니 의기가 양양하도다.
九月	小川歸海　積小成大		시내가 바다로 돌아가니 작은 것을 쌓아 큰 것을 이룬다.
	財運大通　勿失好機		재운이 대통하니 좋은 기회를 놓치지 마라.
十月	莫近喪家　疾病侵身		상가에 가까이 마라. 질병이 몸에 이른다.
	官鬼發動　勿爲爭訟		관귀가 발동하니 쟁송을 하지 마라.
十一月	求財難得　勞而無功		재물을 구하나 얻기 어려우니 수고하나 공이 없도다.
	南方出行　偶然橫財		남방으로 출행하면 우연히 횡재하리라.
十二月	利在文書　貴人助我		이가 문서에 있으니 귀인이 나를 돕는다.
	人口旺盛　意外得財		인구가 왕성하고 의외의 재물을 얻으리라.

風火家人 (풍화가인) 〔九五〕

五三

陰陽相齊　室家和融
貴人提携　所願從心
身遊東西　擧頭見日
內助有之　夫君多慶

음양이 고르니 집안의 화기가 융융하다. 귀인이 이끌어 주니 소원이 마음과 같다. 몸이 동서에서 노니니 머리를 들고 해를 본다. 내조가 있으니 경사가 많으리라.

正月	庭前寶樹　長保見日 小川歸海　積小成大	뜰앞의 보배나무는 항시 날빛을 보게 된다. 시냇물이 바다에 돌아가니 작은 것을 쌓아 큰 것을 이룬다.	
二月	家運旺盛　衣食豊足 吉運已回　貴人來助	가운이 왕성하니 의식이 풍족하도다. 길운이 돌아오니 귀인이 와서 도우리라.	
三月	東西兩方　財運漸開 利在文書　賣買田庄	동서 양방에서 재운이 점점 열린다. 이익이 문서에 있으니 전장을 사들이게 되리라.	
四月	與人同事　必得大財 莫近水邊　水鬼侵身	남과 더불어 동사하면 반드시 큰 재물을 얻는다. 물 가에 가지 마라. 물귀신이 침노한다.	
五月	口舌有數　豫爲祈禱 移基東方　必有亨通	구설수가 있으니 미리 예방하라. 동방으로 이사하면 반드시 형통함이 있으리라.	
六月	千里他鄕　孑孑單身 四面楚歌　獨坐歎息	천리타향에 혈혈단신이로다. 사면에 모두 적이니 홀로 앉아 탄식하리라.	
七月	志高心大　必得成功 莫近女子　必有損傷	뜻이 높고 마음이 크니 반드시 성공함을 얻는다. 여자를 가까이 마라. 반드시 손상함이 있으리라.	
八月	在家無益　出則有利 意外得財　貴人相逢	집에 있으면 무익하고 출가하면 유리하다. 의외로 재물을 얻을 것이요, 귀인과 상봉하리라.	
九月	內助得人　決定諸事 一身自安　世事平安	내조하는 이를 만나니 모든 일이 결정된다. 일신이 자연 편안하니 세상 일도 평안하리라.	
十月	喪家莫近　疾病可畏 莫信人言　必有虛荒	상가를 가까이 마라. 질병이 두렵다. 남의 말을 믿지 마라. 반드시 허황함이 있으리라.	
十一月	遠行不利　莫出登程 移基東方　必得大財	원행함이 불리하니 집을 나서지 마라. 동방으로 이사하면 반드시 큰 재물을 얻는다.	
十二月	求之東方　財利可得 意外橫厄　愼之出行	동방에서 구하는 일은 재리를 가히 얻는다. 의외의 횡액수가 있으니 출행을 조심하라.	

〔上九〕

風火家人 (풍화가인)

五三

文章高世　德業普施
渭川賢士　大器晚成
剛柔相濟　位高祿重
災消福來　綿綿洋溢

문장이 세상에 높으니 덕업을 널리 베푼다. 위천의 현사이니 큰 그릇은 늦게 이루어진다. 강유를 겸비하니 지위가 높고 녹이 중하다. 재앙이 사라지고 복이 오니 의기양양하리라.

正月	寬厚容納　到處春風 身上無欠　家道興旺		너그럽고 용납함이 있으니 도처에 기쁜 일이 있다. 신상의 흠이 없으니 가도가 흥왕하리라.
二月	災消福來　身運太平 東園桃李　蜂蝶飛來		재앙이 가고 복이 오니 신운이 태평하도다. 동원에 도화 이화가 피었으니 봉접이 날아 오리라.
三月	移基爲吉　東則大利 若不其然　橫厄可畏		이사하면 좋은데 동방이면 이익이 크도다. 만일 그렇지 않으면 횡액이 두렵다.
四月	萬山松栢　勁節蒼蒼 財運已回　萬事如意		만산의 송백은 그 절개가 푸르르다. 재운이 이미 돌아오니 만사가 여의하리라.
五月	西北兩方　貴人來助 財利成遂　必是成功		서북 양방에서 귀인이 와서 돕는다. 재리가 성취되니 반드시 성공하리라.
六月	互兄互弟　口舌相爭 心無所主　謀事不成		형이요 아우요, 구설과 싸움이로다. 마음에 주관성이 없으니 꾀함을 이루지 못하리라.
七月	從善遠惡　必有吉事 雖有憤事　忍之上策		선을 좇고 악을 멀리 하면 반드시 좋은 일이 있다. 비록 분한 일이 있을지라도 참는 것이 상책이니라.
八月	親人反仇　交友愼之 憂苦未盡　口舌又何		친한 이가 원수되니 벗 사귐을 조심하라. 근심고초가 미진하였는데 구설이 또 웬일인고.
九月	東西奔走　小財可得 雖有身困　少利可得		동서로 분주하면 작은 재물은 가히 얻는다. 비록 일신이 곤고하나 적은 이익은 가히 얻으리라.
十月	移舍爲吉　去則吉利 南也北也　北之大吉		이사수가 있으니 옮겨가면 길리하다. 남이냐 북이냐 북방이 대길하리라.
十一月	若非官祿　橫財之數 貴人相助　必是成功		만일 관록이 아니면 횡재수가 있도다. 귀인이 서로 도와주니 필시 성공하리라.
十二月	鼠人倉庫　衣食裕餘 雖有財利　謀事難成		쥐가 창고에 들었으니 의식이 유여하도다. 비록 재리는 있으나 꾀하는 일을 이루기 어렵다.

〔初九〕

	**火澤睽 (화택규)** 官者有吉　農者爲凶 事不如意　功力虛費 親人反仇　交者皆賊 事無始終　心身散亂	관리는 길하고 농민은 흉하다. 일이 뜻같지 않으니 공력만 허비한다. 친한 사람이 원수가 되니 사귀는 이는 모두 도적이로다. 일에 처음과 끝이 없으니 심신이 산란하리라.
正月	敗軍之將　無面渡江 家有不安　出行亦憂	패군한 장수가 강 건널 면목이 없다. 집에 불안함이 있으며 출행해도 또한 근심이로다.
二月	身數不利　財亦不美 若無服制　疾病可畏	신수가 불리하니 재수 역시 좋지 않다. 만일 복제수가 아니면 질병이 두렵다.
三月	萬頃蒼波　舟逢風波 莫信親人　吉變爲凶	만경창파에서 풍파를 만났다. 친한 사람을 믿지 마라. 길이 변하여 흉이 된다.
四月	雲雨滿空　不見日月 事有虛妄　苦勞難免	비구름이 창공에 가득하니 일월을 보지 못한다. 일에 허망함이 있으니 노고로움을 면키 어려우리라.
五月	生財有時　待時最吉 勿爲問喪　每事不利	생재함이 때가 있으니 때를 기다리면 좋다. 문상을 하지 마라. 매사가 불리하리라.
六月	東西兩方　財運漸回 勿謀他營　損財不少	동서 양방에서 재운이 점차 돌아온다. 다른 경영을 꾀하지 마라. 손재가 적지 않으리라.
七月	四顧無親　身勢自歎 幸逢貴人　必有財得	사고무친하니 신세를 자탄한다. 다행히 귀인을 만나면 반드시 재물을 얻으리라.
八月	遠行有數　出則大利 海外進出　成功可期	원행할 수가 있으니 출타하면 유익하다. 해외에 진출하면 가히 성공을 기약한다.
九月	家有吉慶　財利可得 長沙遠方　還鄕省親	집안에 경사가 있으니 재리를 가히 얻으리라. 귀양길이 풀리니 집안에 돌아온다.
十月	走馬西南　先苦後得 謀事必誠　與人同事	말을 서남에 달리면 먼저는 곤하고 뒤에 얻는다. 꾀하는 일이 성취되니 남과 더불어 동사하리라.
十一月	出則損財　入則無患 莫信人言　吉變爲凶	출행하면 손재하고 들어오면 근심이 없다. 남의 말을 믿지 마라. 길이 변하여 흉이 된다.
十二月	龍失其珠　不能變化 橫厄有數　凡事愼之	용이 구슬을 잃었으니 변화가 능치 못하다. 횡액수가 있으니 범사를 조심하라.

〔九二〕 三四

	火澤睽 (화택규)	세상 일에 관심이 없으니 허송세월한다. 구해도 얻지 못하니 운이라 어이하리요. 만경창파에서 배가 풍파를 만났다. 부지런히 노력하면 늦게 생광을 보리라.
	世事不關　虛送歲月 求之不得　運也奈何 萬頃蒼波　舟逢風波 勤勉勞力　晚取生光	

正月	龍失其珠　不能造化 橫厄有數　凡事愼之	용이 구슬을 잃었으니 조화를 부리지 못한다. 횡액수가 있으니 범사를 삼가라.
二月	世事不關　虛送日月 足踏虎尾　生死未判	세상 일에 관심이 없으니 헛되이 세월만 보낸다. 발로 호랑이 꼬리를 밟으니 생사를 판단치 못한다.
三月	或逢貴人　偶然成事 妻宮有憂　豫爲禱厄	혹 귀인을 만나면 우연히 성사된다. 처궁에 근심이 있으니 미리 액을 빌라.
四月	心無所主　謀事不成 誠心勞力　可以小財	마음에 주관이 없으니 꾀하는 일을 이루지 못한다. 성심으로 노력하면 작은 재물은 얻으리라.
五月	財運漸回　速則達成 東南兩方　財利通泰	재운이 점점 돌아오니 급히 하면 달성하리라. 동남 양방에 재리가 통태하다.
六月	險中行順　誠可感天 缺圓復圓　必有喜事	험한 가운데 순탄히 행하니 지성이면 하늘이 감응한다. 이지러진 달이 다시 둥그니 반드시 기쁜 일이 있다.
七月	路上橫厄　車馬注意 災消福來　勤勉勞力	노상의 횡액수 있으니 거마를 주의하라. 재앙이 사라지고 복이 오니 근면 노력하라.
八月	謀事順成　意氣揚揚 南方有吉　出行則吉	꾀하는 일이 순조로우니 의기가 양양하도다. 남방에 길함이 있으니 출행하면 길리하다.
九月	龍門一躍　壯元到手 金玉滿堂　喜滿家中	용문에 한 번 뛰니 장원급제한다. 금옥이 만당하니 기쁨이 가중에 가득하리라.
十月	與人謀事　必是成功 衣食俱足　歲月太平	남과 더불어 모사하면 반드시 성공한다. 의식이 구족하니 세월을 태평히 보낸다.
十一月	萬里遠程　前道險難 求之不得　運也奈何	만리 원정에 전도가 험난하도다. 구해도 얻지 못하니 운이라 어이하리요.
十二月	膝下有憂　妻宮有殺 愼之每事　凶禍莫測	슬하의 근심이 있으며 처궁에 살이 있도다. 매사에 조심하면 무사하나 흉화를 측량치 못하리라.

〔六三〕

火澤睽 (화택규)

臨江無船　何以渡江
風波江上　一葉片舟
處凶謹身　先凶後吉
六親之間　難免刑傷

강에 임하여 배가 없으니 어찌 강을 건너리요. 풍파 이는 강물 위에 한 잎의 조각배로다. 흉에 처하여 근신하면 먼저는 흉하고 뒤에는 길하다. 육친 사이에 형상수를 면치 못하리라.

正月	日暮靑山　歸路忙忙 雖有貴人　實難救助	청산에 날이 저무니 돌아가는 길이 바쁘다. 비록 귀인이 있으나 실로 구조해 주기 어렵다.
二月	損財有數　致誠佛前 基地不利　速離則吉	손재수가 있으니 불전에 치성하라. 옛터는 불리하니 속히 떠나면 길하리라.
三月	凡事不利　心身散亂 妄動有害　待時爲吉	범사가 불리하니 심신이 산란하도다. 망동하면 해가 있고 때를 기다리면 길하다.
四月	若近女色　損財不少 南方有吉　行則大利	만일 여색을 탐하면 손재가 적지 않다. 남방에 좋은 일이 있으니 출행하면 큰 이익이 있다.
五月	謀事不成　事有失敗 先凶後吉　勤則小得	꾀하는 일이 되지 않으니 일에 실패가 있다. 먼저는 흉하고 뒤에 길하니 근면하면 약간 얻으리라.
六月	險中有安　先迷後順 身厄常隨　豫危防厄	험한 가운데 편안함이 있으니 먼저는 나쁘고 뒤에 순탄하다. 신액이 항시 따르니 미리 액을 막으라.
七月	莫近酒色　必有失敗 損財有數　至誠獻功	주색을 가까이 마라. 반드시 실패수 있도다. 손재수가 있으니 지성으로 공을 드리라.
八月	天賜其福　食祿津津 身遊外方　財祿隨身	하늘이 그 복을 주니 식록이 진진하도다. 몸이 타관에서 노니니 재록이 몸에 따른다.
九月	酒也色也　愼之勿近 此月之數　凡事平平	술이나 여색을 삼가고 멀리하라. 이 달의 운수는 범사가 평평하리라.
十月	勿爲妄動　不利其財 事有失敗　又何口舌	망동하지 마라. 그 재물이 불리하도다. 일에 실패가 있는데 구설은 또 웬일인고.
十一月	若非官祿　橫財之數 誠心求之　可得功名	만일 관록수가 아니면 횡재할 운수로다. 성심으로 구하면 가히 공명을 얻으리라.
十二月	棄舊取新　世業更張 經營之事　必是成功	옛것을 버리고 새것을 취하니 세업이 다시 확장된다. 경영지사는 필시 성공하리라.

[九四]

火澤暌 (화택규)

相逢佳人 偕老百年
運數不吉 勤勉努力
勿爲强求 事有虛妄
在家無益 宜行外方

가인을 상봉하였으니 백년을 기약한다. 운수가 불길하니 근면 노력하라. 억지로 구하지 마라. 일에 허망함이 있다. 집에 있으면 무익하나 외방에 나가면 길하리라.

正月	險路已過 更逢泰山 北方不利 近則有害	험로를 이미 지났으나 다시 태산을 만났다. 북방이 이롭지 못하니 가까이 가면 해가 있다.
二月	財星隨身 必有橫財 飢者逢豊 衣食自足	재성이 몸에 따르니 반드시 횡재한다. 주린 자가 풍년을 만나니 의식이 자연 족하리라.
三月	三顧而逢 如魚得水 出他有吉 在家傷心	세 번 돌아보아 만나니 고기가 물을 얻음과 같다. 출타하면 길하고 집에 있으면 마음이 상한다.
四月	在家無益 利在他鄕 勿爲人爭 恐有口舌	집에 있으면 무익하니 이익이 타향에 있다. 남과 다투지 마라. 구설수가 두렵다.
五月	夢中得財 不久之財 勿貪虛欲 反有損害	꿈 속에서 재물을 얻으니 오래 가지 못하는 재물이로다. 허욕을 탐하지 마라. 오히려 손해가 있으리라.
六月	心大志弱 欲速不達 西方不利 行則大凶	마음은 크고 뜻은 약하니 속히 하고자 하나 되지 않는다. 서방이 불리하니 그곳에 가면 크게 흉하다.
七月	一去一來 奔走無益 基地發動 利居爲吉	하나는 가고 하나는 오니 분주하나 무익하도다. 집터가 발동하니 이사하면 길하리라.
八月	運氣已回 財數大吉 財如丘山 喜色滿面	운기가 이미 돌아오니 재수가 대길하다. 재물이 산과 같으니 기쁜 빛이 만면하리라.
九月	勿爲爭訟 官災有數 先凶後吉 勤勉努力	다투지 마라. 관재수가 있도다. 먼저는 흉하고 뒤에 길하니 근면 노력하라.
十月	財運通泰 事事如意 勿近喪家 疾病可畏	재운이 통태하니 일마다 여의하다. 상가에 가지 마라. 질병이 가히 두렵다.
十一月	東奔西走 食少事煩 勿謀他營 必有損財	동분서주하니 식소사번하리라. 다른 경영을 꾀하지 마라. 반드시 손재가 있으리라.
十二月	到處有財 名高四方 若非官祿 弄璋之慶	도처에 재물이 있으니 이름이 사방에 높다. 만일 관록이 아니면 생남할 경사로다.

〔六五〕 一三七

火澤睽 (화택규)

君臣相合　富貴功名
窈窕淑女　琴瑟友之
親戚兄弟　獄事牽連
勿近是非　爭訟可畏

군신이 상합하니 부귀공명이로다. 요조 숙녀가 금슬이 다정하다. 친척이나 형제간에 옥사가 끊이지 않는다. 시비를 가까이 마라. 쟁송이 가히 두렵다.

正月	兩事未決　中情不安 臨江無船　何以渡江	두 일이 미결되니 중정이 불안하도다. 강에 임하여 배가 없으니 어찌 강을 건너리요.
二月	險路順行　虛中有實 財數論之　得以半失	험로에서 순행하니 허한 가운데 실속이 있다. 재수를 논지하면 얻어서 반이나 잃는다.
三月	莫近是非　口舌可畏 身厄有數　豫爲禱厄	시비를 가까이 마라. 구설이 두렵다. 신액수가 있으니 미리 액을 빌라.
四月	陰陽不調　謀事不成 東方有吉　行則大利	음양이 고르지 못하니 꾀하는 일을 이루지 못한다. 동방에 길함이 있으니 출행하면 크게 이롭다.
五月	厄消祥臻　萬事順成 財數吉利　身厄難免	액이 사라지고 상서가 이르니 만사가 순조롭다. 재수가 길리하니 신액을 면치 못하리라.
六月	經營之事　勿謀他人 財數論之　得以半失	경영지사는 타인과 꾀하지 마라. 재수를 논지하면 얻어서 반이나 잃는다.
七月	東風解氷　春光富貴 財積如山　衣食俱足	동풍에 얼음이 풀리니 부귀가 춘광 같도다. 재물이 산과 같으니 의식이 구족하리라.
八月	千載一遇　名振四海 東北兩方　財利大通	천재에 한 번 만났으니 이름을 사방에 떨친다. 동북 양방에 재리가 대통하리라.
九月	大有橫財　不然官事 失物有數　盜賊愼之	횡재수가 크게 있으니 불연이면 관재수 있도다. 실물할 운수니 도적을 조심하라.
十月	窈窕佳人　洞房有情 依賴他人　必是成事	요조한 가인이 동방에 유정하도다. 타인을 의뢰하면 반드시 성사하리라.
十一月	如干財數　得以半失 南方有吉　行則大利	여간한 재수는 얻어서 반이나 잃는다. 남방에 길함이 있으니 출행하면 크게 이로우리라.
十二月	中心擾擾　有情無情 此月之數　勞多功少	중심이 요란하니 정이 있으나 무정하도다. 이 달의 운수는 수고만 많고 공이 적다.

[上九]

火澤睽 (화택규)

萬疊浮雲　聚散無定
莫恨辛苦　初困後平
莫信他人　外親內疎
轉憂成喜　意思自若

구름이 가득하니 언제 걷힐지 모른다. 곤고함을 탄하지 마라. 처음은 곤하고 뒤에 평하다. 타인을 믿지 마라. 겉으로는 친하나 안으로는 멀리 한다. 근심이 굴러 기쁨이 되니 의사가 자약하리라.

正月	醉眼矇矓　不知歲月 萬事不能　獨坐歎息		취안이 몽롱하니 세월을 알지 못한다. 만사가 능하지 못하니 홀로 앉아 탄식하리라.
二月	是非雲起　聚散無定 時運勞碌　必有不利		시비가 구름같이 일어나니 모이고 흩어짐을 정하지 못한다. 시운이 노록하니 반드시 불리하리라.
三月	心如金石　否運奈何 東奔西走　勞多功少		마음이 금석과 같으니 운이 비색함을 어이하리요. 동서로 분주하니 노력은 많으나 공이 적다.
四月	白日靑天　霹靂何事 與人謀事　必是成就		청천백일에 벽력이 웬일인고. 남과 더불어 모사하면 반드시 성취하리라.
五月	南方貴人　偶然來助 移基爲吉　速則必成		남방의 귀인이 우연히 와서 돕는다. 집을 옮기면 길하니 속히 가면 성취되리라.
六月	先凶後吉　勤勉努力 南方有吉　行則大利		먼저는 흉하고 뒤에 길하니 근면 노력하라. 남방에 길함이 있으니 출행하면 크게 이로우리라.
七月	七年大旱　喜逢甘雨 貴人來助　自然成事		칠년 대한에 반갑게 단비를 만난다. 귀인이 와서 도우니 자연히 성사되리라.
八月	心無定處　事無頭緖 莫近喪家　疾病可畏		마음에 정할 곳이 없으니 일에 두서가 없다. 상가를 가까이 마라. 질병이 가히 두렵다.
九月	遠行有數　海外進出 名振四海　衣食自足		원행수가 있으니 해외로 진출한다. 이름을 사방에 떨치니 의식이 자족하리라.
十月	膝下有憂　內患可畏 豫爲祈禱　可免此厄		슬하에 근심이 있으니 내환이 가히 두렵다. 미리 기도하라. 가히 이 액을 면하리라.
十一月	移基改業　自然取財 前生因緣　後生佳約		집을 옮기고 업을 바꾸면 자연히 재물이 모인다. 전생의 인연이 후생의 가약을 맺는다.
十二月	雨順風調　時和年豐 內憂外患　自然消滅		우순풍조하니 시화연풍이로다. 안과 밖으로 근심이 있으나 자연히 소멸하리라.

[初六]　　　　　　　　　　　　　　三九

䷦	**水山蹇(수산건)** 安貧樂道　待時而安 險路難行　日色未明 龍上生角　乘時登天 善處逆境　心事安閑	가난함을 편히 알고 도를 즐거이 하니 때를 기다리면 편안하다. 험한 길에 다니기 어려우니 일색이 밝지 못하다. 용이 뿔이 생겼으니 때를 타서 등천한다. 역경에 선처하면 심사가 안한 하리라.
正月	愁心不解　獨坐歎息 入山求魚　事有虛妄	수심이 풀리지 않으니 홀로 앉아 탄식한다. 산에 들어 고기를 구하니 일에 허망함이 있다.
二月	風亂草木　花飛紛紛 事事多滯　運也奈何	초목에 바람이 어지럽게 부니 꽃이 분분히 난다. 일마다 막힘이 많으니 운이라 어이하리요.
三月	有志未遂　求事不成 强進不利　順理可成	뜻은 있으나 이루지 못하며 일을 구하나 이루지 못한다. 억지로 나가면 불리하나 순리로 하면 가히 성취한다.
四月	家運漸回　小求大得 東南兩方　必是吉利	가운이 점점 돌아오니 작게 구하여 크게 얻는다. 동남 양방이 반드시 길리하리라.
五月	古木逢春　無凶有吉 貴人來助　意外順成	고목이 봄을 만나니 흉이 없고 길하다. 귀인이 와서 도우니 의외로 순성하리라.
六月	逍遙山水　安貧樂道 待時爲吉　先凶後吉	산수간에 소요하니 가난을 편히 알고 도를 즐긴다. 때를 기다리면 길하니 먼저는 흉하고 뒤에 길하다.
七月	經營之事　必是成就 勿爲改業　必有損財	경영지사는 필시 성취한다. 업을 바꾸지 마라. 반드시 손재가 있으리라.
八月	萬化芳暢　時和可景 財在東方　行則大利	만화가 방창하니 때가 화하고 경치가 좋다. 재물이 동방에 있으니 출행하면 크게 이롭다.
九月	有始無終　每事不成 先困後泰　時逢必成	처음은 있고 끝이 없으니 매사를 이루지 못한다. 먼저는 곤하고 뒤에 길하니 때를 만나 반드시 성취한다.
十月	東奔西走　西行得利 莫交女人　損財不鮮	동서에 분주하니 서방으로 가면 이를 얻는다. 여인을 사귀지 마라. 손재가 적지 않다.
十一月	見險能止　前路漸開 誠心努力　可得成功	험한 것을 보고 능히 그치니 앞길이 점점 열린다. 성심으로 노력하면 가히 성공을 얻으리라.
十二月	或恐口舌　爭訟是非 出外大患　守家爲吉	혹 구설수가 있으니 쟁송과 시비가 있다. 출행하면 대환이 있으나 집을 지키면 길하다.

[六二]

水山蹇 (수산건)

江上行人　偶逢險路
雁飛長天　失侶咽鳴
所遇非時　進取甚難
英雄豪傑　虛送歲月

강상의 행인이 우연히 험로를 만났다. 기러기가 장천에 나니 짝을 잃고 울부짖는다. 만나는 바가 때가 아니니 진취가 심히 어렵다. 영웅호걸이 허송세월하리라.

正月	廣大天地　一身無依 有勞無益　恨歎不已		광대한 천지에 일신의 의지가 없도다. 수고함은 있으나 이익이 없으니 한탄할 뿐이로다.
二月	盡忠事君　官祿加身 庶人無功　官人大利		임금을 섬기되 충성을 다하면 관록이 몸에 임한다. 서인은 공이 없으나 관리는 크게 이로우리라.
三月	霜落江天　鴻雁折翼 東奔西走　食少事煩		서리가 강천에 떨어지니 기러기가 날개를 잘렸다. 동서에 분주하니 식소사번하리라.
四月	秋草逢霜　鳳鶴傷翼 若逢貴人　必有大成		가을 풀이 서리를 만나고 봉학은 날개를 상했다. 만일 귀인을 만나면 반드시 대성하리라.
五月	安心勿動　心安身泰 財運漸回　不求自得		마음을 안정하고 동하지 마라. 심신이 안락하리라. 재운이 점점 돌아오니 구하지 않아도 자연 얻는다.
六月	遠行有數　行之可益 宜行南方　名利俱得		원행할 수가 있으니 출행하면 이익이 있다. 남방으로 가면 명리를 함께 얻으리라.
七月	家有疾病　心身散亂 豫爲度厄　不然大禍		집에 질병이 있으니 심신이 산란하도다. 미리 액을 빌라. 불연이면 큰 화가 있다.
八月	貴人自來　謀事順成 西北兩方　財利可得		귀인이 와서 도우니 꾀하는 일이 순조롭다. 서북 양방에서 재리를 가히 얻으리라.
九月	莫近是非　爭訟可畏 以商爲業　財聚如山		시비를 가까이 마라. 쟁송이 가히 두렵다. 장사로 업을 삼으면 재물을 산같이 쌓으리라.
十月	莫近水邊　水鬼侵身 動則損財　靜則有吉		물 가를 가까이 마라. 수액이 있으리라. 활동하면 손재하고 안정하면 길하다.
十一月	勿歎災難　不然喪亡 獻功佛前　可免以厄		재난이 있음을 탄식 마라. 불연이면 상망이 있다. 불전에 공을 드리면 가히 이 액을 면하리라.
十二月	財運本空　何處求之 疾苦不絶　愼之愼之		재운이 본래 공이니 어느 곳에서 구하리요. 질고가 끊이지 않으니 조심하고 조심하라.

水山蹇 (수산건)

片舟江上　風雨不順
歸鄕生活　內助得力
出世旣仕　翰林之職
婚姻將成　不然損傷

강상에 배를 띄우니 풍우가 거칠다. 집에 돌아와 생활하니 내조의 힘을 얻으리라. 관직에 출세하니 한림의 직이로다. 혼인이 장차 이루어질 것이요 불연이면 손상하리라.

正月	梅花吐香　蜂蝶往來 時和年豊　萬人咸樂	매화가 향기를 토하니 봉접이 왕래하도다. 때가 화하고 풍년이 드니 만인이 다 즐긴다.
二月	時不可進　義所當止 求兎魚海　終時不得	때가 가히 나가지 못하리니 의로운 바가 당연히 이른다. 토끼를 바다에서 구하니 마침내 얻지 못한다.
三月	忽遇貴人　贊助得力 古基不利　行則大利	홀연히 귀인을 만나니 찬조를 얻게 된다. 옛터는 불리하니 출행하면 크게 이롭다.
四月	東西兩方　財路開通 商業有利　財貨可得	동서 양방에서 재물 길이 개통된다. 상업이 유리하니 재화를 가히 얻으리라.
五月	與人同事　必有損財 北方之人　必有害我	남과 더불어 동사하면 반드시 손재가 있다. 북방의 사람은 반드시 나를 해한다.
六月	內助有之　生活安定 或恐口舌　莫近是非	내조가 있으니 생활이 안정된다. 혹 구설수가 있으니 시비를 가까이 마라.
七月	出入官門　一身榮貴 貴人來助　事事如意	관문에 출입하면 일신이 영귀하도다. 귀인이 와서 도우니 일마다 여의하도다.
八月	歸鄕安居　自有慶喜 財聚如山　生活太平	집에 돌아와 편안히 거하면 자연히 기쁜 경사가 있다. 재물을 산같이 모으니 생활이 태평하리라.
九月	或有內患　膝下有憂 莫以東方　偶然疾病	혹 내환이 있으니 슬하의 근심이로다. 동방에 가지 마라. 우연히 질병이 있다.
十月	飢者逢豊　鰥者得配 春花日煖　萬花芳暢	주린 자가 풍년을 만나고 홀아비가 짝을 얻는다. 봄꽃 따뜻한 날에 만화가 방창하도다.
十一月	官鬼到門　家有不安 若逢貴人　可免且厄	관귀가 문에 이르니 집안이 불안하도다. 만일 귀인을 만나면 가히 이 액을 면하리라.
十二月	行步必愼　不然傷身 財數平平　身數大凶	몸가짐을 삼가라. 불연이면 몸을 상한다. 재수는 평평하나 신수는 대흉하리라.

水山蹇 (수산건)

寒梅將發　陽春未到
魚躍江中　波急難進
同心相助　功名可得
大財入掌　不然爭訟

찬 매화가 장차 피고자 하나 양춘이 이르지 않았다. 고기가 강중에 뛰어드니 물결이 급하여 나가기 어렵다. 마음을 같이하여 서로 도우면 공명을 가히 얻는다. 큰 재물이 손에 들어오지 않으면 도리어 쟁송이 있다.

正月	雖有口舌　官事有利 身運不利　勿爲他營		비록 구설이 있으나 관청 일에는 유리하다. 신운이 불리하니 다른 경영을 하지 마라.
二月	古基不利　移舍則吉 宜行東方　不然大禍		옛터는 불리하니 이사하면 길하다. 동방에 가는 것이 마땅하고 불연이면 큰 화가 있다.
三月	東西兩方　財運漸伸 若逢貴人　橫財有數		동서 양방에서 재운이 점차 열린다. 만일 귀인을 만나면 횡재수가 있으리라.
四月	財運逢空　求之不得 兄耶弟耶　官訟是非		재운이 공을 만났으니 구해도 얻지 못한다. 형이냐 아우냐 관송시비가 있으리라.
五月	移基爲吉　不然改業 東西兩方　吉運漸至		이사하면 길할 것이요, 불연이면 업을 바꾼다. 동서 양방에서 길운이 점차 이르리라.
六月	欲飛靑天　傷翼奈何 哭子靑山　又逢喪妻		청천에 날고자 하나 날개를 상했으니 어이하리요. 청산에서 자식이 우는데 또한 상처수를 만났다.
七月	田庄有利　人物繁盛 財運已回　財積如山		전장에 이익이 있고 인물이 번성한다. 재운이 이미 돌아오니 재물을 산같이 쌓으리라.
八月	若有緣人　舟桂可折 若不其然　凶禍難測		만일 연분을 만나면 벼슬 운이 있도다. 만일 그렇지 않으면 흉화를 측량키 어렵다.
九月	勿爲妄動　損財不鮮 動則損財　靜則無損		망동하지 마라. 손재가 적지 않도다. 움직이면 손재하고 안정하면 손해가 없다.
十月	金菊始開　香滿天地 若非橫財　弄璋之慶		금국이 비로소 피었으니 향기가 천지에 가득하다. 만일 횡재수가 아니면 생남할 경사로다.
十一月	北方貴人　偶然來助 莫交女人　損財不鮮		북방의 귀인이 우연히 와서 돕는다. 여인을 사귀지 마라. 손재가 적지 않다.
十二月	魚龍得水　猛虎生翼 萬事如意　安過太平		어룡은 물을 얻고 맹호가 날개를 더하였다. 만사가 여의하니 안과태평하리라.

[九五]

水山蹇 (수산건)

長途萬里　渡海越嶺
旭日升天　四海光明
信任良朋　轉否爲泰
必擇淸職　終始成功

장도가 만리인데 바다를 건너고 고개를 넘는다. 빛난 달이 하늘에 오르니 사해가 광명이로다. 어진 벗을 신임하고 그른 벗을 버리면 태평하다. 반드시 청렴한 직업을 가릴 것이니 마침내 성공하리라.

正月	愁心不離　又有口舌　萬事不意　獨坐歎息		수심이 떠나지 않으며 또한 구설수가 있도다. 만사가 여의치 못하니 홀로 앉아 탄식한다.
二月	古基不利　移居爲吉　宜行南方　行則大利		옛터는 불리하니 이사하면 길하다. 남방으로 가라, 큰 이익을 얻으리라.
三月	踰山涉水　去去益甚　勿爲妄動　每事不成		산을 넘고 물을 건너니 갈수록 더욱 심하다. 망령되이 동하지 마라. 매사를 이루지 못한다.
四月	秋草逢霜　鳳鶴傷翼　東奔西走　食少事煩		가을 풀이 서리를 만나고 봉학이 날개를 상했다. 동서로 분주하나 식소사번하리라.
五月	勿謀他營　損財不少　若逢貴人　財利可得		다른 경영을 하지 마라. 손재가 적지 않으리라. 만일 귀인을 만나면 재리를 가히 얻으리라.
六月	莫行東方　每事不成　西北兩方　財利可得		동방에 가지 마라. 매사를 이루지 못한다. 서북 양방에서 재물을 가히 얻으리라.
七月	馳馬長安　得意男兒　運數大吉　心身快活		장안에서 말을 달리니 남아가 뜻을 얻었다. 운수가 대길하니 심신이 쾌활하리라.
八月	謀事順成　財利可得　家有慶事　或有一爭		모사가 순성하니 재리를 가히 얻는다. 집안에 경사가 있으나 혹 한 번 싸움이 있으리라.
九月	鼠人倉庫　秋穀津津　每事順成　意氣揚揚		쥐가 창고에 드니 추곡이 진진하도다. 매사가 순조로우니 의기가 양양하리라.
十月	災消福來　喜滿家中　家人合心　家道興旺		재앙이 사라지고 복이 오니 기쁨이 집안에 가득하다. 집안 사람이 합심하니 가도가 흥왕하리라.
十一月	若非娶妻　必有生財　莫近北行　有害無益		만일 장가들지 않으면 반드시 생재하리라. 북방으로 가지 마라. 해만 있고 이익이 없다.
十二月	明月高樓　一身自安　萬事如意　衣祿裕餘		밝은 달 높은 누각에서 일신이 자연 안락하도다. 만사가 여의하니 의록이 유여하리라.

〔上六〕

六	**水山蹇(수산건)** 風吹雲散　明月滿天 當時勳業　昭昭千秋 進就隨機　獲利千金 馳馬長安　得意春風	바람이 불고 구름이 흩어지니 밝은 달이 하늘에 가득하다. 때를 당하여 공업을 이루니 천추에 밝게 비친다. 진취가 기회를 따랐으니 천금의 이를 얻는다. 장안에 말 달리니 춘풍에 뜻을 얻으리라.
正月	雲散月出　天地明朗 憂散喜生　生活太平	구름이 흩어지고 달이 나오니 천지가 명랑하도다. 근심이 흩어지고 기쁨이 나오니 생활이 태평하리라.
二月	庭前芝蘭　春光可愛 所營之事　自然吉利	뜰 앞의 지란이니 춘광이 가애롭다. 경영하는 일은 자연히 길리하리라.
三月	靑鳥傳信　婚姻之事 若不其然　橫厄愼之	청조가 서신을 전하니 혼인수가 있다. 만일 그렇지 않으면 횡액을 조심하라.
四月	無故得財　不宜大福 東北兩方　謀事成就	무고히 재물을 얻으면 큰 복에 해롭다. 동북 양방에서 꾀하는 일이 성취하리라.
五月	利在南北　莫近東西 遠行有數　行則大利	이익이 남북에 있으니 서방에 가지 마라. 원행수가 있으니 출타하면 이익이 크리라.
六月	與人謀事　必有成事 或恐口舌　愼之可也	사람과 더불어 모사하면 반드시 성사함이 있다. 혹 구설수가 두려우니 조심함이 가하다.
七月	經營四方　事業繁昌 勿謀他營　必有損財	사방에 경영하면 사업이 번창하리라. 다른 영업을 꾀하지 마라. 반드시 손재수가 있다.
八月	必得淑女　平生安逸 若不其然　憂患疾苦	반드시 숙녀를 얻으리니 평생을 안일하도다. 만일 그렇지 않으면 우환 질고가 있으리라.
九月	擇地移居　福祿綿綿 祿在到處　求而可得	자리를 가려 이사하면 복록이 면면하도다. 재록이 도처에 있으니 구하면 가히 얻으리라.
十月	桃李逢春　花開實結 初雖辛苦　晩得吉運	도화 이화가 봄을 만나니 꽃이 피고 열매를 맺는다. 처음은 비록 신고하나 늦게 길운을 얻으리라.
十一月	喜中有憂　官厄愼之 守分安居　意外成功	기쁜 가운데 근심이 있으니 관액을 조심하라. 분수를 지키고 편안히 거하면 의외로 성공하리라.
十二月	轉事方盛　心中無憂 陰陽相生　必有吉祥	뒤집힌 일이 바야흐로 성하니 심중의 근심이 없도다. 음양이 상생하니 반드시 길상이 있으리라.

[初六] 一三五

雷水解 (뇌수해)

夜逢山君　進退維谷
事有多滯　徒費心力
若貪虛欲　必受困苦
勿爲妄動　必有失敗

밤에 산군을 만나니 피하려도 피하지 못한다. 일에 막힘이 많으니 한갓 심공만 소비한다. 만일 허욕을 탐하면 반드시 신고를 받으리라. 망동하지 마라. 반드시 실패가 있으리라.

正月	兩虎相爭　不知生死 喜中有憂　官厄愼之	두 범이 서로 다투니 생사를 알지 못한다. 기쁜 가운데 근심이 있으니 관액을 조심하라.
二月	人多害我　心身不安 若非口舌　添丁之喜	남이 나를 해함이 많으니 심신이 불안하도다. 만일 구설수가 아니면 식구를 늘릴 운수로다.
三月	陰事方盛　非親則戚 吉祥臨身　求之可得	비밀한 일이 바야흐로 성하니 육친이 아니면 외척이로다. 길한 상서가 몸에 임하니 구하면 가히 얻으리라.
四月	出行不利　守舊安祥 若有家憂　豫爲禱厄	출행하면 불리하고 옛것을 지키면 편안하다. 만일 집안에 우환이 있으면 기도하여 액을 막으라.
五月	身數有吉　凶中生喜 南方不利　勿爲出行	신수에 길함이 있으니 기쁜 가운데 슬픔이 생긴다. 남방은 불리하니 출행하지 마라.
六月	桃李逢春　花開結實 祿在四方　求之可得	도화 이화가 봄을 만나니 꽃이 피고 열매를 맺는다. 재록이 사방에 있으니 구하면 가히 얻으리라.
七月	猛虎入穽　生死未判 身數不吉　財數不吉	맹호가 함정에 들었으니 생사를 판단 못한다. 신수 불길하나 재수 또한 불길하리라.
八月	南方不利　出行不吉 東方貴人　自來助我	남방은 불리하니 출행함이 좋지 않다. 동방의 귀인이 자연히 와서 나를 돕는다.
九月	月明紗窓　花燭有光 事事順成　勿失好機	달이 사창에 밝으니 화촉이 광채를 낸다. 일마다 순조롭게 될 것이니 좋은 기회를 놓치지 않는다.
十月	失物有數　盜賊愼之 若非如此　官災可畏	실물수가 있으니 도적을 조심하라. 만일 그렇지 않으면 관재수가 두렵다.
十一月	所望如意　每事順成 若非移基　出行爲吉	바라는 바가 여의하니 매사가 순조롭게 된다. 만일 이사수가 아니면 여행함이 길하리라.
十二月	南方其人　偶然救我 欲速不達　緩則吉利	남방의 그 사람이 우연히 나를 구원한다. 속히 하고자 하나 되지 않으니 느리게 하면 길리하리라.

[九二]

雷水解 (뇌수해)

生涯淡泊　虛送歲月
口舌有數　莫如人爭
家憂不離　心亂事滯
初雖困苦　終見亨通

생애가 담박하나 허송세월한다. 구설수가 있으니 남과 더불어 다투지 마라. 집안의 근심이 떠나지 않으니 마음이 산란하여 막힘이 많다. 처음은 비록 곤고하나 마침내 형통하리라.

正月	家無財産　生活困苦 家神發動　求財不得	집안에 재산이 없으니 생활이 곤고하도다. 가신이 발동하니 재물을 구하나 얻지 못하리라.
二月	到處有權　人人仰視 兩姓同心　財物自來	도처에 권세가 있으니 사람마다 우러러본다. 두 성이 마음을 같이하니 재물이 자연 이르리라.
三月	身在他鄕　奔走之像 勞而無功　運也奈何	몸이 타향에 있으니 분주한 상이로다. 수고하나 공이 없으니 운이라 어이하리요.
四月	勿謀他營　損財不少 誠心祭基　身旺財旺	다른 경영을 꾀하지 마라. 손재가 적지 않도다. 성심으로 집터에 제사하면 몸과 재물이 왕성하리라.
五月	謀事如意　終見亨通 苦盡甘來　一家和平	꾀하는 일이 여의하니 마침내 형통한다. 고생 끝에 즐거움이 오나니 일가가 화평하리라.
六月	莫近女色　怪事當前 吉運漸回　百事有吉	여색을 가까이 마라. 괴이한 일이 생긴다. 길운이 점점 돌아오니 백사가 평길하리라.
七月	經營之事　勿爲變更 若有變更　必有大損	경영지사는 변경하지 마라. 만일 업을 바꾸면 반드시 큰 손해가 있으리라.
八月	若有人助　婚姻有慶 若非其然　橫財有數	만일 남의 도움이 있으면 혼인의 경사 있도다. 만일 그렇지 않으면 손재수가 있으리라.
九月	身在困處　居處不安 東方貴人　逢則得吉	몸이 곤한 곳에 처하니 거처가 불안하도다. 동방의 귀인은 만나면 길함을 얻으리라.
十月	失物有數　盜賊愼之 勿近喪家　疾病可畏	실물수가 있으니 도적을 조심하라. 상가에 가지 마라. 질병이 두렵다.
十一月	見而不食　畫中之餠 吉運漸回　百事俱吉	보고도 먹지 못하니 그림 가운데 떡이로다. 길운이 점점 돌아오니 백사가 모두 길하리라.
十二月	財在東方　出行可得 必有亨通　勿失以期	재물이 동방에 있으니 출행하면 얻으리라. 반드시 형통함이 있으니 이 기회를 놓치지 마라.

雷水解 (뇌수해)

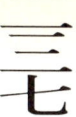

身遊他鄉　別無所益
細雨東風　虛花滿發
身在路中　財有損失
魚龍失水　終無活氣

몸이 타향에서 노니니 별로 이익됨이 없다. 동풍 가랑비에 헛꽃만 만발하였다. 몸이 거리에 있으니 재물을 손실한다. 고기와 용이 물을 떠나니 끝내 살길이 없으리라.

正月	在家不利　出行有吉	諸事可愼　終時有吉	집에 있으면 불리하고 출행하면 길하리라. 모든 일을 삼가라. 마침내는 길하리라.
二月	幸逢吉運　諸事可成	求財如意　謀事成就	다행히 길운을 만나니 모든 일을 가히 이룬다. 재물을 구하면 여의하니 꾀하는 일을 성취하리라.
三月	魚龍失水　終無活氣	身有疾病　豫爲度厄	어룡이 물을 잃으니 마침내 활기가 없다. 몸에 질병이 있으니 미리 액을 막으라.
四月	東奔西走　訟事有數	莫近是非　官災可畏	동분서주하며 송사수가 있도다. 시비를 가까이 마라. 관재가 두렵다.
五月	至誠祈禱　可免厄禍	東西兩方　吉運漸伸	지성으로 기도하면 가히 액화를 면하리라. 동서 양방에서 길운이 점차 펴지리라.
六月	吉凶相半　一喜一悲	心身難定　心中煩悶	길흉이 상반하니 한 번 기쁘고 한 번 슬프다. 심신을 정하기 어려우니 심중에 번민이 있으리라.
七月	莫信他言　有名無實	臨江無船　欲渡不渡	타인을 믿지 마라. 이름만 있고 실속이 없다. 강에 임하여 배가 없으니 건너고자 하나 건너지 못한다.
八月	謀事不利　勿謀他營	此月之數　守分上策	모사가 불리하니 다른 경영을 생각 마라. 이 달의 운수는 분수를 지킴이 상책이로다.
九月	若非家憂　反有口舌	在家不利　出行則利	만일 집안 근심이 아니면 오히려 구설이 있도다. 집에 있으면 불리하나 출행하면 이익이 있다.
十月	盡力求事　小利可得	與人謀事　都無成事	힘을 다하여 일을 구하면 작은 이익은 가히 얻는다. 남과 더불어 모사하면 도무지 성사가 없으리라.
十一月	守門爲吉　杜門不出	勿貪他財　有損無益	집에 있는 것이 길하니 문을 닫고 나가지 마라. 다른 재물을 탐하지 마라. 손해만 있고 이익이 없다.
十二月	求事如意　意外橫財	身數大吉　家中和樂	구하는 일이 여의하니 의외로 횡재한다. 신수가 대길하니 집안이 화락하리라.

[九四]

雷水解 (뇌수해)

一片孤舟　何處漂流
凡事在己　事必三思
雖無大難　間有損財
今年之運　勿思遠行

한조각 외로운 배가 어느 곳으로 표류하리요. 범사가 자기에게 있으니 일마다 반드시 세 번 생각하라. 비록 큰 어려움은 없으나 간간히 손재는 있다. 금년의 운수는 원행함을 생각 마라.

正月	春庭飛蝶	花蝶同和	봄뜰에 나비가 날아드니 화접이 함께 화한다.
	祿在四方	到處春風	재록이 사방에 있으니 도처에 춘풍이로다.
二月	東南之財	意外入門	동남간의 재물이 의외로 문에 들어온다.
	吉祥臨身	必有喜事	길한 상서가 몸에 임하니 반드시 기쁜 일이 있으리라.
三月	轉禍爲福	心中無憂	화가 굴러 복이 되니 마음에 근심이 없다.
	陰陽相合	萬物和生	음양이 상합하니 만물이 화생하리라.
四月	喜中有憂	官厄愼之	기쁨 속에 근심이 있으니 관액을 조심하라.
	欲行遠方	意就未成	먼 곳으로 나가고자 하나 뜻을 이루지 못하리라.
五月	莫信他言	必有大損	다른 사람의 말을 믿지 마라. 반드시 큰 손해가 있도다.
	南方不利	宜行北方	남방은 불리하고 북방은 길하리라.
六月	守分安居	樂在其中	분수를 지키고 편안히 거하라. 즐거움이 그 가운데 있다.
	若非官祿	弄璋之慶	만일 관록을 얻지 못하면 생남하게 되리라.
七月	去舊從新	人皆仰視	옛것을 버리고 새것을 좇으니 사람마다 우러러본다.
	若非如此	官災可畏	만일 이같이 않으면 관재수가 이르리라.
八月	桃李逢春	花開結實	도화 이화가 봄을 만나니 꽃이 피고 열매를 맺는다.
	祿在四方	到處春風	녹이 사방에 있으니 도처에 춘풍이로다.
九月	出行不利	守舊安定	출행함이 불리하니 본업을 지키면 편안하다.
	若有家憂	豫爲祈禱	만일 집안에 우환이 있으면 기도하여 액을 막으라.
十月	身數有吉	凶中生喜	신수가 길하니 흉중에 기쁨이 생긴다.
	有路南北	奔走無暇	남북에 길이 있으니 분주하고 한가한 때가 없다.
十一月	謀事他人	必有成就	타인과 일을 꾀하면 반드시 성취한다.
	東北之人	自來救我	동북간의 사람이 자연히 와서 나를 돕는다.
十二月	謀事順成	生活太平	꾀하는 일이 순성하니 생활이 태평하도다.
	待時而動	勿爲妄進	때를 기다려 활동하고 망령되이 나가지 마라.

雷水解 (뇌수해)

龍潛碧海　必得喜事
旱天甘雨　時霑新苗
雲捲霧收　一輪紅日
訟者得澤　病人回春

용이 벽해에 잠겼으니 반드시 기쁜 일이 있도다. 가문 하늘에서 단비가 때때로 새싹을 적신다. 구름이 걷히고 안개가 걷히니 붉은 해가 빛난다. 송사는 혜택을 얻고 병든 자는 치료되리라.

正月	公平無事　生民安息	공평무사하면 생민이 안식한다.
	財在四方　求而可得	재물이 사방에 있으니 구하면 가히 얻으리라.
二月	若非吉慶　喪事可畏	만일 길한 경사가 아니면 상패수가 두렵다.
	有志未成　每事愼重	뜻은 있으나 이루지 못하니 매사에 조심하라.
三月	古基不利　利居爲吉	옛터는 불리하니 이사하면 길하리라.
	若非移動　祈禱家神	만일 집을 옮기지 않으면 가신에 기도하라.
四月	誠信正直　凶反轉吉	성신 정직하면 흉함이 변하여 길하다.
	財在南方　宜行南方	재물은 남방에 있으니 그 방위로 출행함이 좋다.
五月	欲飛不飛　以亦奈何	날고자 하나 날지 못하니 이 역시 어이하리요.
	所營之事　勿爲改業	경영하는 바의 일은 업을 바꾸지 마라.
六月	遠行有數　行則大利	원행할 수가 있으니 결과는 크게 이롭다.
	若逢貴人　意外成事	만일 귀인을 만나면 의외로 성사하리라.
七月	落傷之數　登高不可	낙상수가 있으니 높이 오름이 불가하다.
	車馬操心　不然逢厄	거마를 조심하라. 불연이면 액을 만나리라.
八月	利在何處　南方可知	이익이 어느 곳에 있는고. 남방임을 알리로다.
	在家心亂　出行得利	집에 있으면 심란하고 출행하면 이를 얻는다.
九月	運數不吉　或有素服	운수가 불길하니 혹 소복수 있도다.
	避狸逢虎　事有危險	이리를 피하여 범을 만나니 일에 위험이 있으리라.
十月	與人謀事　必有損害	남과 더불어 모사하면 반드시 손해가 있다.
	有恨自歎　誰有能知	한이 있어 자탄함을 그 누가 능히 알리요.
十一月	運數不吉　勿計妄動	운수가 불길하니 망령된 계책을 세우지 마라.
	雖有得財　得而半失	비록 재물 얻음이 있으나 얻어서 반이나 잃는다.
十二月	陰極陽生　吉運將回	음이 극하여 양이 생기니 길운이 장차 돌아온다.
	謹身修德　利在其中	근신수덕하면 이가 그 가운데 있다.

雷水解 (뇌수해)

一品宰相 功垂千秋
高堂大廈 富貴掀天
龍得碧海 必有喜事
偶逢貴人 身上有榮

일품 재상이 공을 천추에 드렸다. 높은 집 큰 대청에 부귀가 흔천하리라. 용이 벽해를 얻으니 반드시 기쁜 일이 있다. 우연히 귀인을 만나니 일신이 영귀하리라.

正月	淸風明月 陰陽和合	佳人對酌 化生萬物	청풍명월에 가인과 술잔을 대한다. 음양이 화합하니 만물이 화생하리라.
二月	財運通泰 男兒得意	萬事如意 意氣洋溢	재운이 통태하니 만사가 여의하다. 남아가 뜻을 얻으니 의기가 양양하리라.
三月	祿在四方 偶逢貴人	不求可得 橫財可期	재록이 사방에 있으니 구하지 않아도 가히 얻는다. 우연히 귀인을 만나면 횡재를 기약하리라.
四月	所營之事 有益無損	日日隆昌 萬事如意	경영하는 일이 날로 융창한다. 이익은 있고 손해는 없으니 만사가 여의하리라.
五月	遠行有數 宜行南方	行之大利 勿近喪家	원행할 수가 있으니 행하면 큰 이익이 있다. 남방이 좋을 것이요, 상가에는 가지 마라.
六月	雲從萬里 功業皆成	駿馬橫行 前途洋洋	구름이 만리나 좇으니 준마가 횡행한다. 공업을 다 이루니 전도가 양양하리라.
七月	康衢烟月 莫行南方	高歌太平 吉變爲凶	강구연월에 태평가를 부른다. 남방으로 가지 마라. 좋은 일이 변하여 흉하리라.
八月	勿爲爭訟 雖有財利	口舌損財 身運不利	다투고 송사하지 마라. 구설과 손재수로다. 비록 재물의 이익이 있으나 신운은 불리하리라.
九月	莫近女色 若不其然	名譽有損 身病可畏	여색을 가까이 마라. 명예가 손상된다. 만일 그렇지 않으면 신병이 있으리라.
十月	鴛鴦衾枕 家庭安閑	偕老百年 安過太平	원앙금침에 백년을 해로한다. 가정이 안한하니 안과태평하리라.
十一月	利在何處 謀事順成	南北可知 生活太平	이익이 어느 곳에 있는고. 남북방이로다. 꾀하는 일이 순조롭게 되니 생활이 태평하리라.
十二月	以小易大 財在四方	其利甚多 大財入手	작은 것으로 큰 것을 바꾸니 그 이익이 많도다. 재록이 사방에 있으니 큰 재물이 손에 들어오리라.

[初九]

七一 山澤損(산택손)

風花落廁　拾之無香
月明星稀　烏鵲南飛
奔走道路　徒費功力
琴瑟不和　身數奈何

바람에 꽃이 측간에 떨어지니 주워도 향기가 없다. 달은 밝고 별은 빛나니 오작이 남으로 날아온다. 거리에 분주하나 한갓 심력만 허비한다. 금슬은 화목치 못하니 운이라 어이하리요.

正月	長長春日　所幹何事 心身散亂　在家上策	기나긴 봄날에 하는 일이 무엇인고. 심신이 산란하니 집에 있음이 상책이로다.
二月	一有喜事　一有悲事 出行不利　杜門不出	한 번은 기쁘고 한 번은 슬프다. 출행하면 불리하니 문을 닫고 나가지 마라.
三月	月出雲外　天地明朗 貴人多助　必是得財	달이 구름 밖으로 나오니 천지가 명랑하도다. 귀인의 도움이 많으니 필시 재물을 얻게 되리라.
四月	基地發動　移居爲吉 宜行南方　北行不利	집터가 발동하였으니 이사하면 길하다. 남방에 가면 길하고 북방에는 불리하리라.
五月	勿謀他營　必有損財 財運漸回　必得財利	다른 경영을 꾀하지 마라. 반드시 손재수가 있도다. 재운이 점차 돌아오니 반드시 재리를 얻으리라.
六月	富貴無比　子孫茂盛 莫以水邊　必逢水厄	부귀가 견줄 곳 없으니 자손도 무성하다. 물가에 가지 마라. 반드시 수액을 만나리라.
七月	損財有數　去來愼之 若非財利　橫厄愼之	손재수가 있으니 돈거래를 삼가라. 만일 재물의 이가 아니면 횡액을 조심하라.
八月	君臣暢和　貴人相逢 心高知足　求財如意	군신이 화창하니 귀인을 상봉한다. 마음이 높으나 족한 것을 아니 구하면 여의하리라.
九月	莫信人言　謀事反誤 膝下有驚　堂上有患	남의 말을 믿지 마라. 꾀하는 일을 그르친다. 슬하에 놀랄 일이 있고 부모의 우환도 있으리라.
十月	貴人來助　求事如意 必得大財　勿失好機	귀인이 와서 도우니 구하는 일이 여의하다. 반드시 큰 재물을 얻으리니 좋은 기회를 놓치지 마라.
十一月	莫行喪家　疾病可畏 大財難望　小財可得	초상집에 가지 마라. 질병이 두렵다. 큰 재물은 바라기 어려우나 작은 재물은 얻으리라.
十二月	財運旺盛　身運不吉 虛欲更發　大害難免	재운은 왕성하나 신수는 불길하다. 허욕을 다시 발하면 큰 해를 면키 어려우리라.

[九二]

七二 山澤損(산택손)

逢時不爲　更得何時
大財難望　小財入手
夜逢山君　進退兩難
事有多滯　徒費心力

때를 만나도 하지 않으니 다시 어느 때를 기다리는고. 큰 재물은 바라기 어려우나 작은 재물은 손에 들어온다. 밤에 호랑이를 만났으니 진퇴가 양난이로다. 일에 막힘이 많으니 한갓 심력만 허비하리라.

正月	必有慶事　不然受謗 若貪虛欲　必受困苦	반드시 경사가 있을 것이요, 불연이면 비방을 받는다. 만일 허욕을 탐하면 반드시 곤고함을 받으리라.
二月	勿爲妄動　必有失敗 人多害我　心身不安	망령되이 동하지 마라. 반드시 실패가 있도다. 남이 나를 많이 해하니 심신이 불안하리라.
三月	桃李逢春　花開結實 東南之財　意外入門	도화 이화가 봄을 만나니 꽃이 지고 열매를 맺는다. 동남방의 재물이 의외로 나에게 들어온다.
四月	莫近他人　疾病相侵 喜中有憂　官厄愼之	타인을 가까이 마라. 질병이 침노한다. 기쁨 속에 근심이 있으니 관액을 조심하라.
五月	出行不利　守舊安定 若有家憂　豫爲防厄	출행하면 불리하니 분수를 지키면 편안하다. 만일 집안의 근심이 있거든 미리 액을 막으라.
六月	轉禍爲福　心中無憂 陰陽相生　必有吉祥	재앙이 복으로 변하니 심중의 근심이 없다. 음양이 상생하니 반드시 길상이 있으리라.
七月	南方不利　勿爲出行 去舊從新　人人仰視	남방은 불리하니 출행하지 마라. 옛것을 버리고 새것을 좇으니 사람마다 우러러보리라.
八月	若非官祿　橫厄可愼 靜則有吉　妄動爲害	만일 관록이 아니면 횡액을 조심하라. 안정하면 길하나 망동하면 불리하리라.
九月	損財有數　近者勿近 初雖辛苦　晩得吉運	손재수가 있으니 가까운 사람을 친하지 마라. 처음은 신고가 있으나 늦게 길운을 만나리라.
十月	與人同事　必得大財 東北兩方　則運漸昌	남과 더불어 동사하면 반드시 큰 재물을 얻는다. 동북 양방에서 재운이 점점 창성하리라.
十一月	膝下有驚　豫爲祈禱 雲散月出　所望如意	슬하에 놀랄 일이 있으니 미리 기도하라. 구름이 흩어지고 달이 나오니 소망이 여의하리라.
十二月	龍得明珠　風雲變化 小求大得　衣食豊足	용이 밝은 구슬을 얻으니 풍운의 변화가 있도다. 작게 구하여 크게 얻으니 의식이 풍족하리라.

七一二 山澤損(산택손)

雲外千里　知己相逢
青雲開露　立身揚名
婚姻配合　所營如意
若偶人助　橫財之數

구름 밖 천리에서 지기가 상봉하였다. 벼슬길이 열렸으니 입신양명하리라. 혼인은 성립되고 경영은 여의하다. 만일 남의 도움을 입으면 횡재할 운수로다.

正月	三春有吉　勿失此機 守分安居　萬事如意	삼춘에 길함이 있으니 이 기회를 놓치지 마라. 분수를 지키고 안거하면 만사가 여의하리라.
二月	勿謀他營　必有損財 依舊安定　可以得財	다른 경영을 꾀하지 마라. 반드시 손재수가 있도다. 옛것을 의지하고 안정하면 가히 재물을 얻으리라.
三月	東南之財　意外入門 必有陰事　利在其中	동남방의 재물이 의외로 손에 든다. 남모르게 하는 일이 있으니 이익이 그 가운데 있다.
四月	身遊外方　何時歸家 若非作客　或恐損財	몸이 외방에 노니 언제나 귀가하리요. 만일 작객하지 않으면 혹 손재수가 있으리라.
五月	財上有損　勿謀他營 膝下有驚　豫爲防厄	재물상의 손실이 있으니 다른 경영을 꾀하지 마라. 슬하의 놀랄 일이 있으니 미리 액을 막으라.
六月	千里他鄕　喜逢故人 虛中有實　勤則可得	천리 타향에서 기쁘게 고인을 만난다. 허한 중에 실속이 있으니 부지런하면 얻으리라.
七月	北方爲害　出行則凶 利在何方　南方大利	북방에 해가 있으니 출행하면 흉하다. 이익이 어느 곳에 있는고. 남방이 크게 이로우리라.
八月	運氣漸回　不求自得 貴人來助　謀事大成	운기가 점차 돌아오니 구하지 않아도 자연 얻는다. 귀인이 와서 도우니 꾀하는 일이 크게 성취하리라.
九月	遠方有數　海外進出 所望如意　大事必成	원방에 나갈 수가 있으니 해외에 진출한다. 소망이 여의하니 대사를 반드시 이룬다.
十月	東西兩方　必得大財 誠心努力　順調發展	동서 양방에서 반드시 큰 재물을 얻으리라. 성심으로 노력하면 순조롭게 발전하리라.
十一月	內憂外患　愼之愼之 妄動則凶　靜則無害	안팎으로 근심이 있으니 삼가고 조심하라. 망동하면 흉하고 안정하면 해가 없으리라.
十二月	南方之人　空然爲害 莫近喪家　疾病侵身	남방의 사람이 공연히 나를 해친다. 초상집에 가지 마라. 질병이 침노하리라.

〔六四〕

 山澤損(산택손)

大旱甘雨　暗路明燭
新月漸圓　古木逢春
少年之苦　後日之樂
今年之運　先困後泰

큰 가뭄에 단비요, 어둔 길에 밝은 등불이로다. 초생달은 점점 둥글고 고목은 봄을 만났다. 소년의 고초는 뒷날의 즐거움이다. 금년의 운수는 먼저는 곤하고 뒤에는 흉하리라.

正月	一益一損　喜悲相半 意外有禍　豫爲防厄	한 번은 유익하고 한 번은 손하니 희비가 서로 반반이로다. 의외의 화가 있으니 미리 액을 막으라.
二月	月入雲中　不見其光 時機尙早　好事多魔	달이 구름 속에 드니 그 빛을 보지 못한다. 때가 아직 이르니 좋은 일에 마가 많으리라.
三月	功名成就　福祿甚厚 必逢貴人　謀事必成	공명을 성취하니 복록이 심후하다. 반드시 귀인을 만나리니 꾀하는 일을 성취하리라.
四月	欲進無力　身數奈何 非婚獲利　貴人助我	나가고자 하나 힘이 없으니 신수라 어이하리요. 혼인이 아니면 이를 얻으리니 귀인이 나를 도와준다.
五月	古基不利　移徙有吉 東方有財　北方大凶	옛터는 불리하니 이사하면 길하다. 동방에는 재물이 있되 북방에서는 크게 흉하리라.
六月	江湖千里　順風掛帆 意外成事　一身平安	강호 천리 순풍에 돛을 걸었다. 의외로 일이 성취되니 일신이 평안하리라.
七月	出行有數　海外進出 出則大吉　必得大財	여행할 수가 있으니 해외로 진출하게 된다. 나가면 대길하리니 반드시 큰 재물을 얻으리라.
八月	士人登第　農人得豊 財運通泰　萬事順成	선비는 등과하고 농민은 풍년을 얻는다. 재운이 통태하니 만사가 순성하리라.
九月	百人耕之　一人食之 事事如意　意氣揚揚	백 사람이 경작하여 한 사람이 먹는다. 일마다 여의하니 의기가 양양하리라.
十月	物之有損　去來愼之 莫近喪家　百事爲害	물건의 손해가 있으니 거래를 삼가라. 초상집을 가지 마라. 백사에 해가 있으리라.
十一月	麗水黃金　崑岡白玉 吉運到來　勉則可得	여수의 황금이요, 곤강의 백옥이로다. 길운이 도래하니 힘쓰면 얻으리라.
十二月	莫信他言　其害不少 若無疾病　反爲損財	다른 사람의 말을 믿지 마라. 그 해가 적지 않도다. 만일 질병이 없으면 오히려 손해가 있으리라.

一四五

〔六五〕

七一 **山澤損(산택손)**

新進壯元　日近天顔
榮身起家　慶祥並增
商業從事　千金到手
今年之運　孝服可畏

신진 장원이 임금을 가까이 한다. 몸이 영화롭고 집안을 일으키니 경사와 상서가 날로 이른다. 상업에 종사하면 천금이 이른다. 금년의 운수는 부모의 효복을 입을까 두렵다.

正月	密雲不雨　天暗地黑 每事不利　爲業不成	구름이 가득 차고 비가 없으니 천지가 어두울 뿐이로다. 매사에 불리하니 사업을 이루기 어려우리라.	
二月	人人樂從　福祿隨之 若逢貴人　必有成事	사람마다 즐겨 좇으니 복록이 따른다. 만일 귀인을 만나면 반드시 사업에 성공하리라.	
三月	爲人正直　臨事從寬 凡事無碍　謀計必中	위인이 정직하니 일에 임하여 너그럽다. 범사에 장애가 없으니 계획이 반드시 적중되리라.	
四月	崑山得玉　萬花共發 貴人來助　爲業昌達	곤산에서 옥을 얻으니 만화가 같이 피었다. 귀인이 와서 도우니 하는 업이 창달하리라.	
五月	有在東方　行則必得 莫近喪家　疾病可畏	재물이 동방에 있으니 출행하면 얻는다. 초상집에 가지 마라. 질병이 두렵다.	
六月	莫信親人　損財不少 若非橫財　婚姻之數	친한 사람을 믿지 마라. 손재가 적지 않다. 만일 그렇지 않으면 혼인의 경사가 있으리라.	
七月	雲開見月　月下佳人 意外得財　不然虛妄	구름이 걷히고 달을 보니 월하에 가인이 섰다. 의외로 재물을 얻을 것이요, 불연이면 허망하리라.	
八月	萬民歸心　君恩加日 福祿自來　衣食豊足	만민이 귀심하니 군은이 날로 더한다. 복록이 자연 이르니 의식이 풍족하리라.	
九月	立功建業　富貴長享 富貴俱足　以外何望	공업을 세우니 부귀를 길이 누린다. 부귀가 구족하니 이밖에 무엇을 바라료.	
十月	爲商與農　獲利不少 或恐口舌　官訟愼之	장사나 농사는 이익이 많으리라. 혹 구설수가 있으면 관재 송사를 조심하라.	
十一月	東北兩方　財路漸開 動則大利　靜則不得	동북 양방에서 재물 길이 점점 열린다. 활동하면 유익하고 안정하면 얻지 못하리라.	
十二月	財多人歸　一生安閑 或有落傷　車馬操心	재물이 많고 인심이 돌아오니 일생이 안한하다. 혹 낙상수가 있으니 거마를 조심하라.	

[上九]

七一三 山澤損(산택손)

存心天下　愛民善政
白玉堆盤　萬花爭春
親近尊貴　口辯成功
添口添土　喜不自勝

마음을 천하에 두니 백성을 아끼고 정치를 잘한다. 백옥은 소반에 담겨 있고, 꽃들은 봄을 다투리라. 높은 사람을 가까이 사귀면 구변으로 성공한다. 인구가 늘고 토지가 넓어지니 기쁨을 이기지 못한다.

正月	靜裡讀書　不知歲月 待時爲吉　妄動招禍	고요히 앉아 독서하니 세월가는 것을 알지 못한다. 때를 기다리면 길하나 망동하면 화를 부른다.
二月	驛馬一鳴　遠外登程 行則吉利　不行則凶	역마가 한 번 우니 먼 곳에 등정한다. 출행하면 길리하고 집에 있으면 흉하리라.
三月	謙遜卑己　賢人助力 貴人相逢　謀事必成	겸손하고 자신을 낮추면 현인이 조력한다. 귀인을 상봉하니 꾀하는 일이 성공하리라.
四月	親近貴人　因而成事 莫以東方　損財不鮮	귀인을 가까이 하면 인하여 일을 이룬다. 동방에 가지 마라. 손재가 적지 않으리라.
五月	莫信親人　有害無益 或恐口舌　官災可畏	친한 사람을 믿지 마라. 유해무익하도다. 혹 구설수가 두려우며 관재수도 있으리라.
六月	基地發動　移居爲吉 利在南方　凶在北方	집터가 발동하니 이사하면 길하리라. 이익은 남방에 있고 해는 북방에 있다.
七月	事在眼前　何以躊躇 速則必成　緩則無成	일이 눈앞에 있는데 어이하여 주저하는고. 속히 하면 성취하고 더디하면 이루지 못한다.
八月	偶然得財　事事如意 與人謀事　必有吉利	우연히 재물을 얻으니 일마다 여의하다. 남과 더불어 모사하면 반드시 길리하리라.
九月	不貪不謀　飽煖自得 每事如意　勇進可得	탐하지도 않고 꾀하지도 않으니 의식을 자연 얻는다. 매사가 여의하니 용감히 나가면 가히 얻는다.
十月	雪中梅花　芳香自含 東方貴人　偶然助我	눈 가운데 매화가 꽃다운 향기를 머금었다. 동방의 귀인이 우연히 나를 도우리라.
十一月	利在商業　務則大成 或有是非　勿爲訟事	이익이 장사에 있으니 힘쓰면 대성한다. 혹간 시비수가 있으니 소송을 걸지 마라.
十二月	遠程有數　以則吉利 吉凶何方　南吉北凶	원행할 수가 있으니 출행하면 길리하다. 어느 방향이 길하고 흉한고. 남은 길하고 북은 흉하다.

〔初九〕

二四七

風雷益(풍뢰익)

貴人恒助　出入得利
一身榮貴　財物豊足
沼魚出海　意氣揚揚
日月長天　四時不失

귀인이 항시 도우니 출입하며 재물을 얻는다. 일신이 영귀하니 재물이 풍족하리라. 연못 고기가 바다에 나가니 의기가 양양하도다. 일월이 장천하니 사시에 실패가 없으리라.

正月	魚龍得水　意氣揚揚 東北兩方　貴人來助		어룡이 물을 얻으니 의기가 양양하다. 동북 양방에서 귀인이 와서 도우리라.
二月	一身榮貴　日得千金 財祿豊滿　一家太平		일신이 영귀하니 날로 천금을 얻는다. 재록이 풍만하니 일가가 태평하리라.
三月	順風掛帆　日行千里 若非生財　必有官祿		순풍에 돛을 다니 하루에 천리를 간다. 만일 생재하지 않으면 반드시 관록이 있으리라.
四月	東北之人　必有爲害 遠行有數　以則大利		동북방의 사람은 반드시 해가 된다. 원행할 수가 있으니 출행하면 큰 이익이 있다.
五月	基地發動　利居爲吉 雲中鞭馬　利在三秋		집터가 발동하니 이사하면 길하도다. 구름 속에 말을 채찍하니 이익이 삼추에 있다.
六月	芳草靑靑　白馬長嘶 在家吉慶　出則大凶		방초가 청청하니 백마가 길게 울부짖는다. 집에 있으면 길한 경사요, 나가면 흉하리라.
七月	財數大吉　不求自得 南方貴人　偶然助我		재수가 대길하니 구하지 않아도 자연 얻는다. 남방의 귀인이 우연히 나를 도와준다.
八月	丈夫功名　從以成就 渴龍得水　造化無窮		장부의 공명은 이로 좇아 성취된다. 목마른 용이 물을 얻으니 조화가 무궁하리라.
九月	四野豊登　萬人自樂 雖有財利　或有疾病		사야에 풍년이 드니 만인이 즐거워한다. 비록 재물은 있으나 혹 질병이 있으리라.
十月	春和日煖　化生萬物 意外生財　身旺財旺		봄이 화하고 날이 따뜻하니 만물이 화생한다. 의외로 재물이 생기니 몸과 재물이 왕성하리라.
十一月	莫近喪家　或恐疾病 宜行南方　財利可得		상가에 가지 마라. 혹 질병이 있을까 두렵다. 남방이 길하니 재리를 가히 얻으리라.
十二月	吉星照命　貴人來助 名利俱全　以外何望		길성이 명에 비치니 귀인이 와서 돕는다. 명리가 함께 온전하니 이밖에 무엇을 바라리요.

[六二]

風雷益(풍뢰익)

晨鷄三唱　天色已曙
雲捲靑天　災殃漸消
庶人之命　商賈得利
或爲得配　獲福無量

새벽 닭이 세 번 우니 천색이 이미 밝아온다. 구름이 걷히고 하늘이 푸르니 재앙이 점점 사라진다. 서인의 명은 장사로 이익을 얻는다. 혹 혼인할 수가 있으며 복록이 무량하리라.

正月	月明紗窓　貴人來助	生活太平　事事如意	달이 사창에 밝으니 귀인이 와서 돕는다. 생활이 태평하니 일마다 여의하리라.
二月	謀事如意　每事吉利	或有口舌　勿爲爭訟	모사가 여의하니 매사가 길리하다. 혹 구설수가 있으리니 쟁송하지 마라.
三月	靑江求魚　求財如意	所望如意　喜喜滿滿	청강에서 고기를 구하니 재물을 구하면 여의하다. 소망이 여의하니 기쁨이 가득하리라.
四月	好事多魔　禍不單行	每事愼之　災厄侵身	좋은 일에 마가 많으니 재앙은 홀로 이르지 않는다. 매사를 조심하라. 재액이 침노하리라.
五月	此月之數　身疾有數	勿宜南方　損財莫甚	이 달의 운수는 몸에 신병이 있도다. 남방은 불길하니 손재가 막심하리라.
六月	所望如意　每事順成	不求自得　大得財物	소망이 여의하니 매사가 순조롭다. 구하지 않아도 자연 얻으니 크게 재물을 얻는다.
七月	三人合心　財望如意	莫近女色　損財可畏	삼인이 합심하니 재물이 여의하다. 여색을 가까이 마라. 손재수가 가히 두렵다.
八月	莫信親人　損財多端	東西兩方　財運漸回	친한 사람을 믿지 마라. 손재 다단하도다. 동서 양방에서 재운이 점점 돌아오리라.
九月	名振四方　萬人仰視	靜則無益　動則大吉	이름을 사방에 떨치니 만인이 우러러본다. 안정하면 무익하나 활동하면 대길하리라.
十月	與人同事　利益相當	身旺財旺　勿失好機	남과 더불어 동업하면 이익이 상당하도다. 몸이 왕하고 재가 왕하니 좋은 기회를 놓치지 마라.
十一月	有財外方　出行得財	莫信親人　損財可畏	재물이 외방에 있으니 출행하면 얻는다. 친한 사람을 믿지 마라. 손재가 두렵다.
十二月	或有口舌　愼之愼之	若非橫財　必有慶事	혹 구설수가 있으니 삼가고 조심하라. 만일 횡재수가 아니면 반드시 경사가 있으리라.

[六三]

風雷益(풍뢰익)

江北江南　草綠靑靑
利在他鄕　出行得利
淸江求魚　求財如意
春桃秋菊　憂喜相半

강북 강남에 초록이 청청하도다. 이익이 타향에 있으니 출행하면 이를 얻는다. 청강에서 고기를 구하는 격이니 재물을 구하면 여의하다. 봄 도화 가을 국화니 근심과 기쁨이 상반하리라.

正月	如干財數　得而半失 靜則有吉　動則不利	여간 재수는 얻어서 반이나 잃는다. 안정하면 길하고 활동하면 불리하리라.
二月	謀事難成　每事多滯 雖有財物　財聚則散	꾀하는 일은 이루기 어려우니 매사에 막힘이 많다. 비록 재물은 있으나 모이면 곧 사라진다.
三月	莫近是非　爭訟可畏 東方來客　偶然助我	시비를 가까이 마라. 쟁송이 두렵다. 동방에서 오는 손이 우연히 나를 돕는다.
四月	移基改營　必有得財 身數不利　財數大吉	집을 옮기고 업을 바꾸면 반드시 재물을 얻는다. 신수가 불리하니 재수가 대길하리라.
五月	東方有吉　去則大利 莫信親人　必有爲害	동방에 길함이 있으니 출행하면 이익이 크다. 친한 사람을 믿지 마라. 반드시 해가 있으리라.
六月	最忌遠行　在家有吉 勿爲人助　吉反爲凶	원행하면 가장 불리하니 집에 있으면 길하다. 남을 도와주지 마라. 길이 변하여 흉이 된다.
七月	若非官祿　膝下之慶 意外得財　意氣揚揚	만일 관록이 아니면 슬하의 경사로다. 의외로 재물을 얻으니 의기가 양양하리라.
八月	一朝昇遷　官職顯名 每事順成　勿失好機	일조에 승천하니 관직이 드날린다. 매사가 순조로우니 좋은 기회를 놓치지 마라.
九月	遠行不利　在家無憂 南方之人　自來助我	원행하면 불리하고 집에 있으면 근심이 없다. 남방의 사람이 자연히 나를 도우리라.
十月	若非內患　口舌相爭 有人害我　愼之外人	만일 내환이 아니면 구설과 다툼이 있다. 나를 해하는 사람이 있으니 외인을 삼가라.
十一月	一室和樂　事事如意 莫近喪家　或有憂苦	일실이 화락하니 일마다 여의하다. 상가를 가까이 마라. 혹 근심고초가 있다.
十二月	東南之財　偶然入手 財數平平　身病奈何	동남의 재물이 우연히 손에 들어온다. 재수는 평평하나 신병을 어이하리요.

〔六四〕

五四 	風雷益(풍뢰익) 月桂吐香　仙娥芳容 創業有新　福祿豊盈 修理屋舍　生活便利 貴人相遇　知己相談	월계가 향기를 토하니 선녀의 용모가 아름답다. 업을 창설하면 새로우니 복록이 풍영하리라. 가옥을 수리하니 생활이 편리하도다. 귀인과 서로 만나고 지기와도 상담하리라.
正月	擇地利居　無事安居 誠心努力　必有亨通	땅을 가려 이사하면 아무런 사고가 없으리라. 성심 노력하면 반드시 형통하리라.
二月	在家心亂　出外心閒 勿貪分外　必是虛荒	집에 있으면 심란하고 외출하면 한가하다. 분수 밖의 일을 탐하지 마라. 필시 허황하리라.
三月	財物豊滿　一身平安 或恐口舌　官訟可畏	재물이 풍만하니 일신이 평안하다. 혹 구설수가 있으며 관재송사가 두렵다.
四月	有人來助　意外得財 若非服制　火災可畏	와서 돕는 사람이 있으니 의외로 득재한다. 만일 복제수가 아니면 화재수를 주의하라.
五月	若無家憂　必有損財 所爲經營　有頭無尾	집안에 우환이 없으면 반드시 손재가 있다. 경영하는 바는 머리는 있으나 꼬리가 없으리라.
六月	利在何方　西方有吉 轉禍爲福　吉凶相半	이익이 어느 곳에 있는고. 서방이 길하다. 화가 굴러 복이 되니 길흉이 상반하리라.
七月	忠君愛國　一世振名 在家有益　橫財可得	충군 애국하면 일세에 이름을 떨친다. 집에 있으면 유익하니 가히 횡재를 얻으리라.
八月	親人莫信　恐有疾妬 若非損財　口舌紛紛	친한 사람을 믿지 마라. 질투를 입을까 두렵다. 만일 손재수가 아니면 구설이 분분하리라.
九月	上人薦擧　功成名立 到處有財　强求小得	윗사람이 천거해 주니 공을 이루고 이름을 세운다. 도처에 재물이 있으니 힘써 구하면 얻으리라.
十月	朋友相逢　喜生滿面 古木逢春　千里有光	붕우가 상봉하니 기쁨이 얼굴에 가득하다. 고목이 봄을 만나니 천리에 광명이 있으리라.
十一月	運數不吉　求事不成 與人同事　吉凶相半	운수가 불길하니 구하는 일을 이루지 못한다. 남과 더불어 일을 같이 하면 길흉이 상반하리라.
十二月	在家有吉　出行則凶 每事愼之　終時有吉	집에 있으면 유익하고 출행하면 흉하다. 매사를 조심하라. 마침내 길함이 있으리라.

二五

[九五]

五四 ䷩	風雷益(풍뢰익) 一人恩德　及於萬人 商賈多利　貴人來助 道高名利　家産豊饒 意外成功　名振四方	한 사람의 은덕이 만인에게 미친다. 장사는 이익이 많으며 귀인이 와서 도우리라. 도덕이 높고 명예가 있으니 가산도 풍요하다. 의외로 성공하여 이름을 사방에 떨치리라.
正月	春日和暢　百花爭發 橫財有數　必有餘慶	봄날이 화창하니 백화가 다투어 피었다. 횡재수가 있으니 반드시 경사가 있으리라.
二月	明主知我　自此漸達 若非官祿　生男之數	밝은 임금이 나를 알아주니 이로부터 통달한다. 만일 관록이 아니면 생남할 운수로다.
三月	一身平安　財數興旺 晴天明月　世界明朗	일신이 평안하니 재수도 흥왕하다. 개인 하늘 밝은 달이니 세계가 명랑하리라.
四月	春草逢雨　日益成長 妻宮有慶　一家和樂	봄풀이 비를 만나니 날로 더욱 성장한다. 처궁의 경사가 있으며 일가가 화락하리라.
五月	携酒登山　情友同樂 一身平安　此外何望	술을 끼고 산에 오르니 정다운 벗과 같이 즐긴다. 일신이 평안하니 이밖에 무엇을 바라리요.
六月	若無親友　橫厄難免 幸逢貴人　所願成就	만일 친한 벗이 아니면 횡액을 면키 어렵다. 다행히 귀인을 만나면 소원을 성취하리라.
七月	陰谷回春　萬物皆生 衆人相助　萬事順成	그늘진 골짜기에 봄이 오니 만물이 모두 생한다. 무리 사람이 도와주면 만사에 순조로우리라.
八月	東北兩方　貴人來助 基地發動　利居爲吉	동북 양방에서 귀인이 와서 돕는다. 집터가 발동하였으니 이사하면 길하리라.
九月	雲外萬里　必有慶事 遠方有信　情友相逢	구름 밖 만리에서 반드시 경사가 있다. 먼 곳에서 소식이 오니 정다운 벗이 상봉하리라.
十月	九月菊花　一朝滿發 意外生財　小事大成	구월의 국화가 일조에 만발하였다. 의외로 재물이 생기니 작은 일을 크게 성공한다.
十一月	名譽有吉　財數不利 若非官祿　橫財有數	명예는 길리하나 재수는 불리하다. 만일 관록이 아니면 횡재수가 있으리라.
十二月	一家豊饒　小求大得 困而得安　一家和平	일가가 풍요하니 작게 구하여 많이 얻는다. 곤한 중에 편안함을 얻으니 일가가 화평하리라.

風雷益(풍뢰익)

日暮道遠　千辛萬苦
貪而不得　怏怏不樂
事有多滯　虛送歲月
勿營他事　以待明春

날은 저물고 길은 머니 천신만고가 있다. 탐하나 얻지 못하니 앙앙불락하리라. 일에는 막힘이 많으니 허송세월한다. 다른 일을 경영치 말고 다음 해를 기다리라.

正月	若非官祿　膝下之慶 花朝月夕　身醉花間	만일 관록이 아니면 슬하의 경사로다. 화조 월석이니 몸이 꽃 사이에 취해 있다.
二月	財數論之　誠求少得 移基爲吉　速則大利	재수를 의논하면 정성되이 구하면 얻는다. 옛터를 옮김이 길하니 빠를수록 더욱 좋다.
三月	子孫之厄　豫爲禱厄 與人同力　小財可得	자손의 액이니 미리 액을 빌라. 남과 힘을 같이 하면 작은 재물은 가히 얻는다.
四月	外人愼之　不利於我 心中有苦　誰人爲我	외인을 조심하라. 이롭지 못하다. 심중에 고초가 있으나 누가 나를 위해 주리요.
五月	勿爲人助　吉反爲凶 家中有憂　妻憂子患	남을 도와주지 마라. 길한 일이 흉하게 된다. 가중에 근심이 있으니 처자의 우환이로다.
六月	與人同力　可致財産 身數大吉　財數興旺	남과 더불어 힘을 같이하면 재산을 가히 이룬다. 신수가 대길하고 재수도 흥왕하리라.
七月	移基有吉　速則爲吉 東西兩方　利在其中	이사함이 길하니 빠를수록 좋다. 동서 양방에 이익이 그 가운데 있다.
八月	若非官祿　添口之數 北方之人　偶然助我	만일 관록이 아니면 식구를 더할 운이로다. 북방의 사람이 우연히 나를 돕는다.
九月	莫去水邊　水厄難免 身厄當到　愼之爲吉	물가로 가지 마라. 수액을 면치 못한다. 신액이 당도하니 조심하면 길하리라.
十月	失物有數　盜賊愼之 雖有財利　得而半失	실물수가 있으니 도적을 조심하라. 비록 재리는 있으나 얻어서 반이나 잃는다.
十一月	利在他鄕　出行則利 莫近是非　或恐訟事	이익이 타관에 있으니 출행하면 얻는다. 시비를 가까이 마라. 혹 송사수가 있으리라.
十二月	莫行喪家　諸事不吉 或有內患　豫爲禱厄	상가에 가지 마라. 모든 일이 불길하다. 혹 내환이 있으니 미리 액을 빌라.

一五二

[初九]

䷪	澤天夬(택천쾌) 入山擒虎 生死難判 早花先萎 晚松凌雪 有人多助 所望如意 利在他鄉 出行得利	산에 들어 범을 잡고자 하니 생사를 판단 못한다. 이른 꽃은 먼저 시들고, 늦은 소나무는 눈을 두려워 않는다. 사람의 도움이 있으면 소망이 여의하도다. 이익이 타향에 있으니 출행하면 이를 얻으리라.
正月	出門出路 官鬼相窺 先凶後吉 每事愼之	문을 나서고 길을 나서니 관귀가 서로 엿본다. 먼저는 흉하고 뒤에 길하니 매사를 조심하라.
二月	三人相合 財望可取 基地發動 利居爲吉	삼인이 상합하니 재망을 가히 취한다. 집터가 발동하니 이사하면 길하리라.
三月	四面楚歌 誰何爲助 獨行千里 辛苦不絶	사면에 모두 적이니 누가 와서 도우리요. 홀로 천리를 행하니 신고가 끊이지 않는다.
四月	千里他鄉 獨坐歎息 貴人有助 小事大成	천리타향에 홀로 앉아 탄식한다. 귀인의 도움이 있으면 조그마한 일을 크게 이룬다.
五月	若無是非 間或口舌 進退有路 可而成功	시비수가 없으면 구설수가 간혹 있다. 진퇴가 깊이 있으니 가히 성공하리라.
六月	世事如夢 相離有吉 遠方有信 何時歸鄉	세상 일이 꿈 같으니 서로 떠남이 길하다. 먼 곳에서 소식만 있으니 어느 때 귀향하리요.
七月	若近女人 橫厄可畏 兄弟相別 必有災厄	만일 여자를 가까이 하면 횡액이 두렵다. 형제가 상별할 것이요, 반드시 재액이 있으리라.
八月	祿在四方 勤則可得 動則大吉 安舊則凶	녹이 사방에 있으니 부지런하면 얻는다. 활동하면 대길하고 집에 있으면 흉하다.
九月	魚變成龍 造化無窮 財數大吉 身數亦吉	고기가 변하여 용이 되니 조화가 무궁하도다. 재수가 대길하니 신수 또한 길하리라.
十月	酒色成病 百藥無效 身病愼之 財數吉利	주색으로 병을 얻으면 백약이 무효로다. 신병을 조심하라. 재수는 길리하리라.
十一月	東奔西走 食少事煩 求而難得 每事未成	동분서주하니 식소사번하리라. 구해도 얻기 어려우니 매사를 이루지 못한다.
十二月	天地相合 必有慶事 每事順成 意氣洋溢	천지가 상합하니 반드시 경사가 있다. 매사가 순조로우니 의기가 양양하리라.

[九二]

澤天夬 (택천쾌)

人無遠慮	必有近憂
有備無患	事前豫防
若爲不然	意外逢變
今年之運	每事愼重

사람이 깊은 생각이 없으면 반드시 가까운 근심이 있다. 준비가 있으면 근심이 없나니 사전에 예방하라. 그렇지 않으면 의외로 변을 만난다. 금년의 운수는 매사를 신중히 하라.

正月	防危未然 吉變爲凶	身家保安 每事愼之	미연에 액을 막으면 몸과 집을 보전한다. 길함이 흉으로 변하리니 매사를 조심하라.
二月	鬼在水路 宜行南方	莫近水邊 財利可得	관귀가 수로에 있으니 물가에 가지 마라. 남방으로 출행하면 재물을 얻으리라.
三月	移基改業 勿爲妄動	必有得財 或有失敗	집을 옮기고 업을 바꾸면 반드시 재물을 얻는다. 망령되이 동하지 마라. 혹 실패가 있으리라.
四月	陰事順成 東方有財	速則爲吉 去而必得	남모르는 일이 순성하니 빠르면 길하다. 동방에 재물이 있으니 가면 반드시 얻으리라.
五月	貴人來助 莫近喪家	偶然得財 每事不吉	귀인이 와서 도우니 우연히 재물을 얻는다. 초상집에 가지 마라. 매사가 불길하리라.
六月	因人成事 東凶西吉	求財如意 擇吉最好	사람으로 인하여 성사하니 재물을 구하면 여의하다. 동방은 길하고 서방은 흉하니 분별하여 출행하라.
七月	大海浮萍 心無安定	周流無定 事有多滯	큰 바다에 부평이니 주류하여 안정함이 없다. 마음이 정한 곳이 없으니 일에 막힘이 많으리라.
八月	東方來客 莫近女人	爲害不鮮 諸事不吉	동방에서 오는 손은 그 해가 적지 않다. 여자를 가까이 마라. 모든 일이 불길하리라.
九月	與人同事 吉事稀少	必有謀陷 凶事煩多	남과 동업하면 반드시 모함이 있도다. 길한 일은 희소하나 흉한 일은 많으리라.
十月	雖有財利 若逢貴人	聚財不能 得官得職	비록 재물의 이익은 있으나 모으기는 어렵다. 만일 귀인을 만나면 벼슬과 직업을 얻으리라.
十一月	古基不利 凶反爲吉	移基爲吉 豈不樂哉	옛터는 불리하니 이사하면 길하다. 흉이 반대로 길하게 되니 어찌 즐겁지 않으리요.
十二月	財物旺盛 衣食裕餘	所願成就 意氣揚揚	재물이 왕성하니 소원을 성취한다. 의식이 유여하니 의기양양하리라.

澤天夬 (택천쾌)

日暮長程　前路暗暗
或有爭訟　不然憂患
事不如意　衣食不足
今年之運　去來愼之

먼 길에 날이 저무니 앞 길이 암담하도다. 혹 쟁송수가 있으니 불연이면 우환이 있으리라. 일이 여의치 못하니 의식이 부족하다. 금년의 운수는 거래를 삼가라.

正月	長長春日　無爲徒食 身上無欠　安過泰平	기나긴 봄날에 하는 것 없이 한갓 먹기만 하다. 일신에 흠이 없으니 안과태평하리라.
二月	身運否塞　是非操心 若不忍之　大禍自招	신운이 비색하니 시비를 조심하라. 만일 참지 않으면 큰 화를 스스로 부르리라.
三月	貴人相助　所求必得 利在四方　求財如意	귀인이 도와주니 구하는 바를 얻는다. 이익이 사방에 있으니 재물을 구하면 얻으리라.
四月	事無障碍　心身自安 財數論之　萬無一失	일에 장애가 없으니 심신이 편안하다. 재수를 논하건대 만무일실이 되리라.
五月	天地相合　夫婦和樂 南方貴人　必是來助	천지가 상합하니 부부가 화락한다. 남방의 귀인이 반드시 와서 도우리라.
六月	一輪孤月　獨照千里 是非不入　一身無事	한바퀴 외로운 달이 홀로 천리를 비춘다. 시비 가운데 들지 않으니 일신이 무사하리라.
七月	財上有損　去來愼之 莫信親人　損財不鮮	재물에 손실이 있으니 거래를 삼가라. 친한 사람을 믿지 마라. 손재가 적지 않으리라.
八月	東西兩方　財運漸開 求而可得　勿失好機	동서 양방에서 재운이 점점 열린다. 구하면 얻으리니 좋은 기회를 놓치지 마라.
九月	莫近喪家　疾病可畏 損財有數　盜賊愼之	초상집에 가지 마라. 질병이 두렵다. 손재수가 있으니 도적을 조심하라.
十月	水分安居　外凶內吉 東北兩方　去則大吉	분수를 지키고 안거하면 밖은 흉하나 안은 길하다. 동북 양방에 출행하면 대길하리라.
十一月	勿近是非　爭訟可畏 先凶後吉　努而可成	시비를 가까이 마라. 쟁송이 두렵다. 먼저는 흉하고 뒤에 길하니 노력하면 성공하리라.
十二月	勿謀分外　反見其害 與人謀事　必有虛荒	분수 밖의 일을 꾀하지 마라. 오히려 그 해를 본다. 남과 동업하면 반드시 허황함이 있으리라.

[九四]

澤天夬(택천쾌)

蹇者難行　瞽者難見
或有爭訟　不然長沙
忠言不信　奸言反聽
今年之運　逆水行船

절름발이는 걷기 어렵고 눈먼 자는 보기 어렵다. 혹 쟁송의 일로 귀양살이 하게 된다. 충성된 말은 믿지 않고 간사한 말은 오히려 듣는다. 금년의 운수는 물을 거슬러 배가 가는 격이다.

正月	不平陰謀　勿施於人 不知安分　反有乖常		불평과 음모를 남에게 베풀지 마라. 안분을 알지 못하면 오히려 괴상하리라.
二月	六親無德　恩反爲仇 利在何處　四顧無親		육친은 무덕하고 은인이 원수된다. 이익이 어디에 있는고. 아무 곳에도 없다.
三月	身遊外方　何時歸家 妄動則損　守舊爲吉		몸이 외방에서 노니니 어느 때 귀가하리요. 망동하면 손해 있고 옛것을 지키면 길하리라.
四月	老龍失水　江邊垂淚 與人謀事　必有損失		노룡이 물을 잃으니 강변에 눈물을 뿌린다. 남과 같이 일을 꾀하면 반드시 손실하리라.
五月	虛中有實　天與其福 東北兩方　必有大財		허한 가운데 실속이 있으니 하늘이 그 복을 준다. 동북 양방에 큰 재물이 있으리라.
六月	擇地移吉　速則吉利 貴人相逢　謀事順成		땅을 가려 이사하라. 속히 하면 길리하다. 귀인과 상봉하면 꾀하는 일이 순조롭다.
七月	長沙之厄　一時難免 財帛退散　事事未成		귀양살이를 한때 면하기 어렵다. 재백이 흩어질 것이요, 일마다 이루지 못하리라.
八月	靑龍發動　婚姻之數 夕陽歸路　步步忙也		청룡이 발동하니 혼인할 운수로다. 석양에 돌아가는 손이 걸음마다 바쁘다.
九月	若非爭訟　一時病患 欲飛不能　欲躍不進		만일 송사가 없으면 일시 병환이 있도다. 날고자 하나 능치 못하고 뛰고자 하나 뛰지 못한다.
十月	險中順行　先憂後慶 勿謀他營　反爲損失		험한 가운데 순행하니 먼저는 근심이요, 뒤에는 경사로다. 다른 경영을 꾀하지 마라. 오히려 손실이 있으리라.
十一月	貴人助我　宜行南方 虛中有實　危中有安		귀인이 나를 도우니 남방으로 향하라. 허한 가운데 실속이 있으니 위험 속에서 편안하다.
十二月	若非移舍　反爲凶禍 與人謀事　必有虛荒		만일 이사를 아니하면 흉화를 보리라. 남과 같이 모사하면 허황된 일이 있으리라.

[九五]

	澤天夬 (택천쾌) 優柔不斷 事功難成 忽然平地 突然波瀾 獄訟得解 久病轉癒 不知安分 又有乖常	우유부단하니 사업을 이루기 어렵다. 홀연히 평지에서 파도가 일어난다. 옥중인은 풀려 나오고 오래된 병은 낳으리라. 안분할 줄 모르면 또한 항시 어긋된 일을 만난다.
正月	月出雲外 天地明朗 雪消春煖 行路活發	달이 구름 밖에 나오니 천지가 명랑하도다. 눈이 녹고 봄이 따뜻하니 걷는 길이 활발하다.
二月	名山祈禱 所願可成 若不其然 凶禍難測	명산에 기도하면 소원을 성취한다. 만일 그렇지 않으면 흉화를 측량키 어려우리라.
三月	三春佳節 佳人對酌 萬花芳暢 景色一新	삼춘 가절에 가인과 술잔을 대한다. 만화가 방창하니 경색이 한 번 새롭다.
四月	出行不利 杜門不出 財數亦滯 與受可愼	출행함이 불리하니 문을 닫고 나가지 마라. 재수가 막혔으니 돈거래를 조심하라.
五月	心身散亂 事無安定 財數論之 勞而無功	심신이 산란하니 일에 안정됨이 없다. 재수를 논지하면 수고한 보람이 없으리라.
六月	正己正心 自有吉福 本有財利 必得大財	몸과 마음을 바로잡으면 자연히 길복이 이른다. 본시 재리가 있으니 반드시 큰 재물을 얻으리라.
七月	財運漸回 勉則可就 害方何處 東南兩方	재운이 점차 돌아오니 힘쓰면 가히 얻는다. 해로운 방위가 어디뇨, 동남 양방이로다.
八月	月運極凶 謹身可免 若逢貴人 反有吉利	운수가 극히 흉하나 근신하면 면한다. 만일 귀인을 만나면 오히려 길하리라.
九月	有路南北 奔走東西 身雖勞苦 財聚可成	남북에는 길이 있고 동서로 분주한다. 몸은 비록 수고로우나 재물은 가히 모이리라.
十月	若非添口 必是官祿 利在何處 東方最吉	만일 식구가 늘지 않으면 반드시 관록을 얻는다. 이익이 어디에 있는고. 동방이 가장 길하다.
十一月	虛欲大發 大禍難免 莫貪人財 凶事不免	허욕을 크게 발하면 큰 화를 면치 못한다. 남의 재물을 탐하지 마라. 흉한 일을 면치 못하리라.
十二月	一枝花凋 一枝花開 喜憂相半 虛度歲月	한 가지는 꽃이 지고 한 가지는 꽃이 피었다. 기쁨과 근심이 상반하니 허송세월하리라.

〔上六〕

澤天夬 (택천쾌)

布恩施德	滿月終虧
千里徘徊	江邊女哭
骨肉刑傷	是非爭訟
志大運否	退守舊業

은덕을 베풀라. 둥근 달은 마침내 이지러진다. 천리를 배회하니 강변에서 여인이 운다. 골육의 형상이 있으니 시비와 쟁송을 하게 되리라. 뜻은 크나 운이 막히니 물러나 옛 직업을 지키라.

正月	東風解氷	春草漸新	동풍에 얼음이 풀리니 봄풀이 점점 새롭다.
	心中之憂	漸消春雪	심중의 근심은 봄눈같이 사라지리라.
二月	人多害我	心身不安	사람이 많이 나를 해하니 심신이 불안하도다.
	東則有凶	西則有吉	동방은 흉하고 서방은 길하리라.
三月	祿在到處	强求小得	재록이 도처에 있으니 힘써 구하면 조금 얻는다.
	必有謀事	利在其中	반드시 꾀하는 일이 있으리니 이익이 그 가운데 있다.
四月	心中有憂	安靜則吉	심중에 근심이 있으나 안정하면 길하리라.
	南方有吉	去而得利	남방이 길하니 즉시 가면 이를 얻는다.
五月	之東之西	求之不能	동서로 왕래하며 구해도 얻지 못한다.
	千里外方	獨坐歎息	천리의 외방에 홀로 앉아 탄식하리라.
六月	春草逢雨	旱天甘雨	봄풀이 비를 만나니 가문 하늘에 단비로다.
	日日漸新	勿失好機	날로 새로우니 좋은 기회를 놓치지 마라.
七月	在仕難久	解任最可	벼슬길이 오래지 못하니 사퇴함이 옳으리라.
	災厄難免	守分爲吉	재액을 면키 어려우니 분수를 지키면 길하다.
八月	老病惟危	不然服制	노병은 위험한데 불연이면 복제수로다.
	財運平平	身運不吉	재운은 평평하나 신수는 불길하리라.
九月	勿謀他營	必有損財	다른 경영을 꾀하지 마라. 반드시 손재수가 있으리라.
	貴人相助	可免凶禍	귀인이 도와주면 가히 흉화를 면하리라.
十月	若非憂患	添口之類	만일 우환이 아니면 식구가 더하리라.
	莫近喪家	諸事不利	초상집에 가지 마라. 모든 일이 불리하리라.
十一月	家人何在	獨守空舍	집 사람은 어디 있는고. 독수공방수로다.
	去去益甚	運也奈何	갈수록 더욱 심하니 운이라 어이하리요.
十二月	守分安居	妄動則凶	분수를 지키고 편히 거하라. 망동하면 흉하도다.
	東方貴人	偶然助我	동방의 귀인이 우연히 와서 나를 돕는다.

[初六]

天風姤(천풍구)

☰
☴

君子道衰　小人道長
或遇貴人　金帛可得
力微妄行　在仕當貶
或遇爭訟　陰人不潔

군자의 도는 쇠하고 소인의 도는 자란다. 혹 귀인을 만나면 재백을 가히 얻으리라. 힘은 약한데 망동하면 남의 참소를 만난다. 혹 쟁송이 있으니 음인은 결백치 못하리라.

正月	時機未達　奔走何事		시기가 미달하니 분주함이 웬일인고.
	欲速不達　待時爲吉		속히 하고자 하나 달성치 못하니 때를 기다리면 길하리라.
二月	或有家憂　不然官非		혹 집안의 근심이요, 불연이면 관재 시비로다.
	東西兩方　必有財旺		동서 양방에서 재물이 왕성하리라.
三月	溫古知新　然後出世		고금사를 숙달하나 그런 뒤에 출세한다.
	古木逢春　開花滿實		고목이 봄을 만나니 꽃이 피고 열매를 맺는다.
四月	動靜莫急　吉事反凶		행동을 급히 마라. 길한 일에 흉이 있다.
	擇地移居　可以得財		땅을 가려 이사하면 가히 재물을 얻으리라.
五月	莫行東方　損財不少		동방에 가지 마라. 손재가 불소하도다.
	若不其然　橫厄可畏		그렇지 않으면 횡액이 두렵다.
六月	莫信親人　爲害我身		친한 사람을 믿지 마라. 내 몸이 해롭다.
	或遇貴人　金帛稱心		혹 귀인을 만나면 금백이 마음과 같으리라.
七月	見凶急退　時有可行		급함을 보고 급히 물러나나 때로는 가히 행함이 있으리라.
	吉星照門　貴人相對		길성이 문에 비치니 귀인과 상대하게 되리라.
八月	家有吉慶　美人相酌		집안에 길경이 있으니 미인을 상대한다.
	人口增進　田庄買得		인구가 늘 것이요, 토지도 사들인다.
九月	桂花更發　登科之數		계화가 다시 피었으니 관직을 다시 얻는다.
	幸運已回　福祿自來		행운이 이미 돌아오니 복록이 자연 이르리라.
十月	女人不潔　暗中行事		여인이 결백치 못하니 남모르게 행사한다.
	心正待時　必有興旺		마음을 바로잡고 기다리라. 반드시 흥왕하리라.
十一月	身出東南　貴客乃扶		몸이 동남방에 나가니 귀인이 부조한다.
	莫近喪家　疾病可畏		상가에 가지 마라. 질병을 얻으리라.
十二月	凶化爲福　生産得財		흉함이 복으로 변하니 생남하고 득재한다.
	先得大利　後得平安		먼저는 큰 이익을 얻고 뒤에는 평안을 얻으리라.

天風姤 (천풍구)

在家有憂	出外心閑	
水邊有利	千金到手	
寬柔愛物	登科食祿	
家有慶事	佳婦有孕	

집에 있으면 근심되고 밖에 나가면 마음이 한가롭다. 수변이 유리하니 천금이 손에 이른다. 너그러이 용납하면 벼슬과 식록을 얻는다. 집안에 경사가 있으니 아내가 잉태하게 되리라.

正月	今年之運 / 靑鳥傳信	愛人喜施 / 鰥者得配	금년의 운수는 남을 아끼고 베풀기를 즐겨 하라. / 청조가 서신을 전하니 홀아비가 짝을 얻는다.
二月	十年之營 / 吉運已回	一朝有榮 / 絶處逢生	십년을 경영하니 하루 만에 영화를 본다. / 길운이 이미 돌아오니 막다른 곳에서 생을 만난다.
三月	事有是非 / 名振一世	取舍在我 / 人皆仰視	일에 시비가 따르나 나의 재량에 있는 바라. / 이름을 세상에 떨치니 사람마다 우러러보리라.
四月	始終如一 / 若非橫財	必有榮貴 / 反有疾病	시종이 여일하니 반드시 영귀한다. / 만일 횡재를 못하면 오히려 질병이 있으리라.
五月	正心修善 / 安分待時	賢人相助 / 必有興旺	마음 바로잡고 선을 닦으면 귀인이 도와주리라. / 분수를 알고 때를 기다리면 반드시 흥왕하리라.
六月	捨己從人 / 心滿意足	衆力扶之 / 半得半失	남의 뜻을 좇으면 여러 사람이 도와준다. / 마음과 뜻이 만족하나 반은 얻고 반은 잃는다.
七月	三春長安 / 東南兩方	男兒得意 / 貴人來助	삼춘 장안에 남아가 뜻을 얻는다. / 동남 양방에 귀인이 와서 도우리라.
八月	家有憂患 / 勿謀分外	其害甚多 / 或有失敗	집에 우환이 있으니 그 해가 심히 많다. / 분수 밖의 일을 꾀하지 마라. 혹 실패수 있으리라.
九月	生疎之人 / 若非移居	勿而交遊 / 疾病困苦	생소한 사람과는 사귀어 놀지 마라. / 만일 이사하지 않으면 질병으로 곤고하리라.
十月	吉夢半夜 / 得失相雜	孕胎之數 / 終無損益	반야의 길몽이니 잉태할 운수로다. / 얻고 잃음이 서로 섞이니 마침내 손익이 없다.
十一月	所望之事 / 每事有滯	終無一成 / 莫向虛荒	소망하는 일은 하나도 이루지 못한다. / 매사에 막힘이 있으니 허황된 것을 향하지 마라.
十二月	莫近女人 / 他人多助	必有損害 / 財帛津津	여자를 가까이 마라. 반드시 손해가 있다. / 타인이 많이 도우니 재백이 진진하리라.

天風姤 (천풍구)

雪滿空山　獨釣寒江
世上萬事　意中不在
無爲徒食　衣祿不足
初凶後吉　晩得財帛

눈이 공산에 가득하니 홀로 찬 강에서 낚시질한다. 세상 만사는 뜻 가운데 있지 않도다. 일 없이 먹고 노니 의록이 모자란다. 처음은 흉하고 뒤에 길하니 늦게 재백을 얻으리라.

正月	仕則反賤　農業必利 欲行無路　以數奈何		벼슬은 오히려 천하나 농업은 유익하다. 나가고자 하나 길이 없으니 이 수를 어이하리요.
二月	家神發動　害者常隨 經營之事　如成不成		가신이 발동하니 해하는 이가 항시 따른다. 경영하는 일은 될 듯하면서 아니된다.
三月	剛强自尊　四方無視 財運逢空　橫財反凶		강강한 자존심이 있으니 사방에 보이는 것이 없다. 재운이 공을 만나니 횡재가 오히려 흉하다.
四月	善治田園　其實滿庭 與人謀事　徒無成事		전원을 잘 다스리니 그 수확이 가득하다. 남과 더불어 모사하면 도무지 성사됨이 없다.
五月	勿謀分外　或有疾病 事有反覆　他人遠之		분수 밖의 일을 꾀하지 마라. 혹 질병이 있으리라. 일에 반복됨이 있으니 타인을 멀리 하라.
六月	財在路邊　强求必得 事有未決　必有煩悶		재물이 노변에 있으니 힘써 구하면 얻는다. 일에 미결됨이 있으니 반드시 번민하리라.
七月	守靜宜吉　妄動有咎 東西有吉　南方爲凶		안정하면 길하고 망동하면 허물이 있다. 동서방은 길하고 남방은 흉하다.
八月	遠行有數　行則有吉 若非移居　疾病可畏		원행수가 있으니 출행하면 길하도다. 만일 이사하지 않으면 질병이 두렵다.
九月	百事俱順　日取千金 吉運已回　身貴財旺		백사가 모두 순탄하니 날로 천금을 얻는다. 길운이 이미 돌아오니 몸은 귀하고 재물은 왕하리라.
十月	每事謹愼　不然官厄 小往大來　君子道長		매사를 근신하라. 불연이면 관액이 있다. 작게 가고 크게 올 것이요, 군자의 도는 길다.
十一月	與人謀事　徒無成功 東則吉利　西則大凶		남과 더불어 모사하면 도무지 성공이 없다. 동방은 길리하고 서방은 크게 흉하다.
十二月	必有慶事　意氣漸伸 世事太平　此外何羨		반드시 경사가 있으리니 의기가 점차 펴진다. 세상 일이 태평하니 이밖에 무엇이 부러우리요.

[九四]

天風姤 (천풍구)

貴而無位　高而無民
一朝風起　大蛇失珠
孤立無援　六親寡合
今年之數　刑獄愼之

귀하나 벼슬이 없고 높으나 백성이 없다. 일조에 풍파가 일어나니 큰 뱀이 구슬을 잃었다. 홀로 서서 의지 없으니 육친과 화목치 못함이라. 금년의 운수는 형옥수를 조심하라.

正月	市井得利　商賈最可 今年吉地　北方最吉		시장에서 이를 얻으니 장사가 가장 좋다. 금년의 좋은 방위는 북방이 가장 길하다.
二月	日月不見　心多有憂 若非如此　出他外方		일월이 보이지 않으니 마음에 수심이 많다. 만일 이같지 않으면 외방으로 출타하리라.
三月	心有不安　求財不得 官則退位　農則無益		마음에 불안함이 있으니 재물을 구하나 얻지 못한다. 관리는 직위를 물러나고 농민은 이익이 없다.
四月	是非爭訟　間間有之 勿爲妄動　待時安靜		시비와 쟁송이 간간히 있도다. 망령되이 동하지 마라. 안정함이 좋으리라.
五月	不親卑下　人心易散 利在文書　田庄之事		아랫사람과 친하지 못하니 인심이 쉽게 흩어진다. 이익이 문서에 있으니 전장을 넓히리라.
六月	未濟其海　更有風波 心有不安　求財不得		그 바다를 건너지 못하였는데 다시 풍파가 있다. 마음이 불안할 것이요, 구하여도 재물을 얻지 못한다.
七月	雲烟相隔　每事遲滯 勿失好機　去而不來		구름과 연기에 막혔으니 매사에 막힘이 있다. 좋은 기회를 놓치지 마라. 지나가면 오지 않는다.
八月	百事成就　喜滿家庭 名泰身旺　閑處求財		백사를 성취하니 기쁨이 집안에 가득하다. 이름이 통태하고 신이 왕하니 가만히 앉아 재물을 얻는다.
九月	每事如意　到處有權 貴人在東　利在西方		매사가 여의하니 도처에 권세가 있다. 귀인은 동방에 있고 이익은 서방에 있다.
十月	憂若不生　利在南方 出將入相　名振天下		근심이 생기지 않으면 이익이 남방에 있다. 출장입상하니 이름을 천하에 떨친다.
十一月	垂釣蒼波　晚得其魚 身數大吉　所願成就		창파에 낚시를 드리우니 늦게 그 고기를 얻는다. 신수가 대길하니 소원을 성취하리라.
十二月	意氣相合　朋友助我 貴人來助　萬事順成		의기가 상합하니 벗이 나를 돕는다. 귀인이 와서 도우니 만사가 순조로우리라.

[九五]

天風姤(천풍구)

鷄化爲鳳　魚變成龍
貴人提携　立志成功
東西四方　無不有利
家慶來到　生男之數

닭이 변하여 봉이 되고 고기가 변하여 용이 되었다. 귀인이 이끌어주니 뜻을 세우고 성공하리라. 동서 사방에 유익하지 않은 곳이 없다. 집안에 경사가 이르니 생남할 운수로다.

正月	東西有路　一次遠行 事有未決　心恒躁急	동서에 길이 있으니 일차 원행한다. 일에 미결됨이 있으니 마음이 항시 조급하다.
二月	豫防宜可　一驚水火 運數多逆　必有損害	미리 액을 막으라. 한 번 수화에 놀란다. 운수가 거슬림이 많으니 반드시 손해가 있으리라.
三月	三春無益　夏多如意 雖爲努力　反而無功	삼춘에는 무익하나 여름은 여의하다. 비록 노력은 하나 오히려 그 공이 없다.
四月	柳綠桃紅　可逢三春 心身泰平　家在吉慶	버들은 푸르고 도화는 붉은데 가히 삼춘을 만났다. 몸과 마음이 태평하고 집안에 길한 경사가 있다.
五月	貴人扶助　豈非生光 花落無實　狂風何事	귀인이 부조해 주니 어찌 생광이 아니리요. 꽃이 지고 열매가 없는데 광풍은 웬일인고.
六月	芝蘭生光　必有添口 莫爲爭鬪　些少之事	지란이 빛을 내니 반드시 인구를 더한다. 남과 다투지 마라. 사소한 일이로다.
七月	莫行東方　不然損害 莫恨損財　不然身病	동방에 가지 마라. 반드시 손해가 있다. 손재를 한탄 마라. 그렇지 않으면 신병이로다.
八月	貴人知我　衣祿稱心 男兒得意　意氣揚揚	귀인이 나를 알아주니 의록이 따른다. 남아가 뜻을 얻으니 의기양양하리라.
九月	事不如意　心多煩悶 一夜狂風　花落何去	일이 여의치 못하니 마음에 번민이 많다. 하룻밤 광풍에 꽃이 떨어진다.
十月	洛陽春日　喜逢佳人 到處有吉　勿失以期	낙양성 봄날에 기쁘게 가인과 만났다. 도처에 길함이 있으니 이 기회를 놓치지 마라.
十一月	今月之運　重病必愼 東方來人　偶然助我	이 달의 운수는 중병을 조심하라. 동방의 귀인이 우연히 나를 도와준다.
十二月	謙恭嚴肅　凶中多吉 事事如意　萬事亨通	겸공엄숙하면 흉중에 길이 많다. 일마다 여의하니 만사가 형통하리라.

[上九]

天風姤 (천풍구)

士人壯元　庶民得職
吉中小欠　勞多功小
如干財物　或聚或散
若不謹愼　一時口舌

선비는 장원하고 서민은 직업을 얻는다. 길한 가운데 작은 흠이 있으니 수고만 많고 공은 작다. 여간한 재물은 혹 모이고 혹 흩어진다. 만일 근신하지 않으면 일시 구설이 있으리라.

正月	浪費且多　有財無用 事有未決　心不安靜	낭비가 또한 많으니 재물은 있으나 쓸데 없다. 일에 미결됨이 있으니 마음이 안정을 못한다.
二月	朱雀發動　可恐口舌 愁心不解　出行則吉	주작이 발동하니 구설이 두렵다. 수심이 풀리지 않으니 출행하면 길하리라.
三月	不近人情　結怨者多 財在外方　出行有吉	인정을 가깝게 하지 않으면 원수를 많이 맺는다. 재물이 외방에 있으니 출행하면 길하리라.
四月	獨立無助　長歎草廬 雖有生財　得而半失	독립하여 도움이 없으니 초려에서 장탄한다. 비록 생재함이 있으나 얻어서 반이나 잃는다.
五月	己發遠程　口舌生財 心身泰平　家在慶事	몸이 먼 길에 나서니 입으로 재물을 얻는다. 심신이 태평하니 집에 경사가 있으리라.
六月	忠言正論　不見信用 運數多逆　必有損失	충언과 바른 논리이나 신용을 보지 못한다. 운수에 거슬림이 많으니 반드시 손실하리라.
七月	常有憂心　又何口舌 宜行南方　莫行東方	항상 근심이 있으니 어찌 또 구설인고. 남방은 마땅하고 동방은 불리하다.
八月	剛強太過　人情不合 幸逢貴人　多財入手	강강함이 지나치니 인정을 합하지 못한다. 다행히 귀인을 만나면 많은 재물이 손에 들어온다.
九月	若非口舌　失物難防 一夜狂風　落花紛紛	만일 구설수가 아니면 실물수를 막기 어렵다. 일야광풍에 낙화가 분분하리라.
十月	勿惜勞力　終得大財 東奔西走　食少事煩	노력을 아끼지 마라. 마침내 큰 재물을 얻는다. 동분서주하나 식소사번하리라.
十一月	因虛取實　意外損財 若逢貴人　必得大財	허함을 인하여 실함을 취하니 의외로 손재한다. 만일 귀인을 만나면 반드시 큰 재물을 얻으리라.
十二月	所望如意　一無損傷 意外之財　不求自至	소망이 여의하니 하나도 손상함이 없다. 의외의 재물은 구하지 않아도 자연 이른다.

〔初六〕

澤地萃 (택지췌)

關山夜月　傷心杜宇
千里遠程　客愁凄凄
聚散無常　世事如夢
今年之運　營事不利

관산 야월에 두우 소리에 마음을 상한다. 천리 먼길에서 객수가 처량하도다. 모이고 흩어짐이 무상하니 세상 일이 꿈과 같다. 금년의 운수는 사업에 불리하리라.

正月	莫近姦人　見害不少 馳馬四方　山程水程		간사한 사람을 가까이 마라. 그 해가 적지 않도다. 말을 사방에 달리니 산수를 모두 열력하리라.
二月	月滿江城　佳人懷玉 喜憂相半　吉凶相半		달이 강역에 가득하니 가인이 옥을 품었다. 기쁨과 근심이 상반하니 길흉도 상반하리라.
三月	改過從善　所營乃就 與人謀事　必有損害		허물을 고치고 선행하면 경영하는 바를 이룬다. 남과 같이 일을 꾀하면 반드시 손해가 있으리라.
四月	正心爲吉　回路得財 東西兩方　必有吉祥		마음을 바로잡으면 돌아오는 길에 득재한다. 동서 양방에 반드시 길상이 있으리라.
五月	深山窮谷　指路者誰 損財不少　得而多失		심산 궁곡에 길을 인도할 이가 누구뇨. 손재가 적지 않으니 얻어서 반이나 잃는다.
六月	西北兩方　必有凶厄 雖有多財　用度四處		서북 양방에 반드시 흉액이 있다. 재물은 비록 많이 모이나 쓸 곳이 사처에 생긴다.
七月	風雷相搏　傍人失色 若非身病　膝下有憂		바람과 우뢰가 서로 치니 보는 이가 실색한다. 만일 신병이 아니면 슬하의 근심이 있으리라.
八月	出外則凶　安靜則吉 事多有魔　莫作創業		출행하면 흉하고 안정하면 길하다. 일에 마가 많으니 사업을 창설하지 마라.
九月	本無財物　心勞身苦 若有人助　千金可得		본래 재물이 없으니 심신만 노고한다. 만일 사람의 도움이 있으면 천금을 가히 얻으리라.
十月	莫出外方　有損無益 一身困苦　心多煩惱		밖으로 나가지 마라. 손해만 있고 이익이 없다. 일신이 곤고하니 마음에 번뇌가 많으리라.
十一月	固執不通　正言不聽 守分安居　度免此數		고집이 불통하니 바른 말도 돌리지 않는다. 분수를 지키고 안거하면 대체로 이 수를 면하리라.
十二月	厄散喜生　春龍行雨 今月之數　賀客臨門		액이 흩어지고 기쁨이 생기니 봄 용이 비를 내린다. 이 달의 운수는 축하객이 문 안으로 들어온다.

[六二]

澤地萃(택지췌)

人有舊緣　偶來助力
誠心交賢　感激神明
營謀必遂　萬事順成
莫近女色　必有損害

사람이 옛 인연이 있으니 우연히 와서 조력한다. 성심으로 어진 이를 사귀면 신명이 감격하리라. 경영함이 이루어지니 만사가 순조롭다. 여색을 가까이 하지 마라. 반드시 손해가 있으리라.

正月	先凶後吉　莫非運也 勤勉努力　晩時必成	먼저는 흉하고 뒤에 길하니 운이 아님이 없다. 근면 노력하면 늦게는 성공하리라.
二月	自不安心　憂愁終日 朝聚暮散　虛慾滿腹	스스로 안심을 못하니 종일을 수심한다. 아침에 모이고 저녁에 흩어지니 허욕이 배에 가득하다.
三月	玉兎漸升　夜色如晝 財在他鄕　出行得財	밝은 달이 점점 돋아오니 밤빛이 낮과 같다. 재물이 타향에 있으니 출행하면 이를 얻으리라.
四月	南方有吉　財在北方 好人相逢　所營將就	남방은 길하고 재물은 북방에 있다. 좋은 사람을 상봉하니 경영하는 바를 장차 이루리라.
五月	玉面秀氣　春風溫和 百事俱吉　到處得財	옥면에 수기를 띠우니 춘풍에 온화하도다. 모든 일이 다 길하니 도처에 득재하리라.
六月	雲收暮天　千里有光 與人謀事　必有吉利	저문 하늘에 구름이 걷히니 천리에 빛이 있도다. 남과 더불어 모사하면 반드시 길리하리라.
七月	有財權利　到處春風 意外成功　喜滿家滿	재물과 권세가 있으니 도처에 기쁜 일이 있으리라. 의외로 성공하니 기쁨이 가정에 가득하다.
八月	誠感神明　德隆福成 與人謀事　必有失敗	정성이 신명을 감동하니 덕이 높고 복을 이룬다. 남과 더불어 모사하면 반드시 실패하리라.
九月	上人引拔　身登靑雲 身上多憂　外人莫近	윗사람이 이끌어주니 몸이 청운에 올랐다. 신상에 근심이 많으니 외인을 가까이 마라.
十月	西南兩方　勿爲出行 事無頭緖　每事不成	서남 양방에 출행하지 마라. 일에 두서가 없으니 매사가 이루어지지 않는다.
十一月	渴龍得水　造化無窮 貴人何在　必有南方	목마른 용이 물을 얻으니 조화가 무궁하도다. 귀인이 어디에 있는고. 반드시 남방에 있으리라.
十二月	雲山月出　明朗天地 若非官祿　弄璋之慶	운산에 달이 돋으니 천지가 명랑하다. 만일 관록이 아니면 생남할 운수로다.

澤地萃 (택지췌)

六親冷淡　家業寂蓼
瀟湘夜雨　鴻雁鳴咽
移居他鄕　營事成就
四海爲家　出動有利

육친간에 냉담하니 가업이 적요하다. 소상야우에 기러기가 슬피 울도다. 타향에 이사하면 경영사가 성취된다. 사해로 집을 삼으러 출동하면 유리하리라.

正月	生涯淡泊　無事閑遊 三春之數　別無所得		생애가 담박하니 일없이 한가히 논다. 삼춘의 운수는 별로 소득이 없으리라.
二月	風亂草木　花飛夕陽 莫信親人　反受其害		바람이 초목에 어지러우니 석양에 꽃이 떨어진다. 친한 사람을 가까이 마라. 오히려 그 해를 받으리라.
三月	莫行喪家　疾病可畏 家有吉祥　或恐妻患		상가에 가지 마라. 질병이 두렵다. 집에 길상이 있으나 혹 처환이 있을까 두렵다.
四月	移居他鄕　財運漸回 莫信親人　反受其害		타향에 옮겨 살면 재운이 점차 돌아온다. 친한 사람을 믿지 마라. 오히려 그 해를 받으리라.
五月	若不勞苦　壽福何望 失物有數　盜賊愼之		만일 노고하지 않으면 수복을 어찌 바라리요. 실물수가 있으니 도적을 조심하라.
六月	利在東西　出行得利 家庭不安　六親有欠		이익이 동서에 있으니 출행하면 이익을 얻는다. 가정이 불안하니 육친의 결함이 있으리라.
七月	望桂千丈　求珠海遠 日暮道遠　心亂思煩		계수는 천 장이나 솟고 구슬을 먼 바다에서 구한다. 날은 저물고 길은 먼데 심사가 산란하도다.
八月	若無橫財　膝下有慶 莫行喪家　疾病可畏		만일 횡재수가 없으면 슬하의 경사 있도다. 상가에 가지 마라. 질병이 두렵다.
九月	九秋丹楓　晩時得安 口舌生利　一家安樂		구월 단풍이니 늦게 편안함을 얻는다. 말로써 이익이 생기니 일가가 안락하리라.
十月	若非官祿　弄璋之慶 莫信他言　陰害不少		만일 관록이 아니면 생남할 경사로다. 타인의 말을 믿지 마라. 음해가 적지 않으리라.
十一月	嫁娶得吉　生產且有 意外功名　名振四方		혼인하면 길하니 또한 생산수도 있다. 의외로 공명을 얻으니 이름이 사방에 떨친다.
十二月	日月光明　喜事重重 日更月新　財如丘山		일월이 광명하니 기쁜 일이 중중하도다. 일월이 다시 새로우니 재물이 구산과 같으리라.

[九四]

澤地萃 (택지췌)

棄高就下　急流勇退
惟以大德　改過得福
雖有才智　免禍必難
謙恭不驕　上和下睦

위를 버리고 아래를 취하니 급류에 용감히 물러선다. 오직 큰 덕으로써 허물을 고치면 복을 얻으리라. 비록 지혜는 있으나 재앙을 면하기 어렵다. 겸공하고 교만치 않으면 상하가 화목하리라.

正月	草屋靑燈　閒坐看書 家神發動　豫爲禱厄	초옥 청등에 한가히 앉아 책을 본다. 가신이 발동하니 미리 액을 빌라.
二月	鶯下喬木　入于幽谷 身上多憂　每事難成	꾀꼬리가 교목에 내려서 깊은 골짜기에 든다. 신상에 근심이 많으니 매사를 이루기 어려우리라.
三月	傍人猜忌　誹謗日至 古基不利　迎風移地	곁의 사람이 시기하니 비방이 날로 이른다. 옛터는 불리하니 바람을 맞아 땅을 옮기라.
四月	隱居南山　一朝貴人 幸逢貴人　財利大通	남산에 은거하여 일조에 귀인이 된다. 다행히 귀인을 만나면 재리가 대통하리라.
五月	言語不合　風波飜起 東方有吉　去而得財	언어가 불합하니 풍파가 일어난다. 동방에 길함이 있으니 행하면 재물을 얻으리라.
六月	秋月當空　團圓明朗 君臣明賢　皇恩自得	추월이 창공에 떴으니 둥글고도 명랑하도다. 군신이 밝고 어지니 황은을 스스로 얻으리라.
七月	安分知足　可免凶咎 日月光明　喜事重重	분수를 편히 하고 족한 줄 알면 가히 흉구를 면한다. 일월이 빛나고 밝은데 기쁜 일이 중중하리라.
八月	勿思進退　事事有阻 好事多魔　莫貪分外	진퇴를 생각 마라. 일마다 막힘이 많다. 좋은 일에 마가 많으니 분수 밖의 일을 탐하지 마라.
九月	修道行善　災去福來 莫近東方　必有大禍	도를 닦고 선을 행하면 재앙이 가고 복이 온다. 동방에 가지 마라. 반드시 큰 화가 있으리라.
十月	財合太歲　內外相生 口舌生利　生活安靜	재가 태세와 합하니 내외로 상생한다. 입으로 이익이 생기니 생활이 안정하리라.
十一月	若無積德　何以後吉 幸逢貴人　意外得財	만일 적덕함이 없으면 어찌 뒤에 길하리요. 다행히 귀인을 만나면 의외로 득재하리라.
十二月	或當服制　不然招辱 與人謀事　必有失敗	혹 복제수가 있으니 불연이면 모욕을 당한다. 남과 더불어 모사하면 반드시 실패가 있으리라.

[九五]

二六九

澤地萃 (택지췌)

陰陽不合　行事不成
缺月漸圓　殘花再發
人情不合　營謀有阻
勤勉從事　可無凶禍

음양이 불합하니 행하는 일을 이루지 못한다. 이지러진 달이 점점 둥글어지니 쇠잔한 꽃이 다시 피었다. 인정이 불합하니 꾀하는 일에 막힘이 있도다. 근면하게 종사하면 가히 흉화가 없으리라.

正月	酒色有害　愼之無害 西方有吉　其處得利		주색은 해가 있으니 삼가면 무해하다. 서방이 길하니 그곳에서 이익을 얻으리라.
二月	安不忘危　治不忘亂 利在他鄉　出入有吉		편할 때 위태함을 잊고 치세에 난세를 잊는다. 이익이 타향에 있으니 출입하면 길함이 있으리라.
三月	辛勤從事　而無損益 莫近水邊　橫厄可慮		신근으로 일을 종사하면 아무런 손해가 없다. 물 가에 가지 마라. 횡액이 가히 염려로다.
四月	羽毛未成　何能奮飛 老龍登天　施雨廣野		깃털을 이루지 못하였으니 어찌 날기가 능하리요. 노룡이 하늘에 오르니 광야에 비를 내린다.
五月	僅免狐狸　更踏虎尾 莫論世事　小貪大失		겨우 여우와 이리를 면하니 다시 범의 꼬리를 밟았다. 세상 일을 논하지 마라. 작은 것을 탐하다 크게 잃는다.
六月	驛馬在路　有功他鄉 如干財數　或聚或散		역마가 길에 있으니 타향에 공이 있도다. 여간한 재수는 혹 모이고 혹 흩어진다.
七月	人心未合　志氣難伸 若非官祿　反有凶禍		인심이 합해지지 못하니 지기를 펴기 어렵다. 만일 관록이 아니면 오히려 흉화가 있으리라.
八月	心身和平　名高德盛 若非橫財　可得功名		심신이 화평하니 이름이 높고 덕이 성하다. 만일 횡재수가 아니면 가히 공명을 얻으리라.
九月	玄武持世　必愼失物 利在他鄉　出入得利		현무가 지세하니 반드시 실물수를 삼가라. 이익이 타향에 있으니 출입하면 이익을 얻으리라.
十月	上下相合　福利吉亨 西方之人　勿說內容		상하가 상합하니 복리가 형통한다. 서방의 사람에게 내용을 말하지 마라.
十一月	六畜繁盛　蠶桑有利 勤儉節用　小財成大		육축이 번성하니 잠상이 유리하다. 근검절용하면 작은 재물을 크게 이룬다.
十二月	日煖風和　萬物和生 官祿臨身　人多仰視		일난풍화하니 만물이 화생한다. 관록이 몸에 임하니 사람마다 우러러본다.

〔上六〕

澤地萃(택지췌)

碌碌庸才　不知安分
知進知退　居安慮危
進前不穩　事多煩擾
憂愁度日　何時運回

녹록한 용재가 안분을 알지 못한다. 나갈 줄 알고 물러갈 줄 알면 편안함에 거하여 위험을 염려한다. 진전함이 온당치 않으니 일에 번요함이 많다. 근심으로 날을 보내니 어느 때 운이 돌아오리요.

正月	仕則不美　農工有利 南方大利　宜行南方		벼슬은 이롭지 못하나 농사는 유리하다. 남방은 크게 이로우니 마땅히 남방으로 행하라.
二月	知進不退　必得成功 勞而無功　晚得吉利		진퇴를 알아서 행하면 반드시 성공을 얻는다. 수고하나 공이 없으니 늦게 이익을 얻으리라.
三月	若非生産　添口之數 一家和平　膝下有榮		만일 생산할 수가 아니면 인구를 늘릴 수로다. 일가가 화평하니 슬하의 영화 있으리라.
四月	老龍登天　廣大下雨 貴人來助　必得成就		노룡이 하늘에 오르니 광대하게 비를 내린다. 귀인이 와서 도우니 반드시 성취함을 얻으리라.
五月	滄海風波　忽起忽落 若非官祿　反有凶禍		창해의 풍파가 홀연 일고 홀연 떨어진다. 만일 관록이 아니면 오히려 흉화가 있으리라.
六月	安分無辱　知機心閑 利在他鄕　出入得利		안분하고 욕됨이 없으면 기틀을 알아 마음이 한가롭다. 이익이 타향에 있으니 출입하며 이익을 얻으리라.
七月	草來逢春　花葉茂盛 財祿臨身　勞而可得		초목이 봄을 만나니 꽃잎이 무성하다. 재록이 몸에 임하니 수고하면 가히 얻으리라.
八月	財化爲兄　徒費其財 如干財數　或聚或散		재가 화하여 형이 되니 한갓 재물만 허비한다. 여간한 재수는 혹 모이고 혹 흩어진다.
九月	陰陽配合　萬物和生 財祿隨身　喜色滿面		음양이 배합하니 만물이 화생한다. 재록이 몸에 따르니 희색이 만면하리라.
十月	貪財好色　有損無益 若非橫財　可得功名		재물을 탐하고 색을 좋아하면 손해만 있고 이익이 없다. 만일 횡재수가 아니면 가히 공명을 얻으리라.
十一月	財就謀成　意氣漸伸 莫近喪家　諸事不利		재물과 모사가 성취되니 의기를 점차 편다. 초상집에 가지 마라. 모든 일에 불리하리라.
十二月	若非內患　爭鬪之事 家道不安　愼之愼之		만일 내환이 아니면 다툴 일이 있도다. 가도가 불안하니 삼가고 조심하라.

〔初六〕

地風升 (지풍승)

月到中天　天地光輝
君臣相得　國家棟樑
投網江波　錦鱗日至
在士高遷　營謀亦成

달이 중천에 이르니 천지가 휘황하다. 군신이 서로 만나니 국가의 동량이로다. 강 물결에 그물을 던지니 금잉어가 날로 이른다. 벼슬이 높이 영전되고 경영하는 일이 또한 성취되리라.

正月	一得一損　憂喜居半 桃李正開　春事之暢	하나를 얻고 하나는 손하니 근심과 기쁨이 반반이로다. 도화 이화가 바로 피었으니 봄일이 화창하리라.	
二月	意外功名　一身自安 家有慶事　或有一爭	의외의 공명을 얻으니 일신이 스스로 한가하다. 집안에 경사가 있으나 혹 한 번 다툼이 있으리라.	
三月	衆力扶助　一躍千丈 心身和樂　喜滿家庭	여러 힘이 도와주니 한 번 뛰어 천 장이나 솟는다. 심신이 화락하니 기쁨이 가정에 가득하리라.	
四月	莫信女人　必有損財 宜行南方　行則必成	여인을 가까이 마라. 반드시 손재가 있도다. 남방은 마땅히 길하니 출행하면 반드시 성공한다.	
五月	進取得人　上下相助 風吹雲散　月明滿天	진취하면 사람을 얻으니 상하가 상조한다. 바람이 불고 구름이 흩어지니 달이 하늘 가득히 밝도다.	
六月	莫爲人爭　財譽有傷 一室安樂　世事太平	남과 다투지 마라. 재물과 명예를 손상한다. 일실이 안락하니 세상 일이 태평하리라.	
七月	若非橫財　必有弄璋 財運已回　求之可得	만일 횡재수가 아니면 반드시 생남하리라. 재운이 이미 돌아오니 구하면 가히 얻으리라.	
八月	謀爲遂意　家業興旺 水鬼照門　莫行水邊	꾀함이 뜻을 따르니 가업이 흥왕하리라. 수귀가 문에 비치니 물 가로 가지 마라.	
九月	淸秋月冷　到處風流 家人合心　家道興旺	맑은 가을에 달이 차니 도처마다 풍류가 있다. 집안 사람이 합심하니 가도가 흥왕하리라.	
十月	到處有財　男兒得意 千里他鄕　喜逢故人	도처에 재물이 있으니 남아가 뜻을 얻었다. 천리타향에서 기쁘게 고인을 만난다.	
十一月	井魚出海　其尾揚揚 文藝精華　折桂壯元	우물 고기가 바다에 나오니 그 꼬리가 양양하도다. 문예가 정화하니 벼슬을 얻게 되리라.	
十二月	爲商得利　爲農豊穀 災消福來　一室和平	장사는 이익을 얻고 농민은 곡식이 풍부하다. 재앙이 가고 복이 오니 일실이 화평하리라.	

[九二]

地風升 (지풍승)

持心淸正　德業興隆
喜事滿庭　積小成大
和氣麗日　鶯遷喬木
或有喪祭　不然口舌

마음가짐이 청정하면 덕업이 흥륭한다. 기쁜 일이 뜰에 가득하니 작은 것을 쌓아 큰 것을 이룬다. 화한 기후 고운 날씨에 꾀꼬리가 교목으로 옮겼다. 혹 상망수가 있으며 불연이면 구설이 이르리라.

正月	勿用費心　不過虛勞	마음을 허비하지 마라. 헛된 수고에 불과하다.
	到處有意　求而小得	도처에 뜻이 있으니 구하면 약간 얻는다.
二月	胎星照宅　生産之數	태성이 집에 비치니 생산할 수로다.
	慶事家有　榮在膝下	경사가 집안에 있으니 영화는 슬하에 있다.
三月	意外功名　名振四海	의외의 공명을 얻어 이름을 사해에 떨친다.
	莫信他言　損財不少	다른 사람의 말을 믿지 마라. 손재가 적지 않으리라.
四月	高出人上　上下和生	남의 위에 높게 오르니 상하가 화생한다.
	吉祥臨門　子孫必貴	길상이 문에 임하니 자손이 반드시 귀하다.
五月	雲散月出　萬物生新	구름이 흩어지고 달이 나오니 만물이 새로 생한다.
	家人合心　家道興旺	가인이 합심하니 가도가 흥왕하리라.
六月	久病多年　幸福蘇生	구병 다년에 행복하게 소생한다.
	災消福來　一室和平	재앙이 가고 복이 오니 일실이 화평하리라.
七月	秋天新月　十分明朗	추천 신월이 십분 명랑하도다.
	身旺財旺　世事太平	몸과 재물이 왕성하니 세상 일이 태평하리라.
八月	誠敬處事　災害已免	정성스럽게 처사하면 재해를 면한다.
	出入四方　到處有財	사방에 출입하니 도처에 재물이 있으리라.
九月	莫作遠行　損財可畏	원행하지 마라. 손재가 두렵다.
	出則有害　守家上策	출행하면 해가 있으니 집을 지킴이 상책이로다.
十月	功業成就　所望洽然	공업을 성취하니 소망이 여의하다.
	莫爲人爭　財譽有傷	남과 다투지 마라. 재물과 명예를 손상하리라.
十一月	沼魚出海　生死未判	우물 고기가 바다에 나오니 생사를 판단 못한다.
	莫出遠行　損財可畏	멀리 가지 마라. 손재수가 두렵다.
十二月	至誠祈禱　意外成功	지성으로 기도하면 의외로 성공한다.
	官祿隨身　必得榮貴	관록이 몸에 따르니 반드시 영귀함을 얻으리라.

[九三] 一七三

地風升 (지풍승) 八五

舟出險難　順風千里
身處林泉　淸閑度日
出入無碍　家業興隆
僅避危難　何必憂慮

몸이 험난한 곳에서 나오니 순풍에 천리를 간다. 몸이 산수간에 처하니 청한하게 날을 보낸다. 출입에 장애가 없으니 가업이 흥왕한다. 겨우 위난을 피했으나 하필 우환이 또 이른다.

正月	老夫逢婦　其樂可知 財數不利　虛度光陰	늙은이가 지어미를 만나니 그 즐거움을 알리라. 재수가 불리하니 헛되이 세월만 보낸다.	
二月	良馬滿廐　知者有誰 勿爲求財　事有虛妄	좋은 말이 마굿간에 가득하나 아는 이가 누구뇨. 재물 구하려 마라. 일에 허망함이 있으리라.	
三月	身運不利　終見仇人 事不如意　有害無益	신운이 불리하니 마침내 원수를 본다. 일이 여의치 못하니 해만 있고 이익이 없다.	
四月	順風舟帆　千里日行 諸營之事　人多助力	순풍에 출범하니 천리를 하루에 간다. 모든 경영하는 일은 사람이 많이 힘을 도우리라.	
五月	時和年豊　萬人自樂 內外無憂　太平歲月	시화연풍하니 만인이 스스로 즐긴다. 안과 밖으로 근심이 없으니 태평세월하리라.	
六月	若非陰事　必見官事 莫近是非　訟事可畏	만일 음사가 아니면 반드시 관재가 있다. 시비를 가까이 마라. 송사가 두렵다.	
七月	財星隨身　橫財豊饒 勿爲急圖　遲則有吉	재성이 몸을 따르니 횡재로 풍요하다. 급히 도모하지 마라. 더디면 길하리라.	
八月	公事不利　私情可合 險中謹勉　天必祐之	공공한 일은 불리하나 사사로운 정은 가히 합한다. 험한 가운데에 근면하면 하늘이 반드시 도우리라.	
九月	江上行人　遇逢險路 家有疾痼　心身散亂	강상의 행인이 우연히 험로를 만났다. 집안에 질고가 있으니 심신이 산란하리라.	
十月	一出家庭　所願如意 東方來客　偶然助我	한 번 집안을 나서면 소원이 여의하다. 동방에서 오는 손이 우연히 나를 도우리라.	
十一月	添口添土　和氣滿堂 時和年豊　萬人自安	식구가 늘고 토지가 느니 화기가 만당하도다. 시절이 화평하고 풍년이 드니 만인이 자연 편안하다.	
十二月	今年之數　先凶後吉 在家心亂　出他無益	금년의 운수는 먼저는 흉하고 뒤에 길하다. 집에 있으면 심란하고 출타해도 무익하리라.	

[六四]

地風升 (지풍승)

岐山朝陽　鳳鳥和鳴
擇處勝地　山水自樂
誠實待人　人人悅服
雖無財足　身安心樂

기산의 아침 볕에 봉새가 화명한다. 명승지를 가려 사니 산수에서 스스로 즐긴다. 성실하게 사람을 대접하면 사람마다 열복한다. 비록 재물은 넉넉지 못하나 마음과 몸은 안락하리라.

正月	女人來言　喜事重重 江上行人　偶逢險路		여인이 와서 말하니 기쁜 일이 중중하다. 강 위로 다니는 사람이 우연히 험로를 만났다.
二月	山水自樂　無榮無辱 家有疾苦　心身散亂		산수를 스스로 즐기니 영욕이 없다. 집안에 질고가 있으니 심신이 산란하리라.
三月	事有未決　每事不成 東方來客　偶然助我		일에 미결됨이 있으니 매사를 이루지 못한다. 동방에서 오는 손이 우연히 나를 돕는다.
四月	出入朝庭　功名顯達 事事如意　財祿興旺		조정에 출입하면 공명이 현달하리라. 일마다 여의하니 재록이 홍왕하다.
五月	塵合泰山　細流成江 身上有困　世事浮雲		티끌 모아 태산이요, 시냇물이 강을 이룬다. 신상에 곤함이 있으니 세상 일이 뜬구름이로다.
六月	建邦創業　萬民安堵 事不如意　有害無益		나라를 세우고 업을 창시하니 만민이 안도한다. 일이 여의치 않으니 해는 있으나 이익이 없다.
七月	求事有通　家庭亨福 雖有生財　少得多失		구하는 일이 통하니 가정이 복을 누린다. 비록 재물은 생기나 적게 얻어 많이 잃는다.
八月	靑山流水　終歸大海 運數轉回　終得生活		청산 유수는 마침내 큰 바다로 돌아간다. 운수가 굴러 돌아오니 마침내 생활을 얻으리라.
九月	積土成山　以小易大 財星逢空　求財不得		흙을 쌓아 산을 이루니 작은 것으로 큰 것을 이룬다. 재성이 공을 만나니 구하나 얻지 못하리라.
十月	勿行江湖　恐有危難 事不如意　有害無益		강호에 다니지 마라. 위난이 있을까 두렵다. 일이 여의치 못하니 유해무익하리라.
十一月	萬事無心　身遊江山 財運轉回　終得大財		만사에 마음이 없으니 몸은 강산에 논다. 재운이 점점 돌아오니 마침내 큰 재물을 얻으리라.
十二月	千里逢人　功業可成 事不如意　心恒不快		천리 밖에서 사람을 만나니 공업을 가히 이룬다. 일이 여의치 못하니 마음이 항시 불쾌하리라.

[六五]

地風升 (지풍승)

少年金榜　壯元及第
佳人入門　欣欣見笑
超遷官職　食祿豊盈
寒梅逢春　蓮花開秋

소년에 금방에 장원급제한다. 미인이 문에 들어오니 기쁘게 담소하리라. 관직이 높게 오르니 식록이 풍영하다. 찬 매화가 봄을 만나고 연꽃은 가을에 피었다.

正月	若問財政　得失相半 在家心亂　出他心閑		재정을 묻는다면 득실이 상반하다. 집에 있으면 심란하고 출타하면 한가하리라.
二月	圍棋閑人　盃酒相勸 時和年豊　萬人飽食		한가히 바둑을 두며 술잔을 서로 권한다. 시화연풍하니 만인이 배불리 먹으리라.
三月	旱餘甘霖　草木欣欣 勿爲求財　事有虛荒		가뭄 속에 단비가 내리니 초목이 기뻐한다. 재물을 구하려 마라. 일에 허황됨이 있다.
四月	財上有利　隱喜自有 利在何方　必有西方		재운이 유리하니 숨은 기쁨이 스스로 있다. 이익이 어느 곳에 있는고. 반드시 서방에 있으리라.
五月	得意飛禽　往來廣野 運數轉回　終安生活		나는 새가 득의하니 광야를 왕래한다. 운수가 돌아오니 마침내 생활이 안정된다.
六月	少年登科　揚名榮親 若非如此　必有素服		소년에 등과하니 이름을 날리고 영화롭게 한다. 만일 이같이 아니하면 반드시 소복수가 있으리라.
七月	佳人才子　相合相信 財星隨身　橫財豊饒		가인과 재자가 서로 합하고 서로 믿는다. 재성이 몸에 따르니 횡재로 풍요하리라.
八月	創業開基　日新又新 東北兩方　去而求得		터를 열고 업을 창설하니 날로 새롭고 새롭다. 동북 양방에 출행하면 구하는 것을 얻으리라.
九月	在仕升職　庶民得豊 梅花滿開　其香可新		관리는 승직하고 서민은 풍년을 얻는다. 매화가 가득히 피었으니 그 향기가 가히 새롭다.
十月	意外新婚　百年之情 勿爲妄動　橫厄有數		의외의 혼인수는 백년의 정분이로다. 망동하지 마라. 횡액수가 있으리라.
十一月	此月之數　官化爲吉 小有財物　求則入手		이 달의 운수는 관귀가 화하여 길이 된다. 약간의 재물이 있으니 구하면 손에 들어오리라.
十二月	子孫有慶　吉事重重 災災福來　萬事太平		자손의 경사 있으니 길사가 중중하도다. 재앙이 사라지고 복이 오니 만사가 태평하리라.

[上六]

地風升 (지풍승)

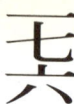

八五

日中則昃　陽極陰生
施恩行善　轉凶反吉
貪多務得　後患奈何
陰雲四起　日色不明

해가 가운데 있으면 기울고 양이 극하면 음이 생긴다. 은혜를 베풀고 선을 행하라. 흉함이 굴러 길하게 된다. 많이 탐하고 힘써 얻으면 후환을 어이하리요. 음산한 구름이 사방에 일어나니 일색이 밝지 못하리라.

正月	出入多魔　守靜則吉 心無安定　事有多滯	출입에 장애가 많으니 안정을 지키면 길하다. 마음에 안정함이 없으니 일에 막힘이 많으리라.
二月	每事如夢　不如閑居 東奔西走　食少事煩	매사가 꿈 같으니 한가히 거함만 같지 못하다. 동서로 분주하나 하는 일만 바쁘리라.
三月	掛冠東門　隱退可安 勿爲妄動　謀事難成	관을 동문에 거니 은퇴함이 편안하다. 망동하지 마라. 꾀함을 이루기 어려우리라.
四月	災消福來　滿事太平 守分安靜　福祿自來	재앙이 사라지고 복이 오니 만사가 태평하도다. 분수를 지키고 안정하면 복록이 자연 이른다.
五月	勿貪虛慾　過則失敗 若非移徙　親憂可慮	허욕을 탐하지 마라. 지나치면 실패한다. 만일 이사수가 아니면 부모의 우환이 염려로다.
六月	心中有憂　都費精力 莫行東方　損財不少	심중에 근심이 있으니 한갓 정신만 허비한다. 동방에 가지 마라. 손재가 적지 않으리라.
七月	水滿則溢　月滿則虧 勿爲妄動　謀事難成	물이 가득하면 넘치고 달이 둥글면 이지러진다. 망령되이 동하지 마라. 꾀함을 이루기 어려우리라.
八月	陰雲不雨　夏日炎炎 事多未決　勞費心力	구름만 음산하고 비가 안 오니 여름날이 찌는 듯하다. 일에 미결됨이 있으니 심력만 수고롭다.
九月	修德行仁　災消福來 上下和睦　一室和樂	덕을 닦고 인을 행하라. 재앙이 가고 복이 오리라. 상하가 화목하니 일실도 화락하리라.
十月	或有重病　祈禱名山 幸逢貴人　可免災殃	혹 중병이 있으면 명산에 기도하라. 다행히 귀인을 만나면 가히 재앙을 면하리라.
十一月	若無科甲　膝下有慶 自此以後　財福漸新	만일 과갑수가 없으면 슬하에 경사가 있도다. 이후로는 재복이 점차 새로우리라.
十二月	寒雪將消　春陽始開 祿重權多　人人仰視	한설이 장차 사라지니 봄빛이 비로소 열린다. 녹이 중하고 권세가 많으니 사람마다 우러러보리라.

[初六]

二六三

澤水困(택수곤)

入於幽谷　三歲不見
自力不能　所營何成
雁飛雲中　佳信難傳
或當服制　不然驚憂

二七

깊은 골짜기에 들어가서 삼년을 보지 못한다. 자력은 능하지 못하나 경영하는 바를 어찌 이루리오. 기러기가 구름 속에 들어가니 아름다운 소식을 전하지 못한다. 혹 복제수를 당할 것이요, 불연이면 놀라운 근심이 있으리라.

正月	雖有少財	小得大用	비록 적은 재물은 있으나 작게 얻어 많이 쓴다.
	東南兩方	行則大利	동남 양방에 출행하면 이익이 크다.
二月	在仕退職	閑居無事	관리가 벼슬을 물러가니 한가하고 무사하다.
	勿爲妄動	大事難成	망령되이 동하지 마라. 큰 일을 이루기 어려우리라.
三月	有財難聚	有謀難遂	재물은 있으나 모으기 어려우니 꾀를 두고 이루기 어렵다.
	與人同事	必有損財	남과 더불어 동사하면 반드시 손재가 있으리라.
四月	遠行有數	海外進出	원행할 수가 있으니 해외에 진출하리라.
	東南兩方	去而大財	동남 양방에 출행하면 큰 재물이 있다.
五月	故人遠去	喜信何在	고인이 멀리 가니 기쁜 소식이 어느 때 있는고.
	貴人相逢	豈不樂哉	귀인과 상봉하리니 어찌 즐겁지 않으랴.
六月	昏暗柔弱	成事不能	혼암 유약하니 성사가 불능이로다.
	踰山涉水	去去泰山	산을 넘고 물을 건너니 갈수록 태산이로다.
七月	閑居山林	修德無辱	한가롭게 산림에 거하며 덕을 닦으면 욕됨이 없다.
	若非橫財	橫厄難免	만일 횡재수가 아니면 횡액을 면키 어려우리라.
八月	哭子靑山	又逢喪妻	자손의 액을 당하고 또 상처수를 만났다.
	豫爲禱厄	不然大禍	미리 액을 막으라. 불연이면 큰 화가 있으리라.
九月	貴人來助	意外橫財	귀인이 와서 도우니 의외로 횡재한다.
	宜行南方	可以得財	남방으로 감이 좋으니 가히 재물을 얻으리라.
十月	雲散月出	天地明朗	구름이 흩어지고 달이 나오니 천지가 명랑하도다.
	喜逢貴人	生色五倍	다행히 귀인을 만나면 생색이 다섯배나 된다.
十一月	守靜待時	佳運始至	안정을 지키고 때를 기다리라. 좋은 운이 비로소 이른다.
	若非橫財	子孫榮貴	만일 횡재수가 아니면 자손이 영귀하리라.
十二月	陰陽和合	必有慶事	음양이 화합하니 반드시 경사가 있다.
	所望如意	世事太平	소망이 여의하니 세상 일이 태평하리라.

〔九二〕

澤水困 (택수곤)		풍파만리에 한 번 출범하여 비로소 돌아온다. 귀인과 만날 인연이 있으니 이를 얻고 이름을 얻는다. 공문에 출입하면 의식이 족족하도다. 육친간에 복 입을 수 있을까 두렵다.
風波萬里	一帆始還	
有緣近貴	獲利得名	
出入朱門	足食足衣	
六親之間	恐有服制	

正月	勿親他人 勿爲妄動	口舌不免 謀事難成	타인을 친하지 마라. 구설을 면치 못한다. 망동하지 마라. 꾀하는 일을 이루기 어렵다.
二月	靜吉動凶 若非移徙	喪祭凶事 親憂可慮	안정하면 길하고 동하면 흉하며 상가에도 흉하다. 만일 이사하지 않으면 부모의 우환이 염려된다.
三月	貴人相助 東北之間	營謀獲利 必得大利	귀인이 도와주니 경영하면 이를 얻는다. 동북지간에 반드시 큰 이익을 얻으리라.
四月	自天降福 二人同心	官位高遷 謀事必成	하늘로부터 복이 내리니 관위가 높게 오른다. 두 사람이 마음을 같이하니 모사가 반드시 성취하리라.
五月	基地發動 陰陽相交	致誠爲吉 物物更生	집터가 발동하니 치성하면 길하다. 음양이 서로 사귀니 물물이 다시 새롭다.
六月	一杯酒上 若非橫財	憂愁牽心 聚妻之數	한잔의 술잔 위에 근심을 견제한다. 만일 횡재수가 아니면 장가갈 운수로다.
七月	有才有德 貴人來助	必居高位 謀事順成	재주도 있고 덕도 있으니 반드시 높은 지위에 거한다. 귀인이 와서 도우니 모사가 순성하리라.
八月	大江波靜 小往大來	片舟順風 積土成山	큰 강에 파도가 잠잠하니 순풍에 배를 띄운다. 작게 가고 크게 오니 흙을 쌓아 산을 이룬다.
九月	暫時困厄 赤手起家	如風過耳 富如石崇	잠시간의 곤액이니 바람이 귀에 지나는 것 같다. 맨손으로 집안을 일으키니 부함이 석숭과 같으리라.
十月	人心感服 莫行東方	每事順成 或恐口舌	인심이 감복하니 매사가 순조롭다. 동방에 가지 마라. 혹 구설이 두려우리라.
十一月	厚祿長亨 黃龍弄珠	衣食豊饒 必有婚姻	후한 녹을 길게 누리니 의식이 풍요하도다. 황룡이 구슬을 희롱하니 반드시 혼인수가 있으리라.
十二月	雲散月出 若非橫財	天地明朗 貴人得助	구름이 흩어지고 달이 나오니 천지가 명랑하도다. 만일 횡재수가 아니면 귀인의 도움을 얻으리라.

[六三]

澤水困 (택수곤)

隱居出林　麋鹿爲友
雲散月出　豈非光明
若非官祿　口舌有服
勿聽女言　別無所益

산림에 은거하여 사슴과 벗 삼는다. 구름이 흩어지고 달이 나오니 어찌 광명이 아니리요. 만일 벼슬을 얻지 못하면 구설과 복제수가 있다. 여자의 말을 듣지 마라. 별로 이익될 바 없으리라.

正月	一室之內　妻妾相爭	勿爲他事　必是損財	한 집안 안에 처첩이 상쟁한다. 다른 일을 경영치 마라. 반드시 손재수가 있으리라.
二月	閑居深山　吟詠風月	積小成大　漸漸亨通	한가히 깊은 산에 앉아 풍월을 읊는다. 작은 것을 쌓아 큰 것을 이루니 점점 형통하리라.
三月	貴人相助　大利獲得	東西兩方　財利可得	귀인이 서로 도우니 큰 이익을 얻는다. 동서 양방에서 재물과 이익을 가히 얻는다.
四月	入于其室　不見其妻	奔走東西　都勞無功	그 집에 들어가 그 아내를 보지 못한다. 동서로 분주하나 한갓 수고하고 공이 없다.
五月	無財無德　出入有碍	莫行西方　財上有損	재물도 없고 덕도 없으니 출입에 장애가 없도다. 서방에 가지 마라. 재물의 손해가 있으리라.
六月	石上走馬　勞而無功	貴人來助　自然得財	돌 위에 말을 달리는 격이니 수고하나 공이 없도다. 귀인이 와서 도우니 자연히 재물을 얻으리라.
七月	或恐兒患　豫爲禱厄	出入無依　身世孤單	혹 아환이 두려우니 미리 액을 빌라. 출입하며 의지가 없으니 신세가 고단하리라.
八月	夕陽歸客　步步忙忙	暗中行人　偶得明燭	석양에 돌아가는 손이 걸음걸음 바쁘다. 암중의 행인이 우연히 밝은 등촉을 얻었다.
九月	紗窓明月　佳人搗衣	災消福來　安過太平	사창에 달이 밝으니 가인이 옷깃을 여민다. 재앙이 사라지고 복이 오니 안과태평하리라.
十月	墻外有人　愼勿秘言	莫行東行　橫厄可畏	담장 밖에 사람이 있으니 비밀의 말을 하지 마라. 동방에 가지 마라. 횡액이 가히 두렵다.
十一月	幸逢貴人　一登靑雲	勿爲妄動　謀事難成	다행히 귀인을 만나면 한 번 청운에 오른다. 망령되이 동하지 마라. 꾀하는 일을 이루기 어려우리라.
十二月	若無科甲　膝下有榮	一室和平　心身安樂	만일 벼슬을 못하면 슬하의 영화 있도다. 일실이 태평하니 심신이 안락하리라.

〔九四〕

二六三	澤水困(택수곤) 名譽早達 食祿則遲 謀望雖成 一朝挫折 依附權門 先難後易 遇險出險 自此安閑	명예는 일찍 달성하나 식록은 더디다. 바라는 꾀를 비록 성취하나 일조에 좌절하리라. 권세가를 의지하면 먼저는 어려우나 뒤에 쉽다. 험함을 만나 험함을 나오니 이로부터 안한하리라.
正月	人心卒變 其性難知 身數平吉 財數不吉	인심이 졸변하니 그 성품을 알기 어렵다. 신수는 평길하나 재수는 불길하리라.
二月	靑山白虎 一嘯生風 千里他鄕 獨坐歎息	청산의 백호가 한 소리에 바람이 생긴다. 천리타향에서 홀로 앉아 탄식하리라.
三月	財上有損 去來愼之 雖有成功 有時挫折	재물상의 손실이 있으니 돈거래를 삼가라. 비록 성공함이 있으나 좌절되는 때도 있으리라.
四月	財數論之 求之可得 身旺財旺 生活太平	재수를 말하자면 구하면 가히 얻는다. 몸과 재물이 왕성하니 생활이 태평하리라.
五月	莫爲爭論 官厄臨身 東北有吉 行則大利	다투지 마라. 관액이 몸에 임한다. 동북에 길함이 있으니 출행하면 크게 유익하리라.
六月	上下違心 每事不順 莫信親人 偶然爲害	상하가 마음을 어기니 매사가 순탄치 못하다. 친한 사람을 믿지 마라. 우연히 해가 되리라.
七月	意外之財 自然入手 此月之數 莫行遠方	의외의 재물이 자연히 손에 들어온다. 이 달의 운수는 먼 곳에 행하지 마라.
八月	因財有困 救濟有力 登科揚名 衣祿豊厚	재물로 인하여 곤고하니 구제하는 힘이 있도다. 벼슬하여 이름을 날리니 의록이 풍후하리라.
九月	與人謀事 僅得成就 莫近喪家 疾病可畏	남과 더불어 모사하면 근근히 성취한다. 초상집을 가까이 마라. 질병이 두렵다.
十月	祿重權多 人皆仰視 暗中行人 偶得明燭	녹이 중하고 권세가 많으니 사람마다 우러러본다. 암중의 행인이 우연히 밝은 등불을 얻었다.
十一月	千里他鄕 悲淚難禁 勿入他人 損財不少	천리타향에서 슬픔을 금치 못한다. 남을 집에 들이지 마라. 손재가 적지 않으리라.
十二月	守分安居 福祿自至 子丑之月 動必橫財	분수를 지키고 편히 거하면 복록이 자연 이른다. 동지 섣달에는 움직이면 횡재하리라.

[九五]

澤水困(택수곤)

先難後亨　勞而有功
若非誹謗　訟獄服制
進取有阻　機會難遇
今年之數　守分待時

먼저는 곤하고 뒤에 길하며 수고하나 공이 있도다. 만일 비방을 받지 않으면 송옥과 복제수가 있으리라. 진취함에 장애가 있으니 기회를 얻기 어렵다. 금년의 운수는 분수를 지키고 때를 기다리라.

正月	今年之數　先困後泰 東則大利　西行則否	금년의 운수는 먼저는 곤하고 뒤에 태평하다. 동방은 크게 유익하고 서방은 불길하리라.
二月	勿與人事　官訟是非 若非橫厄　損財可畏	남과 더불어 다투지 마라. 관송과 시비가 있다. 만일 횡액수가 아니면 손재가 가히 두렵다.
三月	基地發動　安宅則吉 北方來客　意外助我	집터가 발동하였으니 안택하면 길하리라. 북으로부터 오는 손이 의외로 나를 돕는다.
四月	事與違達　反覆不定 心無安定　事有多滯	일이 어긋나고 통달하니 반복을 정하지 못한다. 마음에 안정이 없으니 일에 막힘이 많으리라.
五月	小往大來　積土成山 幸逢貴人　生色五倍	작게 가고 크게 오니 흙을 쌓아 산을 이룬다. 다행히 귀인을 만나면 생색이 몇 배나 된다.
六月	千里他鄕　喜逢故人 速則可成　緩則失機	천리타향에서 반갑게 고인을 만난다. 속히 하면 이루어지고 늦게 하면 기회를 잃는다.
七月	至誠祭祀　可免諸禍 遠行不利　在家治農	지성으로 제사하라. 가히 모든 화를 면한다. 원행함이 불리하니 집에 있어 농사를 다스리라.
八月	晝則出耕　夜則出謀 用强反弱　求益多損	낮에는 나가 밭갈이 하고 밤에는 꾀를 낸다. 강하게 쓰면 오히려 약해지니 이익을 구해도 손해가 많다.
九月	與人謀事　必有損失 或恐口舌　官厄愼之	남과 더불어 모사하면 반드시 손실이 있다. 혹 구설수가 두려우며 관액도 조심하라.
十月	萬里外方　獨坐歎息 愁心不解　悲淚難禁	만리 외방에서 홀로 앉아 탄식한다. 수심이 풀리지 않으니 슬픈 눈물을 금하기 어렵다.
十一月	女人愼之　損財傷身 宜行南方　意外橫財	여자를 조심하라. 손재와 몸을 상한다. 남방으로 행함이 마땅하니 의외로 횡재하리라.
十二月	骨肉之親　意外相爭 水火一驚　豫爲防厄	골육의 친척과 뜻밖에 상쟁한다. 수화에 한 번 놀라리니 미리 액을 막으라.

二八二

〔上六〕

澤水困 (택수곤)

改過後安　從善惟吉
終當服制　不然憂驚
紅顏薄命　花落東風
或作商賈　出入損財

허물을 고치면 편안하고 선을 좇으면 오직 길하다. 복제수를 당할 것이요, 불연이면 우환으로 놀라리라. 홍안이 박명하니 꽃이 동풍에 떨어진다. 혹 장사를 시작하면 손재하니 조심하라.

正月	陰極陽生　窮則必達	음이 극하면 양이 생기고 궁하면 통달한다.
	魚龍得水　造化無窮	어룡이 물을 얻었으니 조화가 무궁하리라.
二月	雪滿空山　犬吠月影	눈이 공산에 가득하니 개는 달그림자를 보고 짖는다.
	妄動則凶　安靜最吉	망동하면 흉하니 안정함이 가장 길하다.
三月	事多虛荒　受人嘲笑	일에 허황됨이 많으니 남의 조소를 받게 된다.
	獨守空房　悲淚難禁	홀로 빈 방을 지키니 눈물을 금치 못하리라.
四月	財在東西　力求可得	재물이 동서에 있으니 힘써 구하면 가히 얻는다.
	一身榮貴　財物豊足	일신이 영귀하니 재물도 풍족하리라.
五月	玄武窺宅　失物愼之	현무가 집을 엿보니 실물수를 조심하라.
	莫近水邊　水厄難免	물가에 가까이 가지 마라. 수액을 면키 어렵다.
六月	梧竹爭春　恐有服制	오죽이 봄을 다투니 복제수 있을까 두렵다.
	東方來客　偶然助我	동방에서 오는 손이 우연히 나를 돕는다.
七月	財祿豊滿　衣食裕餘	재록이 풍만하니 의식이 유여하도다.
	東風細雨　百穀漸長	동풍세우에 백곡이 점점 자란다.
八月	前路雖難　安居無事	앞길이 비록 험난하나 가만히 있으면 무사하도다.
	有害親人　愼之愼之	친한 사람의 해가 있으니 삼가고 조심하라.
九月	莫貪厚賄　終當受謗	후한 뇌물을 탐하지 마라. 마침내 참소를 당한다.
	意外橫財　謀事必成	의외의 횡재수요, 꾀하는 일을 성취하리라.
十月	與人同事　必是成功	남과 더불어 동사하면 반드시 성공한다.
	意外逢厄　車馬愼之	의외의 액을 만나리니 교통사고를 조심하라.
十一月	居家無憾　出外心寒	집에 있으면 유감이 없고 밖에 나가면 한심하다.
	美人薄命　空閨自歎	미인이 박명하니 빈 규방에서 자탄한다.
十二月	財祿豊登　一家太平	재록이 풍등하니 일가가 태평하도다.
	一身安樂　日得千金	일신이 안락하니 날로 천금을 얻으리라.

[初六]

二八三

水風井 (수풍정)

有才有德　機會不逢
營事難遂　又有身厄
身處卑下　成敗無定
美人在遠　晝夜關心

재주도 있고 덕망이 있으나 기회를 만나지 못했다. 경영을 성하기 어렵고 또한 신액도 있으리라. 몸이 낮은 위치에 처하며 성패를 결정 못한다. 미인이 먼 곳에 있으니 주야로 연연한다.

正月	大抵卦象　半笑半嚬 勿爲妄動　必有失敗	대저 괘상이 반은 웃고 반은 찡그린다. 망령되이 동하지 마라. 반드시 실패가 있으리라.	
二月	意外婚姻　非婚則産 東西兩方　必有貴人	의외로 혼인수 있으니 그렇지 않으면 생산한다. 동서 양방에 반드시 귀인이 있으리라.	
三月	求名不遂　營財無成 人多害我　心身不安	명리를 구하나 이루지 못하고 재물을 경영함에 성취가 없다. 사람이 많이 나를 해치니 심신이 불안하리라.	
四月	世事如夢　富貴如雲 到處春風　祿在四方	세상 일이 꿈과 같으니 부귀가 구름과 같다. 도처에 춘풍이니 녹은 사방에 있으리라.	
五月	或恐口舌　官訟可畏 古基不利　利在他鄕	혹 구설수가 두려우니 관재 송사가 두렵다. 옛터는 불리하니 이익이 타향에 있다.	
六月	月入雲中　行路迷昏 東南之財　意外入門	달이 구름 속에 드니 행로가 혼미하도다. 동남방의 재물이 의외로 집에 들어오리라.	
七月	困中逢泰　先困後吉 莫非運數　恨歎奈何	곤한 가운데 태평을 만나니 먼저는 곤하고 뒤에 길하다. 막비 운수소관이니 한탄한들 어이하리요.	
八月	一成一敗　得而反失 以商爲業　必得大財	한 번 이루고 한 번 패하니 얻어서 오히려 잃는다. 장사로 업을 삼으면 반드시 큰 재물을 얻는다.	
九月	貴人有助　妙計必得 莫行東方　損財可畏	귀인의 도움이 있으니 묘한 계책을 반드시 얻는다. 동방에 가지 마라. 손재가 가히 두렵다.	
十月	財上有損　與受愼之 莫近是非　爭訟可畏	재물의 손해가 있으니 돈거래를 조심하라. 시비를 가까이 마라. 쟁송이 가히 두렵다.	
十一月	雨下江南　泉水增添 勞而有功　勤儉爲德	비가 강남에 내리니 우물 물이 불어난다. 수고하면 공이 있으니 근검함이 덕이 되리라.	
十二月	半晴半雨　或明或暗 幸遇奇緣　得人助力	반은 개고 반은 비가 오니 혹 밝고 혹은 어둡다. 다행히 기연을 만나니 조력하는 사람을 만나리라.	

〔九二〕

水風井 (수풍정)

峨洋佳曲　知者有誰
玉在石中　韜光待時
明主難逢　撫劍長嘯
驟雨花間　女人自歎

아양가곡을 아는 이가 누구뇨. 옥이 돌 가운데 있으니 빛을 감추고 때를 기다리라. 밝은 임금을 만나기 어려우니 칼을 매만지며 한숨을 쉰다. 비가 꽃 사이로 몰아오니 여인이 자탄하리라.

正月	渴後求泉　泉在何方 事有多滯　徒費心力		목마른 뒤에 우물을 구하니 우물이 어디에 있는고. 일에 막힘이 많으니 한갓 심력만 허비한다.
二月	石中璞玉　知者其誰 東西兩方　財運大吉		돌 가운데 박옥이니 아는 이가 그 누구뇨. 동서 양방에 재운이 대길하리라.
三月	一時成事　傍人猜忌 他人之言　不可深信		한때 일을 이루나 옆 사람이 시기한다. 타인의 말을 깊이 믿음은 불가하니라.
四月	文章滿腹　未逢明主 待時爲吉　勿思他營		문장은 배에 가득하나 밝은 임금을 만나지 못한다. 때를 기다리면 길하니 다른 경영을 생각 마라.
五月	世應相合　與人同合 同業爲吉　勞而有功		세응이 상합하니 남과 더불어 합심된다. 동업함이 좋으니 수고하면 공이 있으리라.
六月	水邊佳人　向月長歎 莫近他人　疾病可畏		물 가에서 가인이 달을 향해 탄식한다. 타인을 가까이 마라. 질병이 두렵다.
七月	妍花將開　狂風何事 求之不能　每事多逆		고운 꽃이 피고자 하는데 광풍이 웬일인가. 구하나 능치 못하니 매사에 거슬림이 많으리라.
八月	官位雖好　不如歸家 欲速不達　欲躍不進		벼슬이 비록 좋으나 집에 있음만 같지 못하다. 속히 하려 하나 달성치 못하고 뛰려 하나 나가지 못한다.
九月	未逢伯樂　駿馬遭困 慶事在近　婚姻生男		백락을 만나지 못하니 준마가 곤함을 만났다. 경사가 가까이 있으니 혼인이나 생남하리라.
十月	安靜待時　一身安閑 東奔西走　小求可得		안정하고 때를 기다리라. 일신이 안한하리라. 동서로 분주하며 작게 구하면 가히 얻는다.
十一月	財利有吉　求而可得 宜行南方　去而有吉		재리가 길하니 구하면 가히 얻는다. 남방이 좋으니 출행하면 길하리라.
十二月	喜中有憂　官厄愼之 守分安居　意外生財		기쁜 가운데 근심이 있으니 관액을 조심하라. 분수를 지키고 편히 거하면 의외로 생재하리라.

水風井(수풍정)

深井百尺 汲引無力
事有阻碍 心身多困
見機而動 諸事容易
事必三思 然後安康

우물 깊이가 백 척이나 되니 끌어 올릴 힘이 없다. 일에 장애가 많으니 심신의 곤고가 많으리라. 기회를 보아 활동하면 모든 일이 용이하도다. 일은 깊이 생각하여 행하라. 그런 뒤에 안강하리라.

正月	必有曲折 東南之財	憂從中來 求而可得	반드시 곡절이 있으니 근심은 중심으로 좇아온다. 동남방의 재물은 구하면 가히 얻으리라.
二月	明主難逢 莫近親人	見機而動 損害不少	밝은 주인은 만나기 어려우니 기회를 보아 활동하라. 친한 사람을 가까이 마라. 손해가 적지 않으리라.
三月	陰事方盛 有路南北	非親則戚 奔走無暇	음사가 바야흐로 성하니 육친이 아니면 친척이로다. 남북에 길이 있으니 한가한 날이 없으리라.
四月	春色枝頭 南方不利	花花結實 勿爲出行	가지에 봄빛이 이르니 꽃마다 열매를 맺는다. 남방은 불리하니 그 방위에 가지 마라.
五月	忽遇貴人 桃李逢春	必是助我 花開結實	홀연히 귀인을 만나니 반드시 나를 돕는다. 도화 이화가 봄을 만나니 꽃이 피고 열매를 맺는다.
六月	災厄或至 心中有憂	豫防事前 安靜則吉	재액이 혹 이르리니 사전에 예방하라. 심중에 근심이 있으니 안정하면 길하리라.
七月	月入雲中 莫近是非	不見好月 口舌紛紛	달이 구름 속에 드니 좋은 달은 보지 못한다. 시비를 가까이 마라. 구설이 분분하리라.
八月	轉禍爲福 陰陽相生	心中無憂 必有吉祥	화가 굴러 복이 되니 심중에 근심이 없다. 음양이 상생하니 반드시 길한 상서가 있으리라.
九月	守分則吉 莫信人言	營事不可 反有不利	분수를 지킴이 길하니 사업을 경영함이 불가하다. 남의 말을 믿지 마라. 오히려 불리하리라.
十月	出行不利 若有家憂	守舊安靜 豫爲祈禱	출행하면 불리하고 옛것을 지키면 편하다. 만일 우환이 있으면 미리 기도하라.
十一月	人多害我 初雖辛苦	心身不安 晚得吉運	사람이 많이 나를 해하니 심신이 불안하도다. 처음은 비록 신고가 있으나 늦게 길운을 얻으리라.
十二月	南方不利 若非官祿	勿爲出行 弄璋之慶	남방은 불리하니 출행하지 마라. 만일 관록이 아니면 생남하게 되리라.

[六四]

水風井(수풍정)

金入鍊爐　終成大器
才德兼備　創業爲吉
耕田鑿井　修理新屋
四時靑松　不畏霜雪

금이 연로에 들어가니 마침내 큰 그릇을 이루었다. 재덕이 겸비되었으니 사업을 창설하면 길하리라. 부지런히 노력하여 마음을 정비하라. 사시에 푸른 소나무는 풍상을 두려워하지 않는다.

正月	居常不寧　一事難成 人多害我　心身不安	항상 편안치 못하니 한 가지 일도 이루기 어렵다. 사람이 많이 나를 해하니 심신이 불안하도다.
二月	耕田而食　其樂不減 三春有吉　勿失好機	밭갈아 먹고 사니 그 즐거움이 있다. 삼춘은 길하니 좋은 기회를 놓치지 마라.
三月	外實內虛　不足奈何 東南之財　强求小得	겉은 실하고 안은 허하니 족지 못함을 어이하랴. 동남의 재물은 힘써 구하면 조금 얻으리라.
四月	落落長松　千古蒼蒼 綠在到處　到處春風	낙락장송은 천고에 푸르다. 재록이 도처에 있으니 도처에 봄바람이로다.
五月	舊屋重修　花樹更新 貴人在傍　偶然助我	구옥을 중수하니 꽃과 나무가 다시 새롭다. 귀인이 곁에 있으니 우연히 나를 도우리라.
六月	勿近喪家　恐有染病 東方不利　不可行之	상가에 가지 마라. 병을 얻을까 두렵다. 동방은 불리하니 가히 출행하지 마라.
七月	去舊從新　爲業改營 吉祥臨身　必有喜事	옛것을 버리고 새것을 좇으니 사업을 바꾸어 경영하라. 길한 상서가 몸에 임하니 반드시 기쁜 일이 있으리라.
八月	東風和暢　春和富貴 好雨知時　年事大豊	동풍이 화창하니 부귀를 누리리라. 단비가 때를 알아오니 연사가 대풍이로다.
九月	高樓廣廈　燕子來賀 陰陽相生　必有婚慶	높은 누각 넓은 대청에 제비가 와서 축하한다. 음양이 상생하니 반드시 혼인의 경사가 있으리라.
十月	春入園中　桃李盛開 經營之事　必有成就	봄이 동산에 드니 도화 이화가 무성히 피었다. 경영지사는 반드시 성취하리라.
十一月	胎夢吉利　生男之祥 家道興旺　每事順成	태몽이 길하더니 생남하는 상서로움이라. 가도가 흥왕하고 매사가 순성하리라.
十二月	內助得人　生活豊足 若非橫財　弄璋之慶	내조하는 사람을 만나니 생활이 풍족하다. 만일 횡재수가 아니면 생남할 경사로다.

[九五]

水風井 (수풍정)

神農治水　救濟萬人
河淸海宴　天下泰平
功名富貴　隆昌無缺
滿面春風　人心已服

신농씨가 물을 다스리니 만인을 구제한다. 물은 맑고 바다는 넓으니 천하가 태평하도다. 부귀와 공명은 항시 융창하다. 춘풍이 만면하니 인심이 열복하리라.

正月	雪中梅開　寒氣未收 謀事最速　利益不少	눈 속에 매화가 피니 찬 기운이 걷히지 않았다. 꾀하는 일을 속히 하라. 이익이 적지 않으리라.
二月	必有功名　不然有患 妄動則凶　靜則吉利	반드시 공명이 있을 것이요, 불연이면 근심이 있다. 망동하면 흉하고 안정하면 길하리라.
三月	泰平宴席　鼓瑟吹笙 桃李逢春　花開結實	태평연석에서 거문고 타고 피리 분다. 도화 이화가 봄을 만나니 꽃이 피고 열매를 맺는다.
四月	一場好雨　萬物生生 東南之財　意外入門	한마당 좋은 비에 만물이 생생하도다. 동남의 재물이 의외로 문에 들어오리라.
五月	夜逢山君　進退兩難 事有多滯　徒費心力	밤에 범을 만났으니 진퇴양난하도다. 일에 막힘이 많으니 한갓 심력만 허비한다.
六月	營事必昌　添口添土 富貴兼全　惠澤及人	경영사는 창성하니 식구가 늘고 토지가 는다. 부귀가 겸전하니 혜택이 남에게도 미친다.
七月	所爲無過　自然泰平 以正攻邪　誰人不服	하는 일이 허물이 없으니 자연히 태평하다. 바름으로 간사함을 공격하니 누가 열복치 않으리요.
八月	忽然平地　風波一起 身數平吉　財數不吉	홀연히 평지에 풍파가 한 번 일어난다. 신수는 평길하나 재수는 불길하리라.
九月	轉禍爲福　心中無憂 陰陽相爭　萬物和生	전화위복하니 심중에 근심이 없다. 음양이 상쟁하니 만물이 화생한다.
十月	五風十雨　百穀豊登 他人之財　偶然到家	비바람이 고르니 백곡이 풍등하다. 타인의 재물이 우연히 집에 이르리라.
十一月	於焉日出　四海已明 潛龍得水　造化無窮	어언간에 날이 돋으니 사해가 이미 밝아온다. 잠긴 용이 물을 얻으니 조화가 무궁하도다.
十二月	福過災生　須行謹愼 名振遠近　百事順成	복이 지나고 재앙이 생기니 모름지기 근신하라. 이름을 원근에 떨치니 백사가 순조로우리라.

二八八

〔上六〕

水風井 (수풍정)

屋外東風　千峯漸新
功高德厚　爵祿榮昌
若非靑雲　陶朱致富
門戶益新　添口添土

옥외의 동풍이 이르니 봉우리마다 점점 봄빛이로다. 공이 높고 덕이 중하니 벼슬 녹이 영창하리라. 만일 벼슬을 얻지 못하면 큰 부자가 된다. 문호가 더욱 새로우니 인구가 늘고 토지가 늘리라.

正月	上下同力　每事順成 事事如意　手弄千金		상하가 힘을 같이하니 매사가 순조롭다. 일마다 여의하니 손으로 천금을 희롱하리라.
二月	勤勉努力　財帛可得 事業更新　名譽振動		부지런히 노력하면 재백을 가히 얻는다. 사업이 다시 새로우니 명예가 진동하리라.
三月	財在四方　到處有吉 百事可成　喜色滿面		재물이 사방에 있으니 도처마다 길하다. 백사를 가히 이루니 기쁜 빛이 가득하다.
四月	渴馬飮水　喜樂可知 東西兩方　求而可得		목마른 말이 물을 얻으니 기쁨을 가히 알리로다. 동서 양방에서 구하면 가히 얻으리라.
五月	一寸光陰　莫爲虛送 南北有吉　與人同事		일촌의 광음도 헛되이 보내지 마라. 남북에 길함이 있으니 남과 더불어 동사한다.
六月	萬壑千峰　烟雨霏霏 塵合成山　細流成江		만학 천봉에 안개와 비가 비비하도다. 티끌 모아 산을 이루고 시냇물이 강을 이룬다.
七月	在家心亂　出行則吉 西北兩方　不宜出行		집에 있으면 심란하고 출행하면 길하다. 서북 양방에는 출행함이 마땅치 않다.
八月	事事物物　日新又新 先凶後吉　終見榮華		사사건건이 나날이 새롭다. 먼저는 흉하고 뒤에 길하니 마침내 영화를 본다.
九月	財貨充足　食祿長久 財入家門　安過太平		재물이 충족하니 식록이 장구하다. 재물이 집안에 들어오니 안과태평하리라.
十月	用之不竭　取之無窮 千里有信　喜逢親友		써도 마르지 않고 생기는 것은 끝이 없다. 천리에 소식이 있으니 기쁘게 친우를 만난다.
十一月	勿爲畏濫　前功可惜 謹愼節用　富貴永保		외람된 일을 하지 마라. 전공이 가석하도다. 근신 절용하면 부귀를 영구히 보전하리라.
十二月	商路得財　廣置田庄 兩人同心　日得大財		장사길에 재물을 얻으니 널리 전답을 장만한다. 두 사람이 마음을 같이하니 날로 큰 재물을 얻으리라.

二八九

[初九]

澤火革(택화혁)

水中撈月　畫中求餠
安分守道　妄進無成
榮辱有數　富貴在天
順天者昌　逆理則凶

물 속에서 달을 건지고 그림 속에서 떡을 구한다. 안분 수도하라. 망령되이 나가면 이루어짐이 없다. 영욕은 운수에 있고 부귀는 하늘에 있다. 천리를 순하면 창성하고 이치를 거스르면 흉하다.

正月	旱苗逢雨　暑日涼風 利在何處　西方有吉		가문 싹이 비를 만나고 더운 날에 서늘한 바람이로다. 이익이 어느 곳에 있는고. 서쪽이 길하리라.
二月	廁中之鼠　井中之蛙 在家心亂　出行則吉		측간 안에 있는 쥐요, 우물 속의 개구리로다. 집에 있으면 심란하고 출행하면 길하리라.
三月	見而不食　畫中之餠 居家不安　出他心閑		보고도 먹지 못하니 그림 속의 떡이로다. 집에 거하면 불안하고 출타하면 마음이 한가롭다.
四月	財在外方　動則必得 西北兩方　不宜出行		재물이 외방에 있으니 활동하면 반드시 얻는다. 서북 양방에 출행하지 마라.
五月	心無定處　事有未決 貴人來助　求而可得		마음에 정한 곳이 없으니 일에 미결됨이 있다. 귀인이 와서 도우니 구하면 가히 얻으리라.
六月	關門有阻　何日開路 深山失路　東西不辨		관문이 막혔으니 어느 날 길이 열릴꼬. 깊은 산에서 길을 잃으니 동서를 분변 못한다.
七月	貴星照宅　貴人來助 月入雲中　一時有苦		귀성이 집에 비치니 귀인이 와서 도우리라. 달이 구름 속에 들어가니 한때 곤고가 있으리라.
八月	堅意固守　勿爲他營 前澤未渡　更有遠海		뜻을 굳게 지키고 다른 경영을 하지 마라. 한 가지도 이루지 못했는데 다시 큰 일을 만났다.
九月	烏飛梨落　橫厄可畏 財數平吉　心亂奈何		까마귀 날자 배 떨어지니 횡액이 두렵다. 재수는 평길하나 심란함은 웬일인가.
十月	萬事有命　順天則昌 居家無害　出行不利		만사는 운명에 있으니 하늘을 순종하면 창성한다. 집에 거하면 해가 없고 출행하면 불리하리라.
十一月	宜守常職　勿思濫進 財有他囊　何日到手		상식을 지키고 외람된 진출을 생각 마라. 재물이 남의 주머니에 있으니 어느 날 손에 이르리오.
十二月	安心待時　自有榮華 千里有信　喜逢親人		안심하고 때를 기다리라. 자연히 영화가 있다. 천리의 소식이 있으니 기쁘게 친한 사람을 만나리라.

[六二]

澤火革 (택화혁)

隨時應變　庶政刷新
大人官高　小人財足
功成一時　萬世享福
喜事再發　金玉充庫

때를 따라 응변하니 서정을 쇄신한다. 대인은 벼슬이 높고 소인은 재물이 족하리라. 공을 이룸은 한때이나 복은 만세를 누린다. 기쁜 일이 다시 발생하니 금옥이 창고에 가득하리라.

正月	自有其人　偶來助我 財在四方　到處有吉		자연히 그 사람이 우연히 와서 나를 돕는다. 재물이 사방에 있으니 도처에 길함이 있으리라.
二月	若非口舌　一次遠遊 南方有吉　勿行他方		만일 구설수가 아니면 일차 멀리 떠나리라. 남방에 길함이 있으니 다른 곳에 가지 마라.
三月	古基不利　移基爲吉 東方貴人　自來助我		옛터는 불리하니 이사하면 길하다. 동방의 귀인이 자연히 와서 나를 돕는다.
四月	勿謀他營　損財可畏 莫近是非　訟事難免		다른 경영을 꾀하지 마라. 손재가 두렵다. 시비를 가까이 마라. 송사를 면키 어려우리라.
五月	勿入他人　必有害我 與人謀事　別無所益		타인을 들이지 마라. 반드시 해가 있으리라. 남과 더불어 일을 꾀하면 별로 이익이 없다.
六月	遠方有數　海外進出 宜行西方　求之可得		먼 곳에 나갈 수가 있으니 해외에 진출하리라. 서방으로 가라. 구하면 가히 얻으리라.
七月	意外得財　男兒得意 龍得明珠　猛虎添翼		의외의 공명을 이루니 남아가 뜻을 얻었다. 용은 구슬을 얻고 범은 날개를 더하였다.
八月	中天明月　夜色如晝 與人同事　必有大利		명월이 중천에 떴으니 빛이 낮과 같다. 남과 일을 같이하면 반드시 큰 이익이 있으리라.
九月	佳信忽至　得意光榮 居家不安　出外心閑		좋은 소식이 홀연 이르니 뜻을 얻어 영화롭다. 집에 있으면 불안하고 외출하면 마음이 한가롭다.
十月	雲龍風虎　君臣會遇 福祿悠久　自天佑之		구름은 용을 좇고 바람은 범을 좇나니 군신이 모였다. 복록이 유구하니 하늘이 자연 도우리라.
十一月	東隣有友　不如西隣 雖有過失　改之爲貴		동쪽 마을에 벗이 있으나 서쪽 마을만 같지 못하다. 비록 과실이 있으나 고치면 귀히 되리라.
十二月	運數不吉　堂上有憂 雖有求事　不中奈何		운수가 불길하니 부모의 우환이로다. 비록 구하는 일이 있으나 뜻같지 않음을 어이하리요.

[九三] 二九一

澤火革(택화혁)

☱☲ (괘상)

知彼知己 事必成功
雲霧未開 月色稀迷
輕擧妄動 自招艱難
家事紛亂 或恐失折

적을 알고 나를 알면 일에 반드시 성공한다. 운무가 걷히지 않았으니 달빛이 희미하도다. 경거망동하면 스스로 어려움을 부른다. 집안 일이 어지러우니 혹 자손의 액이 있을까 두렵다.

正月	入則心亂 出無所樂	집에 들면 심란하고 나가도 즐거운 바가 없다.
	東則有吉 西行則凶	동방은 길리하나 서방은 흉하리라.
二月	守分即順 貪欲惟危	분수를 지키면 순탄하고 욕심을 탐하면 액이 있다.
	或逢貴人 必是成事	혹 귀인을 만나면 반드시 성사됨이 있으리라.
三月	紛紛世事 何時安定	세상 일이 분분하니 어느 때 안정하리요.
	勿近女人 必有損財	여인을 가까이 마라. 반드시 손재가 있으리라.
四月	參酌每事 謹愼可吉	매사를 참작하라. 근신하면 길하다.
	勿貪分外 知足安身	분수 밖의 일을 탐하지 마라. 족한 것을 알면 몸이 편하다.
五月	口舌有數 莫爲人爭	구설수가 있으니 남과 다투지 마라.
	行馬失路 行進可難	말이 길을 잃었으니 행진하기가 곤란하다.
六月	波濤靜止 一點不起	파도가 정지되니 한 점도 일어나지 않는다.
	躁急爲病 詳察有吉	조급하면 병이 되고 자세히 살피면 길하다.
七月	輕擧妄動 事事阻滯	경거망동하면 일마다 막힘이 있다.
	吉中有凶 身數奈何	길한 가운데 흉이 있으니 신수라 어이하리요.
八月	雲起蔽月 天地暗暗	구름이 달을 가렸으니 천지가 암암하다.
	財上有損 盜賊愼之	재물의 손해수가 있으니 도적을 조심하라.
九月	月暗靑樓 娼妓手招	달이 청루에 어두우니 창기가 손짓한다.
	兩虎相鬪 生死未判	두 범이 서로 다투니 생사를 판단 못한다.
十月	口舌紛擾 不然疾病	구설이 분요하니 불연이면 질병이로다.
	橫厄愼之 難免大禍	횡액을 조심하라. 큰 화를 면키 어려우리라.
十一月	損財有數 不然水火	손재수 있을 것이요, 불연이면 수화의 액이다.
	到處有財 强求小得	도처에 재물이 있으니 힘써 구하면 약간 얻으리라.
十二月	經營之事 必是狼狽	경영지사는 필시 낭패가 있다.
	動則不利 靜則有吉	활동하면 불리하고 안정하면 길하다.

二九二

[九四]

澤火革 (택화혁)

花燭再明　佳人有約
吉中有凶　身數奈何
家無敗産　生活困苦
東奔西走　晚得財利

화촉을 다시 밝히니 가인과 언약을 둔다. 길한 가운데 흉함이 있으니 신수라 어이하리요. 집안에 패산은 없으나 생활이 곤고하다. 동분서주하며 늦게 재리를 얻으리라.

正月	家無財産　生活困苦	집에 재산이 없으니 생활이 곤고하다.
	日落西山　獨坐歎息	해가 서산에 떨어지니 홀로 앉아 탄식하리라.
二月	上下不和　口舌不絶	상하가 화목치 못하니 구설이 떠나지 않는다.
	奔走往來　別無所得	분주히 왕래하나 별로 소득이 없으리라.
三月	千里遠程　行履多難	천리 원정에 행리가 다난하다.
	回首四方　孤立無援	머리를 사방에 돌려보나 구원해 줄 이가 없도다.
四月	移基改業　可以爲吉	이사하거나 업을 바꾸면 가히 길하리라.
	東北兩方　求財如意	동북 양방에서 재물을 구하면 여의하다.
五月	身在他方　奔走之象	몸이 타방에 있으니 분주한 상이로다.
	勞而無功　身數奈何	수고하나 공이 없으니 신수라 어이하리요.
六月	文上有吉　必有財取	문서상에 길함이 있으니 이로 인해 재물이 생긴다.
	若有人助　婚姻有慶	만일 남의 도움이 있으면 혼인할 경사 있으리라.
七月	官鬼發動　官厄難免	관귀가 발동하니 관액을 면키 어렵다.
	吉變爲凶　徒費精力	길함이 변하여 흉이 되니 한갓 정력만 소모한다.
八月	官人登慶　商人得財	관리는 영전하고 상업은 이익이 크다.
	若非官祿　橫財之數	만일 관록이 아니면 횡재할 운수로다.
九月	始逢大運　萬事有成	비로소 큰 운을 만나니 만사가 성공함이 있다.
	南北兩方　必有妙計	남북 양방에서 반드시 묘한 계책이 생기리라.
十月	草綠江邊　恩人助我	초록 강변에서 은인이 나를 돕는다.
	出行不利　在家則吉	출행하면 불리하고 집에 있으면 길하리라.
十一月	改變祖業　門戶更新	옛 사업을 바꾸니 문호가 다시 새롭다.
	東南兩方　必有財旺	동남 양방에는 반드시 재물이 왕성하리라.
十二月	勿爲相爭　長沙之厄	서로 다투지 마라. 귀양살이의 액이 있다.
	一家和平　豈不美哉	일가가 화평하니 어찌 아름답지 않으리요.

[九五]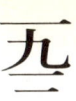

澤火革(택화혁)

庭前池塘　鴛鴦相遊
改變祖業　門戶更新
東北兩方　貴人來助
凡事順成　日得千金

정전의 연못에서 원앙이 서로 노닌다. 조상의 업을 바꾸니 문호가 다시 새롭다. 동서 양방에서 귀인이 와서 돕는다. 범사가 순조로우니 날로 천금을 얻게 되리라.

正月	家神發動　家庭不安 豫爲禱厄　可免以厄		가신이 발동하니 집안이 불안하다. 미리 액을 빌라. 가히 이 액을 면하리라.
二月	年少靑春　頭揷桂花 若非移舍　妻子有憂		나이 젊은 청춘에 머리에 계화를 꽂았다. 만일 이사수가 아니면 처자의 근심이 있으리라.
三月	夜色明月　天地輝煌 事無不利　何必向卜		달이 밝으니 천지가 휘황하다. 일에 불리함이 없으니 길흉을 묻지 마라.
四月	速行得意　愼勿躊躇 奇才出世　建功立業		속하면 뜻을 얻으리니 주저하지 마라. 기재가 세상에 나왔으니 공을 이루고 업을 세운다.
五月	與人謀事　徒費功力 經營之事　如成未成		남과 더불어 모사하면 한갓 심력만 허비한다. 경영지사는 되는 것 같으면서 이루지 못한다.
六月	若非移舍　妻子有憂 東南兩方　貴人來助		만일 이사하지 않으면 처자간에 근심이 있다. 동남 양방에서 귀인이 와서 도우리라.
七月	財在路邊　强求小得 水火相克　相爭無益		재물이 노변에 있으니 강구하면 조금 얻는다. 수화가 상극하니 다툼이 무익하도다.
八月	身旺財旺　財聚如山 他人多助　事業繁盛		몸과 재물이 왕성하니 재물이 산같이 모인다. 남이 많이 도와주니 사업이 번성하리라.
九月	勿謀他營　或有失敗 小往大來　必有成家		다른 경영을 꾀하지 마라. 혹 실패수가 있으리라. 작게 나가고 크게 오니 반드시 치부하게 된다.
十月	胎星照家　必是生男 經營之事　有始無終		태성이 집에 비치니 필시 생남할 수로다. 경영지사는 처음만 있고 끝이 없으리라.
十一月	謀事無益　必是損財 若非作客　官災操心		꾀하는 일이 무익하니 필시 손재수로다. 만일 작객을 아니하면 관액을 조심하라.
十二月	東方有吉　南方有害 守分安居　妄動則敗		동방은 길하고 남방은 해가 있다. 분수를 지키고 편안히 있으라. 망동하면 실패하리라.

[上六]

澤火革 (택화혁)

陰人有害　莫近是非
以商爲業　可獲利益
諸般之事　有頭無尾
時運晩回　待時進取

모르게 해하는 사람이 있으리니 시비를 가까이 마라. 장사로 업을 삼으면 가히 이익을 얻으리라. 제반지사는 머리만 있고 꼬리가 없도다. 시운이 늦게 돌아오니 때를 기다려 진취하라.

正月	有才有德　成功可期 東方有吉　行而生財	재주와 덕망이 있으니 성공을 기약한다. 동방은 길하니 출행하면 재물이 생긴다.
二月	若無疾病　路上逢變 莫信親人　損財可畏	만일 질병이 없으면 거리에서 변을 만난다. 친한 사람을 믿지 마라. 손재가 두렵다.
三月	芝蘭茂盛　迎春光榮 先逆後順　名利俱得	지란이 무성하니 봄을 맞이하여 영화롭다. 먼저는 막히고 뒤에 통하니 명예와 이익을 함께 얻으리라.
四月	心有不安　所求不得 官則退位　農則無益	마음이 불안하니 구하는 바를 얻지 못한다. 관리는 지위를 물러나고 농민은 무익하리라.
五月	利在何防　南方有益 豫爲禱厄　災消福來	이익이 어느 곳에 있는고. 남방이 유익하도다. 미리 액을 빌라. 재앙이 사라지고 복이 온다.
六月	修業鍊磨　雲路將開 從善則吉　從惡有凶	업을 닦고 연마하면 벼슬 길이 열린다. 착한 이는 길리하고 악한 이는 흉액이 있다.
七月	心中隱憂　何人知之 家神助我　凶去福來	심중에 숨은 근심이 있으니 누가 알리요. 가신이 나를 도우니 흉액이 가고 복이 온다.
八月	訟事有數　勿爲爭訟 勿聽多言　別無神奇	송사수가 있으니 다투지 마라. 다단한 말을 듣지 마라. 별로 소득이 없으리라.
九月	在家愁心　出外心閑 勿爲强求　逢時自成	집에 있으면 근심되고 외출하면 마음이 편하다. 억지로 구하지 마라. 때가 되면 자연히 이룬다.
十月	柳綠桃紅　如逢三春 心身泰平　家有慶事	버들은 푸르고 꽃은 붉으니 삼춘을 만난 것 같다. 심신이 태평할 것이요, 집안에 경사가 있으리라.
十一月	財旺身苦　喜悲相半 東風細雨　草木可樂	재물은 왕하나 몸은 곤하니 기쁨과 슬픔이 상반하다. 동풍세우에 초목이 즐거워한다.
十二月	若逢貴人　必得大財 所望如意　一無損傷	만일 귀인을 만나면 반드시 큰 재물을 얻는다. 소망이 여의하니 하나도 손상됨이 없다.

[初六]

二九五

火風鼎(화풍정)

```
䷱
```

勿爲強求　待時爲吉
心身太平　家有吉慶
利在東方　謀事方盛
他人助我　財上有吉

억지로 구하지 마라. 때를 기다리면 길하리라. 심신이 태평하며 집에 경사가 이른다. 이익이 동방에 있으니 일을 꾀하면 바야흐로 번성한다. 타인이 나를 도와주니 재물 관계는 길함이 있으리라.

正月	萬事順成　富如石崇 一家和平　豈不美哉		만사가 순조로우니 부함이 석숭과 같다. 일가가 화평하니 어찌 아름답지 않으리요.
二月	吉變爲凶　徒費心力 莫出東方　損財不免		길함이 변하여 흉이 되니 한갓 심력만 허비한다. 동방에 나서지 마라. 손재를 면치 못하리라.
三月	基地發動　移舍爲吉 若非其然　改業最吉		기지가 발동하니 이사하면 길하리라. 만일 그렇지 않으면 업을 고침이 길하리라.
四月	莫近喪家　疾病可畏 莫行東方　意外損財		상가에 가지 마라. 질병이 두렵다. 동방에 출행 마라. 의외로 손재하리라.
五月	莫信親人　爲害無益 謀事難成　徒費精力		친한 사람을 믿지 마라. 해는 되나 이익은 없다. 꾀하는 일이 이루기 어려우니 한갓 노력만 낭비한다.
六月	家神發動　豫爲禱厄 西北兩方　貴人助我		가신이 발동하니 미리 액을 빌라. 서북 양방에서 귀인이 나를 도우리라.
七月	所營之事　別無損益 財上有損　去來愼之		경영하는 일은 이익도 없고 손해도 없다. 재물의 손실이 있으니 돈거래를 조심하라.
八月	他人多助　所營易成 財旺北方　求之可得		남이 많이 도와주니 경영하는 바를 쉽게 이룬다. 재물이 북방에서 왕하니 구하면 가히 얻으리라.
九月	若非婚姻　生男之數 勿謀他營　謀事有錯		만일 혼인이 아니면 생남할 운수로다. 다른 꾀를 경영 마라. 일에 착오가 있다.
十月	移基爲吉　必得大財 勿爲妄動　靜待爲吉		이사하면 길하니 반드시 큰 재물을 얻는다. 망령되이 동하지 마라. 안정하면 길하리라.
十一月	勿爲強求　待時爲吉 莫近水邊　水厄可畏		억지로 구하지 마라. 시세를 타 행함이 좋다. 물 가에 가지 마라. 수액이 두렵다.
十二月	財祿興旺　一身榮貴 若非得財　必逢佳人		재록이 흥왕하니 일신이 영귀하다. 만일 재물을 얻지 못하면 반드시 가인을 만나리라.

〔九二〕

火風鼎(화풍정)

利在東南　謀事方成
若非婚姻　生男之數
勿謀他營　或有損財
水火愼之　一驚之厄

이익이 동남에 있으니 꾀하는 일이 드디어 이루어진다. 만일 혼인의 경사 아니면 생남할 운수로다. 다른 경영을 꾀하지 마라. 혹 손재수가 있으리라. 수화를 조심하라. 한 번 놀라운 액이 있으리라.

正月	利在東方　行則爲吉 他人助我　事事順成		이익이 동방에 있으니 출행하면 길하다. 타인이 나를 도우니 일마다 순조롭다.
二月	財上有損　去來愼之 東北兩方　貴人必助		재물의 손해가 있으니 돈거래를 조심하라. 동북 양방에서 귀인의 도움이 있으리라.
三月	若非移舍　改業爲吉 或恐口舌　爭訟可畏		만일 이사하지 않으면 업을 고치는 것이 좋다. 혹 구설수가 있을 것이요, 쟁송이 가히 두렵다.
四月	家有吉慶　出外心閑 徘徊山川　悠悠自適		집에 길한 경사가 있으니 외출하면 마음이 한가롭다. 산천을 배회하며 유유자적하리라.
五月	以財爭訟　與受愼之 所營之事　別無損益		돈거래를 삼가라. 재물로써 다툰다. 경영하는 일은 별로 손익이 없으리라.
六月	意外功名　人稱奇緣 雖有獲利　小人侵害		의외로 공명을 얻으니 사람들이 기연이라 칭한다. 비록 이익은 얻으나 소인의 침해는 있으리라.
七月	莫信親人　爲害無益 謀事多端　徒費功力		친한 사람을 믿지 마라. 해만 되고 이익이 없다. 꾀하는 일이 다단하니 한갓 심력만 허비한다.
八月	吉變爲凶　徒勞無功 莫出東方　損財不鮮		길함이 변하여 흉이 되니 한갓 수고하나 공이 없다. 동방에 나가지 마라. 손재가 적지 않으리라.
九月	萬事順成　富名可得 一家和昌　豈不美哉		만사가 순성하니 부명을 가히 얻는다. 일가가 화창하니 어찌 아름답지 않으리요.
十月	若非婚姻　生子之數 在財北方　去而得之		만일 혼인수가 아니면 득남하게 되리라. 재물이 북방에 있으니 그곳에 가면 얻으리라.
十一月	如干財物　一得一失 若逢貴人　必有成事		여간한 재물은 한 번 얻고 한 번 잃는다. 만일 귀인을 만나면 반드시 성사하게 되리라.
十二月	玄武守路　失物可畏 謀事難成　心身不安		현무가 길을 지키니 실물수가 있도다. 꾀하는 일이 이루기 어려우니 심신이 불안하리라.

火豊鼎 (화풍정)

雲散月出　天地明朗
雨順風調　時和年豊
心身灑樂　安過太平
必逢貴人　立志達成

구름이 흩어지고 달이 나오니 천지가 명랑하도다. 비가 순히 오고 바람이 고르게 부니 시절이 화목하고 연사가 풍년이 든다. 심신이 쇄락하니 안과태평하리라. 반드시 귀인을 만나 뜻을 세워 달성하리라.

正月	祿在四方　到處喜風	心身太平　家有吉慶	재록이 사방에 있으니 도처에서 기쁨을 만난다. 심신이 태평하니 집안에 경사가 이르리라.
二月	新築家舍　門戶一新	鳴鳳在樹　花榻設宴	가옥을 신축하니 문호가 한 번 새롭다. 우는 새가 나무에 있으니 꽃자리에 잔치를 베푼다.
三月	利在東南　謀事方成	勿爲妄動　損財可畏	이익이 동남에 있으니 꾀하는 일을 바야흐로 이룬다. 망동하지 마라. 손재가 두렵다.
四月	若非婚姻　生財之數	勿謀他營　謀事有錯	만일 혼인수가 아니면 생재할 운수로다. 다른 경영을 꾀하지 마라. 꾀하는 일에 착오가 생긴다.
五月	財旺北方　去而求之	他人助我　凡事如意	재물이 북방에 왕하니 구하면 얻게 된다. 타인이 나를 도우니 범사가 여의하다.
六月	家神發動　豫爲防厄	所望之事　別無所得	가신이 발동하니 미리 액을 막으라. 소망지사는 별로 소득이 없으리라.
七月	莫信親人　爲害不鮮	謀事難成　財利不得	친한 사람을 믿지 마라. 해가 됨이 적지 않도다. 모사는 이루기 어려우니 재리를 얻지 못하리라.
八月	士農工商　商業爲主	基地發動　移居爲吉	네 가지 직업 가운데 상업이 제일이로다. 기지가 발동하니 이사하면 길하리라.
九月	萬事順成　石崇土班	一家和平　豈不美哉	만사가 순조로우니 석숭의 부자와 같다. 일가가 화평하니 어찌 아름답지 않으리요.
十月	速則爲凶　待時爲吉	若逢貴人　財利可得	서두르면 흉하고 때를 기다리면 길하다. 만일 귀인을 만나면 재리를 얻게 되리라.
十一月	立身揚名　道德文章	先凶後吉　勤勉可得	입신양명하니 도덕문장이로다. 먼저는 흉하고 뒤에 길하니 부지런하면 가히 얻으리라.
十二月	始難終得　營事終成	擇地移居　必得大財	처음은 어렵고 뒤에 얻으니 경영사를 성취한다. 땅을 가려 이사하면 반드시 큰 재물을 얻으리라.

火豊鼎(화풍정)

鳴鳳在樹　花榻設宴
金榜題名　壯元及第
福祿無量　家業豊厚
商業獲利　農家得豊

우는 새가 나무에 있으니 꽃자리에 잔치를 베풀었다. 금방에 이름을 거니 장원급제하리라. 복록이 무량하고 가업이 풍후하도다. 상업으로 이를 얻을 것이요, 농가는 풍년을 얻으리라.

正月	勿爲强求　待時爲吉	心身太平　安過歲月	억지로 구하지 마라. 때를 기다림이 길하다. 심신이 태평하니 안과세월하리라.
二月	利在北方　去而可得	勿爲妄動　靜則爲吉	이익이 북방에 있으니 그곳에 가면 얻으리라. 망령되이 동하지 마라. 안정하면 길하다.
三月	勿謀他營　事事多滯	若非婚姻　謀事有錯	다른 경영을 꾀하지 마라. 일마다 막힘이 많다. 만일 혼인의 경사가 아니면 꾀하는 일에 오착이 있다.
四月	他人助我　財利可得	財在路邊　强求少得	타인이 나를 도우니 재리를 가히 얻는다. 재물이 거리에 있으니 힘써 구하면 조금 얻으리라.
五月	所營之事　別無損益	財上有損　去來愼之	경영하는 일에 별로 손익이 없으리라. 재물의 손해가 있으니 거래를 조심하라.
六月	家神發動　家庭不安	心無安定　事有多滯	가신이 발동하니 가정이 불안하도다. 마음의 안정을 못하니 일마다 막힘이 있다.
七月	財上有損　盜賊愼之	在家不安　出外心閑	재물의 손해가 있으니 도적을 조심하라. 집에 있으면 불안하고 밖에 나가면 마음이 한가하다.
八月	莫近喪家　疾病可畏	石上走馬　勞而無功	초상집에 가지 마라. 질병이 두렵다. 돌 위에 말을 달리니 수고하나 공이 없다.
九月	立身揚名　道德文章	任用賢士　國泰民安	입신양명하니 도덕문장이로다. 어진 이를 임용하면 국가와 국민이 편안하리라.
十月	玄武守路　失物可畏	意外功名　人稱奇緣	현무가 길을 지키니 실물이 가히 두렵다. 의외의 공명을 얻으니 남이 기이한 인연이라 한다.
十一月	莫貪外財　反爲損傷	若不移舍　他鄕生活	남의 재물을 탐하지 마라. 오히려 손해를 본다. 만일 이사하지 않으면 타향에서 생활하리라.
十二月	莫出東方　必有大損	勿入他人　損財莫甚	동방에 가지 마라. 반드시 크게 손해 본다. 타인을 들이지 마라. 손재 막심하리라.

〔六五〕

火風鼎 (화풍정)

```
䷱
```

財在路邊　强求少得
他人多助　財上有吉
莫近喪家　疾病可畏
貴人來助　必得大財

재물이 거리에 있으니 힘써 구하면 조금 얻는다. 타인이 많이 도우니 재물에 길리하리라. 상가에 가지 마라. 질병이 두렵다. 귀인이 와서 도우니 반드시 큰 재물을 얻으리라.

正月	利在東南　行則大利	事有必成　速則爲吉	이익이 동남방에 있으니 출행하면 이익이 크다. 일은 반드시 성취할 것이니 속할수록 길하다.
二月	勿謀他營　謀事不中	若非婚事　生男之數	다른 경영을 꾀하지 마라. 꾀하는 일이 맞지 않는다. 만일 혼인할 수가 아니면 생남하게 되리라.
三月	財在路邊　强求小得	他人助我　必得成就	재물이 거리에 있으니 힘써 구하면 조금 얻는다. 남이 나를 도와주니 반드시 성취하리라.
四月	財數不吉　去來愼之	經營之事　別無利益	재수가 불길하니 돈거래를 조심하라. 경영하는 일은 별로 이익이 없다.
五月	在家不安　出外心閑	家神發動　安宅爲吉	집에 있으면 불안하고 밖에 나가면 마음이 한가하다. 가신이 발동하니 안택하면 길하리라.
六月	莫信親人　損財可畏	謀多未決　徒費精力	친한 사람을 믿지 마라. 손재가 두렵다. 일이 미결됨이 많으니 한갓 정력만 수고한다.
七月	東西兩方　財利可得	莫近水邊　水厄難免	동서 양방에서 재물을 얻으리라. 물 가를 가까이 마라. 수액을 면키 어렵다.
八月	莫信親人　損害不鮮	擇地移居　營業順成	친한 사람을 믿지 마라. 손해가 적지 않도다. 터를 가려 이사하면 영업이 순조로우리라.
九月	吉變爲凶　徒費心力	莫出南方　不意損失	길함이 변하여 흉이 되니 헛수고만 있을 뿐이다. 남방에 가지 마라. 불의의 손실이 있다.
十月	萬事順成　意氣揚揚	一家和平　豈不善哉	만사가 순조로우니 의기가 양양하도다. 일가가 화평하니 어찌 아름답지 않으리요.
十一月	財祿隨身　一身榮貴	若非得財　必逢佳人	재록이 몸을 따르니 일신이 영귀하다. 만일 재물을 얻지 못하면 혼인하게 되리라.
十二月	勿爲强求　待時爲吉	心身泰平　家有吉慶	억지로 구하지 마라. 때를 기다리면 좋다. 심신이 태평하니 집에 길한 경사가 있으리라.

[上九]

火風鼎 (화풍정)

財祿隨身　一身榮貴
勿爲强求　凡事有時
利在東南　謀事萬成
飮食注意　疾病可畏

재록이 몸에 따르니 일신이 영귀하다. 억지로 구하려 마라. 범사에 때가 있느니라. 이익이 동남에 있으니 꾀하는 일을 드디어 이룬다. 음식을 주의하라. 질병이 가히 두렵다.

正月	春龍行雨　萬物蘇生 淸名遠播　誰人不服		봄룡이 비를 내리니 만물이 소생한다. 청백한 이름이 멀리 퍼지니 비록 크나 열복하지 않는다.
二月	財旺路邊　强求小得 東方來客　偶然來助		재물이 길 가에 왕하니 힘써 구하면 조금 얻는다. 동방에서 오는 손이 우연히 와서 돕는다.
三月	財上有損　去來愼之 所營之事　必是成功		재물의 손해 있으리니 거래를 조심하라. 경영하는 일은 반드시 성공하리라.
四月	雲散月出　天地明朗 事事亨通　喜不自勝		구름이 흩어지고 달이 나오니 천지가 명랑하도다. 일마다 여의하니 기쁨을 이기지 못한다.
五月	他鄕有利　出入生財 官鬼發動　訟事可畏		타향이 유리하니 출입하며 재물이 생긴다. 관귀가 발동하니 송사가 있으리라.
六月	意外得財　喜色滿面 胎夢有吉　必生貴子		뜻밖의 재물을 얻으니 희색이 만면하도다. 태몽이 상서로우니 반드시 귀자를 낳으리라.
七月	此月之數　莫行遠方 若不愼之　凶禍難測		이 달의 운수는 먼 곳에 가지 마라. 만일 삼가지 않으면 흉화를 측량키 어렵다.
八月	事事順成　財祿興旺 先凶後吉　勤勉則興		일마다 순성하니 재록이 흥왕하도다. 먼저는 흉하고 뒤에 길하니 부지런하면 흥왕하리라.
九月	若非婚姻　生子之數 千里他鄕　喜逢故人		만일 혼인수가 아니면 득남할 운이로다. 천리 타향에서 기쁘게 고인을 만난다.
十月	財上有損　盜賊愼之 今月之數　損財可畏		재물에 손실이 있으니 도적을 조심하라. 이 달의 운수는 손재가 두렵다.
十一月	山高谷深　步步忙忙 每事不成　待時爲吉		산은 높고 골은 깊은데 걸음걸음이 바쁘다. 매사를 이루지 못하니 좋은 때를 기다리라.
十二月	鴈飛長天　失侶悲鳴 一喜一悲　吉凶相半		기러기가 장천에서 나니 짝을 잃고 슬피 운다. 한 번은 기쁘고 한 번 슬프니 길흉이 상반하리라.

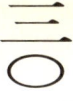

[初九]

四四 ䷲	**震爲雷(진위뢰)** 暮日逢雨　步步忙忙 雷振百里　有聲無形 今年之數　虛度光陰 官鬼亦動　官災愼之	저문 날에 비를 만나니 걸음걸음이 바쁘다. 우뢰가 만리를 울리나 소리만 있고 형적이 없다. 금년의 운수는 헛되이 세월을 보낸다. 관귀가 또한 동하니 관재수를 조심하라.
正月	官鬼發動　官厄愼之 東南兩方　出則大利	관귀가 발동하니 관액을 조심하라. 동남 양방에 출행하면 크게 이롭다.
二月	智謀兼全　意氣男兒 立身揚名　錦衣還鄕	지모를 겸비하니 의기남아로다. 입신양명하여 금의환향하게 되리라.
三月	水中之玉　意外可取 運氣已回　必得大財	물 가운데서 옥을 뜻밖에 얻었다. 운기가 이미 돌아오니 반드시 큰 재물을 얻으리라.
四月	若而移居　必有大禍 哭子靑山　又逢喪妻	만약 자리를 옮기면 큰 화를 입는다. 청산에 아들을 묻고 또한 상처수를 당했다.
五月	若無治防　家有大厄 口舌難免　官訟是非	만일 치방함이 없으면 집에 큰 액이 있다. 구설수가 있을 것이요, 관재 송사 시비로다.
六月	與人同事　必有損財 四面楚歌　無依無托	남과 동업하지 마라. 손재를 당한다. 사방에 모두 적이니 의지할 곳이 없도다.
七月	雷振百里　有聲無形 花落無實　外富內貧	우뢰가 백리나 떨치니 소리만 있고 형용이 없다. 꽃이 지고 열매가 없으니 실속이 없게 되리라.
八月	東方逢厄　南地得吉 因人成事　喜逢貴人	동방은 액을 만나고 남방은 길함이 있다. 남으로 인하여 성사하니 귀인을 만남이다.
九月	車馬愼之　骨折可畏 欲速不達　求之不能	교통사고를 조심하라. 골절상이 두렵다. 속하 고자 하나 되지 않으며 구하나 얻지 못한다.
十月	惡鬼作害　口舌爭訟 莫近親人　吉中有凶	악귀가 작해하니 구설과 송사가 있도다. 친한 사람을 가까이 마라. 길한 가운데 흉이 있다.
十一月	勿爲妄動　謀事不利 在家爲吉　出則大禍	망동하지 마라. 꾀하는 일이 불리하다. 집에 있으면 길하고 나가면 큰 화가 있다.
十二月	豫爲度厄　身病可畏 此月之數　保身第一	미리 액을 막으라. 신병이 두렵다. 이 달의 운수는 몸을 보호함이 가장 문제다.

[六二]

震爲雷 (진위뢰)

與人謀事	必然不利
誠心努力	財利可得
惡鬼作害	爭訟口舌
勿爲妄動	謀事不利

남과 더불어 모사하면 반드시 불리하다. 성심으로 노력하면 재물을 얻게 되리라. 악귀가 작해하니 쟁송과 구설수가 있다. 망령되이 동하지 마라. 꾀하는 일이 불리하리라.

正月	勿爲輕言	吉事有害	가벼이 말하지 마라. 좋은 일에 해가 있다.
	財在南方	求之可得	재물이 남방에 있으니 구하면 얻게 되리라.
二月	擇地爲吉	營利可得	좋은 곳으로 이사하면 영리를 가히 얻는다.
	南方之人	偶然來助	남방의 인물이 우연히 와서 돕는다.
三月	謀事難成	待時爲吉	꾀하는 일이 되지 않으니 길한 때를 기다리라.
	官訟不絶	愼之官厄	관송이 끊이지 않으니 관액을 조심하라.
四月	渴龍得水	猛虎添翼	목마른 용이 물을 얻고 맹호가 날개를 더했다.
	事事如意	祿在其中	일마다 여의하니 녹이 그 가운데 있도다.
五月	上下相冲	惡人愼之	상하가 상충하니 나쁜 사람을 조심하라.
	橫厄有數	豫爲防厄	횡액수가 있으니 미리 액을 막음이 옳다.
六月	在家無益	出門求之	집에 있으면 무익하니 문을 나가서 구하라.
	此月之數	凶多吉少	이 달의 운수는 좋은 일보다 나쁜 일이 많다.
七月	凶去福來	一室和平	흉이 가고 복이 오니 일실이 화평하도다.
	所望如意	必是成功	소망이 여의하니 반드시 성공하리라.
八月	幸逢貴人	名利俱得	다행히 귀인을 만나면 명예와 재물을 같이 얻는다.
	小求大得	喜滿家庭	작게 구하려다 크게 얻으니 기쁨이 가정에 가득하다.
九月	旱時草木	喜逢甘雨	가뭄 속에 초목이 기쁘게 단비를 맞았다.
	幸逢貴人	所願成就	귀인을 만나면 소원을 성취하리라.
十月	守舊安定	妄動有敗	옛것을 지키고 안정하라. 망동하면 실패가 있다.
	若無口舌	必有官災	만일 구설수가 아니면 반드시 관재를 당하리라.
十一月	女人害我	愼之爲吉	여자는 해로우니 더불어 사귀지 마라.
	先失後得	事有安靜	먼저 잃고 뒤에 얻으니 일에 안정됨이 있으리라.
十二月	速則不利	靜則有吉	속히 하면 불리하나 차분히 하면 길하다.
	南方之人	偶來助我	남방의 사람이 우연히 나를 돕는다.

〔六三〕

震爲雷 (진위뢰)

勿貪非理　必有大災
損財有數　莫近北方
惡鬼發動　疾病可畏
今年之運　愼之病苦

이치 아닌 재물을 탐하지 마라. 반드시 큰 재앙이 있으리라. 손재수가 있으니 북방을 조심하라. 악귀가 침입하니 질병이 가히 두렵다. 금년의 운수는 신병을 조심하라.

正月	禍去福來　終時亨通 豫爲致誠　凶禍自消	재앙이 가고 복이 오니 마침내 형통한다. 미리 치성하라. 흉화가 자연 소멸하리라.
二月	若而移居　必有吉事 上下不睦　惡人愼之	만약 이사를 하면 기쁜 일이 있도다. 상하가 화목치 못할 것이요, 나쁜 사람을 조심하라.
三月	財上有損　去來愼之 莫行東方　凶禍難測	재물에 손실이 있으니 거래를 삼가라. 동방에 가지 마라. 흉화가 많으리라.
四月	與人謀事　必是損財 若非生財　必有婚姻	남과 더불어 일을 꾀하면 반드시 손해가 있다. 만일 재물이 생기지 않으면 혼인이 성취되리라.
五月	勿爲輕言　吉事有害 去來愼之　必有大損	말을 가볍게 하지 마라. 좋은 일에 해가 있다. 거래를 삼가라. 큰 손해가 있으리라.
六月	若非移居　他鄕作客 家神發動　家庭不安	만일 옮겨가지 않으면 타향에서 작객한다. 가신이 발동하니 가정이 불안하리라.
七月	幸逢吉人　名利俱吉 若當此月　水火愼之	다행히 길인을 만나니 명리가 같이 길하다. 만일 이 달을 당하면 수화를 조심하라.
八月	欲速不達　緩則吉利 因人成事　同業可期	속히 서두르면 이루지 못하나 늦으면 길하다. 남으로 인하여 성사하니 동업이 좋으리라.
九月	遠方有數　行則大利 小求大得　喜滿家庭	멀리 출행할 수가 있으니 등정하면 크게 이롭다. 구하지 않아도 크게 얻으니 기쁨이 가정에 가득하리라.
十月	萬里他鄕　母子相逢 事不如意　每事愼之	만리 타향에서 모자가 상봉하였다. 일이 여의치 않으니 매사를 조심하라.
十一月	旱時草木　喜逢甘雨 幸逢吉運　名利俱全	가뭄의 초목이 단비를 만나 기뻐한다. 다행히 길운을 만나면 명예와 이익이 구전한다.
十二月	吉變爲凶　徒費心力 虛度光陰　淚水如雨	길이 변하여 흉함이 되니 한갓 심력만 허비한다. 광음을 헛되이 보내니 눈물이 마르지 않는다.

[九四]

震爲雷 (진위뢰)

莫近是非　獄刑可畏
玉埋塵中　金沒糞土
東北兩方　財數大吉
今年之數　勤則成功

시비를 가까이 마라. 형옥수가 있으리라. 옥이 티끌 속에 묻히고 금이 거름 속에 묻혔다. 동북 양방에서 재수가 대길하리라. 금년의 운수는 부지런하면 성공하리라.

正月	身遊萬里　何時歸來 北方來客　自然助我	몸이 만리 밖에 있으니 어느 때 돌아오리요. 북방에서 오는 손이 자연히 나를 돕는다.
二月	一身困苦　貴人扶助 事與心違　財福不遂	일신이 곤고하나 귀인이 도와준다. 일과 마음을 어기니 재복을 얻지 못한다.
三月	若非得財　必是生男 苦盡甘來　生活太平	재물을 얻지 못하면 생남할 운이로다. 늦게 길운이 오니 생활이 태평하리라.
四月	常時布德　福祿自來 飢者得食　古木逢春	항시 덕을 베풀면 복록이 자연 이른다. 주린 자는 먹을 것을 얻고 고목은 봄을 만난다.
五月	順風掛帆　速如飛鳥 凡事急圖　遲則不利	순풍에 돛을 다니 빠르기가 나는 새와 같다. 범사를 급히 하라. 늦으면 불리하리라.
六月	莫出路上　疾病可畏 四野豊登　百穀津津	노상에 나가지 마라. 질병을 얻을까 두렵다. 사야에 풍년이 드니 곡식이 진진하리라.
七月	運數大吉　天賜其福 家庭安樂　萬事太平	운수가 대길하니 하늘이 그 복을 준다. 가정이 안락하고 만사가 태평하리라.
八月	綠陰枝上　黃鳥自鳴 西方來客　偶然助我	녹음이 짙은 가지에 꾀꼬리가 스스로 운다. 서방에서 오는 사람이 우연히 나를 도와준다.
九月	空谷回春　絶處逢生 莫行東方　必有大敗	빈 골에 봄이 오니 막다른 곳에서 생을 만났다. 동방에 가지 마라. 반드시 큰 실패가 있으리라.
十月	高山松栢　其色靑靑 貴人來助　意外成功	높은 산 송백은 그 빛이 청청하도다. 귀인이 와서 도우니 의외로 성공하리라.
十一月	山影倒上　魚遊江上 陰陽和合　萬事如意	산그림자가 기우니 고기가 강상에서 논다. 음양이 화합하니 만사가 여의하리라.
十二月	月麗中天　天地明朗 每事有成　何事憂之	달이 중천에 곱게 떴으니 천지가 명랑하도다. 매사가 성취되니 무엇이 근심되리요.

[六五]

| 四四  | 震爲雷(진위뢰) 因人得財　謀事順成 若非移居　改業得利 財運逢空　聚散不一 遠行有數　海洋進出 | 사람으로 인하여 재물을 얻으니 꾀하는 일이 순조롭다. 만일 옮겨 살지 않으면 업을 바꿔야 이익을 얻는다. 재운이 공을 만났으니 모이고 흩어짐이 한결같지 않다. 멀리 떠날 수가 있으니 해외로 진출하라. |

正月	細流漫漫　必達于海 才藝出衆　功及隣里	시냇물이 흐르고 흘러 바다로 나간다. 재예가 출중하니 그 공이 마을에 미친다.
二月	若非橫財　必有名利 逢時而動　成功最速	만일 횡재수가 아니면 명예를 얻는다. 때를 만나 활동하니 성공이 가장 빠르다.
三月	淸天月白　海天一碧 利在南方　强求後得	청천에 달이 밝으니 하늘과 바다가 같이 푸르다. 이익이 남방에 있으니 힘쓰면 얻게 되리라.
四月	若無生財　必有人謀 莫近外色　吉變爲凶	만일 생재하지 않으면 반드시 남의 모함이 있다. 외간 여자를 가까이 마라. 흉함을 만나리라.
五月	飢者逢豊　食祿豊足 若逢貴人　可得千金	주린 자가 풍년을 만나니 식록이 풍족하다. 만일 귀인을 만나면 가히 천금을 얻으리라.
六月	若無身病　妻病不免 身數不利　財數興旺	만일 신병이 없으면 처병을 면치 못한다. 신수는 불리하나 재수는 흥왕하리라.
七月	家神助我　百事順成 利在田庄　賣買得利	가신이 나를 도우니 백사가 순성한다. 이익이 토지에 있으니 매매하면 이를 얻으리라.
八月	運數大吉　事多順成 若非生財　新婚之數	운수가 대길하니 일마다 순탄하다. 재물이 생기지 않으면 혼인할 수가 있으리라.
九月	利在南方　强求後得 謀事多端　奔走之象	이익이 남방에 있으니 노력한 뒤에 얻는다. 꾀하는 일이 많으니 항시 분주하리라.
十月	雲散月出　靑天一色 家運旺盛　可得千金	구름이 걷히고 달이 나오니 청천이 한빛이로다. 가운이 왕성하니 가히 천금을 얻으리라.
十一月	若無生財　必有人謀 若逢貴人　所望成就	만일 생재함이 없으면 반드시 사람의 꾀함이 있다. 만일 귀인을 만나면 소원을 성취하리라.
十二月	勿爲相爭　有損不利 南方有吉　出行得財	서로 다투지 마라. 손해는 있으나 이익이 없다. 남방이 길하니 출행하면 재물을 얻으리라.

〔上六〕

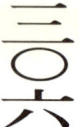

震爲雷 (진위뢰)

龍得明珠　風雲變化
心仁積德　位及公卿
居家有吉　出行不利
財祿豊富　或有小憂

용이 구슬을 얻었으니 풍운의 변화가 있도다. 마음이 어질고 덕을 쌓으니 지위가 공경에 이르리라. 집에 있으면 길하고 나가면 불리하다. 재록이 풍부하나 혹 작은 근심은 있으리라.

正月	致誠深山	立身揚名	깊은 산에 치성하라. 입신양명하게 되리라.
	勿爲爭訟	訴事不利	남과 다투지 마라. 송사는 불리하리라.
二月	錦衣玉食	身登靑雲	금의옥식이니 몸이 청운에 올랐다.
	到處有權	男兒得意	도처에 권세가 있으니 남아가 뜻을 얻었다.
三月	春和日煖	百花爭發	봄날이 화창하니 백화가 다투어 핀다.
	貴人來助	必是成事	귀인이 와서 도우니 반드시 성공하리라.
四月	日出東天	明朗世界	해가 동녘에 떠오르니 세계가 명랑하도다.
	心仁言直	天賜其福	마음이 어질고 말은 곧으니 하늘이 그 복을 내린다.
五月	精神一到	何事不成	정신이 한 번 이르니 무슨 일인들 어려우랴.
	到處有權	貴人自助	도처에 권세가 있으며 귀인이 스스로 돕는다.
六月	明月高樓	佳人相逢	명월고루에서 가인이 상봉한다.
	春園桃李	花落結實	봄 동산 도화 이화가 드디어 열매를 맺었다.
七月	身旺財旺	必有慶事	몸과 재물이 왕하니 반드시 경사가 있도다.
	到處有財	出行可得	도처에 재물이 있으니 출행하면 가히 얻으리라.
八月	東風細雨	草色靑靑	동풍 세우에 초목이 청청하다.
	仁心積德	萬人稱讚	어진 마음으로 덕을 쌓으면 만인이 칭찬하리라.
九月	利在四方	事事亨通	이익이 사방에 있으니 일마다 형통한다.
	天神自助	百事吉利	천신이 자연 도우니 백사가 길리하리라.
十月	財數大吉	大財入門	재수가 대길하니 큰 재물이 들어온다.
	凡謀如意	世事泰平	모든 꾀가 여의하니 세상 일이 태평하리라.
十一月	福祿津津	金玉滿堂	복록이 진진하니 금옥이 만당하도다.
	或恐內患	豫爲防厄	혹 내환이 두려우니 미리 액을 막으라.
十二月	莫近女色	亡身損財	여색을 가까이 마라. 망신하고 손재한다.
	靜則大吉	動則不利	안정하면 대길하고 활동하면 불리하다.

[初六]

艮爲山 (간위산)

基地發動　移居爲吉
若不其然　遠行有得
吉變爲凶　徒費心力
莫出東方　損財不鮮

집터가 발동하였으니 이사하면 길하다. 만일 그렇지 않으면 원행하면 얻는 것이 있다. 길함이 변하여 흉이 되니 한갓 심력만 허비한다. 동방에 가지 마라. 손재가 적지 않으리라.

正月	家神發動　家庭不安 在家不安　出外無益	가신이 발동하니 가정이 불안하도다. 집에 있으면 불안하고 밖에 나가도 무익하다.
二月	莫信親人　爲害無益 東西兩方　財利可得	친한 사람을 믿지 마라. 해는 되나 이익이 없다. 동서 양방에서 재리를 가히 얻으리라.
三月	莫近喪家　疾病可畏 一得一失　吉凶相半	상가에 가지 마라. 질병이 두렵다. 하나는 얻고 하나는 잃으니 길흉이 상반하리라.
四月	基地發動　移基爲吉 若不其然　遠行爲吉	집터가 발동하니 이사하면 길하다. 만일 그렇지 아니하면 원행하면 길함이 있으리라.
五月	吉變爲凶　徒費心力 莫出東方　損財不鮮	길이 변하여 흉함이 되니 한갓 심력만 허비한다. 동방에 가지 마라. 손재가 적지 않으리라.
六月	財上有損　强求小得 他人多助　財上有吉	재물의 손해가 있으나 힘써 구하면 조금 얻는다. 남이 많이 도와주면 재물이 길하리라.
七月	若非婚姻　生男之數 勿謀他營　謀事有錯	만일 혼인을 아니하면 생남할 운수로다. 다른 경영을 꾀하지 마라. 꾀하는 일에 착오가 있다.
八月	利在東南　謀事不成 勿爲妄動　靜待爲吉	이익이 동남에 있으나 꾀하는 일은 되지 않는다. 망령되이 동하지 마라. 고요히 기다리면 길하다.
九月	勿爲强求　待時爲吉 心身太平　家有吉慶	억지로 구하지 마라. 때를 기다리면 길하다. 심신이 같이 태평하니 집안에 경사도 있으리라.
十月	玄武守路　損財可畏 勿爲是非　訟事可畏	현무가 길을 지키니 손재가 두렵다. 시비를 일삼지 마라. 송사수가 있으리라.
十一月	財祿隨身　一身榮貴 若非得財　必逢佳人	재록이 몸을 따르니 일신이 영귀하도다. 만일 재물을 얻지 못하면 반드시 가인을 만나리라.
十二月	守分安常　不陷危險 喜憂相半　吉凶難定	분수를 지키고 안정하라. 위험에 빠지지 않는다. 기쁨과 근심이 상반하니 길흉을 정하기 어렵다.

七 艮爲山 (간위산)

渴龍得水　財數亨通
身上有苦　誰有知之
官災口舌　間間有之
之南之北　四顧無親

목마른 용이 물을 얻은 격이니 재수가 형통하도다. 신상에 고초가 있음을 누가 알리요. 관재와 구설수가 간간히 있도다. 남으로 가고 북으로 가니 사방을 보아도 친분이 없으리라.

正月	芳春之月　因人成事 若非得財　必逢佳人		이 달의 운수는 사람으로 인하여 성사한다. 만일 재물을 얻지 못하면 반드시 가인을 만나리라.
二月	驛馬逢旺　一出他關 之南之北　橫財有數		역마가 왕운을 만나니 한 번 타관에 나간다. 남으로 가고 북으로 가니 횡재수가 있으리라.
三月	財在東方　求而可得 與人同業　必得大財		재물이 동방에 있으니 구하면 가히 얻는다. 남과 더불어 동업하면 반드시 큰 재물을 얻으리라.
四月	所望如意　事有疑端 山路走馬　路險困苦		소망은 여의하나 일에 의심이 많다. 산길에 말을 달리니 길이 험하여 곤고하리라.
五月	謹身節用　疾厄煩多 若無服制　反爲橫財		근신 절용하라. 질액이 번다하도다. 만일 복제수가 없으면 오히려 횡재수가 있으리라.
六月	徘徊仰天　回路得財 莫信他言　反爲損財		배회하다 하늘을 쳐다보니 오는 길에 재물을 얻는다. 다른 사람의 말을 믿지 마라. 반대로 손재가 있으리라.
七月	千里他鄕　一身孤單 若非身病　膝下有驚		천리 타향에서 일신이 고단하도다. 만일 신병이 아니면 슬하에 놀랄 일이 있으리라.
八月	西北兩方　必有極凶 東西兩方　吉祥有之		서남 양방은 반드시 흉하도다. 동서 양방에 길한 상서가 있으리라.
九月	利在東方　謀事方盛 入山修道　可謂神仙		이익이 동방에 있으니 꾀하는 일이 창성한다. 입산 수도하면 가히 신선이라 이르리라.
十月	事多有魔　莫作遠行 本無財物　身勞心苦		일에 마가 많으니 멀리 가서 배회하지 마라. 본래 재물이 없으니 심신의 수고로움이 많다.
十一月	利在何事　必是商業 若有人助　千金可得		이익이 무슨 일에 있는고. 필시 상업이로다. 만일 남의 도움이 있으면 천금을 가히 얻으리라.
十二月	莫出外方　有損無功 東方來客　必是害人		밖에 나가지 마라. 손해만 있고 공이 없다. 동남에서 오는 손이 필시 나를 해하리라.

七 艮爲山 (간위산)

心無安定　事有多滯
馳走遠郡　勞碌不安
常有家患　心有不快
年運不利　謹愼用心

마음에 안정이 없으니 일에 막힘이 많도다. 먼 곳으로 분주하나 노록하고 불안하리라. 항시 집안의 근심이 있으니 마음이 불쾌하다. 연운이 불리하니 마음 쓰는 것을 조심하라.

正月	年運不利　百事無心 凶則有吉　初困後吉	연운이 불리하니 백사에 무심하다. 흉하면 길이 있으니 처음은 곤하고 뒤에 길하다.	
二月	天老地荒　英雄無功 上下不和　先笑後哭	하늘은 늙고 땅은 거치니 영웅이 공이 없도다. 상하가 불화하니 먼저는 웃고 뒤에 운다.	
三月	利在東南　謀事方盛 日月不見　心多有苦	이익이 동남에 있으니 모사가 바야흐로 창성한다. 일월을 보지 못하니 마음에 고민이 있으리라.	
四月	若非移徙　家宅不安 莫信人言　先吉後凶	만일 이사를 아니하면 가택이 불안하도다. 남의 말을 믿지 마라. 먼저는 길하고 뒤에 흉하다.	
五月	離家何向　身遊都市 官則退位　農則失業	집을 떠나 어디로 갈꼬. 몸이 도시에서 논다. 관리는 벼슬을 물러나고 농민은 업을 잃으리라.	
六月	心有不安　求財不得 身遊東方　貴人助我	마음에 불안함이 있으니 재물을 구하나 얻지 못한다. 몸이 동방에 나가면 귀인이 나를 도우리라.	
七月	在家心亂　出外心閑 家神助我　凶去福來	집에 있으면 심란하고 밖에 나가면 마음이 한가하다. 가신이 나를 도우니 흉함이 가고 복이 오리라.	
八月	利在文書　田庄之事 若無疾病　口舌可侵	이익이 문서에 있으니 전장을 넓히게 된다. 만일 질병이 없으면 구설이 침범하리라.	
九月	事有未決　有頭無尾 事多瓦解　此亦奈何	일에 미결됨이 있으니 머리만 있고 꼬리가 없도다. 일에 와해됨이 많으니 이 역시 어이하리요.	
十月	若非親憂　膝下有慶 待時安定　苦盡甘來	만일 부모의 우환이 아니면 슬하에 경사가 있다. 때를 기다려 안정하라. 쓴것이 다하면 좋은 일이 온다.	
十一月	若而移舍　終得財利 每事注意　前程有險	만약 이사를 하면 마침내 재리를 얻는다. 매사를 주의하라. 앞길에 험함이 있으리라.	
十二月	西南有損　不宜出行 莫恨困苦　必有吉利	서남에 손해가 있으니 그곳에 가지 마라. 곤고함을 한탄 마라. 반드시 길함이 있으리라.	

〔六四〕

艮爲山 (간위산)

移宅改業	終得財利
每事注意	前程有險
外地不利	不宜出行
身上有吉	必得財利

집을 옮기거나 업을 바꾸면 마침내 재리를 얻는다. 매사를 주의하라. 전정의 험함이 있으리라. 외지는 불리하니 출행함이 마땅치 않다. 신상의 길함이 있으니 반드시 재리를 얻으리라.

正月	財數論之 得而半失		재수를 논지하면 얻어서 반이나 잃는다.
	正月之中 損財多端		이 달 가운데 손재가 다단하리라.
二月	心滿意足 半得半失		마음과 뜻이 만족하니 반은 얻고 반은 잃는다.
	小往大來 君子道長		작게 가고 크게 오니 군자의 도는 장구하다.
三月	智短謀淺 欲巧反拙		지혜가 짧고 꾀가 얕으니 교하고자 하나 오히려 졸하다.
	莫貪人財 未免狼狽		남의 재물을 탐하지 마라. 낭패수를 면치 못하리라.
四月	飢者得飯 無匙何食		주린 자가 밥을 얻었으나 수저가 없으니 어이 먹으리오.
	財運逢空 橫財反凶		재운이 공을 만나니 횡재가 반대로 흉하다.
五月	月入雲中 不見其光		달이 구름 속에 들었으니 그 빛을 보지 못한다.
	與人謀事 徒無成功		남과 더불어 모사하면 도무지 성공이 없으리라.
六月	家有憂患 其禍必多		집에 우환이 있으니 그 화가 많으리라.
	貴人助我 意外成功		귀인이 나를 도우니 의외로 성공하리라.
七月	萬事有定 勿爲輕率		만사에 정함이 있으니 경솔하게 행하지 마라.
	在安無憂 事事如意		편안히 있어 근심이 없으니 일마다 여의하리라.
八月	山明水麗 觀光風景		산수가 명려하니 풍경을 관광한다.
	隨時變通 萬事安泰		때를 따라 변통하면 만사가 편안하다.
九月	達則行道 窮不失義		달하면 도를 행하고 궁해도 의를 잃지 않는다.
	山寺日暮 老僧合掌		산사에 날이 저무니 노승이 합장한다.
十月	自東自西 到處有榮		동서로 왕래하니 도처에 영화가 있다.
	守分心安 妄作有險		분수를 지키면 마음이 편하나 망령되면 위험이 있다.
十一月	金入紅爐 鍛鍊成器		금이 불가마에 들어가니 단련하여 그릇이 된다.
	與人謀事 必有大成		남과 더불어 모사하면 반드시 대성하리라.
十二月	若無祥慶 口舌不免		만일 상서로운 경사가 없으면 구설을 면치 못한다.
	小往大來 終成致富		작게 가고 크게 오니 마침내 치부하게 되리라.

[六五]

七 艮爲山(간위산)

成敗多端　欲進不進
心滿意足　半得半失
基地發動　移居爲吉
官災口舌　愼之可也

성패가 다단하니 나가고자 하나 나가지 못한다. 심의가 만족하니 반은 얻고 반은 잃는다. 집터가 발동하니 집을 옮기면 길하도다. 관재와 구설수가 있으니 조심함이 옳으리라.

正月	小往大來　君子道長 智短謀淺　欲巧反拙	작게 가고 크게 오니 군자의 도가 장구하다. 지혜가 짧고 꾀가 얕으니 잘하려 해도 오히려 옹졸하다.
二月	利在東方　謀事方成 心身太平　家有吉慶	이익이 동방에 있으니 꾀하는 일이 드디어 성공한다. 심신이 태평하니 집에 길한 경사가 있다.
三月	若非婚姻　生男之數 勿謀他營　損財多端	만일 혼인수가 아니면 생남할 운수로다. 다른 경영을 꾀하지 마라. 손재 다단하리라.
四月	財上有損　盜賊愼之 所營之事　別無損益	재물의 손실이 있으니 도적을 조심하라. 경영하는 일은 손해도 이익도 없으리라.
五月	時機尙早　安靜待時 發憤忘食　所願必就	시기가 아직 이르니 안정하고 때를 기다리라. 발분망식하면 소원을 성취하리라.
六月	厄運漸消　憂散喜生 吟咏風月　談今悅古	액운이 점점 사라지니 근심이 흩어지고 기쁨이 생긴다. 풍월을 읊고 고금지사를 담화한다.
七月	有情朋友　相爲助力 細雨霏霏　草木更新	붕우가 유정하니 서로 조력한다. 가랑비가 비비하니 초목이 다시 새롭다.
八月	出入朝庭　錦衣紫綬 春到人間　病者回春	조정에 출입하니 금의자수를 입었다. 봄이 인간에게 이르니 병자가 쾌차하리라.
九月	貴人助我　意外成功 財祿隨身　一身榮貴	귀인이 나를 도우니 의외로 성공한다. 재록이 몸을 따르니 일신이 영귀하도다.
十月	若非得財　必逢佳人 財運已回　富名可期	만일 재물을 얻지 못하면 반드시 가인을 만난다. 재운이 이미 돌아오니 부명을 가히 기약하리라.
十一月	經營之事　必是成功 身旺財旺　衣食豊足	경영지사는 반드시 성공한다. 몸과 재물이 왕하니 의식이 풍족하리라.
十二月	莫近喪家　疾病可畏 貴人多助　財上有吉	상가에 가지 마라. 질병이 두렵도다. 귀인이 많이 도우니 재물에 길함이 있으리라.

〔上九〕

艮爲山 (간위산)

七

在仕升職　商者多利
田園增廣　壽高身康
初年困苦　晚年榮華
心滿意足　天下太平

관리는 직위가 오르고 장사는 이익이 많다. 전원이 넓어질 것이요, 수한이 높고 몸이 안강하리라. 초년은 곤고하나 만년은 영화로다. 심의가 만족하니 천하가 태평하리라.

正月	財在路邊　强求必得 家神發動　家庭不安	재물이 노변에 있으니 힘써 구하면 반드시 얻는다. 가신이 발동하니 가정이 불안하리라.
二月	得失相半　一喜一悲 速成則敗　晚達亦好	득실이 상반되니 한 번 기쁘고 한 번 슬프다. 속히 이루면 패하고 늦게 달하면 좋으리라.
三月	必得貴人　每事多助 口舌或有　不然疾病	반드시 귀인을 만나리니 매사에 도움이 많다. 구설이 있을 것이요, 불연이면 질병이로다.
四月	行山渡水　心無所畏 花發千山　萬家同春	산을 걷고 물을 건너도 마음에 두려움이 없다. 꽃이 산마다 피었으니 온누리가 봄을 같이한다.
五月	奔地長道　駿馬橫行 東西兩方　財利可得	먼 길을 나서서 준마가 횡행한다. 동서 양방에서 재리를 얻게 되리라.
六月	千里他鄕　喜逢故人 意外得財　必有成就	천리 타향에서 기쁘게 고인을 만났다. 의외로 재물을 얻으니 반드시 성취함이 있으리라.
七月	財運旺盛　意氣揚揚 莫信親人　或有失敗	재운이 왕성하니 의기가 양양하도다. 친한 사람을 믿지 마라. 혹 실패가 있으리라.
八月	日月光明　橫財千金 金銀滿箱　廣置田庄	일월이 광명을 내니 천금을 횡재한다. 금은이 가득할 것이요, 전장도 넓히리라.
九月	或營商業　獲利千金 壽康又得　衣食豊饒	혹 상업을 경영하면 천금을 획리한다. 수복강녕하니 의식이 풍족하리라.
十月	利在東南　謀事方成 勿爲妄動　靜待爲吉	이익이 동남에 있으니 꾀하면 드디어 성취한다. 망령되이 동하지 마라. 조용히 기다리면 길하다.
十一月	家神發動　家庭不安 謀事多端　徒費精力	가신이 발동하니 가정이 불안하도다. 꾀하는 일은 많으나 한갓 정력만 허비한다.
十二月	財上有損　盜賊愼之 西北有害　勿爲出行	재물상의 손실이 있으니 도적을 조심하라. 서북에 해가 있으니 출행하지 마라.

[初六]

風山漸 (풍산점)

鴻才賢德　去奸逐佞
自微積累　以小易大
口舌生財　自力創新
勿聽人言　官訟可畏

재주가 크고 덕이 어지니 간사함을 제거하고 망령됨을 쫓는다. 작은 것을 누적하니 마침내 큰 것을 이루리라. 입으로 재물을 모으니 자력으로 업을 창설한다. 남의 말을 듣지 마라. 관재 송사가 두렵다.

正月	爲人正大　斥奸逐善 提携無人　自力成就	위인이 정대하니 간사함을 배척하고 선을 좇는다. 이끌어 주는 사람은 없으나 자력으로 성취하리라.	
二月	守身安意　薰風和氣 登科及第　名垂竹帛	몸을 지키고 뜻을 편히 하니 훈풍에 화기가 돈다. 등과하여 급제하니 이름을 죽백에 드린다.	
三月	危事不危　路險不險 日月光明　金銀滿箱	위태한 일에 위태롭지 않고 험한 중에 험하지 않다. 일월이 광명하니 금은이 가득하리라.	
四月	橫財千金　廣置田庄 奔馳長道　駿馬橫行	천금을 횡재하니 전장을 넓힌다. 먼길에 분주하니 준마가 횡행하리라.	
五月	天顔在近　登科及第 雲散月出　天地明郞	귀인이 가까이 있으니 등과급제하리라. 구름이 흩어지고 달이 나오니 천지가 명랑하리라.	
六月	自立成就　生涯安然 進就雖阻　終乃成就	자립하여 성취하니 생애가 안연하다. 진취 길에 막힘이 있으나 마침내 성취하리라.	
七月	太乙照命　春山花發 心身和悅　德業日新	태을이 명에 비치니 춘산에 꽃이 피었다. 심신이 화열하니 덕업이 날로 새롭다.	
八月	心滿意足　半得半失 小往大來　終得成富	심의가 만족하나 반은 얻고 반은 잃는다. 작게 가고 크게 오니 마침내 부자가 되리라.	
九月	經營之事　如成未成 出則心閑　入則心亂	경영지사는 되는 듯하면서 이루지 못한다. 나가면 상쾌하고 들어오면 심란하리라.	
十月	家神發動　家庭不安 莫近女人　必有損害	가신이 발동하니 가정이 불안하다. 여자를 가까이 마라. 반드시 손해가 있으리라.	
十一月	欲行無路　强求不得 橫厄有數　誠心度厄	가고자 하나 길이 없으니 억지로 구해도 얻지 못한다. 횡액수가 있으니 성심으로 액을 막으라.	
十二月	事有未決　必有煩悶 西北有害　勿爲出行	일에 미결됨이 있으니 마음에 번민이 생긴다. 서북은 해로우니 출행하지 마라.	

風山漸 (풍산점)

錦衣玉食 安如泰山
隨處有榮 無往不利
或有疾病 豫先其禱
名振遠近 人皆仰視

금의옥식하니 편하기가 태산과 같다. 곳에 따라 영화가 있으니 불리하지 않은 곳이 없다. 혹 질병은 있으리니 미리 기도하라. 이름을 원근에 떨치니 사람마다 우러러보리라.

正月	若非職位 得男之數 失物有數 盜賊愼之		만일 직장과 벼슬을 얻지 못하면 득남할 수로다. 실물수가 있으니 도적을 조심하라.
二月	夫和婦順 家庭太平 萬事如意 財積如山		부부가 화순하니 가정이 태평하도다. 만사가 여의할 것이요, 재물은 산같이 쌓이리라.
三月	千里遠程 無依無托 東奔西走 食少事煩		천리 원정에 나서니 의지가 없도다. 동분서주하며 식소사번하리라.
四月	家有吉慶 美人相酌 人口增進 田土買得		집안에 길한 경사가 있으니 미인과 술잔을 대하였다. 인구가 증진될 것이요, 전토를 사들이게 된다.
五月	莫近水邊 水厄可畏 勿爲妄動 災厄難免		물가에 가지 마라. 수액이 두렵다. 망령되이 활동하지 마라. 재액을 면키 어려우리라.
六月	貴人相助 利在其中 文書有吉 利在田庄		귀인과 서로 만나니 이익이 그 가운데 있다. 문서의 길함이 있으니 이익이 전장에 있으리라.
七月	凡事有吉 財利入門 身上有吉 必有亨通		범사에 길함이 있으니 재리가 문으로 들어온다. 신상에 좋은 일이 있으니 반드시 형통하리라.
八月	以小易大 財運大通 事業萬盛 家道興旺		작은 것으로 큰 것을 바꾸니 재운이 대통하다. 사업이 창성하니 가도가 흥왕하리라.
九月	事有頭緒 勿爲太急 或有口舌 謀事難成		일에는 두서가 있는 법이니 태급하게 서둘지 마라. 혹 구설수 있을 것이요, 꾀하는 일은 힘이 들리라.
十月	心正待時 必有興旺 勿爲相爭 必有損害		마음을 바로잡고 기다리라. 반드시 흥왕함이 있으리라. 서로 다투지 마라. 반드시 손해가 있다.
十一月	財祿臨身 名傳四海 聲聞高閣 喜滿家庭		재록이 몸에 임하니 이름을 사해에 떨친다. 소리가 높은 누각에 들리니 기쁨이 가정에 가득하다.
十二月	人多忌我 所望難成 深山失路 行路不能		사람이 다 나를 꺼리니 소망을 이루기 어렵다. 깊은 산에서 길을 잃으니 길을 가기 어렵다.

[九三]

風山漸 (풍산점)

親人難信	勿言心事
或有驚恐	不然盜賊
每事阻滯	未免長沙
豫防失物	損害不少

친한 사람은 믿기 어려우니 심사를 말하지 마라. 혹 경황지사가 있을 것이요, 불연이면 도적을 만나리라. 매사에 막힘이 있고 관재수도 면키 어렵다. 실물수를 조심하라. 손재가 적지 않으리라.

正月	家有慶事 弄璋之慶		집에 경사가 있으니 생남할 운수로다.
	心正待時 必有興旺		마음을 바로잡고 때를 기다리라. 반드시 흥왕하게 되리라.
二月	靑鳥傳信 鰥者得配		청조가 서신을 전하니 홀아비가 아내를 얻었다.
	十年經營 一日之榮		십년을 경영하여 하루의 영화로다.
三月	名振一世 立馬金門		이름이 일세에 진동하니 금문에 말을 세웠다.
	偶逢貴人 所願成就		우연히 귀인을 만나 소원을 성취하리라.
四月	名有遠近 人皆仰視		이름이 원근에 있으니 사람마다 우러러본다.
	李花桃花 開花滿庭		이화 도화가 뜰 안에 가득히 피었다.
五月	幸運已回 福祿自來		행운이 이미 돌아오니 복록이 자연 이른다.
	心正待時 好機必至		마음을 바로잡고 때를 기다리면 호기가 반드시 이르리라.
六月	貴人相助 利在其中		귀인이 도와주니 이익이 그 가운데 있다.
	財在西方 意外自得		재물이 서방에 있으니 의외로 자연 얻으리라.
七月	人不從我 所望難成		사람이 나를 좇지 않으니 소망을 이루기 어렵다.
	先失財利 後得安靜		먼저는 큰 재물을 잃고 뒤에는 안정을 얻는다.
八月	世事浮雲 初吉後凶		세상 일이 뜬구름 같으니 처음은 길하고 뒤에 흉하다.
	若無損財 疾病侵身		만일 손재수가 없으면 질병이 침노하리라.
九月	身上有吉 必有亨通		신상의 길함이 있으니 반드시 형통하도다.
	財運方盛 家道興旺		재운이 왕성하니 가도가 흥왕하리라.
十月	事不如意 世事如夢		일이 여의치 못하니 세상 일이 꿈과 같다.
	若無疾病 堂上之憂		만일 질병이 없으면 부모의 근심이 있으리라.
十一月	深山失路 行路不能		깊은 산에서 길을 잃으니 나가기가 어렵다.
	人多忌我 所望難成		사람이 모두 나를 꺼리니 소망을 이루기 어려우리라.
十二月	靜則失業 動則有益		가만히 있으면 업을 잃고 활동하면 유익하다.
	若無損財 疾病侵身		만일 손재수가 없으면 질병이 침노하리라.

[六四]

風山漸 (풍산점)

歲和年豊　家給人足
身必近貴　拔薦得力
春草逢雨　日益成長
東北兩方　必得大財

세화연풍하니 집안이 늘고 인구가 족하다. 몸이 귀인과 사귀니 추천을 얻어 성공하리라. 봄풀이 비를 만난 격이니 날로 성장한다. 동북 양방에서 반드시 큰 재물을 얻으리라.

正月	膝下有慶　金玉滿堂	名振遠近　人皆仰視	슬하의 경사가 있으니 금옥이 만당하도다. 이름을 원근에 떨치니 사람마다 우러러보리라.
二月	身上無憂　財必長遠	春草逢雨　福祿自來	일신의 근심이 없고 재물도 장구하리라. 봄풀이 비를 만난 격이니 복록이 자연 이르리라.
三月	官鬼發動　虛夢散亂	經營之事　得利不少	관귀가 발동하니 헛된 꿈이 산란하다. 경영지사는 이익이 적지 않으리라.
四月	陰陽和合　必有慶事	恭儉自約　生計自安	음양이 화합하니 반드시 경사가 있다. 공검자약하면 생계가 안정되리라.
五月	欲捉月兎　惟恨無梯	高人相接　雙眉展開	허황된 꿈을 꾸지 마라. 이루지 못하니 한이로다. 높은 사람과 상대하면 근심이 사라지리라.
六月	修造家屋　去舊生新	炎夏得扇　利名成就	가옥을 수리하니 모든 일이 새롭다. 더운 여름에 부채를 얻으니 재리와 명예를 성취하리라.
七月	經營之事　速則爲吉	身數大吉　百事皆順	경영지사는 속할수록 길하다. 신수가 대길하니 백사가 모두 순조롭다.
八月	千里他鄕　無依無托	孤枕寒燈　獨坐歎息	천리 타향에서 무의무탁하도다. 고침한등에 홀로 앉아 탄식한다.
九月	他人救助　必有橫財	若非官祿　虛送歲月	타인이 구조해 주니 반드시 횡재수가 있도다. 만일 관록을 얻지 못하면 허송세월하리라.
十月	利在東西　謀事方成	多受口舌　先凶後吉	이익이 동서에 있으니 꾀하는 일을 성취한다. 구설수가 많으나 먼저는 흉하고 뒤에 길하다.
十一月	老人有病　壽限可畏	在家有吉　出他有憂	노인이 병을 얻으면 수한이 두렵다. 집에 있으면 길하고 출타하면 근심이 있으리라.
十二月	霖雨方止　道路始通	有子生女　慶事必有	장마가 드디어 그치니 도로가 비로소 통했다. 생산할 수가 있으니 반드시 경사가 있으리라.

〔九五〕

風山漸 (풍산점)

身遊貴門　終也得位
春草逢雨　日益成長
他人救助　必有橫財
陰陽和合　婚慶可知

몸이 귀문에서 노니니 마침내 벼슬을 얻는다. 봄풀이 비를 만나니 날로 성장하리라. 타인이 도와주면 반드시 횡재수가 있으리라. 음양이 화합하니 혼인의 경사임을 알리로다.

正月	他人救助	必有橫財	타인의 도움을 받으면 반드시 횡재수가 있도다.
	春草逢雨	福祿自來	봄풀이 봄을 만나니 복록이 자연 이르리라.
二月	若非官祿	生男之數	만일 관록을 얻지 못하면 생남할 운수로다.
	家道平吉	心身安靜	가도가 평길하니 심신이 안정되리라.
三月	夫和婦順	只恨不孕	부화부순하나 다만 잉태 없음을 한한다.
	洛下逢人	營事有利	낙양에서 사람을 만나니 경영사에 유리하리라.
四月	貴人相逢	必得功名	귀인을 상봉하니 반드시 공명을 얻는다.
	心多煩惱	財數大吉	마음에 번뇌가 많으나 재수는 대길하리라.
五月	一身不安	財必長遠	일신이 불안하니 재물이 장원하다.
	勞而無功	身數奈何	수고하나 공이 없으니 신수라 어이하리요.
六月	若逢貴人	大財可得	만일 귀인을 만나면 큰 재물을 얻는다.
	桃李逢春	花開結實	도화 이화가 봄을 만나니 꽃이 피고 열매를 맺는다.
七月	謀事順成	必有吉利	꾀하는 일이 순조로우니 반드시 길리하도다.
	身數大吉	百事如意	신수가 대길할 것이요, 백사가 여의하다.
八月	官鬼發動	虛夢散亂	관귀가 발동하니 허몽이 산란하도다.
	兩人合心	難事速成	두 사람이 합심하면 어려운 일이 속성되리라.
九月	身遊奔走	勞而無功	몸이 분주하게 노니 수고하나 공이 없도다.
	經營之事	速則爲吉	경영지사는 속하면 길하리라.
十月	謀事順成	必有吉利	꾀하는 일이 순조로우니 반드시 길리하도다.
	身數大吉	喜不自勝	신수가 대길하니 기쁨을 이기지 못하리라.
十一月	春草逢雨	壽福自來	봄풀이 봄을 만나니 수복이 자연 이른다.
	守舊安靜	有人來助	옛것을 지키고 안정하면 와서 도우는 이가 있으리라.
十二月	莫恨困苦	終得安樂	곤고함을 한탄 마라. 마침내 안락하도다.
	身上有勞	運數奈何	일신의 노고가 있으니 운수라 어이하리요.

[上九]

風山漸 (풍산점)

雲外萬里　得意還鄉
一躍龍門　壯元新才
凡事無益　守舊則安
月下相逢　是何天緣

운외만리에서 득의 환향하였다. 한 번 뛰어 용문에 오르니 장원급제하리라. 범사에 무익하니 옛것을 지킴이 편안하다. 달빛 아래 만난 사람이 어찌 연분이라 하리요.

正月	凡事無益　守舊則安 非理勿貪　是非四起		범사에 이익이 없으니 옛것을 지키면 편안하다. 이치 아님을 탐하지 마라. 시비가 사방에서 일어난다.
二月	官鬼發動　虛夢散亂 兩人相合　難事速成		관귀가 발동하니 허한 꿈만 산란하도다. 두 사람이 서로 합하면 어려운 일이 속성된다.
三月	勿聽他言　別無所望 周遊四方　先吉後凶		타인의 말을 믿지 마라. 별로 소망이 없다. 사방에 주유하니 먼저는 길하고 뒤는 흉하다.
四月	利在何方　東北兩方 身旺財旺　衣食裕餘		이익이 어디에 있는고. 동북 양방이로다. 몸과 재물이 왕하니 의식이 유여하도다.
五月	暗行失路　前道暗暗 前程有險　出行不利		어둔 밤에 길을 잃으니 전도가 암암하도다. 앞 길에 험함이 있으니 출행하면 불리하리라.
六月	若無官災　口舌身病 膝下之憂　別無損害		만일 관재수가 없으면 구설과 신병이로다. 슬하의 근심은 있으나 별로 손익은 없다.
七月	莫近親人　損財不鮮 身遊奔走　勞而無功		친한 사람을 조심하라. 손재가 많으리라. 몸이 분주히 노니 노력하나 공이 없으리라.
八月	經營之事　勿說內客 兩人同業　別無所得		경영지사는 내용을 말하지 마라. 두 사람이 동업하면 별로 소득이 없으리라.
九月	厄運已消　壽福自來 凶化爲吉　家產之旺		액운이 이미 사라지니 수복이 자연 이른다. 흉함이 화하여 길이 되니 가산이 왕성하리라.
十月	高高天邊　日輪初紅 守舊安靜　有人來助		높고 높은 천변에 햇빛이 처음 붉었다. 가만히 있으면 와서 돕는 이가 있으리라.
十一月	官鬼發動　豫爲防厄 心中煩惱　誰向說話		관귀가 발동하니 미리 액을 막으라. 심중의 번뇌를 누구를 향하여 말하리요.
十二月	洞房花燭　獨坐彈琴 若逢貴人　大財可得		화촉 동방에 홀로 앉아 거문고를 탄다. 만일 귀인을 만나면 큰 재물을 가히 얻으리라.

三九

[初九]

四二三	雷澤歸妹 (뇌택귀매)	집에 있으면 불안하고 출타하면 마음이 한가하다. 깊은 산에서 길을 잃으니 동서를 분변 못한다. 재물이 사방에 있으니 도처에서 재물을 얻는다. 금년의 운수는 먼저는 곤하고 뒤에는 태평하리라.
	居家不安　出他心閑 深山失路　東西不辨 財在四方　到處得財 今年之運　先困後泰	

正月	上承君恩　下安庶民 桃李叢中　牧丹盛開	위로는 군은을 입고 아래로는 백성을 편케 한다. 도화 이화가 얽힌 가운데 모란이 무성하게 피었다.
二月	貴人相助　意外成功 年登豊穀　飽食暖衣	귀인이 도와주니 의외로 성공한다. 연사가 풍등하니 배불리 먹고 따뜻이 입는다.
三月	財在四方　求而可得 莫貪非理　少得多失	재물이 사방에 있으니 구하면 가히 얻는다. 이치 아닌 것을 탐하지 마라. 적게 얻어서 많이 잃는다.
四月	商路得財　廣置田庄 財入家門　半失奈何	장사 길에 재물을 얻으니 전장을 널리 장만한다. 재물이 집안에 들어오나 반이나 잃으니 어이하리요.
五月	莫近是非　口舌難免 東北兩方　偶然得財	시비를 가까이 마라. 구설을 면키 어렵다. 동북 양방에서 우연히 재물을 얻으리라.
六月	心無定處　事有未決 豫爲安宅　不久大禍	마음에 정한 곳이 없으니 일에 미결됨이 있다. 미리 액을 막으라. 오래지 않아 큰 화가 있다.
七月	身運不均　有苦多憂 西北兩方　勿宜出行	신운이 고르지 못하니 근심과 고초가 많다. 서북 양방에 출행함은 불리하다.
八月	深山失路　前道暗暗 得而難聚　運也奈何	깊은 산에서 길을 잃으니 앞길이 캄캄하도다. 얻으나 모으기는 어려우니 운이라 어이하리요.
九月	千里有信　喜逢親人 莫近喪家　必有病苦	천리에 소식이 있으니 기쁘게 친한 이를 만난다. 초상집에 가지 마라. 반드시 병고가 있으리라.
十月	雲雨滿空　大雨則降 莫近訟事　口舌難免	운우가 창공에 가득하니 큰 비가 곧 내린다. 송사를 가까이 마라. 구설을 면키 어렵다.
十一月	財物到家　反爲有害 出路險難　欲行不進	재물이 집에 이르나 오히려 해가 된다. 산길이 험난하니 가고자 하나 나가지 못한다.
十二月	財數平吉　心亂奈何 入則困苦　出則有吉	재수는 평길하나 심란함은 웬일인가. 집에 들면 곤고하고 나가면 길하리라.

[九二]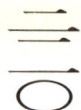

雷澤歸妹 (뇌택귀매)

勿思分外　天不賜福
有才無德　不遇明主
在家心亂　出行則吉
身運不利　有苦多憂

분수 밖의 일을 생각지 마라. 하늘이 복을 주지 않는다. 재주만 있고 덕이 없으니 밝은 임금을 만나지 못한다. 집에 있으면 심란하고 출행하면 길하다. 신운이 불리하니 근심과 고초가 많으리라.

正月	桃李逢春　花開結實 祿在四方　到處春風	도화 이화가 봄을 만나니 꽃이 피고 열매를 맺는다. 재록이 사방에 있으니 도처에서 즐거운 일이 있으리라.
二月	他人之財　偶然到家 不勞自得　生計安定	타인의 재물이 우연히 집에 이른다. 노력하지 않아도 자연 얻으니 생계가 안정되리라.
三月	陰事方盛　非親則戚 吉祥臨身　必有好事	남모르는 비밀사가 있으니 육친이 아니면 외척이로다. 길한 상서가 몸에 임하니 반드시 좋은 일이 있으리라.
四月	心中有憂　安靜則吉 南方不利　勿爲出行	심중에 근심이 있으나 안정하면 길하다. 남방은 불리하니 출행하지 마라.
五月	厄消春雪　喜事將到 心中煩惱　橫厄可畏	재액이 눈같이 사라지니 기쁜 일이 장차 이른다. 심중에 번민이 있으니 횡액이 두렵다.
六月	祿在到處　求之可得 喜中有憂　官厄愼之	재록이 도처에 있으니 구하면 가히 얻는다. 기쁜 가운데 근심이 생기니 관액을 조심하라.
七月	日入雲中　不見好月 有路南北　奔走無暇	달이 구름 속에 드니 좋은 달을 보지 못한다. 남북에 길이 있으니 분주하여 항시 바쁘다.
八月	猛虎出林　其勢當當 莫信人言　反有不利	맹호가 수풀에서 나오니 그 형세가 당당하도다. 남의 말을 믿지 마라. 오히려 불리하리라.
九月	財物興旺　百事如意 貴人恒助　必是成功	재물이 흥왕하니 백사가 여의하도다. 귀인이 항시 도우니 필시 성공하리라.
十月	謀事最速　利益不少 經營之事　他人先謀	꾀하는 일을 속히 하면 이익이 적지 않도다. 경영지사는 남에게 선수를 빼앗기리라.
十一月	身數不吉　疾病可愼 此月之數　凶多吉少	신수가 불길하니 질병을 조심하라. 이 달의 운수는 흉함이 많고 길함이 적다.
十二月	莫近是非　口舌紛紛 出門大吉　意外得財	시비를 가까이 마라. 구설이 분분하도다. 문을 나서면 대길하니 의외로 득재하리라.

〔六三〕

四二三 雷澤歸妹 (뇌택귀매)

有意未遂　有事未作
芝蘭茂春　菊花開秋
勞心勞力　功業難成
佳人相逢　一喜一悲

뜻을 두고 이루지 못하고 일이 있어도 하지 못한다. 지란은 봄에 성하고 국화는 가을에 핀다. 노심노력하나 공업을 이루기 어렵다. 가인과 상봉하나 한 번 기쁘고 한 번 슬프리라.

正月	有意未就　有事未作 好事多摩　膝下有憂	뜻은 있으나 이루지 못하니 사업을 달성하지 못한다. 좋은 일에 마가 많으며 슬하의 근심도 있으리라.
二月	芝蘭茂盛　枝枝結實 事事如意　衣食裕餘	지란이 무성하니 가지마다 열매로다. 일마다 여의하니 의식이 유여하리라.
三月	事有多滯　徒費心力 初雖辛苦　晚得吉運	일에 막힘이 많으니 한갓 심력만 허비한다. 처음은 비록 신고가 있으나 늦게 길운을 만나리라.
四月	他人之財　偶然到家 喜中有憂　官厄愼之	타인의 재물이 우연히 집에 이른다. 기쁨 속에 근심이 있으니 관액을 조심하라.
五月	莫近他人　是非爭訟 謀事最速　緩則失機	타인을 가까이 마라. 시비와 쟁송이 있다. 꾀하는 일을 가장 속히 하라. 늦으면 기회를 잃는다.
六月	出使遠國　名譽顯達 富而不驕　貴而不貪	타국의 사신으로 나가니 명예가 현달하도다. 부해도 교만치 아니하고 귀하되 탐하지 마라.
七月	兩虎相爭　誰勝誰負 出行不利　守舊安靜	두 범이 서로 싸우니 승부를 알지 못한다. 출행함은 불리하니 집을 지키면 안정되리라.
八月	天地相應　萬物和生 貴人在傍　偶然助我	천지가 상응하니 만물이 화생한다. 귀인이 곁에 있으니 우연히 나를 도우리라.
九月	財在路邊　强求小得 勿思分外　自守常職	재물이 노변에 있으니 힘써 구하면 조금 얻는다. 분수 밖의 일을 생각지 마라. 있는 자리가 상직이로다.
十月	月出雲外　天地明朗 祈禱名山　凶反爲吉	달이 구름 밖에 나오니 천지가 명랑하도다. 명산에 기도하라. 흉함이 오히려 길하게 된다.
十一月	一有喜事　一有悲事 吉凶相反　得失不分	하나는 기쁜 일이 있고 하나는 슬픈 일이 있다. 길흉이 상반하니 얻고 잃음을 구분 못한다.
十二月	害方何處　東南兩方 坐不安席　奔走東西	해로운 곳이 어디뇨. 동남 양방이로다. 앉아도 편안치 못하니 동서로 분주하리라.

[九四]

四二三	雷澤歸妹(뇌택귀매) 風波將至 乘舟不吉 莫信人言 謀事反誤 求財難望 求官爲吉 若非科甲 必有慶事	풍파가 장차 이르고자 하니 배 타는 것은 불길하다. 남의 말을 믿지 마라. 꾀하는 일을 오히려 그르친다. 재물 구하기는 어려워도 벼슬 구함은 길하다. 만일 관록을 얻지 못하면 반드시 경사가 있으리라.

正月	新築家舍 門戶一新 意外功名 衣食裕餘	가사를 신축하니 문호가 한 번 새롭다. 의외의 공명을 얻으니 의식이 유여하리라.
二月	有志未就 膝下有憂 芝蘭茂盛 枝枝結實	뜻은 있으나 이루지 못하고 슬하에는 근심이 있다. 지란이 무성하니 가지마다 열매를 맺는다.
三月	千里遠方 一身孤單 莫近水邊 河伯嗔怒	천리 원방에 일신이 고단하도다. 물가에 가지 마라. 하백이 진노한다.
四月	古基不利 移基爲吉 事業新創 日就月將	옛터는 불리하니 이사하면 길하다. 사업을 창설하면 일취월장하리라.
五月	利在東方 謀事方成 他人助我 財上有吉	이익이 동방에 있으니 꾀하는 일이 성취된다. 타인이 나를 도우니 재물에 길함이 있다.
六月	財上有損 去來愼之 在家不和 家道不安	손재수가 있으니 돈거래를 조심하라. 집에 있으면 불화하니 가도가 불안하리라.
七月	莫信親人 爲害無益 謀事多短 徒費心力	친한 사람을 믿지 마라. 해는 되나 이익이 없다. 꾀하는 일이 다단하니 한갓 심력만 허비한다.
八月	基地發動 移居爲吉 若不其然 遠行爲吉	집터가 발동하니 이사하면 길하리라. 그렇지 아니하면 원행하면 길하리라.
九月	若非婚姻 生男之數 莫道他人 口舌紛紛	만일 혼인수가 아니면 생남할 운수로다. 남의 허물을 말하지 마라. 구설이 분분하리라.
十月	吉變爲凶 徒費心力 莫出東方 損財不鮮	길함이 변하여 흉이 되니 한갓 심력만 허비한다. 동방에 가지 마라. 손재가 적지 않으리라.
十一月	萬事順成 富如石崇 勿謀他營 損害不少	만사가 순조로우니 부함이 석숭과 같다. 다른 경영을 꾀하지 마라. 손해가 적지 않으리라.
十二月	琴瑟不和 身數奈何 若非如此 疾病侵身	금슬이 불화하니 신수라 어이하리요. 그렇지 않으면 질병이 침노하리라.

〔六五〕

四一三	雷澤歸媒 (뇌택귀매) 着冠出門　奔走之格 求財四方　終乃不得 謀事多端　不中奈何 吉變爲凶　虛度光陰	관을 쓰고 문을 나서니 분주한 격이로다. 재물을 사방에서 구하나 마침내 얻지 못한다. 꾀하는 일은 다단하나 뜻대로 되지 않는다. 길이 변하여 흉이 되니 헛되이 세월만 보내리라.
正月	吉中有凶　身數奈何 口舌有數　莫與人爭	길한 가운데 흉이 있으니 신수라 어이하리요. 구설수가 있으니 남과 다투지 마라.
二月	一室兩姓　意何不合 家神發動　求財不得	한 집에 두 성이 거하니 뜻이 어찌 불합하느뇨. 가신이 발동하니 재물을 구해도 얻지 못한다.
三月	勿爲相爭　口舌可畏 東北兩方　貴人來助	서로 다투지 마라. 구설이 가히 두렵다. 동북 양방에서 귀인이 와서 도우리라.
四月	若有人助　婚姻有慶 他鄕旅窓　喜逢佳人	만일 남의 도움이 있으면 혼인의 경사가 있도다. 타향 객창에서 기쁘게 가인을 만나리라.
五月	官鬼發動　官厄愼之 文上有吉　必有得財	관귀가 발동하니 관액을 조심하라. 문서상의 길함이 있으니 반드시 재물을 얻으리라.
六月	南方不利　宜行北方 若非官祿　弄璋之慶	남방은 불리하나 북방은 길하도다. 만일 벼슬을 못하면 생남할 경사가 있으리라.
七月	始逢大運　萬事順成 天佑神助　難事可達	비로소 대운을 만나니 만사가 순조롭다. 하늘이 돕고 신이 도우니 어려운 일도 가히 성취된다.
八月	守口勿言　必有口舌 吉事生凶　此亦奈何	입을 다물고 말하지 마라. 반드시 구설이 있으리라. 길한 일에 흉액이 생기니 이 역시 어이할꼬.
九月	恐有疾病　豫爲禱厄 心正待時　必有興旺	질병이 있을까 두려우니 미리 액을 빌라. 마음을 바로잡고 때를 기다리면 반드시 흥왕하리라.
十月	財在西方　意外得財 家有喜事　貴人來助	재물이 서방에 있으니 의외로 득재한다. 집에 기쁜 일이 있으니 귀인이 와서 도우리라.
十一月	好事多魔　妖鬼入庭 勿爲相爭　必有大損	좋은 일에 마가 많으니 요귀가 뜰에 들어온다. 서로 다투지 마라. 반드시 큰 손해가 있으리라.
十二月	若無損財　疾病侵身 月入雲中　浮雲蔽日	만일 손재수가 없으면 질병이 침노한다. 달은 구름 속에 들고 뜬구름은 햇빛을 가렸다.

[上六] 三四

四二	雷澤歸妹 (뇌택귀매)	만일 이사를 하면 마침내 재리를 얻는다. 혹 질병이 없으면 필시 생남하리라. 분수를 지키고 편안히 거하라. 망동하면 실패하도다. 고목이 봄을 만나니 마침내 광명이 있으리라.
	若而移舍　終得財利 若無疾病　必是生產 守分安居　妄動則敗 古木回春　終時有光	

正月	經營之事　有始無終 若非作客　官災操心	경영자는 처음만 있고 끝이 없다. 만일 타관의 풍상이 아니면 관재수를 조심하라.
二月	每事注意　前程有險 身上有危　莫行都市	매사를 주의하라. 전정이 험난하도다. 신상의 액이 있으니 도시에 나가지 마라.
三月	財數論之　別無所得 勿媒他營　損財不少	재수를 말하자면 별로 소득이 없다. 다른 경영을 꾀하지 마라. 손재가 적지 않으리라.
四月	東南有路　口舌生財 若無疾病　必有大患	동남 양방에 길이 있으니 입으로 재물을 번다. 만일 질병이 없으면 반드시 큰 근심이 있으리라.
五月	利在何方　北方可吉 莫近是非　爭訟可畏	이익이 어느 곳에 있는고. 북방이 길하리라. 시비를 가까이 마라. 쟁송이 있으리라.
六月	千里他鄕　喜逢佳人 財在官門　莫貪他財	천리 타향에서 기쁘게 가인을 만났다. 재물이 관문에 있으니 다른 재물은 탐하지 마라.
七月	旱天甘雨　百穀豊登 貴人助我　可得千金	가문 하늘에 단비가 내리니 백곡이 풍등하도다. 귀인이 나를 도와주니 가히 천금을 얻으리라.
八月	莫信親人　損財可畏 守分安居　妄動則敗	친한 이를 믿지 마라. 손재가 가히 두렵다. 분수를 지키고 편히 거하라. 망동하면 실패하리라.
九月	百事俱成　意外得財 家運旺盛　貴人助我	백사를 다 성취하니 의외로 득재하리라. 가운이 왕성하니 귀인이 나를 도와준다.
十月	月明紗窓　貴人相逢 有才有德　成功何難	달이 사창에 밝으니 귀인과 상봉한다. 재주도 있고 덕도 있으니 성공하기 어찌 어려우리요.
十一月	經營之事　有始無終 事方有吉　南方有凶	경영지사는 처음만 있고 끝이 없다. 동방은 길하고 남방은 흉하다.
十二月	或有失敗　謀事無益 每事有滯　心身散亂	실패수가 있으니 꾀하는 일이 무익하도다. 매사에 막힘이 있으니 심신이 산란하리라.

〔初九〕

三五

四三 ䷶	雷火豊(뇌화풍) 畵甁充飢　望泉解渴 世上万事　夢中之事 有才難遇　苦惱傷神 雖有奇謀　不中奈何	그림의 떡으로 배를 채우고 우물을 바라보며 갈증을 푼다. 세상 만사는 꿈속의 일이로다. 재주는 있으나 운을 만나지 못하였으니 고뇌가 몸을 상하게 한다. 비록 기묘한 꾀를 두어도 맞지 않으니 어이하리요.
正月	若而移舍　終得財利 每事注意　前程險難	만일 이사하면 마침내 재리를 얻는다. 매사를 주의하라. 전정이 험난하리라.
二月	西方有損　不宜出行 莫信親友　損財可畏	서쪽에는 손해가 있으니 출행함은 좋지 않다. 친한 벗을 믿지 마라. 손재가 두렵다.
三月	虎入陷穽　生死未判 古木回春　終時有光	범이 함정에 드니 생사를 판단 못한다. 고목에 봄이 오니 마침내 영광이 있으리라.
四月	雲收北天　群鴻飛翔 上下相交　其福自厚	북천에 구름이 걷히니 무리 기러기가 난다. 상하가 서로 사귀니 그 복이 자연 두터우리라.
五月	若無疾病　必是生産 或有失敗　營事無益	만일 질병이 없으면 필시 생산수 있도다. 혹 실패수 있으니 경영하는 일은 무익하리라.
六月	若有謀事　必是虛荒 東方有吉　南方有凶	만일 꾀하는 일이 있으면 필시 허황하도다. 동방에서는 길리를 얻고 남방에서는 손실을 본다.
七月	骨肉之親　一次傷身 過進重山　道路平坦	골육지친 간에 일차 몸을 상한다. 첩첩한 산중을 지나니 도로가 평탄하리라.
八月	前生有緣　相逢淑女 貴人忽逢　有心多助	전생의 인연이 있으니 숙녀를 상봉하였다. 귀인을 홀연히 만나니 마음에 있는 바를 도와준다.
九月	或有失敗　謀事無益 財數論之　得以半失	혹 실패수가 있으니 꾀하는 일이 무익하도다. 재수를 논지하면 얻어서 반이나 잃는다.
十月	若無疾病　必有大患 心無所主　意外遇事	만일 질병이 없으면 반드시 대환이 있으리라. 마음에 주관성이 없으니 의외로 일을 만난다.
十一月	莫近是非　官災可畏 謀事不明　見機可行	시비를 가까이 마라. 관재가 두렵다. 꾀하는 일이 밝지 못하니 기회를 보아 행하라.
十二月	求之不得　不如在家 災消福來　謀事可成	구해도 얻지 못하니 집에 있음만 같지 못하다. 재앙이 가고 복이 오니 모사를 가히 이루리라.

[六二]

雷火豊 (뇌화풍)

半陰半晴　喜悲相半
骨肉之親　一次見傷
身出旅路　相逢淑女
貴人忽逢　所願成就

반은 흐리고 반은 맑으니 희비가 상반이로다. 골육지친 간에 이별수를 당하리라. 몸이 여로에 나서니 숙녀와 상봉한다. 귀인을 홀연 만나서 소원을 성취하리라.

正月	自解長沙　一室泰平 財在外方　出行有吉		귀양살이에서 풀려나니 일생이 태평하도다. 재물이 집 밖에 있으니 출행하면 길하리라.
二月	忠言逆耳　必受怨謗 經營之事　有始無終		좋은 말이 귀에 거슬리니 원망과 비방을 받으리라. 경영하는 일은 처음은 있고 끝이 없다.
三月	明暗未分　曲直未定 莫恨困苦　必有吉利		명암을 구분치 못하고 곡직을 정하지 못한다. 곤고함을 한탄 마라. 반드시 뒤에는 길리하리라.
四月	西南有損　不宜出行 靑龍登天　雲行雨施		서남 양방에 손해가 있으니 그곳으로 출행 마라. 청룡이 하늘에 올랐으니 구름이 행하고 비가 내린다.
五月	笑中藏刀　言中有綱 若非作客　官災操心		웃음 속에 칼이 있으니 말 가운데 가시가 있다. 만일 출타하지 않으면 관재수를 조심하라.
六月	千里有信　吉事必成 久訟治理　兩者和平		천리에 소식이 있으니 길한 일을 성취한다. 묵은 송사를 다스리니 두 사람이 화평하다.
七月	困窮已極　渴馬逢天 關外有關　重關始開		곤궁함이 이미 극하다가 목마른 말이 물을 얻었다. 어려움 밖에 또 어려움이 있으나 모든 난관을 비로소 통했다.
八月	災消福來　萬事亨通 幸逢貴人　生色五倍		재앙이 사라지고 복이 오니 만사가 형통한다. 다행히 귀인을 만나면 생색이 오배나 되리라.
九月	到處有財　百事俱吉 若非橫財　子孫榮貴		도처에 재물이 있으니 백사에 다 길하다. 만일 횡재수가 아니면 자손이 영귀하리라.
十月	陰陽和合　必有慶事 利在何方　東西爲吉		음양이 화합하니 반드시 경사가 있다. 이익이 어느 곳에 있는고. 동서 양방이 길하리라.
十一月	探花得實　因友成事 或有疾病　暫時之事		꽃을 탐하여 열매를 얻으니 벗으로 인하여 성사한다. 혹 질병이 있으나 잠시간의 일이로다.
十二月	雲散月出　天池明郎 所望如意　可得大財		구름이 흩어지고 달이 나오니 천지가 명랑하다. 소망이 여의하니 가히 큰 재물을 모으리라.

雷火豊 (뇌화풍)

日掩雲霧　白晝猶昏
若非爭訟　不免口舌
有害親人　勿爲同事
若非生子　官祿臨身

해가 운무에 가리우니 백주에도 어둡다. 만일 쟁송이 있지 않으면 구설을 면치 못하리라. 친한 사람이 해로우니 동업하지 마라. 만일 생남하지 않으면 벼슬을 얻게 되리라.

正月	雲掩月光　先暗後明 宅地不利　移居則吉	구름이 달빛을 가렸으나 먼저는 어둡고 뒤에는 밝다. 집터가 불리하니 이사하면 길하리라.
二月	官位雖好　先得後失 祈禱至誠　可免禍厄	벼슬이 비록 좋으나 먼저 얻고 뒤에 잃는다. 지성으로 기도하면 화액을 가히 면하리라.
三月	與友同事　成敗不一 携酒江上　朋友同樂	벗과 동사하면 성패가 한결같지 않다. 술을 들고 강에 오르니 붕우가 동락하리라.
四月	協力者少　謀事不成 東北兩方　必是大財	협력하는 이가 적으니 꾀하는 일을 이루지 못한다. 동북 양방에서 반드시 큰 재물을 얻으리라.
五月	勿戀舊基　移居爲好 心性剛直　小人侵害	옛터를 그리워 마라. 옮겨 사는 것이 좋다. 심성이 강직하면 소인의 해가 침입한다.
六月	莫近水邊　水厄難免 意外得財　所望成就	물가에 가지 마라. 수액을 면하기 어렵다. 의외로 재물을 얻으니 소망을 성취하리라.
七月	渴龍得水　食祿津津 或有疾病　因女生財	목마른 용이 물을 얻으니 식록이 진진하리라. 혹 질병이 있으나 여자로 인하여 재물이 생긴다.
八月	東北兩方　財神助我 利在其方　求之可得	동북 양방에서 재신이 나를 돕는다. 이익이 그곳에 있으니 구하면 가히 얻으리라.
九月	入山求魚　事由虛荒 古木逢秋　有凶無吉	산에 들어 고기를 구하니 일마다 허황하도다. 고목이 가을을 만나니 흉화가 몸에 이른다.
十月	有志未遂　求事不成 勿貪虛慾　反爲凶禍	뜻을 두고 이루지 못하니 구하는 일을 이루지 못한다. 허욕을 탐하지 마라. 오히려 흉화가 있으리라.
十一月	若非爭論　素服之數 有始無終　每事不成	만일 다투는 일이 없으면 소복을 입을 수 있도다. 처음만 있고 끝이 없으니 매사를 이루지 못한다.
十二月	若不祈禱　家有疾痼 勿爲妄動　損財不鮮	만일 기도함이 없으면 집에 질고가 있다. 망령되이 동하지 마라. 손재가 적지 않으리라.

[九四]

雷火豊 (뇌화풍)

池中之魚　終無活計
事不如意　空然恨歎
家神發動　是非有訟
水火愼之　一驚大亂

연못 속의 고기가 마침내 살 계책이 없다. 일이 여의치 못하니 공연히 한탄만 하리라. 가신이 발동하니 시비와 송사가 있다. 수화를 삼가라. 한 번 큰 분란으로 놀라리라.

正月	始入好運　謀事方成 勿爲妄動　靜待爲吉		비로소 좋은 운이 들었으니 꾀하는 일을 드디어 이룬다. 망령되이 동하지 마라. 고요히 기다리면 길하다.
二月	若非婚姻　生男之數 勿謀他營　謀事有錯		만일 혼인을 아니하면 생남할 운수로다. 다른 경영을 꾀하지 마라. 꾀하는 일에 어긋남이 있다.
三月	財上有損　盜賊愼之 莫近是非　官災可畏		재물의 손실이 있으리니 도적을 조심하라. 시비를 가리지 마라. 관재가 두렵다.
四月	千里他鄕　志友相逢 貴人來助　意外得財		천리 타향에서 뜻맞는 벗을 만났다. 귀인이 와서 도우니 의외로 득재하리라.
五月	身運不利　害者甚多 事有多逆　動則有害		신운이 불리하니 해하는 이가 심히 많다. 일에 거슬림이 많으니 활동하면 해가 있으리라.
六月	若非素服　膝下之憂 莫近是非　訟事不利		만일 복제수가 아니면 슬하의 근심이로다. 시비를 가까이 마라. 송사에 불리하리라.
七月	身遊北方　貴人扶助 西方不利　莫與交遊		몸이 북방에서 놀면 귀인이 붙들어 준다. 서방은 불리하니 그곳 사람과 사귀지 마라.
八月	凡事愼之　橫厄可畏 基地發動　移基爲吉		범사를 조심하라. 횡액이 두렵다. 집터가 발동하니 이사하면 길하리라.
九月	若非妻患　夫婦相爭 事無頭緖　百事難成		만일 아내의 우환이 아니면 부부간에 다툰다. 일에 두서가 없으니 백사를 이루기 어려우리라.
十月	在家則吉　出他不利 莫交他人　損財亡産		집에 있으면 길하고 출타하면 불리하다. 타인을 사귀지 마라. 손재로 재산을 망친다.
十一月	行客失路　進退兩難 經營之事　不得財利		행객이 길을 잃으니 진퇴가 양난하다. 경영지사는 재리를 얻지 못하리라.
十二月	水火愼之　一驚大亂 東奔西走　別無神奇		수화를 조심하라. 한 번 크게 놀라리라. 동서로 분주하나 별로 신기한 일이 없으리라.

雷火豊 (뇌화풍)

文章過人　高官崇祿
千紅萬紫　春光方濃
君子得位　小人逢豊
一有失敗　暫時困苦

문장이 과인하니 벼슬이 높고 녹봉이 많다. 붉은빛이 가득하니 봄빛이 바야흐로 농후하다. 군자는 벼슬을 얻고 소인은 풍년을 만난다. 한때 실패수 있으나 잠시간의 곤고함이라.

正月	長久春日　隱睡何事 江水初解　古樹生芽		기나긴 봄날에 졸음이 웬일인고. 강물이 비로소 풀리니 마른 나무에 싹이 돋는다.
二月	月明東窓　佳人弄玉 財星隨身　日得千金		달이 동창에 밝으니 한 가인이 옥을 희롱한다. 재성이 몸을 따르니 날로 천금을 얻으리라.
三月	財運方盛　食祿有足 南方不利　勿爲出行		재운이 드디어 성하니 식록이 유족하다. 남방은 불리하니 출행하지 마라.
四月	東園桃李　花落結實 若非産慶　利在田庄		동원의 도화 이화가 꽃이 지고 열매를 맺는다. 만일 생산할 경사가 아니면 전장을 넓히게 되리라.
五月	鶯上柳枝　雙去雙來 利在四方　到處得財		꾀꼬리가 버들가지에 오르니 쌍으로 가고 쌍으로 온다. 이익이 사방에 있으니 도처에서 재물을 얻으리라.
六月	莫近親人　損財不少 雖有生財　得而半失		친한 사람을 가까이 마라. 손재가 적지 않도다. 비록 재물은 생긴다 하나 얻어서 반이나 잃는다.
七月	門前門外　車馬不絕 莫貪高位　難免失德		문전 문 밖에서 거마가 끊이지 않는다. 높은 벼슬을 탐하지 마라. 실덕함을 면키 어려우리라.
八月	文章才士　一朝登科 諸事如意　意識裕餘		문장 재사가 일조에 등과하였다. 모든 일이 여의하니 의식이 유여하리라.
九月	莫行東方　失物可畏 財數平平　身數不利		동방에 가지 마라. 실물이 두렵다. 재수는 평평하나 신수는 불리하리라.
十月	明月高閣　風流之聲 財運方盛　生活太平		달 밝은 높은 누각에서 풍류의 소리로다. 재운이 드디어 창성하니 생활이 태평하리라.
十一月	若非失物　口舌可畏 妖鬼作害　謀事不成		만일 실물수가 아니면 구설이 두렵다. 요귀가 작해하니 꾀하는 일을 이루지 못한다.
十二月	在家無益　出門不利 莫爲急圖　晩則爲吉		집에 있으면 무익하고 문을 나서도 불리하다. 급히 서두르지 마라. 늦으면 길하리라.

〔上六〕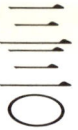

四三	雷火豊 (뇌화풍) 明極反暗　樂極生悲 骨肉相爭　離鄕成家 有才無德　謀事難成 獄事口舌　門庭不安	밝음이 극하면 오히려 어두워지나니 즐거움이 극하여 슬픔이 생긴다. 골육간에 다투니 고향을 떠나 성가하리라. 재주는 있으나 덕이 없으니 꾀하는 일을 이루기 어렵다. 관재 구설이 따르니 가정이 불안하리라.
正月	在家不利　出門心快 莫近親人　損財不鮮	집에 있으면 불리하고 문을 나서면 마음이 상쾌하다. 친한 이를 가까이 마라. 손재가 적지 않으리라.
二月	雖有生財　得而半失 經營之事　雪上加霜	비록 재물이 생긴다 하나 얻어서 반이나 잃는다. 경영하는 일은 점점 어려움을 당하리라.
三月	妖鬼作害　謀事不成 乘馬山上　有路險惡	요귀가 작해하니 꾀함이 이루어지지 않는다. 산상에서 말을 타니 그 길이 험난하도다.
四月	橫厄有數　每事不成 莫近是非　口舌可畏	횡액수가 있으며 매사가 이루어지지 못한다. 시비를 가까이 마라. 구설이 가히 두렵다.
五月	官鬼發動　閨女招男 以此觀之　背恩忘德	관귀가 발동하니 규수가 남자를 불러들인다. 이로써 보건대 배은망덕하는 일이 있으리라.
六月	日何不明　雲蔽其光 橫厄有數　每事愼之	날빛이 어찌 어두우뇨, 구름이 그 빛을 가림이라. 횡액수가 있으니 매사를 조심하라.
七月	所望成遂　必有財旺 莫信人言　損財不少	소망을 이루니 재물이 왕성하도다. 남의 말을 믿지 마라. 손재가 적지 않으리라.
八月	雲捲靑天　明月自新 有吉無凶　身旺財旺	청천에 구름이 걷히니 명월이 자연 새롭다. 길함은 있고 흉이 없으니 몸과 재물이 왕성하리라.
九月	勿爲爭論　是非有數 財運旺盛　成功無疑	다투지 마라. 시비가 따른다. 재운이 왕성하니 성공은 의심없다.
十月	東園梅花　逢時發花 利在商賈　宜向市井	동원의 매화가 때를 만나 만발하였다. 이익이 장사함에 있으니 도시로 향하라.
十一月	家有不安　災禍不絶 勿爲爭訟　損名損德	집안이 불안하니 재화가 끊이지 않는다. 쟁송하지 마라. 명예와 덕망을 손상하리라.
十二月	若非人助　意外成功 厄在膝下　損在西方	만일 남의 도움이 있으면 의외로 성공한다. 액은 슬하에 있고 손실은 서쪽에 있느니라.

[初六]

火山旅(화산려)

才拙志窮　成事甚難
守分守舊　可保無事
奔走東西　虛度光陰
勿爲爭論　爭訟可畏

재주가 옹졸하고 뜻이 궁하니 성사하기 어렵다. 분수를 지키고 옛것을 지키면 가히 무사하리라. 동서로 분주하나 공연히 세월만 보낸다. 다투지 마라. 송사가 일어날까 두렵다.

正月	家人合心　家道興旺 慶事有之　喜滿家庭	온 집안이 합심하니 가도가 흥왕하도다. 경사가 있으리니 기쁨이 가정에 가득하리라.
二月	樂極生悲　興盡悲來 富不節用　後悔莫及	낙이 극하면 비극이 생기고 흥함이 진하면 슬픔이 생긴다. 부할 때 절약하지 않으면 후회하나 소용 없으리라.
三月	風吹雲散　明月滿天 吉運漸回　自此得安	바람이 불어 구름이 흩어지니 밝은 달이 천지에 가득하다. 길운이 점점 돌아오니 이로부터 안정을 얻으리라.
四月	莫信女人　損財可畏 朝鵲南啼　必有喜信	여인의 말을 믿지 마라. 손재가 두렵다. 아침 까치가 남에서 짖으니 반드시 기쁜 소식이 있으리라.
五月	月明萬里　故人來助 水鬼入門　莫行水邊	달이 만리에 밝으니 고인이 와서 돕는다. 수귀가 문에 들어오니 물가에 가지 마라.
六月	若非橫財　必有弄璋 財星照門　日取千金	만일 횡재수가 아니면 반드시 생남한다. 재성이 문에 비치니 날로 천금을 취한다.
七月	今月之數　貴人來助 雲外萬里　雁書自得	이 달의 운수는 귀인이 와서 돕는다. 구름 밖 만리에 기러기가 서신을 전한다.
八月	若非取妻　必有生財 大財入手　生活太平	만일 혼인수가 아니면 재물을 얻게 된다. 큰 재물이 손에 들어오니 생활이 태평하리라.
九月	若非官祿　反有凶禍 西方不利　勿爲出行	만일 벼슬수가 없으면 오히려 흉화가 있다. 서방은 불리하니 출행하지 마라.
十月	驛馬立門　將行他關 到處有財　心身和悅	역마가 문에 섰으니 장차 타관에 가고자 한다. 도처에 재물이 있으니 심신이 즐거우리라.
十一月	財祿隨身　喜色滿面 貴人來助　可得大財	재록이 몸에 따르니 희색이 만면하도다. 귀인이 와서 도우니 가히 큰 재물을 모으리라.
十二月	心身和平　名高德明 莫貪分外　好運已盡	심신이 화평하니 이름이 높고 덕이 밝다. 분수 밖의 것을 탐하지 마라. 좋은 운이 이미 다했다.

火山旅 (화산려)

移鄕擇居　凶中有吉
三春已過　蝴蝶失路
勤勉所事　可保平安
口舌侵之　是非爭起

길한 곳에 옮겨 살면 흉한 가운데 길이 있다. 삼춘이 이미 지났으니 호접이 갈 길을 모른다. 부지런히 노력하면 가히 평안하다. 구설이 침범할 것이요, 시비도 다투어 일어나리라.

正月	利在東方　求之可得 周遊四方　一得一失	이익이 동방에 있으니 구하면 가히 얻는다. 사방에 주유하며 하나는 얻고 하나는 잃는다.
二月	今月之運　必登靑雲 事業隆昌　資財豊盈	이 달의 운수는 관직을 얻게 된다. 사업이 융창하니 재백이 풍영하리라.
三月	麗水見金　崑山採玉 和暢春日　駿馬橫行	여수에서 금을 보고 곤산에서 옥을 캔다. 봄날이 화창하니 말을 타고 횡행하리라.
四月	婢僕如雲　財貨幷集 利在何方　東則大利	비복은 구름 같고 재화는 아울러 이른다. 이익이 어디에 있는고. 동방이 대길하리라.
五月	謀事難成　勿謀改營 若非得財　必逢佳人	꾀하는 일을 이루기 어려우니 사업을 바꾸지 마라. 만일 재물을 얻지 못하면 반드시 가인을 만나리라.
六月	福化爲財　意外橫得 身遊風流　朋友多情	복이 화하여 재물이 되니 의외로 횡재한다. 몸이 풍류 가운데 노니 붕우간에 다정하도다.
七月	紅爐鍛金　終成大器 經營家屋　飽暖自如	홍로에 금을 단련하니 마침내 큰 그릇을 이룬다. 가산을 다스리니 배가 부르고 몸이 따뜻하다.
八月	驛馬照門　遠行得吉 家中有患　豫爲禱厄	역마가 문에 비치니 원행하면 길하도다. 집안에 우환이 있으니 미리 액을 빌라.
九月	才識兼備　營事可成 身上多憂　外人莫近	재주와 식견이 겸비하니 경영사를 가히 이룬다. 신상에 우환이 많으니 외인을 가까이 마라.
十月	莫信親人　反受其害 心身散亂　恒有恐心	친한 사람을 믿지 마라. 오히려 그 해를 받는다. 심신이 산란하니 항시 두려운 마음이 있으리라.
十一月	與人謀事　必有失敗 西南兩方　勿爲出行	남과 더불어 모사하면 반드시 실패한다. 서남 양방에는 출행을 삼가라.
十二月	家有吉祥　必是妻宮 利在東西　出行得利	집에 길한 상서가 있으니 처궁의 경사로다. 이익이 동서에 있으니 출행하면 얻게 되리라.

[九三]

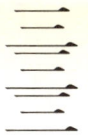

火山旅(화산려)

身出他邦　錦衣還鄉
成功名立　人人仰視
大人如此　庶人平平
今年之數　商業大利

몸이 타방에 나가니 금의환향하도다. 공을 이루고 이름을 세우니 사람마다 우러러보리라. 대인은 이 같으나 서인은 평평하다. 금년의 운수는 장사하면 큰 이익을 얻으리라.

正月	驛馬照門　出行得吉	역마가 문에 비치니 출행하면 길하리라.
	萬里他國　幸逢貴人	만리 타국에서 귀인을 만나리라.
二月	女人愼之　陰謀誰知	여자를 가까이 마라. 음모자를 누가 알리요.
	資産喪失　生活不安	자산을 상실하니 생활이 불안하리라.
三月	昨夜凶夢　心事散亂	어젯밤 흉몽에 심사가 산란하도다.
	日暮江山　乘舟不利	날이 강산에 저무니 배 타는 것이 불리하다.
四月	天外孤鴻　哀叫雲裡	하늘 밖의 외로운 기러기가 구름 속에서 슬피운다.
	人心卒變　世情難測	인심이 졸연 변하니 세정을 측량키 어렵다.
五月	心有不快　一謀難發	마음에 불쾌함이 있으니 한 꾀도 내기 어렵다.
	運數不吉　每事不成	운수가 불길하니 매사를 이루지 못한다.
六月	失物有數　盜賊愼之	실물수가 있으니 도적을 조심하라.
	西南兩方　勿爲出行	서남 양방에 출행하면 해가 있다.
七月	若不勞苦　壽福何望	만약 수고하지 않으면 수복을 어찌 바라리요.
	財運已回　財聚可得	재운이 이미 돌아오니 재물을 얻게 되리라.
八月	莫行喪家　疾病可畏	상가에 가지 마라. 질병을 얻으리라.
	勿爲妄動　動則有害	망령되이 동하지 마라. 활동하면 해가 있으리라.
九月	若無橫財　膝下有慶	만일 횡재수가 아니면 슬하에 경사가 있도다.
	水鬼窺門　莫行水邊	수귀가 문을 엿보니 물가에 가지 마라.
十月	急則有害　緩則有益	급히 하면 해가 있고 늦으면 유익하다.
	莫近是非　官災可畏	시비를 가까이 마라. 관재수가 두렵다.
十一月	莫行遠方　行則大凶	먼 곳에 가지 마라. 출행하면 크게 흉하다.
	守分安靜　心身平隱	분수를 지키고 안정하면 심신이 평온하다.
十二月	運數不利　他人被害	운수가 불리하니 타인의 피해로다.
	雖有勞力　成功可難	비록 노력은 있으나 성공하기 어려우리라.

〔九四〕

火山旅 (화산려)

身有奔忙　財帛可得
居地不合　離鄉可宜
或爲商業　可得小利
厄運已盡　好運將到

일신은 분망함이 있으나 재백은 가히 얻는다.
사는 곳이 합당치 않으니 이사하면 길하리라.
혹 상업을 경영하면 작은 이익은 얻게 된다.
액운이 이미 진하니 좋은 운이 장차 이르리라.

正月	渡海越嶺　風霜重重 謀事不成　移席紛紛		바다 건너 고개를 넘으니 풍상이 중중하도다. 꾀하는 일을 이루지 못하니 여러 번 자리를 옮긴다.
二月	奔走四方　山程水程 急則有害　遲則有益		사방으로 분주하니 산수를 모두 열력한다. 서두르면 해가 있고 침착하면 유익하리라.
三月	得失相半　妄動不可 在家則吉　莫出外方		얻고 잃음이 상반하니 망동함이 불가하다. 집에 있으면 길하니 외방에 나가지 마라.
四月	一出他關　偶然生財 家道興旺　膝下有榮		한 번 타관에 나가니 우연히 재물이 생긴다. 가도가 흥왕하니 슬하의 영화 있으리라.
五月	君臣唱和　萬事太平 若非聚妻　必生貴子		군신이 화창하니 만사가 태평하다. 만일 장가 가지 않으면 반드시 귀자를 낳으리라.
六月	百事俱吉　到處得財 若非橫財　反爲凶禍		백사가 모두 길하니 도처에서 재물을 얻는다. 만일 횡재수가 아니면 오히려 흉화가 있으리라.
七月	商賈爲業　手弄千金 意外成功　萬面喜色		장사로 업을 삼으면 손으로 천금을 희롱한다. 의외로 성공하니 희색이 얼굴에 가득하리라.
八月	仇變恩人　盜賊自服 財在他鄉　出行得財		원수가 은인이 되고 도적이 자연 복종한다. 재물이 타향에 있으니 출행하면 재물을 얻으리라.
九月	貴人來助　妙計必中 有財有權　到處春風		귀인이 와서 도우니 묘한 꾀가 적중된다. 재물도 있고 권세도 있으니 도처에서 기쁜 일을 만나리라.
十月	龍得明珠　造化無窮 若逢貴人　可得千金		용이 밝은 구슬을 얻으니 조화가 무궁하도다. 만일 귀인을 만나면 가히 천금을 얻으리라.
十一月	家神發動　豫爲禱厄 莫出東方　損財不鮮		가신이 발동하니 미리 액을 빌라. 동방에 가지 마라. 손재가 적지 않으리라.
十二月	事由未決　心無安定 虛度光陰　長歎奈何		일에 미결됨이 있으니 마음의 안정이 없다. 세월을 헛되이 보내니 장탄한들 무엇이랴.

火山旅 (화산려)

名將挽弓　白發白中
飛龍在天　利見大人
聲聞朝廷　富貴雙全
若爲小人　不可言吉

명장이 활을 당기니 백발백중한다. 날으는 용이 하늘에 있으니 대인을 봄이 이롭다. 명성이 조정에 들리니 부귀가 쌍전하다. 만일 소인이라면 가히 길하다 말하지 못하리라.

正月	今月之運　別益成事 財在北方　行則爲吉		이 달의 운수는 별로 성사됨이 없다. 재물이 북방에 있으니 출행하면 길하리라.
二月	財祿隨身　一身榮貴 若非得財　必逢佳人		재록이 몸에 따르니 일신이 영귀하도다. 만일 재물을 얻지 못하면 반드시 가인을 만나리라.
三月	勿爲強求　待時爲吉 心身太平　家有吉慶		억지로 구하지 마라. 때를 기다림이 좋다. 심신이 태평할 것이요, 집에는 길한 경사가 있으리라.
四月	利在東南　謀事方成 勿爲妄動　待而最吉		이익이 동남에 있으니 꾀하는 일이 성취된다. 망령되이 동하지 마라. 기다리면 길하니라.
五月	雙翼一振　飛騰雲霄 改舊從新　門戶一新		두 날개를 한 번 떨치니 운소에 날아간다. 옛것을 고치고 새것을 좇으니 문호가 일신하리라.
六月	年少靑春　足踏帝城 潛龍登天　興雲布雨		연소한 청춘에 관문을 출입한다. 잠긴 용이 하늘에 오르니 구름을 일으키고 비를 내린다.
七月	或得橫財　不然橫厄 若非婚姻　生男之數		혹 횡재수를 얻을 것이니 불연이면 액을 당한다. 만일 혼인수가 아니면 생남하게 되리라.
八月	雷聲百里　有聲無形 若非生産　服制可畏		뇌성이 백리나 들리는데 소리만 있고 형적이 없다. 만일 생산할 수가 아니면 복제수가 두렵다.
九月	東西奔走　食少事煩 勞心勞力　財運不利		동서로 분주하니 식소사번하리다. 노력하나 재운이 불리하리라.
十月	靑山歸路　步步忙忙 莫近喪家　疾病困苦		청산으로 돌아가는 길이 걸음걸음 바쁘다. 상가에 가지 마라. 질병으로 곤고하리라.
十一月	失物有數　去來愼之 莫信親人　損害不少		실물수가 있으니 돈거래를 삼가라. 친한 사람을 믿지 마라. 손해가 적지 않으리라.
十二月	正心修德　利在其中 百事有成　一身自安		마음을 바로잡고 덕을 닦으면 이익이 그 가운데 있다. 백사에 성취됨이 있으니 일신이 스스로 편안하리라.

[上九]

火山旅 (화산려)

鳥樊其巢　先笑後哭
勇躍之像　飛騰之兆
奔走道路　閱歷風霜
若不謹身　水火一驚

새 둥우리에 불이 붙으니 먼저는 웃고 나중에는 운다. 용맹하게 뛰는 상이요 날아오를 징조니라. 도로에 분주하니 풍상을 열력하리라. 만약 삼가지 않으면 한 번 수화로 놀랄 일이 있으리라.

正月	因人有害　莫信親戚 石上走馬　勞而無功	사람으로 해를 보니 친척을 믿지 마라. 돌 위로 말이 달리니 노력하나 공이 없다.
二月	或生眼疾　不然口舌 一輪明月　夜色如晝	안질이 아니면 구설수가 있다. 일륜명월에 밤이 낮과 같다.
三月	若非內患　必是身病 千里他鄉　孤獨一身	내환이 아니면 반드시 신병이 있다. 천리 타향에서 일신이 고독하다.
四月	日入黑雲　東西不辨 東西兩方　必有吉祥	구름 속에 해가 드니 동서를 분변하지 못한다. 동서 양방에 반드시 길함이 있다.
五月	所望不意　事有虛荒 與人謀事　必有損害	소망이 뜻과 같지 않으니 일이 허황하다. 타인과 꾀하는 일은 반드시 손해가 있다.
六月	莫出外方　有損無益 盜賊愼之　失物可畏	외방에 나가지 마라. 손해만 있고 이익이 없다. 도적을 조심하라. 실물수가 있다.
七月	秋月三更　思家自歎 東方來客　必是惡人	추월삼경에 집을 생각하고 한탄한다. 동방의 내객은 반드시 악인이다.
八月	與人同營　損財不少 日落西山　歸客忙忙	타인과 동업하지 마라. 손재가 적지 않다. 해 떨어진 서산에 돌아갈 길이 바쁘다.
九月	風雨不順　百穀不成 勿聽他言　反爲虛荒	풍우가 불순하니 백곡이 불성한다. 남의 말을 믿지 마라. 손해가 적지 않다.
十月	莫貪虛慾　別無所得 家宅不寧　災厄不絶	허욕을 탐하지 마라. 별로 소득이 없다. 집안이 편안하지 못하고 재액이 끊이지 않는다.
十一月	徘徊仰天　回路得財 老龍登天　運行雨施	배회앙천하다 돌아오는 길에 재물을 얻는다. 노룡이 승천하여 비를 내린다.
十二月	若無橫財　服制可畏 官災口舌　間間有之	만약 횡재가 아니면 복제수가 있다. 관재 구설이 간간 있으리라.

[初六]

巽爲風(손위풍)

心緒搖亂　五志不定
文中成名　不利武職
若非官祿　橫財有數
西北兩方　必有極凶

심서가 요란하니 심지가 안정하지 못하다. 문관으로 이름을 얻을 것이요 무관은 이롭지 못하다. 만약 관록이 아니면 횡재수가 있다. 서북 양방에 반드시 극흉이 있다.

正月	身上有若　誰有知之 之南之北　四顧無親	신상에 어려움이 있으니 누가 알아주리요. 남과 북에 친척이 없으니 고독하다.
二月	或恐橫厄　豫爲度厄 上下各心　每事不成	횡액수가 있으니 미리 도액하라. 상하가 각심이니 매사가 이루어지지 않는다.
三月	雖爲勞力　反而無功 人命救助　恩反爲仇	비록 노력하나 공이 없다. 인명을 구조하나 은혜가 원수된다.
四月	莫行東方　凶禍難測 雖有生財　得而半失	동방으로 행하지 마라. 흉화를 헤아리기 어렵다. 비록 재물은 생기나 반은 잃는다.
五月	花落無實　狂風何事 事不如意　心多煩惱	꽃이 떨어지나 열매는 없고 광풍이 웬일인고. 일이 뜻과 같이 않으니 번뇌만 일어난다.
六月	月明靑山　杜鵑悲鳴 莫行東方　必有損財	달 밝은 청산에 두견이 슬피 운다. 동방을 행하지 마라. 반드시 손재가 있다.
七月	莫恨損財　身病可畏 家宅不寧　成造祈禱	손재함을 한탄 마라. 신병이 두렵다. 집안이 불안하니 기도하면 길하리라.
八月	勿惜勞功　終得大財 東奔西走　少求難得	공로를 아끼지 마라. 마침내 큰 재물이 있다. 동서로 분주하니 적게 구하나 구하기 어렵다.
九月	貴人扶助　豈非生光 運數多逆　必有損害	귀인이 서로 도우니 어찌 빛이 나지 않으리요. 일에 거슬림이 많으니 반드시 손재가 있다.
十月	若逢貴人　必得大財 運數大吉　必有興旺	만약 귀인을 만나면 반드시 큰 재물이 있다. 운수가 대길하니 반드시 흥왕하리라.
十一月	所望如意　一無損傷 意外之財　不求自至	소망이 뜻과 같으니 한 가지도 손상함이 없다. 뜻밖의 재물이 구하지 않아도 자연 이른다.
十二月	莫往官家　刑殺可侵 與人謀事　反爲失敗	관재를 조심하라. 형살수가 있다. 타인과 모사하면 도리어 실패하리라.

〔九二〕

巽爲風(손위풍)

春風始和　挑李芳姸
誠信感人　營事成就
橫財致富　堆金積玉
利在文書　田庄之事

봄바람이 비로소 화하니 도화 이화가 아름답다. 진실하게 믿으면 사람이 감동하니 경영하는 일을 성취하리라. 횡재로 치부하니 금과 옥을 쌓으리라. 문서를 옮기기에 유리하니 전답의 일이라.

正月	初春來到　無事安閑	봄이 돌아오고 무사하니 편안하다.
	經營之事　有始無終	경영하는 일은 시작은 있되 끝이 없다.
二月	若非作客　官災操心	작객이 아니면 관재를 조심하라.
	莫信親人　損財可畏	친한 이를 가까이 마라. 손재가 두렵다.
三月	若無疾病　必是生産	만약 질병이 아니면 반드시 생산한다.
	或有失敗　謀事無益	실패수가 있으니 모사가 무익하다.
四月	東方有吉　南方有害	동방에 길함이 있고 남방에 해가 있다.
	守分安居　妄動則敗	분수를 지키면 편안하고 망동하면 불리하다.
五月	身數不利　橫厄可愼	신수가 불리하니 횡액이 두렵다.
	每事有滯　心身散亂	매사에 막힘이 있으니 심신이 산란하다.
六月	西北有吉　必是女人	서북이 길하니 반드시 여인이 있다.
	利在北方　出行得利	이가 북방에 있으니 출행하면 이를 얻는다.
七月	謀事不明　見機可行	모사가 밝지 않으니 기회를 보아 행하라.
	災消福來　謀事可成	재앙은 물러가고 복이 오니 모사를 순성한다.
八月	爵位崇高　食祿千鍾	작위가 숭고하고 식록이 천종이라.
	雲散日出　天地明朗	구름이 걷히니 해가 나오고 천지가 명랑하다.
九月	人口增進　田庄增置	인구가 더하고 전장을 더한다.
	魚躍池中　活氣揚揚	고기가 못에 노니 의기양양하다.
十月	心滿意足　半得半失	마음에 뜻이 가득하나 반은 얻고 반은 잃는다.
	經營之事　如成未成	경영하는 일은 이룰 듯하나 이루지 못한다.
十一月	官鬼發動　官厄可畏	관귀가 발동하니 관액이 두렵다.
	身旺財旺　心身和平	신왕재왕하니 심신이 화평하다.
十二月	謀事難成　世事如夢	모사를 이루기 어려우니 세상 일이 꿈과 같다.
	南方有害　勿爲出行	남방에 해가 있으니 출행하지 마라.

巽爲風 (손위풍)

無虎洞中　狐狸專權
屢得屢失　不免困窮
自恃才能　多招怨仇
巨舟泛海　聲名振揚

범 없는 굴에서 여우가 전권한다. 자주 얻고 자주 잃으니 곤궁함을 면키 어렵다. 재능을 믿고 오만하면 원수만 많이 맺는다. 큰 배가 바다에 뜬 것과 같으니 이름을 사해에 떨친다.

正月	謙恭爲德　驕傲招禍 勿貪分外　安靜則吉		겸손이 덕이 되니 교만하면 화를 부른다. 분수를 탐하지 마라. 안정하면 길하리라.
二月	城頭蹇足　千里遙遠 財多泄氣　勿謀他營		성 머리에서 다리를 저니 천리가 요원하다. 재운이 많이 설기하니 다른 일로 바꾸지 마라.
三月	意志窮困　雙嚬眉縮 口舌有數　莫爲人爭		의지가 곤궁하니 쌍미를 찡그린다. 구설수가 있으니 남과 다투지 마라.
四月	心有悲憂　訟事紛紛 財數論之　得而半失		마음에 근심이 있으며 송사가 분분하다. 재수를 논지하면 반은 잃는다.
五月	險難在前　豫防可免 今月之數　水火愼之		험난함이 앞에 있으니 미리 예방하라. 이 달 운수는 수화를 조심하라.
六月	行馬失路　可進可難 謀事不成　損財不少		행마가 길을 잃으니 가히 나가나 가히 어렵다. 모사를 이루지 못하니 손재가 적지 않다.
七月	萬里蒼海　巨舟順風 守分在家　別無過失		만리창해에 큰 배가 순풍을 만났다. 분수를 지키고 집에 있으면 별로 과실이 없다.
八月	人心不服　難免長沙 勿近女子　口舌損財		인심이 불복하니 귀양살이를 면치 못하리라. 여자를 가까이 마라. 구설과 손재수가 있다.
九月	立而不安　坐席不安 南北有吉　東西有害		서 있어도 불안하고 앉아 있어도 불안하다. 남북이 길하고 동서가 해롭다.
十月	若當十月　勿問財數 謀事不成　損財不少		이 달의 운수는 재수를 묻지 마라. 모사불성하니 손재가 적지 않다.
十一月	積小成大　百川歸海 雖有得財　口舌奈何		작은 것을 크게 이루니 시내가 바다에 이른다. 비록 재물을 얻으나 구설을 어찌하리요.
十二月	身在路中　一次遠行 心中有憂　誰能可知		몸이 노상에 있으니 한 번 원행한다. 마음 속에 근심이 있으니 누가 능히 알리요.

[六四]

巽爲風(손위풍)

在士登科　獲利獲福
農商之人　每事順調
事不如意　空然恨歎
若非素服　膝下之憂

선비가 벼슬에 올라 이를 얻고 복을 얻는다. 농업이나 상업자는 매사가 순조롭다. 일이 순조롭지 못하니 공연히 한탄만 한다. 만약 소복이 아니면 슬하에 액이 있다.

正月	此月之數　渦泉甘雨 莫近是非　勝負未決		이 달 운수는 마른 우물에 단비를 만났다. 시비를 가까이 마라. 승부가 결정되지 않는다.
二月	財在東方　力水可得 家神發動　是非有訟		재물이 동방에 있으니 힘써 구하면 얻는다. 가신이 발동하니 송사가 있으리라.
三月	田獵南山　三品受賞 雖曰運好　終無所得		남산에서 사냥하니 삼품의 상을 받는다. 비록 운이 있다고 하나 마침내 소득이 없다.
四月	萬里出征　奏凱還國 入海求金　金不可得		만리출정에 개선하고 돌아온다. 바다에 들어가 금을 구하나 얻지 못한다.
五月	若非素服　膝下有憂 事有多滯　動則有害		만약 소복수가 아니면 슬하에 근심이 있다. 일에 막힘이 많으니 동하면 해가 있다.
六月	身遊北方　貴人扶助 西方不利　行則不利		몸이 북방에서 노니 귀인이 나를 돕는다. 서방은 불리하니 행하면 불리하다.
七月	行馬失路　進退兩難 經營之事　不得財利		행마가 길을 잃으니 진퇴가 어렵다. 경영하는 일에 재리를 얻지 못한다.
八月	若非妻患　夫婦相爭 事無頭緖　百事難成		만약 처환이 아니면 부부가 서로 다툰다. 일에 두서가 없으니 백사를 이루기 어렵다.
九月	心大不成　安全上策 若逢貴人　晚時生光		마음은 크나 이루지 못하니 안전이 상책이다. 만약 귀인을 만나면 늦게야 빛이 난다.
十月	以小易大　諸事順成 身旺財旺　生活太平		작은 것으로 큰 것을 바꾸니 모든 일이 순성한다. 신수가 왕하고 재수가 왕하니 생활이 태평하다.
十一月	威振四方　橫行東西 雪月正明　寒梅綻花		위엄이 사방에 떨치니 동서로 횡행한다. 설월이 밝은데 한매가 꽃을 떨군다.
十二月	萬里靑天　月色如盡 凡事愼之　橫厄可免		만리청천에 월색이 다함과 같다. 범사를 조심하라. 횡액을 가히 면하리라.

〔九五〕

五五	巽爲風(손위풍)	초년은 불발하나 만년에 형통한다. 제사가 뜻과 같으니 갈수록 복이 있다. 이는 남북에 있는데 얻으나 많이 잃는다. 사월 남풍에 보리가 누렇게 익었다.
	初年不發 晚歲功業 諸事如意 去去多福 利在南北 得而多損 四月南風 大麥舖黃	

正月	志勿高抗	吉事反凶	뜻을 굳이 항거하지 마라. 길함이 흉해진다.
	明月高閣	風流之聲	밝은 달 높은 누각에서 풍류 소리로다.
二月	財運方成	利在田庄	재운이 바야흐로 있으니 이익이 전장에 있다.
	若非如此	膝下有慶	만약 그렇지 않으면 슬하에 경사가 있다.
三月	在家無益	出門有利	집에 있으면 무익하고 출행하면 이익이 있다.
	莫爲急圖	晚則爲吉	급하게 하지 마라. 서서히 하면 길하리라.
四月	雖有生財	得而半失	비록 재물은 있으나 반은 잃는다.
	經營之事	如成未成	경영하는 일은 이룰 것 같으나 이루지 못한다.
五月	口舌惱人	親人爲賊	구설로 남을 세뇌하니 친한 자가 도적이 된다.
	橫厄有數	每事愼之	횡액수가 있으니 매사를 조심하라.
六月	五月之令	事無成就	오월 월령에 일이 성사됨이 없다.
	行人失路	戰兵失劍	행인이 길을 잃은 격이며 병사가 칼을 잃은 격이다.
七月	身旺財旺	心身和平	신왕재왕하니 심신이 태평하다.
	莫聽人言	損在不鮮	타인의 말을 듣지 마라. 손해가 적지 않다.
八月	凶中有吉	先困後泰	흉한 중에 길함이 있다. 먼저는 흉하고 나중은 길하다.
	所望成遂	必有財旺	소망을 따르니 반드시 재운이 왕한다.
九月	妻耶子耶	疾病相侵	아내냐 아들이냐 질병이 서로 따른다.
	遠行東方	得利不少	멀리 동쪽으로 행하면 이익이 적지 않다.
十月	在家無益	出門不利	집에 있으면 유익하고 나가면 불리하다.
	若非失物	口舌可畏	만약 실물이 아니면 구설이 두렵다.
十一月	他鄉客地	故人相逢	타향 객지에서 고인을 상봉한다.
	諸事順成	衣食裕餘	모든 일이 순성하니 의식이 유여하리라.
十二月	求在如意	謀事順成	구함이 뜻과 같으니 매사가 순성한다.
	天地東南	萬人自賀	천지 동남에 만인이 하례한다.

[上九]

巽爲風 (손위풍)

絶處逢生　危然後安
謙恭和順　强暴自服
在家無益　出門有利
所營之事　雪上加霜

절처에서 봉생하니 위태하나 후에 편안하다. 공손하고 화순하니 강포한 자도 스스로 복종한다. 집에 있으면 무익하고 밖에 나가면 이익이 있다. 경영하는 일은 설상가상이다.

正月	芳草逢雨　其色萋萋 衣食豊足　壽福無窮	방초가 비를 만나니 그 색이 푸르다. 의식이 풍족하니 수복이 무궁하리라.	
二月	橫財千金　衣食無憂 若非人助　意外成功	천금을 횡재하니 의식 걱정이 없으리라. 만약 타인의 도움이 있으면 뜻밖에 성공한다.	
三月	雲捲靑天　明月自新 有吉無凶　身旺財旺	구름이 걷히니 밝은 달이 새롭다. 길함이 있고 흉함은 없으니 신왕재왕한다.	
四月	東園桃花　逢時滿發 勿爲論爭　是非有數	동원의 도화는 때를 만나 만발한다. 논쟁을 하지 마라. 시비수가 있다.	
五月	眞玉埋塵　誰有知之 家有不安　災禍不絶	진옥이 진토에 묻히니 누가 이를 알리요. 집안이 불안하고 재화가 끊이지 않는다.	
六月	若逢女子　利在其中 與人南去　百事有吉	만약 여자를 만나면 그 가운데 이익이 있다. 사람과 더불어 남쪽에 가면 백사가 함께 길하다.	
七月	莫近女色　損財口舌 利在南方　出行得利	여자를 멀리 하라. 손재하고 구설수가 있다. 이는 남방에 있으니 출행하면 이를 얻는다.	
八月	守分安居　天賜其福 家有不安　移基則吉	분수를 지키고 안거하면 하늘이 복을 준다. 집안이 불안하니 이사하면 길하리라.	
九月	莫聽人言　其害不少 意外功名　名振四方	사람의 말을 듣지 마라. 그 해가 적지 않다. 뜻밖에 공명을 얻으니 이름이 사방에 떨친다.	
十月	雖有財利　口舌間間 若近女人　名譽有損	비록 재리가 있으나 구설이 있다. 여인을 가까이 마라. 명예를 손상한다.	
十一月	內外不合　一次相爭 橫厄有數　凡事可愼	내외가 불합하면 일차 서로 다툰다. 횡액수가 있으니 범사를 삼가라.	
十二月	身有疾病　居處不安 若非生産　官祿臨身	몸에 질병이 있으니 거처가 불안하다. 만약 생산이 아니면 관록이 있다.	

〔初九〕 三四三

兌爲澤(태위택)

☱
☱

三陽回泰　萬象咸照
人情和合　百僚皆遂
莫聽人言　其害不少
在家不安　暫時出行

삼양이 돌아오니 만상이 다 밝다. 인정이 화합하니 백료가 다 따른다. 남의 말을 듣지 마라. 그 해가 적지 않으리라. 집에 있으면 불안하니 잠시 출행하라.

正月	無月洞房　佳大對坐 莫信人言　虛荒之數	달 없는 동방에서 가인을 대한다. 남의 말을 믿지 마라. 허황하리라.
二月	心無定處　東奔西奔 西北兩方　有人助我	마음에 정한 바 없으니 동서로 분주하다. 서북 양방에서 사람이 나를 돕는다.
三月	有志未遂　求事不成 勿貪虛慾　反有損害	뜻은 있으나 따르지 못하니 구하나 이루지 못한다. 허욕을 부리지 마라. 도리어 손해가 있다.
四月	若非論爭　素服之數 財利稱心　利在四方	만약 논쟁이 아니면 소복 입을 수로다. 재리가 마음에 칭하니 사방에 이가 있다.
五月	家庭不安　疾病可畏 若不度厄　凶禍難測	가정이 불안하니 질병이 두렵다. 만약 도액하지 않으면 흉화를 헤아리기 어렵다.
六月	失時而動　事有虛荒 莫信他人　外親內疎	때를 잃고 동하니 일이 허황하다. 타인을 믿지 마라. 밖은 친하고 안은 성긴다.
七月	古木逢秋　有凶無吉 時運不利　勞而無功	고목이 가을을 만나니 흉함은 있고 길함이 없다. 시운이 불리하니 노력하나 공이 없다.
八月	出行不利　守分爲吉 有頭無尾　事有未決	출행은 불리하니 수분하면 길하리라. 머리는 있으나 꼬리는 없으니 일에 미결이 있다.
九月	花落無實　一無喜事 衣食不足　飢寒奈何	꽃이 떨어지고 열매가 없으니 한 번도 기쁜 일이 없다. 의식이 부족하니 기한을 어찌하리요.
十月	莫近喪家　疾病可畏 家有疾痾　心多不安	상가에 가지 마라. 질병이 두렵다. 집안에 병이 있고 마음이 불안하다.
十一月	與人不和　求而難得 妻宮有憂　豫禱佛前	타인과 불화하니 구하여도 얻기 어렵다. 처궁에 근심이 있으니 미리 기도하라.
十二月	西方有吉　出則大利 苦盡甘來　終見亨通	동방에 길함이 있으니 출행하면 길하리라. 고진감래하니 마침내 형통한다.

〔九二〕

 **兌爲澤 (태위택)**

時運到來　名垂竹帛
桃李春風　紅花灼灼
暗街光明　怨者和解
萬事如意　安過太平

시운이 돌아오니 죽백에 이름을 드리운다. 도화 이화 춘풍에 붉은 꽃이 만발한다. 어두운 곳에 광명이 오고 원수는 화해한다. 만사가 뜻과 같으니 편안하게 지내리라.

正月	白鷄聲裡　何人周旋	흰닭 소리 속에서 누가 주선하리요.
	東北兩方　助我神物	동북 양방에서 신명이 나를 돕는다.
二月	有害親人　勿爲同事	친한 자를 멀리 하고 동업하지 마라.
	若非生子　官祿臨身	자손을 두지 않으면 관록이 있다.
三月	若逢貴人　必是成功	만약 귀인을 만나면 반드시 성공하리라.
	名利俱全　名振四方	명리가 구전하고 사방에 이름을 떨친다.
四月	出入東方　官災愼之	동방에 출입하면 관재를 조심하라.
	財穀滿庫　安昌太平	재곡이 가득하니 안과태평하리라.
五月	雖有疾病　因女生財	비록 질병은 있으나 여자로 인해 재물을 얻는다.
	莫與人爭　口舌不利	다투지 마라. 구설이 있고 불리하다.
六月	財數論之　求財不得	재수를 논지하면 구하여도 얻지 못한다.
	先凶後吉　吉凶相半	선흉후길하니 길흉이 반반이다.
七月	幸逢貴人　生活太平	요행히 귀인을 만나니 생활이 태평하리라.
	官祿臨身　名高四方	관록이 몸에 따르니 이름이 사방에 높으리라.
八月	一身困苦　運也奈何	일신이 곤고하나 운이라 어찌하리요.
	財在東方　偶然自至	재운이 동방에 있으니 우연히 이른다.
九月	千里他鄕　喜逢佳人	천리 타향에서 가인을 만나 기쁘리라.
	凶中有吉　終得吉祥	흉한 가운데 길함이 있고 마침내 경사 있으리라.
十月	貴人恒助　出入得利	귀인이 항상 도우며 출입에 이익이 있다.
	一身榮貴　財物豊足	일신이 영귀하니 재물이 풍족하리라.
十一月	東北兩方　財神助我	동북 양방에서 재신이 나를 돕는다.
	莫近喪家　疾病可畏	상가에 가지 마라. 질병이 두렵다.
十二月	若非生子　財得千金	자식이 아니면 천금을 얻으리라.
	家在吉慶　喜滿家中	집안에 경사가 있고 기쁜 일이 가득하리라.

[六三]

兌爲澤 (태위택)

虎入陷穽　生死未判
若不剛直　凶身敗家
災消福來　萬事太平
小往大來　積土如山

범이 함정에 드니 생사를 알기 어렵다. 만약 강직하지 못하면 몸을 망치고 패가한다. 재앙은 물러가고 복이 오니 만사가 태평하다. 작게 가고 크게 오니 산과 같이 쌓인다.

正月	意外生産　添口之數 財數有吉　身數不利		뜻밖의 재물이 생기고 식구를 더한다. 재수가 길함이 있으나 신수는 불길하다.
二月	財在東方　米穀爲商 江雨行人　偶逢貴人		동쪽에 재물이 있으니 쌀장사가 이롭다. 빗속에 다니다가 우연히 귀인을 만난다.
三月	身上有困　世事浮雲 家有疾苦　心身散亂		신상에 곤고함이 있으니 세상 일이 뜬구름 같다. 집안에 병이 있으니 심신이 산란하다.
四月	失敗有數　莫信親人 求兎於海　終時不得		실패수가 있으니 친한 자를 멀리 하라. 바다에서 토끼를 구하니 마침내 때를 만나지 못한다.
五月	虎入陷穽　終無活計 東方貴人　南方損人		범이 함정에 빠졌으니 살아나기 어렵다. 동방에는 귀인이요, 남방에는 손해 끼치는 사람이다.
六月	身運不利　終見仇人 莫近是非　橫厄不免		신운이 불리하니 마침내 원수를 만난다. 시비를 가까이 마라. 횡액을 면키 어렵다.
七月	時和年豊　萬人咸樂 財運大吉　橫財豊足		해마다 풍년이 오니 만인이 다 즐겁다. 재운이 대길하고 횡재하고 풍족하다.
八月	思慮許多　心事且難 捨舊從新　事事漸新		생각이 허다한데 심사 역시 편치 못하다. 옛것을 버리고 새것을 좇으니 일마다 새롭다.
九月	勿爲求財　事有虛荒 祿在四方　求之可得		허황한 일을 구하지 마라. 일이 허황하다. 녹이 사방에 있으니 구하면 가히 얻는다.
十月	千里他鄕　獨坐歎息 勿爲遲緩　速則爲吉		천리 타향에서 홀로 탄식한다. 망설이지 마라. 속히 하면 길하리라.
十一月	雖有勞力　反而無功 疾痼不絶　憂心不解		비록 노력하나 공이 없으리라. 병이 끊이지 않으니 근심이 풀리지 않는다.
十二月	莫近是非　官災之數 若非如此　必有素服		시비를 가까이 마라. 관재수가 있다. 만약 그렇지 않으면 복을 입을 수다.

[九四]

兌爲澤 (태위택)

親賢遠奸	德崇業廣
商賈獲利	添口增地
意外得財	名振四海
莫爲人爭	財譽有傷

어진 이를 가까이 하고 간사한 자를 멀리 하며 덕을 넓히고 업을 넓힌다. 상업에 이가 있으니 토지를 더하리라. 뜻밖에 재물을 얻고 이름도 사방에 떨친다. 남과 다투지 마라. 명예를 손상한다.

正月	心身和樂	喜滿家庭	심신이 화락하고 집안에 기쁨이 있다.
	意外得財	生活太平	뜻밖에 재물을 얻으니 생활이 태평하다.
二月	到處有財	意氣男兒	도처에 재물이 있으니 뜻이 양양하다.
	莫道人過	口舌傷神	남의 허물을 말하지 마라. 구설로써 해가 있다.
三月	靑風明月	心淸身活	청풍 명월에 심신이 쾌활하다.
	花落東園	蜂蝶探香	화락 동원에 벌 나비가 향기를 찾는다.
四月	水鬼入命	水厄可畏	수귀가 명에 드니 수액을 삼가라.
	心思不寧	晝夜長歎	심사가 편치 못하니 주야로 탄식한다.
五月	能守正直	吉祥到門	정직함을 지키면 길상이 문에 이른다.
	婚姻將成	且有喜事	혼인도 이루고 기쁜 일도 있다.
六月	商賈獲利	手弄黃金	상업에 이가 있으니 천금을 희롱한다.
	疾病快差	添口增田	질병은 낫고 식구와 전답을 더한다.
七月	東北兩方	貴人來助	동북 양방에서 귀인이 돕는다.
	雲外萬里	雁書自得	구름 밖 만리에서 소식을 전해 받는다.
八月	莫作遠行	損財不少	멀리 행하지 마라. 손재가 적지 않다.
	出則有害	靜則有吉	출행하면 해가 있고 안정하면 길함이 있다.
九月	莫行東方	有害無益	동방을 행하지 마라. 해만 있고 이익이 없다.
	若非娶妻	必有生財	처를 얻지 않으면 재물이 생긴다.
十月	風吹雲散	月明滿天	바람이 불고 구름이 흩어지는데 달빛이 밝다.
	家有慶事	或有一爭	집에 경사 있으나 한 번 다툼이 있다.
十一月	運數大吉	心身有苦	운수는 대길하나 심신은 고통이 있다.
	到處有財	必得大財	도처에 재물이 있으니 반드시 큰 재물을 얻는다.
十二月	水滿淸江	山影倒江	물은 청강에 가득 하고 산그림자는 강에 비친다.
	運數大吉	安過太平	운수 대길하니 생활이 태평하다.

[九五]

兌爲澤 (태위택)

日月不見　心多有憂
在家心亂　出外有益
少有財利　營事可矣
輕信小人　反疎君子

일월을 보지 못하니 마음이 우울하다. 집에 있으면 심란하고 나가면 이익이 있다. 다소 재리가 있으니 경영함이 가하다. 가벼이 소인을 믿지 마라. 도리어 군자를 해한다.

正月	少有財數　營事可矣 若非移舍　遠行可吉	재운이 웬만큼 좋으니 경영해도 무방하다. 이사가 아니면 원행하면 길하리라.
二月	與人共事　必有利益 東西兩方　財利可得	동업하면 반드시 이익을 보리라. 동서 양방에서 이익을 얻으리라.
三月	豫爲防厄　凶禍難測 小來大往　勉之可得	미리 예방하라. 흉화가 헤아리기 어렵다. 작게 오고 크게 가니 힘쓰면 얻으리라.
四月	亂草堆裡　幼蟲亂鳴 月入黑雲　不見其光	어지러운 풀 속에 유충이 어지러이 운다. 구름 속에 달이 드니 그 빛을 보지 못한다.
五月	如終如一　必有榮貴 家有吉慶　心身快樂	시종이 여일하니 반드시 경사가 있다. 집안에 경사가 있으니 심신이 쾌락하다.
六月	一輪明月　光照丹霞 名振四方　衣食裕餘	일륜 명월이 단하에 비친다. 사방에 이름을 떨치고 의식이 넉넉하다.
七月	貴人相助　利在其中 財在西方　意外得財	귀인이 서로 도우니 이가 그 가운데 있다. 재물이 서방에 있으니 뜻밖에 얻는다.
八月	得財損多　不如不得 排徊四方　祿在何方	재물을 얻으나 손해가 많으니 없는 것만 같지 못하다. 사방을 배회하니 녹이 어느 곳에 있는고.
九月	財運小春　魚子得水 或有慶事　不然疾病	재운이 이 달에 있으니 고기가 물을 얻는다. 경사가 아니면 병이 있으리라.
十月	文書有吉　利在田庄 本心守分　必得財利	문서에 길함이 있으니 전장에 이가 있다. 본심을 지키면 반드시 이익을 본다.
十一月	世運浮雲　初吉後凶 出入有害　損財多端	세운이 뜬구름 같으니 처음은 길하나 나중은 흉하다. 출입에 해가 있으니 성패가 다단하다.
十二月	大去小來　必亡財物 事不如意　世事如夢	크게 가고 작게 오니 반드시 재물에 손해가 있다. 일이 뜻과 같지 않으니 세상 일이 꿈과 같다.

[上六]

兌爲澤(태위택)	
同氣相合 引領而退 君子福享 小人有禍 或受汚名 營謀不顯 今年之數 名譽損傷	동기 상합하여 거느리고 물러간다. 군자는 복이 있고 소인은 화가 있다. 혹 이름을 더럽히고 꾀하는 일이 안 된다. 금년의 운수는 명예를 손상한다.

正月	春花灼灼	舞蝶探香	봄꽃이 아름다우니 벌 나비 춤을 춘다.
	吉運已回	絶處逢生	길운이 이미 돌아오니 절처봉생한다.
二月	烏飛梨落	無妄之禍	까마귀 날자 배 떨어지니 뜻밖의 화가 있다.
	景物雖好	視而不樂	경치가 비록 좋으나 보아도 즐겁지 않다.
三月	蒙昧周事	作爲不成	어둡게 일을 하니 일을 이루기 어렵다.
	或有疾病	豫爲防厄	질병이 있으니 미리 예방하라.
四月	秋月正明	佳人有約	가을 달이 밝으니 가인과 결연하리라.
	家有吉慶	美人相酌	집에 경사가 있고 미인과 술잔을 들리라.
五月	西南有害	莫近西南	서남에 해가 있으니 그곳으로 행하지 마라.
	若無官事	家有疾病	관사가 아니면 질병이 있으리라.
六月	意外橫厄	名譽傷身	뜻밖에 횡액을 당하고 명예를 손상한다.
	官厄愼之	破財有數	관액을 삼가라. 파산할 수가 있다.
七月	無事無業	虛度光陰	일도 없고 직업도 없으니 세월을 허송한다.
	若逢貴人	意外橫財	귀인을 만나면 뜻밖에 횡재한다.
八月	所謂經營	別無損益	경영하는 일은 별로 손익이 없다.
	勿謀改營	改則必損	사업을 변경치 마라. 손해가 반드시 있다.
九月	勿行問喪	疾病可畏	문상하지 마라. 질병이 두렵다.
	莫行東方	損財不少	동방을 행하지 마라. 손해가 적지 않다.
十月	與人同事	必有大損	타인과 더불어 동업하면 반드시 손해가 있다.
	南方之財	偶然入手	남방의 재물이 우연히 들어온다.
十一月	前有高山	後有大海	앞에는 고산이요, 뒤에는 대해로다.
	勞費功力	虛妄奔走	노력만 허비하고 분주하나 허망하다.
十二月	有恨自歎	誰有能知	한이 있음을 탄식하니 누가 능히 알리요.
	宜行南方	小財可得	마땅히 남방으로 행하라. 작은 재물은 얻는다.

三四九

[初六]

風水渙 (풍수환)

雲收日光　祥光到處
五馬南來　職掌列郡
貴人薦拔　所營遂心
今年之運　每事順成

구름이 걷히고 해가 나니 도처에 상서로운 빛이 비친다. 다섯 말이 남으로 오니 영토를 확장한다. 귀인을 천거하니 일을 좇아 경영한다. 금년의 운은 매사가 순성한다.

正月	貴人來助　一躍靑雲 事事如意　謀事可成	귀인이 내조하니 청운에 오른다. 일마다 여의하니 일을 가히 이룬다.
二月	天神助我　官祿隨身 心淸如水　安過太平	천신이 나를 도우니 관록이 몸에 따른다. 맑은 마음이 물과 같으니 편안하게 지내리라.
三月	夢入天台　自聞異香 龍得明珠　喜喜重重	꿈에 천태에 드니 기이한 향내가 가득하다. 용이 밝은 구슬을 얻으니 기쁜 일이 중중하다.
四月	月明紗窓　必逢佳人 若非婚姻　弄璋之慶	월명 사창에 가인을 만난다. 혼인이 아니면 생남할 수로다.
五月	或恐口舌　官厄愼之 與人謀事　損財可畏	구설이 아니면 관액을 조심하라. 동업하면 손해 볼까 두렵다.
六月	東西兩方　必得大財 携酒登樓　可謂仙人	동서 양방에서 반드시 재물을 얻는다. 술을 들고 누각에 오르니 가위 신선이라.
七月	若非吉事　身數不利 貴人在北　可親有益	길한 일이 아니면 신수가 불리하리라. 귀인이 북에 있으니 친하면 가히 길하리라.
八月	在家無益　出行得財 晴天月出　天地明朗	집에 있으면 무익하고 출행하면 길하다. 청천에 달이 돋으니 천지가 명랑하다.
九月	財在東方　行則可得 守分則吉　妄動則敗	동방에 재물이 있으니 행하면 얻는다. 분수를 지키면 길하고 망동하면 흉하다.
十月	若非登科　膝下有慶 家在吉慶　一家和平	벼슬이 아니면 슬하에 경사가 있다. 집안에 경사가 있으니 일가가 태평하리라.
十一月	身運逢吉　立身揚名 萬人稱讚　喜滿家庭	신운이 길하니 입신양명하리라. 만인이 칭찬하고 가정에 기쁨이 가득하리라.
十二月	諸事如意　心有和平 魚龍得水　衣食裕餘	모든 일이 뜻과 같으니 마음이 태평하다. 어룡이 물을 만난 격이니 의식이 풍족하다.

[九二]

風水渙(풍수환)		상하가 화순하니 화락하고 편안하다. 한 번 얻고 한 번 잃으니 한 번 웃고 한 번 찡그린다. 때에 따라 변하니 기틀을 튼튼히 한다. 부귀와 공명을 티끌처럼 여기리라.
上安下順　和樂且康 一得一失　半笑半嚬 隨時觀變　養精蓄銳 富貴功名　知如紅塵		

正月	先有艱苦	後見平易	먼저는 곤고하고 뒤에는 편안하리라.
	離鄕奔走	獨力自營	고향을 떠나 분주하니 자수로 성공한다.
二月	尋芳春山	桃李爛漫	춘산에서 꽃을 찾으니 도화 이화가 만발하도다.
	若爲農商	衣食自足	만약 농상이면 의식이 넉넉하리라.
三月	先有艱苦	後見平易	먼저는 곤하고 나중은 평이하리라.
	去舊從新	財數大通	옛것을 버리고 새것을 취하니 재운이 대통하리라.
四月	手執指柄	大將之任	손에 지휘봉을 잡으니 대장의 소임이라.
	貴人相助	所求必得	귀인이 도와 구하는 바를 반드시 얻으리라.
五月	利在四方	必得大財	이가 사방에 있으니 구하면 얻는다.
	南方貴人	偶來助我	남방의 귀인이 우연히 나를 돕는다.
六月	財數論之	先凶後吉	재수를 논지하면 먼저는 흉하고 뒤에는 길하다.
	口舌可愼	訟事可畏	구설을 삼가고 송사를 주의하라.
七月	兄弟相別	必有災厄	형제를 상별하고 반드시 재액도 있다.
	若近女色	後悔莫及	만약 여색을 가까이 하면 후회막급이다.
八月	一輪孤月	獨照千里	일륜 고월이 천리를 비춘다.
	信人有害	交友愼之	친한 이가 해하니 사귐을 주의하라.
九月	疾苦不絶	愼之愼之	병이 끊이지 않으니 삼가고 삼가라.
	凶反爲吉	豈不美哉	흉함이 도리어 길하니 어찌 아름답지 않으리요.
十月	少得多用	身數奈何	소득은 적고 씀은 많으니 신수라 어찌하랴.
	安靜有吉	妄動則凶	안정하면 길하고 망동하면 흉하다.
十一月	先困後旺	貴人助我	먼저는 곤하고 나중은 왕하며 귀인이 나를 돕는다.
	北方大吉	行之得利	북방이 대길하니 행하면 이를 얻는다.
十二月	若無是非	間或口舌	만약 시비가 아니면 구설이 있다.
	進退有路	可以成功	진퇴에 길이 있으니 가위 성공한다.

風水渙 (풍수환)

修心養性　無榮無辱
破祖離家　榮事如意
求事多處　勉之可得
出行遠方　必得小財

수심양성하니 영화도 없고 욕심도 없다. 조업을 파하고 고향을 떠나니 경영하는 일이 잘된다. 많은 곳에서 일을 구하니 힘쓰면 얻는다. 원방에 출행하면 반드시 작은 이익이 있다.

正月	東家之言　愼勿信聽	동방 사람의 말을 믿지 마라.
	聚散無定　得失有數	모으나 잃고 정함이 없으니 득실에 수가 있다.
二月	飛鳥折羽　進退不知	나는 새가 날개를 상하니 진퇴를 알 수 없다.
	水火有驚　愼之愼之	물과 불로 놀랄 일이 있으니 조심하라.
三月	逐鹿長林　險山重疊	수풀에서 사슴을 좇으니 산길이 험난하다.
	中春有憂　妻子有患	중춘에 근심이 있으니 처자의 근심이로다.
四月	財數論之　誠求小得	재수를 논하건대 정성껏 구하면 얻는다.
	豫先防厄　轉禍爲福	미리 예방하면 화가 복이 된다.
五月	甘言利說　虛名無實	감언이설로 일이 허황되도다.
	東方利客　偶然助我	동방에서 오는 손이 우연히 나를 돕는다.
六月	身數大吉　財數不利	신수는 대길하나 재수는 불길하다.
	與人同力　可致財産	동업하면 반드시 재물을 이룬다.
七月	若非官祿　膝下之慶	관록이 아니면 슬하에 근심이 있다.
	花朝月夕　身醉花間	화조월석에 꽃 속에서 취하여 논다.
八月	大財不得　小財可得	대재는 얻지 못하나 작은 재물은 얻는다.
	欲行不進　心中有憂	행하고자 하나 나가지 못하니 심중에 근심이 있다.
九月	莫近酒色　必受其害	주색을 가까이 마라. 반드시 그 해를 본다.
	利在何方　西北之方	어느 곳에 이익이 있는고. 서북 양방이로다.
十月	外人愼之　損財可畏	외인을 삼가라. 손재가 두렵다.
	事有多滯　虛度光陰	일이 지체함이 많으니 세월을 허송한다.
十一月	勿爲問喪　疾病可畏	문상하지 마라. 질병이 두렵다.
	勿貪大謀　必有損害	큰 일을 탐하지 마라. 반드시 손해가 있다.
十二月	南方不利　不宜出行	남방이 불리하니 행하지 마라.
	與人同去　半凶半吉	타인과 동거하니 반은 흉하고 반은 길하다.

[六四]

風水渙(풍수환)

跨鶴乘風　飛騰靑雲
數凶厄當　喪凶不免
秋草逢霜　落葉歸根
心中有苦　事由虛荒

학이 바람을 타고 청천에 난다. 흉한 액을 당하니 상액을 면치 못한다. 추초가 서리를 만나니 낙엽이 진다. 심중이 고통스럽고 일은 허망스럽다.

正月	三陽回泰　佳緣相逢 重重喜喜　滿庭和樂	삼양이 돌아오니 아름다운 인연을 맺는다. 기쁜 일이 거듭되니 집안이 화락하다.
二月	秋草逢霜　紅黃其色 雖得人助　不甚太焉	가을 풀이 서리를 맞으니 붉고 누런 빛이다. 비록 타인의 도움을 받으나 이익이 크지 않다.
三月	心中有苦　事有虛妄 在家有吉　出外心亂	심중에 근심이 있고 일이 허망함이 있다. 집에 있으면 길하고 나가면 심란하다.
四月	好運挽回　勿失好機 身旺財旺　親憂奈何	좋은 운을 만회하니 때를 잃지 마라. 신왕재왕하나 부모의 근심을 어찌할꼬.
五月	若非疾病　口舌奈何 莫近是非　官災不利	만약 질병이 아니면 구설을 어찌하리요. 시비를 가까이 마라. 관재가 있고 불리하다.
六月	出家東行　其禍不少 西北之方　出行則害	동쪽으로 행하면 반드시 화가 있다. 서북지방에 출행하면 해롭다.
七月	上下不調　吉凶相半 心無所定　必有失敗	상하가 어긋나니 길흉이 상반이다. 마음에 정한 바가 없으니 반드시 실패한다.
八月	若非生産　服制之數 勿爲妄動　橫厄可畏	만약 생산이 아니면 복제수가 있다. 망령되이 동하면 횡액이 두렵다.
九月	莫信他言　必受其害 二人各心　事有虛荒	타인의 말을 믿지 마라. 그 해를 받으리라. 두 사람이 각심이니 일이 허황하다.
十月	勿爲妄動　橫厄可畏 他人相從　必有失敗	망동하지 마라. 횡액이 두렵다. 타인의 말을 듣지 마라. 반드시 실패한다.
十一月	家神發動　非遷則憂 莫近病家　疾病可畏	가신이 발동하니 이사하지 않으면 흉하다. 문병하지 마라. 질병이 두렵다.
十二月	雖有財數　急則不得 守分上策　勿謀他營	비록 재수는 있으나 서두르면 얻지 못한다. 분수를 지킴이 상책이니 다른 일을 하지 마라.

風水渙(풍수환)

雲霄萬里　大鵬搏翼
在仕高遷　公侯大夫
龍盤虎距　風雲際會
若爲庶人　萬事亨通

구름 밖 만리에 대붕이 날개를 떨친다. 벼슬길에 있어 높이 천거하니 공후대부로다. 용이 서리고 범이 웅거하니 풍운을 모은다. 만약 서인이면 만사형통하리라.

正月	若非內憂　必是得病 在家心亂　宜行外方		집안의 근심이 아니면 자신이 병을 얻는다. 집에 있으면 심란하고 나가면 길하다.
二月	志大心高　好事有阻 莫信人言　言甘事違		뜻이 크고 마음이 높으나 좋은 일에 마가 있다. 남의 말을 믿지 마라. 말은 달되 일은 어그러진다.
三月	黑雲滿空　不見月色 基地發動　反往有刑		검은 구름이 만공하니 달빛을 보지 못한다. 집터가 발동하니 도리어 형난이 있다.
四月	心大志弱　欲速不達 夢中得財　不久之財		마음은 크나 뜻이 약하니 속히 하나 능치 못한다. 꿈속에서 얻은 재물이니 오래 가지 못한다.
五月	若無服制　添口之數 飢者得飯　無箸奈何		복제가 아니면 식구가 는다. 배고픈 자 음식을 얻었으나 수저가 없으니 어찌할꼬.
六月	旱天望雨　久而不施 路險已過　更逢泰山		가뭄에 비를 바라나 오랫동안 오지 않는다. 험난한 곳을 이미 지나니 다시 태산을 만났다.
七月	上下和順　喜滿家庭 若非生產　橫財之數		상하가 화순하니 가정에 기쁨이 가득하다. 생산이 아니면 횡재할 수다.
八月	西方不吉　勿爲出行 雖得財利　別無所得		서방은 불리하니 출행하지 마라. 재물을 얻으나 별로 소득이 없다.
九月	凡事不利　諸事注意 無端之責　口舌難免		범사가 불리하니 모든 일에 주의하라. 무단지책은 구설을 면치 못한다.
十月	在家心亂　遠行則吉 勿貪分外　反有失敗		집에 있으면 심란하고 원행하면 길하다. 분수 밖의 것을 탐하지 마라. 오히려 실패한다.
十一月	秋逢草木　一悲一喜 財不隨身　求之不得		초목이 가을을 당하니 한 번 슬프고 한 번 기쁘다. 재물이 따르지 않으니 구해도 얻지 못한다.
十二月	身上有困　別無凶事 勿貪新物　守舊則吉		신상은 곤고하나 별로 흉함은 없다. 새것을 탐하지 마라. 옛것을 지키면 길하다.

風水渙(풍수환)

度時而進　知機而退
井魚躍出　遊泳大海
忠肝義膽　極求險難
訟獄必散　疾厄者愈

때를 가리어 나가고 기회를 알아 물러간다. 우물 안 고기가 밖으로 나와 큰물에서 논다. 충간 의담하니 험난함을 구제한다. 송사는 흩어지고 병자는 병이 낫는다.

正月	入則有憂　出外無益 家運不利　愁心難解	집에 있으면 근심이 있고 나가도 이익이 없다 가운이 불리하고 수심이 풀리지 않는다.
二月	胎夢初吉　生男之數 勿爲妄動　損財可畏	태몽이 길하니 생남할 수로다. 망동하지 마라. 손재가 가히 두렵다.
三月	桃花萬點　紅錦玲瓏 春雪解氷　草木更新	도화 만점하고 홍금이 영롱하다. 봄눈이 녹으니 초목이 다시 새롭다.
四月	才太職廣　惠澤及人 心仁積德　福祿自來	재주도 많고 벼슬도 높으니 혜택이 사람에 미친다. 심인적덕하니 복록이 스스로 온다.
五月	春風和氣　笑顔相對 貴人助我　財祿必得	춘풍화기에 웃는 얼굴로 대한다. 귀인이 나를 도우니 재록을 반드시 얻는다.
六月	人口興旺　財祿如山 與人登樓　酒肴豊足	인구가 흥왕하고 재록이 산과 같다. 사람과 더불어 누에 오르니 주효가 풍족하다.
七月	到處有財　男兒得意 利在何方　東南兩方	도처에 재물이 있으니 남아가 뜻을 얻는다. 이가 어느 곳에 있는고. 동남 양방이로다.
八月	家運大通　萬事如意 先困後泰　利在其中	가운이 대통하니 만사가 뜻과 같다. 먼저는 곤하고 나중은 편안하니 이가 그 가운데 있다.
九月	有智有藝　意外成功 財自天來　所望可成	지혜가 있고 재주가 있으니 의외에 성공한다. 재물이 스스로 오니 소망을 가히 이룬다.
十月	人家和合　百事順成 若非如此　名譽損傷	인가가 화합하니 백사가 순성한다. 만약 그렇지 않으면 명예를 손상한다.
十一月	細流歸海　積小成大 甘雨時降　百穀豊登	내가 합쳐 바다로 가니 작은 것으로 큰 것을 이룸과 같다. 단비가 내리니 백곡이 풍등하다.
十二月	莫與人爭　家有口舌 出門東行　自有貴人	타인과 다투지 마라. 집안에 구설이 있다. 동방으로 행하라. 귀인을 만난다.

[初九]

三五五

水澤節(수택절)

䷵

閑居山林　耕田鑿井
謹守祖業　靜吉動凶
貴人助我　財祿如意
利在何方　東南兩方

산림에서 한가히 밭을 갈고 우물을 판다. 삼가 조업을 지키며 안정하면 길하고 동하면 실패한다. 귀인이 나를 도우니 재록이 뜻과 같다. 이는 어느 곳에 있는고. 동남 양방이로다.

正月	富貴如雲　世事無情 莫近是非　事有未決		부귀가 뜬구름 같으니 세상 일이 무정하다. 시비를 가까이 하지 마라. 일에 막힘이 많다.
二月	遲遲春暖　心緒散亂 久旱無雨　草木有傷		봄빛이 더디니 마음이 산란하다. 가뭄에 비가 오지 않으니 초목이 상한다.
三月	足踏虎尾　空谷傳聲 疾病有憂　豫爲禱厄		범의 꼬리를 밟은 격이니 허황하고 놀랄 일이 있다. 질병의 근심이 있으니 미리 도액하라.
四月	勿貪外財　反爲損害 莫近親人　背恩忘德		재물을 탐내지 마라. 도리어 손해가 있다. 친한 자를 멀리 하라. 은혜가 원수된다.
五月	恒留人情　凡事如意 勿爲妄動　反爲失敗		항상 인정을 베풀면 만사가 뜻과 같이 된다. 망동하지 마라. 도리어 실패한다.
六月	窓前月色　梅花主張 才德兼備　進退有望		창 밖의 밝은 달은 매화꽃을 자랑한다. 재덕을 갖추니 진퇴에 희망이 있다.
七月	若非遠行　一次疾病 勿爲出路　或有橫厄		만약 원행하지 않으면 병을 얻는다. 먼 길에 나가지 마라. 횡액을 당한다.
八月	固守舊業　無災無害 逍遙山水　吟風咏月		옛것을 굳게 지키면 해도 없고 재앙도 없다. 산수간에 소요하며 경치를 음미한다.
九月	垂釣山澗　不關世事 與人謀事　財運始達		시내에 낚시를 드리우고 세상 일을 불관한다. 타인과 같이 하는 일에 반드시 이익이 있다.
十月	勿貪財利　受辱不少 身遊困厄　豫爲禱厄		재리를 탐하지 마라. 욕됨이 적지 않다. 몸이 곤경에 이르니 미리 예방하라.
十一月	酒也色也　損財不利 小得大失　有何所得		술이냐 색이냐　손재주가 있다. 작게 얻고 크게 잃으니 무엇을 얻는 바가 있으리요.
十二月	每事不成　又何疾病 夫婦不和　家庭不安		일이 이루어지지 않고 질병은 무슨 일인고. 부부가 불화하니 가정이 불안하다.

〔九二〕

	水澤節(수택절) 夜雨淋漓　草木枯寒 不知當進　遲疑反凶 不出門庭　反見災禍 不仁不德　此是亂倫	밤비가 모자라니 초목이 메마르다. 나갈 때를 알지 못하여 더디고 의심하면 도리어 흉하다. 집에만 가만히 있으면 도리어 재화를 본다. 어질지 못하고 덕이 없으니 이것이 인륜을 어기리라.
正月	春雨不至　草木寒冷 在家無益　出路何向	봄비가 오지 않으니 초목이 쓸쓸하다. 집에 있으면 무익하고 나가도 갈 곳이 없다.
二月	貴人有助　妙計必中 草木逢春　漸次成長	귀인이 도우니 묘계가 들어맞는다. 초목이 봄을 만나니 점점 자란다.
三月	與世相隔　是何故也 西南得朋　東北喪友	세상과 격리되니 이게 어찌된 일인고. 서남에서는 벗을 얻고 동북에서는 벗을 잃는다.
四月	在家無功　出動有利 身運不利　意外得財	집에 있으면 공이 없고 나가면 이익이 있다. 신수는 불리하나 뜻밖에 재물을 얻는다.
五月	水邊一女　閑倚欄干 出則有悔　入則心恨	물가에 한 여인이 한가히 난간을 의지한다. 나가도 후회하고 들어와도 한스럽다.
六月	養成銳氣　待時成事 閑坐高堂　心身平安	예기를 양성하니 때를 만나 이룬다. 고당에 한가히 거하니 심신이 평안하다.
七月	當進不進　必有災咎 雲雨滿空　不見星辰	마땅히 나아갈 때 나가지 못하니 반드시 재앙이 있다. 운우가 만공하니 성신을 보지 못한다.
八月	夫婦合心　家道漸旺 小往大來　取積如山	부부가 합심하니 가도가 편안하다. 작게 가고 크게 오니 재물이 산과 같이 쌓이도다.
九月	藏寶不用　無益持國 許多艱辛　一朝通泰	감춘 보화를 쓰지 않으니 나라에 이익이 없다. 허다한 신고 끝에 하루아침에 영화를 얻는다.
十月	西北不利　東南最吉 守分安居　動則有吉	서북은 불리하고 동남이 가장 길하다. 분수를 지키면 편안하다. 움직이면 이익이 있다.
十一月	豫爲禱厄　病殺侵入 諸百之事　有頭無尾	미리 도액하라. 질병이 침노한다. 백 가지 일이 시작만 있고 끝이 없다.
十二月	事有複雜　都無所益 莫行東方　損財可畏	일이 순하지 못하니 도무지 이익이 없다. 동방으로 행하지 마라. 손재가 두렵다.

[六三]

水澤節 (수택절)

敗屋重修　舊鏡更明
謹身節用　勿務奢華
傷財害民　自招災禍
若不如此　傾家破産

헌 집을 수리하니 옛 거울이 다시 밝다. 근신 절용하고 사치에 힘쓰지 마라. 재물을 잃고 백성을 해하니 스스로 화를 부른다. 만약 그렇지 않으면 파가망신한다.

正月	卜居吉地　一家通泰	길지를 택하여 사니 일가가 편안하다.
	財自天來　一身自安	재물이 스스로 이르니 일신이 편안하다.
二月	勤儉爲事　可以小安	근검절약하면 가히 조금은 편안하다.
	利在南方　偶然到財	남방에 이가 있으니 우연히 재물이 집에 이른다.
三月	損財害人　必受口舌	손재하고 해인하니 반드시 구설이 있다.
	莫行東方　損財不少	동방으로 행하지 마라. 손재가 적지 않다.
四月	勿貪虛慾　衣食不足	허욕을 탐내지 마라. 의식이 부족하다.
	財在外方　出行得財	외방에 재물이 있으니 출행하면 얻는다.
五月	身上有憂　盜賊愼之	신상에 근심이 있으니 도적을 조심하라.
	財數大吉　大財入門	재수가 대길하니 큰 재물이 들어온다.
六月	機謀若探　方可成就	지모가 깊으니 가히 일을 이룬다.
	財運已回　自手成家	재운이 이미 돌아오니 자수성공한다.
七月	東奔西走　食少事煩	동서로 분주하니 먹을 것은 적고 일은 많다.
	基地發動　移居爲吉	집터가 발동하니 이사하면 길하리라.
八月	浪費甚多　勿務奢侈	낭비가 심하니 사치에 힘쓰지 마라.
	若非生財　膝下有榮	만일 재물이 생기지 않으면 슬하에 경사가 있다.
九月	先哭後笑　敗屋重建	먼저는 울고 뒤에는 웃으며 헌집을 중건한다.
	若不修德　恩反爲仇	만약 덕을 닦지 않으면 은혜가 도리어 원수된다.
十月	與人同商　可獲金利	동업하면 가히 금리를 얻는다.
	身旺四時　財在冬令	신왕재왕하니 재물은 겨울에 있다.
十一月	利財何方　東北之間	어느 곳에 이익이 있는고. 동북지간이로다.
	於公於財　所望如意	공과 재물이 뜻대로 이루어진다.
十二月	金入火中　終成大器	금이 불에 드니 마침내 큰 그릇이 된다.
	愼之親友　以利傷義	친구를 삼가라. 이로써 의를 상한다.

水澤節 (수택절)

承順夫子　妻婦之道
一鹿出關　喜事咫尺
守法遵道　永保福祉
上下和順　安然無事

남편의 뜻을 순히 받드니 아내의 도리라. 일록이 출관하니 기쁜 일이 지척에 있다. 법도를 잘 지키면 복을 길이 누린다. 상하가 화목하니 편안하고 무사하다.

正月	苦榮心事　飮酒自慰	세상 일이 어렵기만 하니 술로써 위로한다.
	春和日煖　百花爭發	봄날이 따뜻하니 백화가 다투어 핀다.
二月	小心謹事　自然成就	조심하고 삼가면 자연히 성취한다.
	若逢貴人　功名之數	만약 귀인을 만나면 공명할 수다.
三月	柔順爲德　强剛有禍	유순하면 덕이 되나 강강하면 화가 있다.
	每事順理　必有大利	매사가 순리로 되니 반드시 큰 이익이 있다.
四月	修心行善　前程開通	수심 행선하니 앞길이 트인다.
	東北兩方　財源方生	동북 양방에서 재원이 바야흐로 생한다.
五月	在財四方　强求小得	사방에 녹이 있으니 힘써 구하면 얻는다.
	身數泰平　財如丘山	신수가 태평하니 재물이 구산 같다.
六月	利在他鄕　出行得利	이가 타향에 있으니 출행하면 이를 얻는다.
	到處有財　男兒得意	도처에 재물이 있으니 남아가 뜻을 얻는다.
七月	財名俱吉　滿面和色	재명이 함께 길하니 희색이 만면하다.
	君子德少　祿人不利	군자가 덕이 없으니 녹 먹는 사람이 불리하다.
八月	貴人助我　失者得職	귀인이 나를 도우니 실직자는 직업을 얻는다.
	勿爲相爭　有損不利	서로 다투지 마라. 해만 있고 이는 없다.
九月	人心不服　處處不同	인심이 불복하니 곳곳이 같지 않다.
	南方有吉　出行得財	남방이 길하니 출행하면 재물을 얻는다.
十月	居家有吉　出門有害	집에 있으면 길하고 나가면 불행하다.
	西北兩方　出行不利	서북 양방에 출행하면 길하다.
十一月	事無頭緖　欲速不達	일에 두서가 없으니 빠르고자 하나 능치 못하다.
	意外功名　財祿津津	뜻밖에 공명하니 재록이 진진하다.
十二月	貴人恒助　可得大財	귀인이 항상 도우니 가히 큰 재물을 얻는다.
	名利俱與　萬人仰視	명리가 함께 즐거우니 만인이 우러러본다.

水澤節(수택절)

謹身節用　安貧樂道
謀事如意　到處有吉
燈火報喜　穩登雲梯
東海相逢　明月半缺

근신하고 절약하니 가난하나 도를 즐긴다. 모사가 여의하니 도처에 길함이 있다. 등화에 기쁨이 있으니 과거 시험을 치는 것이 좋다. 동해에서 서로 만나나 밝은 달이 반이나 이지러진다.

正月	財政有損　女色愼之		재물에 손해수가 있으니 여자를 멀리 하라.
	在家無益　出路何向		집에 있으면 이익이 없고 나가면 어디로 향할꼬.
二月	陰陽不調　愁心不絶		음양이 고르지 못하니 수심이 끊이지 않는다.
	虛荒之事　晝思夜度		허황한 일로 주야로 근심한다.
三月	一枝花開　一枝花落		한 가지 꽃이 피고 한 가지 꽃이 떨어진다.
	盜賊愼之　失物有數		도적을 삼가라. 실물수가 있다.
四月	安貧樂道　謹身節用		가난하여도 도를 지키며 근신하고 절약한다.
	親友愼之　恩反爲仇		친구를 삼가라. 은인이 원수된다.
五月	成功當時　名振鄕隣		성공 할 때가 왔으니 이름을 사방에 떨치리라.
	雲雨滿空　不見生辰		구름이 가득하니 별빛을 보지 못한다.
六月	莫行遠道　失物愼之		먼 길을 행하지 마라. 실물할까 두렵다.
	修身齊家　萬事泰平		수신제가하니 집안이 태평하다.
七月	屋上靑鵲　飛來報喜		옥상의 푸른 까치가 기쁜 소식을 전한다.
	運數亨通　不求自得		운수가 형통하니 구하지 않아도 자연히 돌아온다.
八月	龍門一登　魚變成龍		벼슬길에 오르니 고기가 변하여 용이 된 격이다.
	若非橫財　膝下有榮		횡재가 아니면 슬하에 경사가 있으리라.
九月	倖運到來　急進勿失		요행히 운이 돌아오니 속히 하면 이익이 있다.
	速則吉利　緩則失時		속히 하면 길하고 늦으면 때를 잃는다.
十月	千里貴客　有情相對		천리귀객이 정답게 상봉한다.
	勿爲他營　反爲損財		직업을 바꾸지 마라. 도리어 손재한다.
十一月	直釣待時　晩逢文王		곧은 낚시로 때를 기다리니 늦게야 문왕을 만난다.
	利在何方　東方有吉		어느 곳에 이가 있는고. 동방이 길하다.
十二月	陰陽相合　彈琴鼓瑟		음양이 상합하고 부부의 금슬이 좋다.
	貴人相助　謀事順成		귀인이 서로 도우니 모사를 순히 이룬다.

〔上六〕

水澤節 (수택절)

恭儉生活　廉潔自守
固執不通　人情寡合
雖違人情　不至傷害
求名求利　有逆無順

공검생활하고 청렴을 지키라. 고집불통은 인정이 합하지 않는다. 비록 인정에 어그러지나 상해할 지경에 이르지는 않는다. 이름을 구하고 재물을 구하나 거슬리고 순함이 없다.

正月	人心不和　莫歎薄德	인심이 불화하니 박덕함을 한탄 마라.
	秋草逢霜　更逢狂風	가을 풀이 서리를 만나고 다시 광풍을 만난다.
二月	親戚冷情　妾亦無情	친척이 냉정하니 첩도 또한 냉정하다.
	有害北方　莫行其方	북방에 해가 있으니 그곳으로 가지 마라.
三月	月暮長程　去去泰山	날은 저물고 길은 먼데 갈수록 태산이다.
	草木逢霜　事多失敗	초목이 서리를 맞으니 일에 실패가 많다.
四月	東園桃李　開花結實	동원 가득한 도화 이화가 꽃이 지고 열매를 맺는다.
	心身不安　又何辛苦	심신이 불안하고 어찌 신고가 있는고.
五月	官鬼發動　爭訟可畏	관귀가 발동하니 쟁송이 가히 두렵다.
	宜行南方　小財可得	남방으로 행하라. 작은 재물은 가히 얻는다.
六月	莫近是非　口舌難免	시비를 가까이 마라. 구설이 두렵다.
	日暮江山　行踏有危	날 저문 강산에 갈 길이 위험하다.
七月	雲霧滿山　不知方向	운무만산에 방향을 알 수 없다.
	若非祈禱　服制可畏	만약 기도가 아니면 복을 입을까 두렵다.
八月	千里他人　喜逢佳人	천리 타향에서 가인을 만난다.
	骨肉相殘　破家亡産	골육이 상쟁하니 파가망산하리라.
九月	勿爲遠行　別無所得	먼 길을 가지 마라. 별로 소득이 없다.
	莫近酒色　亡身有數	주색을 가까이 마라. 망신수가 있다.
十月	每事不成　又何疾病	매사가 뜻대로 되지 않는데 병은 웬일인가.
	入海求金　求兎碧海	바다에서 금을 구하고 벽해에서 토끼를 구한다.
十一月	天地江山　一身孤獨	천지 강산에서 일신이 외롭다.
	莫歎初困　後得安吉	처음에 곤함을 한탄 마라. 후에는 성공한다.
十二月	雖有勞苦　勞而無功	비록 노력하나 노력한 공이 없다.
	東奔西走　有損無益	동서로 분주하나 아무 이익이 없다.

三六一

[初九]

五一	風澤中孚 (풍택중부)	양춘이 돌아오니 마른 나무가 번성한다. 심지가 전일하니 일에 공이 있다. 목마른 자 물을 얻고 경영자는 능히 성공한다. 안락과 잔치만 즐기니 패가망신할까 두렵다.
	陽春一到 古樹繁榮 心志專一 事功豊隆 渴者汲水 營事能遂 宴安逸樂 敗家亡身	
正月	每事順成 一身安康 心仁積德 福祿自來	모든 일이 잘되니 일신이 편안하다. 심인적덕하니 복록이 스스로 이른다.
二月	口舌有數 訟事可畏 東方來客 偶然來助	구설수가 있으니 송사가 두렵다. 동방에서 오는 손이 우연히 도와준다.
三月	莫如人爭 家有不安 龍得明珠 必有喜事	타인과 다투지 마라. 집안에 불편이 있다. 용이 구슬을 얻으니 기쁜 일이 있다.
四月	東風和暢 百花爭發 出門東行 自有貴人	동풍이 화창하니 백화가 다투어 핀다. 출문하여 동으로 행하면 귀인을 만난다.
五月	老人有病 不利壽恨 紅塵多夢 不如閑居	노인 병환에 수한을 알 수 없다. 홍진에 많은 꿈은 한거함만 못하다.
六月	陰極生陽 苦盡甘來 東方來客 偶然助我	음극양생하니 고진감래로다. 동방 귀인이 와서 우연히 나를 돕는다.
七月	幸逢貴人 失者得職 每事順成 衣食自足	요행히 귀인을 만나면 실업자가 직업을 얻는다. 매사가 순성하니 의식이 풍족하다.
八月	有智有藝 意外成功 財自天來 所望可成	지혜와 재주가 있으니 뜻밖에 성공한다. 재물은 하늘에서 주니 소망을 성취하리라.
九月	細流歸海 積小成大 家運大通 萬事如意	작은 물이 바다로 가니 작은 일을 크게 이룬다. 집안이 태평하니 만사가 뜻과 같다.
十月	莫近病家 疾病可畏 先困後泰 利在其中	문병하지 마라. 질병이 두렵다. 먼저는 곤하고 나중은 편안하니 그 가운데 이가 있다.
十一月	與人同事 損財不少 千里他鄉 客心悽涼	남과 하는 일에 손해가 많다. 천리 타향에서 객심이 처량하다.
十二月	一人之榮 及於萬人 子孫興旺 一家泰平	한 사람의 영화가 만 사람에게 미친다. 자손이 흥왕하니 일가가 태평하다.

[九二]

五二	風澤中孚 (풍택중부)	학이 그늘에서 우니 그 새끼가 화답한다. 선비는 관직을 얻고 서인은 이를 얻는다. 귀인이 사람을 대하니 현자가 이어 온다. 집에 있으면 길하고 나가면 흉하리라.
	鳴鶴在陰 其子和之 來仕得官 庶人獲利 貴人接人 賢子承襲 在家則吉 出行則凶	

正月	靑松綠竹 萬古常靑 龍得明珠 必有喜事	청송 녹죽은 만고에 항상 푸르다. 청룡이 구슬을 얻으니 반드시 기쁜 일이 있다.
二月	自此以後 漸進財祿 三春之時 每事順成	이로부터 후에 재물이 점점 나아진다. 삼춘의 때에 매사가 순하게 이루어진다.
三月	入海求金 求事不成 前生有緣 今生佳約	바닷속에서 금을 구하니 일을 이루기 어렵다. 전생에 인연이 있으니 금생에 가약이라.
四月	久旱不雨 草木不長 險路已過 前程平坦	오랜 가뭄에 초목이 자라지 못한다. 험한 길을 이미 지나니 앞길이 평탄하다.
五月	忠誠貫一 官祿久矣 非理之財 勿爲貪之	충성을 일관하면 관록이 오래간다. 비리의 재물을 탐하지 마라.
六月	池魚出海 浮沈自由 在家心苦 出門則吉	못의 고기가 바다로 가니 행동이 자유롭다. 집에 있으면 불안하고 나가면 길하리라.
七月	圓月正明 千里共光 與人同事 別無所益	둥글고 밝은 달이 천리에 함께 비친다. 동업하면 별로 이익이 없다.
八月	壽富康寧 一室和樂 吉運已回 財祿豊足	수부강녕하니 일가가 화락하다. 길운이 돌아오니 재록이 풍족하다.
九月	兄弟之間 訟事不絶 事有未決 必有失敗	형제지간에 송사가 끊이지 않는다. 일이 미결되니 반드시 실패한다.
十月	惡鬼發動 疾病愼之 玄武發動 出行不利	악귀가 발동하니 질병이 두렵다. 현무가 발동하니 출행이 불리하다.
十一月	入山求魚 徒勞無功 虛荒之事 愼勿爲之	산에서 고기를 구하니 노력만 허비한다. 허황한 일은 삼가고 하지 마라.
十二月	在家無益 出家傷心 似成難成 此亦奈何	집에 있으면 이익이 없고 나가면 마음이 상한다. 이룰 것 같으나 이루지 못하니 이 또한 어찌하리요.

[六三]

風澤中孚 (풍택중부)

喜中有憂　悲中生樂
一進一退　一得一失
貴人來助　意外成功
靜則無益　動則財凶

기쁜 중에 근심이 있고 슬픈 가운데 기쁨이 있다. 한 번 나가고 물러나면 한 번 잃고 한 번 얻는다. 귀인이 도우니 뜻밖에 성공한다. 안정하면 길하고 동하면 흉하다.

正月	靜則無事 家神發動	動則反損 家有不平	안정하면 무사하고 움직이면 손해 있다. 가신이 발동하니 집안이 불안하다.
二月	身數大吉 妖鬼水路	財數平吉 出路有害	신수가 대길하고 재수는 평길하다. 요귀가 물길에 있으니 나가면 해가 있다.
三月	雪滿春山 虛度光陰	草木不生 世事無味	눈이 가득한 봄산에 초목이 자라지 못한다. 세월을 허송하니 세상 일이 재미없다.
四月	暮春三月 勿事多逆	探花蜂蝶 愁心難免	모춘 삼월에 꽃을 탐하는 봉접이로다. 일에 거슬림이 많으니 근심을 풀지 못한다.
五月	兩心不同 求名謀利	必有相伐 得失相半	두 마음이 같지 않으니 반드시 싸운다. 이익과 이름을 꾀하나 득실이 상반이다.
六月	同僚不睦 事無頭緖	先進後退 所望難成	동료가 불목하니 먼저 나가 뒤에 물러난다. 일에 두서가 없으니 소망을 이루기 어렵다.
七月	窮奢極備 雖有財物	浪費太多 或有小憂	사치가 너무도 극심하니 낭비가 심하다. 비록 재물이 있으나 작은 근심이 있다.
八月	家有憂患 若非如此	擇日豫防 損財難免	집안에 우환이 있으니 택일하여 예방하라. 만약 이같지 않으면 손재를 면키 어렵다.
九月	雲外萬里 若非橫財	得意還鄕 必受吊問	구름 밖 만리에 뜻을 얻고 고향에 간다. 횡재가 아니면 반드시 상복을 입을 수다.
十月	守舊安居 憂散喜生	利在其中 一家太平	옛것을 지키면 그 가운데 이가 있다. 근심은 사라지고 기쁨이 생기니 집안이 태평하다.
十一月	本性正直 安中有危	必有吉祥 官災愼之	본성이 정직하니 반드시 상서로움이 있다. 편안한 가운데 위태로움이 있다. 관재를 조심하라.
十二月	草綠江邊 豈不美哉	兩牛相爭 晩得富名	푸른 강변에 두 마리 소가 다툰다. 어찌 아름답지 않으랴. 늦게야 부자가 되리라.

[六四]

五一 	風澤中孚 (풍택중부) 醉依欄干　紅粧無情 少年壯元　提携有人 或失配遇　不然被麻 若非如此　損財可畏	취하여 난간을 의지하나 홍장이 무정하다. 소년 장원에 사람이 돕는다. 배우자를 잃지 않으면 복을 입을 수다. 만약 그렇지 않으면 손재할까 두렵다.
正月	出遊他鄕　吉事可成 驛馬到門　奔走之像	타향에 나가면 반드시 성공하리라. 역마수가 있으니 분주한 상이다.
二月	財在遠方　出則得財 莫近酒色　損財可畏	원방의 재물은 나가면 얻는다. 주색을 멀리 하라. 손재하리라.
三月	凡事不利　諸事注意 無端之責　口舌難免	모든 일이 불리하니 주의하라. 무단히 화를 당하고 구설을 면키 어렵다.
四月	世業如夢　赤手成家 在家心亂　遠行則吉	세업이 꿈 같으니 맨손으로 성공한다. 집에 있으면 심란하고 원행하면 길하다.
五月	鶯棲柳枝　一身自安 守家則吉　出路有害	꾀꼬리 버들가지에 일신이 편안하다. 집에 있으면 편하고 나가면 해로움이 있다.
六月	口舌有數　官災可畏 前程有險　修身失敗	구설수가 있으니 관재가 두렵다. 앞길이 험하니 수신하여도 실패한다.
七月	秋逢草木　一悲一憂 勿貪分外　反有失財	초목이 서리를 만나니 한 번 슬프고 근심이 있다. 허욕을 내지 마라. 오히려 손재한다.
八月	身旺財旺　可得千金 莫行北方　不利財物	신왕재왕하니 천금을 가히 얻는다. 북행하지 마라. 재물에 이롭지 못하다.
九月	若非損財　膝下之憂 一登靑雲　君臣相得	손재가 아니면 슬하에 근심이 있다. 청운에 오르니 군신이 서로 돕는다.
十月	雖有財物　費用則多 渴者得井　憂中望喜	재물은 얻으나 비용이 너무 많다. 목마른 자 우물을 얻고 근심 가운데 기쁨이 있다.
十一月	入則傷神　動則滿利 莫信人言　言甘事違	들어가면 속 상하고 움직이면 이가 있다. 남을 믿지 마라. 말은 좋고 일은 어긋난다.
十二月	勿爲吊問　疾病可畏 出他有吉　在家傷心	상가에 가지 마라. 질병이 두렵다. 출타하면 길하고 집에 있으면 마음만 상한다.

[九五]

五二三 風澤中孚 (풍택중부)

花落無實　狂蝶失路
財數論之　先得後失
初吉後凶　妄動之困
奔走東西　別無所得

꽃이 떨어지고 열매가 없으며 나비가 길을 잃었다. 재수를 논하면 먼저는 얻고 나중에 잃는다. 처음은 길하고 나중은 흉하며 망동하면 곤고하다. 동서로 분주하나 별로 소득이 없다.

正月	財數論之　先得後失 奔走東西　別無所得	재수를 논하면 먼저는 얻고 나중은 잃는다. 동서로 분주하나 소득이 없다.
二月	客地風霜　心身凄凉 患者得差　漸次健康	객지풍상에 심신이 처량하다. 환자는 병이 낫고 점점 건강하리라.
三月	莫近女子　損財可畏 諸事不成　一無所得	여자를 멀리 하라. 손재가 두렵다. 모든 일이 이루지 못하고 한 가지 소득도 없다.
四月	有始無終　行事如雲 家庭不安　一身不安	시작은 있되 끝이 없으니 행하는 일이 뜬구름 같다. 가정이 불안하니 일신이 불안하다.
五月	旅館燈殘　客心凄然 若非損財　子孫疾苦	여관 등불에 객심이 처량하리라. 만약 손재가 아니면 자손에 병이 있으리라.
六月	貴人助我　財數亨通 宜進無退　舊業換新	귀인이 나를 도우니 재수가 형통하다. 전진함이 마땅하고 옛것을 바꾸면 길하리라.
七月	財在東方　求而可得 入則心亂　行則吉利	재운이 동방에 있으니 구하면 얻는다. 들어가면 심란하고 나가면 길하다.
八月	身數大吉　財數亦吉 大財可得　生活太平	신수가 대길하고 재수도 대길하리라. 큰 재물을 얻으니 생활이 태평하도다.
九月	守分安定　平平之數 財穀豊足　室家安樂	분수를 지키면 운수가 평평하리라. 재곡이 풍족하니 집안이 태평하리라.
十月	人情和合　謀事可成 西南兩方　財利可得	인정이 화합하니 하는 일을 성공한다. 서남 양방에서 재리를 가히 얻으리라.
十一月	暗中行人　偶得明燭 貴人常助　必是功名	어둔 길 행인이 우연히 불을 얻었다. 귀인이 도우니 반드시 성공한다.
十二月	災消福來　今逢吉運 意外成功　財帛津津	재앙이 가고 복이 이르니 이제야 길운을 만났다. 의외에 성공하니 재백이 진진하다.

〔上九〕

風澤中孚 (풍택중부)

執拗不通　困迫無路
在士登科　商業損財
閑居同天　身登天臺
若有數凶　壽不長年

고집불통이니 곤고하여 길이 없다. 선비는 벼슬을 얻고 상업은 손재하리라. 동천에 한거하면서 하늘의 뜻을 따르면 몸이 영귀함을 얻는다. 만약 나쁜 수를 만나면 명이 단명하리라.

正月	奔走東西　山程水路 去去益甚　事有未決	동서로 분주하니 산길과 물길이다. 갈수록 태산이요, 일에 막힘이 많다.
二月	固執不通　信人不信 運數不吉　勞而無功	고집불통하니 믿을 사람이 믿지 않는다. 운수가 불길하니 노력하나 공이 없다.
三月	守分安居　凡事皆吉 東方來客　爲害不少	분수를 지키면 범사가 다 길하다. 동방에서 오는 손이 나를 해하리라.
四月	五穀豊登　衣食自足 貴人恒助　福祿常存	오곡이 풍등하니 의식이 족하리라. 귀인이 항상 도우니 복록이 진진하다.
五月	守舊安定　利在其中 妄動則凶　靜則吉利	옛것을 지키고 안정하면 그 안에 이익이 있다. 망동하면 흉하고 안정하면 길하다.
六月	運數亨通　家有吉祥 靈神助我　到處有財	운수가 형통하니 집안에 길함이 있다. 신령이 도와주니 도처에 재물이 생긴다.
七月	草綠江邊　牛逢盛草 財在外方　遠行得利	푸른 강변에서 소가 좋은 먹이를 만났다. 외방에 재물이 있으니 원방에서 재물을 얻으리라.
八月	勿貪虛慾　反有損害 豫爲禱厄　疾病可畏	허욕을 탐하면 도리어 손해를 본다. 미리 도액하라. 질병이 두렵다.
九月	若非橫財　子孫有榮 吉運已回　自手成家	만약 횡재가 아니면 자손에 영화가 있다. 길운이 돌아오니 자수성가하리라.
十月	先失後得　終時有吉 與人東行　必得大財	먼저는 잃고 나중은 얻으니 때를 기다리라. 타인과 동행하면 반드시 이익이 있다.
十一月	經營之事　損財不成 事有多滯　待時爲吉	경영하는 일은 손재하고 이루어지지 못하리라. 일에 막힘이 많으니 때를 기다리라.
十二月	財數不利　家母不寧 在家則吉　出行則凶	재수가 불리하니 가모가 편안하지 못하리라. 집에 있으면 길하고 출행하면 흉하리라.

〔初六〕

雷山小過(뇌산소과)

四七
䷽

一飛冲天　志高意滿
急進取禍　自作之孽
淺池逢旱　遊魚困苦
惟有謹愼　守分免禍

한번 날아 하늘에 솟구치니 뜻이 높고 가득하다. 서두르면 화가 이르나니 자작지얼이라. 얕은 물에 가뭄을 만나니 고기가 곤고하다. 오직 삼가고 근신하며 분수를 지키면 화를 면한다.

正月	有志未成　徒傷中心 勿交他人　自然損害	뜻은 있어도 이루지 못하니 마음만 상한다. 타인을 사귀지 마라. 자연히 손해가 있다.
二月	在家無益　出則吉也 南方莫行　宜行西方	집에 있으면 무익하고 출행하면 길하다. 남방으로 가지 말고 서방으로 행하라.
三月	莫向水邊　水厄難免 雖有求事　赤手奈何	물가에 가지 마라. 수액을 면치 못한다. 일을 구하나 맨손으로 어찌하리요.
四月	時運不利　有勞無功 莫出凶計　害及於身	때가 불리하니 백사가 공이 없다. 흉계를 꾸미지 마라. 내 몸에 해가 이른다.
五月	勿爲輕言　不利之數 雖有憤事　忍之爲德	말을 함부로 하지 마라. 불리하다. 분함이 있으나 참으면 덕이 된다.
六月	若非移舍　憂苦難免 吉地移居　福祿自來	이사를 하지 않으면 근심을 면키 어렵다. 길지로 이사하면 복록이 스스로 온다.
七月	勿爲出路　疾病可畏 妖鬼發動　妻憂何免	노상에 나오면 반드시 질병이 두렵다. 요귀가 발동하니 처에게 근심이 있다.
八月	莫信他人　橫厄有數 謹身安定　必有成功	타인을 믿으면 반드시 액이 있다. 근신하고 안정하면 반드시 성공한다.
九月	心勿太急　靜而爲吉 與人同事　被害不少	크고 급하게 하지 마라. 안정하면 길하게 된다. 동업하면 반드시 손해를 본다.
十月	愼之失物　盜賊可畏 莫近親人　不利之數	실물수가 있으니 도적을 조심하라. 친한 사람을 가까이 마라. 이롭지 못하다.
十一月	身在路上　勞苦誰堪 親友不利　愼之損財	몸이 노상에 있으니 곤고하여 견디기 어렵다. 친우가 불리하니 손재를 조심하라.
十二月	事有南北　喜憂相雜 損財人離　每事難成	일이 남북에 있으니 희비가 반반이다. 손재수에 인심도 잃으니 매사를 이루기 어렵다.

[六二]

四七 ䷽	雷山小過 (뇌산소과) 順風掛帆　千里巨艇 能盡己職　高遷如願 守正安分　家勢溢振 貴人汲引　凡謀可遂	순풍에 돛단 배요 천리를 행하는 큰 배로다. 능히 직책을 다하니 천거받음을 원한다. 정직하고 분수를 지키면 가세를 더욱 떨친다. 귀인이 도우니 모든 모사를 이룬다.
正月	守正安分　一室和平 運數大吉　百事順成	바르게 지키고 분수를 알면 집안이 편안하다. 운수가 대길하니 백사가 순조롭다.
二月	若非官祿　必生貴子 財在四方　到處春風	관록이 아니면 귀자를 둔다. 사방에 녹이 있으니 가는 곳마다 기쁘다.
三月	暮春三月　花落結實 貴人來助　手弄千金	모춘 삼월에 꽃이 지고 열매가 맺는다. 귀인이 도우니 손으로 천금을 희롱한다.
四月	事業成就　財帛津津 百事雖吉　火災愼之	사업을 성취하니 재백이 진진하다. 백사가 길하나 불을 주의하라.
五月	吉日令辰　致誠家神 東方有吉　行之可得	좋은 날을 택하여 가신에 치성하라. 동쪽이 길하니 행하면 기히 얻는다.
六月	莫向北方　損財不免 豫光禱厄　妻宮有厄	북방으로 행하지 마라. 손재수가 있다. 미리 도액하라. 처의 근심이 있다.
七月	利在外方　出行得財 財物豊富　人多敬我	외방에 이가 있으니 출행하면 얻는다. 재물이 풍부하니 사람이 나를 공경한다.
八月	貴人來助　必是成功 虛中得實　財祿興旺	귀인이 도우니 반드시 성공한다. 허한 중에 실함이 있으니 재록이 흥왕한다.
九月	運數大通　百事如意 南方有吉　謀事速成	운수가 대통하고 백사가 뜻과 같다. 남방이 유리하니 일이 속히 이루어진다.
十月	意外功名　到處有權 出入東方　事事有光	뜻밖에 공명이 있고 도처에 권세가 있다. 동방에 출입하니 일마다 빛이 난다.
十一月	身上有憂　不然傷母 陰陽相合　生產之數	신상에 근심이 있지 않으면 어머니의 상을 당한다. 음양이 서로 합하니 생산할 수로다.
十二月	年運大吉　所望成就 財運旺盛　終得大財	연운이 대길하니 소원을 이룬다. 재운이 왕성하니 마침내 큰 재물을 얻는다.

四七	雷山小過 (뇌산소과)		강함을 믿으니 시기를 많이 받는다. 재앙이 이르기 전에 미리 방지하라. 얕은 물에 배를 띄우니 진행이 불능하다. 빨리 하고자 하나 달하지 못하고 실패만 한다.
	自恃剛强 災禍未到 淺水操帆 欲速不達	多招妬忌 先爲豫防 舟行不能 或有失敗	

正月	西北不吉 膝下之憂	不可出行 豫爲禱厄	서북은 불길하니 출행하지 마라. 슬하에 근심이 있으니 미리 기도하라.
二月	財數無欠 若非官災	少有身厄 口舌愼之	재수는 흠이 없으나 조금 신액이 있다. 관재가 아니면 구설이 있다.
三月	秘密之事 運數不吉	向人莫道 守舊安定	비밀히 하는 일에 남을 향하여 말하지 마라. 운수는 불길하나 옛것을 지키면 안정되리라.
四月	身遊外方 謹身守分	何時歸鄕 凶變爲吉	몸이 외방에 있으니 어느 때 고향에 돌아갈까. 삼가 분수를 지키면 흉함이 길하게 된다.
五月	莫信親人 身運不利	損財可畏 大厄可畏	친한 이를 믿지 마라. 손재할까 두렵다. 신수가 불리하니 큰 액이 있을까 두렵다.
六月	安中有危 遠求近失	凡事愼之 所望難成	편안한 가운데 위태함이 있으니 범사에 주의하라. 멀리 구하고 가까이 잃으니 소망을 이루기 어렵다.
七月	若非損財 致誠南山	叩盆之歎 可免此厄	만약 손재가 아니면 상처수가 있다. 남산에 치성하면 가히 이 액을 면하리라.
八月	西北兩方 失物有數	勿爲出行 盜賊愼之	서북 양방에 출행하지 마라. 실물수가 있으니 도적을 조심하라.
九月	惡鬼作害 家有不安	謀事難成 膝下有危	악귀가 작해하니 모든 일이 실패한다. 집안이 불안하고 슬하에 근심이 있다.
十月	日暮西天 愼之親人	山鳥失巢 偶然損害	날 저문 저녁에 산새가 집을 잃었다. 친한 이를 경계하라. 우연히 손해 본다.
十一月	莫近病家 登山求魚	疾病可畏 勞而無功	병 문안을 가지 마라. 질병이 가히 두렵다. 산에서 고기를 구하니 노력만 있고 공은 없다.
十二月	事不如意 萬里長程	空然恨歎 去去泰山	일이 뜻과 같지 않으니 공연히 한탄만 한다. 만리장정에 갈수록 태산이라.

[九四]

雷山小過 (뇌산소과)

隨時變通　無榮無辱
遭遇貴人　可得小科
驕傲招厄　謙恭受敬
安貧守道　上和下順

수시로 변통하나 욕심도 없고 허영도 없다. 우연히 귀인을 만나 작은 벼슬을 얻는다. 교만하면 화가 있으니 겸손하면 공경을 받는다. 가난하나 도를 지키니 상하가 화순한다.

正月	閑坐草堂　彈琴鼓瑟	초당에 한가히 앉아서 거문고와 비파를 뜯는다.
	身旺東方　財旺南方	신수는 동쪽에서 왕하고 재수는 남쪽에서 왕한다.
二月	春無所益　秋後有望	봄에는 이익이 없고 가을에 희망이 있다.
	事與心違　財福不遂	일과 마음이 어그러지니 재복이 따르지 않는다.
三月	貴人助我　必有財旺	귀인이 나를 도우니 재운이 왕한다.
	凶中有吉　損者反益	흉한 중에 길함이 있으니 손해가 오히려 이가 된다.
四月	若無膝憂　因人生財	슬하에 근심이 아니면 남으로 인하여 재물을 얻는다.
	莫近是非　官厄可畏	시비를 가까이 하지 마라. 관재가 두렵다.
五月	勿爲相爭　是非口舌	서로 다투지 마라. 구설과 시비가 있다.
	若非如此　必有官厄	만약 그렇지 않으면 관액이 있으리라.
六月	東方貴人　意外助我	동방의 귀인이 뜻밖에 나를 도운다.
	若逢貴人　意外成功	만약에 귀인을 만나면 뜻밖에 성공하리라.
七月	財利常存　名振四方	재물에 이익이 항상 있으며 이름도 사방에 떨치리라.
	家有吉慶　生産之慶	집안에 경사가 있으니 생산할 수로다.
八月	不得貴人　事有未決	귀인을 만나지 못하면 일을 해결치 못하리라.
	莫近西方　損財不利	서쪽에 가까이 가지 마라. 손재하고 이롭지 못하리라.
九月	莫近病家　疾病可畏	병 문안을 가지 마라. 질병이 가히 두렵다.
	或有妻憂　身上有憂	처의 병이 아니면 신상에 근심이 있으리라.
十月	財數亨通　日得千金	재수가 형통하니 하루에 천금을 얻는다.
	一朝功名　金玉滿堂	일조에 공명을 얻으니 금과 옥이 가득하리라.
十一月	見而不食　好事多魔	보고도 먹지 못하니 좋은 일에 마가 많다.
	事業不利　守舊則吉	사업이 불리하니 하던 일을 그대로 하면 좋으리라.
十二月	若非口舌　或有官災	만약 구설이 아니면 관재가 있다.
	農商有吉　偶然得利	농상이 길하니 우연히 재물을 얻는다.

[六五]

雷山小過 (뇌산소과)

䷽

密雲不雨　陰陽反復
人情乖戾　生涯困苦
梧桐枝上　鳳凰不飛
行馬失路　行進可難

구름이 가득하나 비는 오지 않고 음양은 반복된다. 인정이 사나우니 생애가 곤고하다. 오동나무 가지에 봉황이 날지 않는다(기다리는 일이 안 되는 것). 말이 길을 잃으니 행진이 어렵다.

正月	失物在路　愼之出入 勿貪分外　安靜則吉		노상에서 실물수가 있으니 출입을 삼가라. 외재를 탐하지 마라. 안정하면 길하리라.
二月	恃强妄作　災害幷至 謀事不成　損財不少		강함을 믿고 망동하니 해로움이 있다. 모사를 이루지 못하니 손해가 적지 않다.
三月	才大謀疏　機會不至 親友無情　因人被害		재주는 많으나 꾀가 없으니 기회가 이르지 않는다. 친구간에 정이 없으니 사람으로 인하여 해를 본다.
四月	一事田疇　密雲不雨 守分在家　別無過失		한 일이 전주에 있으나 비가 오지 않는다. 집에 있어 분수를 지키면 과실이 없다.
五月	蟠桃雖好　千年何待 心中不利　財數不盛		반도가 비록 좋으나 천년을 어찌 기다리리요. 마음이 불리하니 재수도 좋지 못하다.
六月	陰陽相反　悲喜交集 修身遠惡　度無過失		음양이 상반하니 희비가 엇갈린다. 몸을 닦고 악을 물리치면 과실이 없어진다.
七月	名振四方　人多欽仰 利在何物　田庄多益		이름이 사방에 떨치니 모두 부러워한다. 무엇이 이로운가. 토지에 이가 있다.
八月	立而不安　坐席不安 南北有路　東西有害		서도 불안하고 앉아도 편안하지 못하다. 남북에 길이 트이고 동서는 해롭다.
九月	積小成大　百川歸海 雖有得財　口舌奈何		작은 일을 크게 이루니 모든 냇물이 바다로 간다. 재물을 얻음이 있으나 구설을 어찌 면하리요.
十月	若非服制　疾病可畏 興盡悲來　苦盡甘來		만약 복제가 아니면 질병이 두렵다. 기쁜 일을 다하면 슬픔이 오고 쓴것이 다하면 단것이 온다.
十一月	水鬼照門　水厄可畏 若非如此　家有一驚		수귀가 문에 비치니 수액이 두렵다. 만약 그렇지 않으면 집안에 놀랄 일이 있다.
十二月	貴人在何　東南兩方 事多蒼茫　速成速敗		귀인이 어느 곳에 있는고. 동남 양방에 있다. 일이 창망하니 속히 이루고 속히 패한다.

四七 雷山小過 (뇌산소과)

花飛夜雨　翔禽近網
士在飛騰　謙謹亨福
過剛則折　驕慢致傷
堂上無患　服制之憂

밤비에 꽃은 날리고 나는 새는 그물이 가깝다. 선비가 비등에 있으니 겸손하면 복을 누린다. 너무 강하면 꺾이고 교만하면 해가 있다. 부모의 근심이 없으면 복제수가 있다.

正月	莫與同事　害者日至 在家心亂　出行則吉		타인과 같이 일을 하지 마라. 해로움이 날로 이른다. 집에 있으면 심란하고 출행하면 길하다.
二月	勿爲賭博　損財喪名 西北兩方　不宜出行		도박을 하지 마라. 손재하고 이름을 상한다. 서북 양방에 출행하면 불리하다.
三月	網在深林　飛鳥有災 深山失路　東西不辨		숲속에 그물이 있으니 새가 재앙이 있다. 깊은 산에서 길을 잃으니 동서를 분간 못한다.
四月	夜雨紛紛　桃花滿地 心無定處　事有虛荒		밤비가 분분하니 도화꽃이 땅에 가득하다. 마음에 정한 곳이 없으니 일에 허황함이 있다.
五月	財在四方　到處有吉 喜色滿面　百事可成		재물이 사방에 있으니 도처에 길함이 있다. 얼굴에 기쁨이 가득하니 모든 일이 순조롭다.
六月	行人未到　前程阻滯 莫近是非　口舌臨身		행인이 목적지에 못 가서 앞길이 막막하다. 시비가 생기지 않으면 구설이 몸에 이른다.
七月	驕傲自恣　口舌有害 積小成大　財祿滿堂		교만하고 불손하면 구설과 해가 있다. 작은 것으로 큰 것을 이루니 재록이 가득하다.
八月	服制有數　六親之間 商路得財　廣置田庄		복제수가 있으니 육친간에 있다. 상업에 이가 있으니 전장을 많이 장만한다.
九月	恃强妄作　災害有畏 一登龍門　壯元及第		강함을 믿고 함부로 마라. 재앙이 있을까 두렵다. 한 번 용문에 오르니 장원급제한다.
十月	雖有過咎　改之爲貴 喜笑且語　不能掩口		비록 허물이 있으나 고치면 귀하다. 웃고 지껄이느라고 입을 다물지 못한다.
十一月	財物到家　反爲有害 山路有險　欲行不進		재물이 집에 이르나 오히려 해가 있다. 산길이 험하니 나가고자 하나 나가지 못한다.
十二月	初困後泰　終見吉利 事有順成　身上無憂		처음은 곤하고 후에 길하니 마침내 길함이 있다. 일에 순함이 있으니 신상에도 근심이 없다.

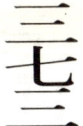

〔初九〕

六三䷾	水火旣濟(수화기제) 有職未守　有位未登 黃菊芳蘭　時各春秋 世治泰平　遽進高官 守分自修　吉祥自至	직위를 잘 지키지 못하니 벼슬이 오르지 않는다. 국화와 난초는 피는 때가 각각 다르다. 세상을 편안하게 다스리니 고관의 지위에 오른다. 분수를 지키고 수련하면 길함이 스스로 이른다.
正月	勿貪虛榮　時運未到 若無親友　膝下之憂	허욕을 탐하지 마라. 때가 이르지 못하였다. 친환이 아니면 슬하에 액이 있다.
二月	有職未守　前道茫然 出家何向　利在他處	직위를 지키지 못하니 전도가 망망하다. 집을 나서니 어느 곳을 향할꼬. 타향에 이익이 있다.
三月	利于西北　山花日新 身在田家　百思無用	서북이 이로우니 산꽃이 날로 새롭다. 몸이 전가에 있으니 다른 생각을 하지 마라.
四月	進退無定　機會多遲 訟事有數　東西奔走	진퇴를 정함이 없으니 기회를 놓친다. 송사수가 있으니 동서로 분주하다.
五月	身在路中　財有損失 幸逢吉運　諸事可成	몸이 노중에 있으니 재물에 손해가 있다. 다행히 길운을 만나면 모든 일을 이룬다.
六月	在家不利　出行則凶 山生水疏　身遊他鄕	집에 있으니 이가 없고 나가면 흉함이 있다. 산 설고 물 설은 타향에서 외로이 노닌다.
七月	守分在家　別無過失 勿近女子　口舌損財	분수를 지키니 별로 과실이 없다. 여자를 가까이 하지 마라. 구설과 손재가 있다.
八月	財則可得　口舌是非 心身不安　凡事無意	재물은 가히 얻으나 구설수가 있다. 심신이 불안하고 범사에 뜻이 없다.
九月	莫行西方　以吉爲凶 事有多滯　求事難成	서쪽으로 가지 마라. 길함이 흉하여진다. 일에 막힘이 많으니 구하나 얻지 못한다.
十月	有志不成　有頭無尾 運數不吉　勿思妄計	뜻을 이루지 못하고 머리와 꼬리도 없다. 운수가 불길하니 망동하지 마라.
十一月	小鳥出林　無依無托 若非橫厄　損財難免	수풀 속 작은 새가 의지할 곳이 없다. 만약 횡액이 아니면 손재를 면하지 못한다.
十二月	必有小財　宜行南方 晩得良馬　日行千里	반드시 작은 재물이 있으니 마땅히 남으로 가라. 늦게 좋은 말을 얻으니 하루에 천리를 간다.

三七四 [六二]

水火旣濟 (수화기제)

雙鳥失侶　何日可得
功名晚成　衣食豊足
欲速不達　先逆後順
雲掩月光　服制有數

새가 짝을 잃으니 어느 날 가히 얻으리요. 공명은 늦게 얻으나 의식은 풍족하다. 마음은 급하나 잘 되지 않으니 먼저는 어렵고 나중은 쉽다. 구름이 빛을 가리는 격이니 복제수가 있다.

正月	謀事難成　周遊四方 若無官事　家有疾病	일을 이루기 어려우니 사방으로 돌아다닌다. 만약 관재수가 아니면 질병이 있다.
二月	家有慶事　必是生男 財在北方　求則可得	집안에 경사가 있으니 반드시 생남하리라. 북방에 재물이 있으니 구하면 얻는다.
三月	官祿臨身　一身之榮 良朋每會　討論胸襟	관록이 따르니 일신의 영화로다. 좋은 벗이 모여 흉금을 털어놓고 의논한다.
四月	雲中歸鴻　失侶哀鳴 無事無業　勞而無功	구름 속에서 기러기가 짝을 잃고 슬피 운다. 일도 없고 업도 없으니 노력하나 공이 없다.
五月	財在北方　求而可得 莫行南方　吉變爲凶	북쪽에 재운이 있으니 구하면 얻는다. 남쪽으로 가지 마라. 길함이 흉함이 된다.
六月	若逢貴人　意外橫財 或有損財　口舌紛紛	귀인을 만나니 횡재를 한다. 손재도 있고 구설도 있다.
七月	所謂經營　虛妄奈何 運數不吉　勿思妄計	경영하는 일이 허망하게 된다. 운수가 불길하니 쓸데없는 계획을 하지 마라.
八月	若非橫厄　損財難免 雖有得財　得而難聚	횡액이 아니면 손재를 당한다. 비록 재물을 얻으나 모으지는 못한다.
九月	幸運已回　福祿自來 名振遠近　富貴俱全	행운이 이미 돌아오니 복록이 스스로 온다. 원근에 이름을 떨치니 부귀를 겸한다.
十月	若有疾病　問之東醫 先得大利　後得安靜	만약 병이 나면 동쪽 의원을 찾으라. 먼저 큰 이익을 얻으며 나중에는 안정하리라.
十一月	始終如一　必有榮貴 心正待時　必有興旺	처음과 끝이 같으니 반드시 귀함이 있다. 마음을 정하고 때를 기다리니 반드시 흥왕한다.
十二月	貴人相助　利在其中 財在西方　意外得財	귀인이 서로 도우니 이로움이 있다. 서쪽에 이가 있으니 뜻밖에 재물을 얻는다.

[九三]

水火旣濟 (수화기제)

七顚八起　遲晚成功
天降吉祥　福祿長久
若有不然　結怨爭訟
今年之數　吉凶相半

칠전팔기하니 늦게야 성공한다. 하늘에서 복을 내리니 복록이 장구하다. 만약 그렇지 않으면 원수를 맺고 송사하리라. 금년의 운수는 길흉이 반반이다.

正月	憂苦不絶　晝夜煩惱	근심이 끊이지 않으니 주야로 근심한다.
	基地發動　口舌難免	집터가 발동하니 구설을 면치 못한다.
二月	若非移舍　妻患可畏	만약 이사를 하지 않으면 처환이 가히 두렵다.
	小往大來　君子道長	작은 것이 가고 큰 것이 오니 군자의 도가 진취한다.
三月	出行有吉　宜行北方	출행하면 길하니 마땅히 북으로 가라.
	今年吉地　北方最吉	금년의 길지는 북쪽이 가장 좋으니라.
四月	勿爲他營　謀事有錯	다른 일을 하지 마라. 반드시 착오가 있다.
	守分安居　妄動則凶	분수를 지키면 편하고 망동하면 흉하다.
五月	身數不利　愼之橫厄	신수가 불리하니 삼가고 삼가라.
	財數論之　强求小得	재수를 논하건대 힘써 구하면 얻는다.
六月	每事有滯　心身散亂	매사가 막히니 심신이 산란하다.
	身上有吉　貴人來助	신상에 길함이 있으니 귀인이 와서 도와준다.
七月	旱天甘雨　百穀豊登	가뭄에 단비가 오니 백곡이 풍등하다.
	身財有憂　貴人來助	몸과 재물에 근심이 있으나 귀인이 도와준다.
八月	東北來人　害我不少	동북에서 오는 사람이 나를 해롭게 하리라.
	事有分數　勿貪分外	일에는 분수가 있으니 허욕을 부리지 말라.
九月	若無疾病　必有大患	만약 질병이 아니면 뜻밖에 화가 있다.
	心無所主　意外遇事	마음에 정함은 없으나 뜻밖에 일을 만난다.
十月	莫近是非　官災難免	시비를 가까이 하지 마라. 관재수가 있다.
	利在北方　出行得利	이가 북방에 있으니 출행하면 이를 얻는다.
十一月	求之不得　出行不利	구해도 얻지 못하니 출행해도 이가 없다.
	災消福來　謀事可成	재앙은 물러가고 복이 오니 하는 일이 잘된다.
十二月	靜則有吉　動則有凶	안정하면 길하고 동하면 흉하다.
	莫恨辛苦　終得榮貴	어려움을 한탄 마라. 마침내 영귀하리라.

[六四]

水火旣濟(수화기제)

富貴榮華　驚天動地
前歲落花　春風又開
金玉滿堂　食祿千鍾
爵位穩全　進取無辱

부귀영화하니 세상이 떠들썩하다. 지난해 낙화가 봄바람에 다시 핀다. 금옥이 만당하고 받는 녹은 천금이다. 벼슬이 온전하니 진취함에 욕됨이 없다.

正月	至誠禱佛	吉多無凶	지성으로 불공하라. 길함은 많고 흉함은 없으리라.
	有財有德	成功何難	재물과 덕이 있으니 성공하기 어렵지 않다.
二月	他人之事	愼勿干涉	타인의 일을 간섭하지 마라. 불리하다.
	每事注意	前程有險	매사에 주의하라. 앞길이 험난하다.
三月	尋花東西	忽見牧丹	동서로 꽃을 찾으니 홀연히 모란을 본다.
	西南有損	不宜出行	서남은 손해가 있으니 출행하면 불리하다.
四月	或有失敗	謀事無益	실패함만 있고 하는 일에 이익이 없다.
	東方有吉	南方有凶	동방은 길하고 남방은 불길하다.
五月	若無疾病	必是生産	만약 질병이 아니면 반드시 자손을 둔다.
	守分安居	妄動則敗	분수를 지키면 길하고 망동하면 패한다.
六月	每事有滯	心身散亂	매사에 막힘이 많으니 마음이 산란하다.
	財數論之	損財不少	재수를 논하면 손해가 적지 않으리라.
七月	身數平吉	財數不吉	신수는 평길하나 재수는 불길하다.
	心有不安	求財不得	마음에 불안함이 있으니 재물을 구하나 얻지 못한다.
八月	利在文書	田庄有利	문서에 이가 있으니 전장에 이가 있다.
	炎雲四起	魚龍努力	더운 구름이 일어나니 어룡이 노력한다(일신 곤고).
九月	千里逢人	喜事重重	타향에서 사람을 만나니 기쁨이 가득하다.
	功名赫赫	人稱奇男	이름이 빛나니 사람이 기남이라 칭찬한다.
十月	一枝梅花	蜂蝶探香	한 가지 매화에 봉접이 향기를 탐한다.
	千金到來	所願從心	천금이 돌아오니 마음을 좇는다.
十一月	勿爲妄動	待時安靜	망동하지 말고 조용히 때를 기다리라.
	身上有厄	祈禱家神	신상에 액이 있으니 가신에 기도하라.
十二月	心有不安	求財不得	마음이 불안하니 재물을 구하나 얻지 못한다.
	家無不平	上下有慶	집안에 불평이 없고 상하에 경사가 있다.

[九五]

六三	水火旣濟 (수화기제)	동쪽 이웃에서 잡은 소로 서쪽 이웃에서 제사를 지낸다. 먼 곳 계획은 헛되고 가까운 곳 계획은 실하다. 봄이 산 머리에 돌아오니 만물이 날로 새롭다. 동방은 불리하고 서방은 좋은 일이 있다.
	東隣殺牛　西隣享祀 遠謀則虛　近謀則實 春回山頭　萬物日新 東方不利　西地吉祥	

正月	旣濟不濟　廣知困難 運數多逆　必有損害	건너고자 하나 건너지 못하니 매사가 곤란하다. 운수가 거슬림이 많으니 반드시 손해가 있다.
二月	輕動不可　自有其時 白沙晴川　月色照臨	경망스럽게 하지 마라. 때가 따로 있느니라. 흰 모래 맑은 내에 달빛이 아름답다.
三月	或恐橫厄　豫爲度厄 上下各心　每事不成	횡액이 두려우니 미리 치성하라. 상하가 각 마음이니 일이 이루어지지 않는다.
四月	莫行北行　必有失敗 雖爲努力　反而無功	북쪽을 행하지 마라. 반드시 실패가 크다. 노력은 많이 하나 공은 없다.
五月	愁心不絶　口舌可侵 人名救助　恩反爲仇	수심이 끊이지 않고 구설도 있으리라. 인명을 구하여 주나 도리어 원수를 맺는다.
六月	柳綠桃紅　可逢三春 貴人扶助　豈非生光	푸른 버들과 붉은 도화가 삼춘을 자랑한다. 귀인이 도와주니 어찌 빛이 나지 않으리요.
七月	月明靑山　杜鵑悲鳴 莫行東方　必有損財	밝은 달 푸른 산에 두견이 슬피 운다. 동방에 행하지 마라. 반드시 손해가 있다.
八月	雖有生財　得而半失 若非損財　必有喪妻	비록 재물이 생기나 반은 잃는다. 만약 횡재가 아니면 반드시 상처하리라.
九月	一夜狂風　花落何處 家宅不寧　成造祈禱	하룻밤 광풍에 낙화가 난만하다. 집안이 불편하니 기도하면 길하리라.
十月	雲散月出　其色明朗 出行得利　天賜其福	구름이 걷히고 달이 나오니 그 색이 명랑하다. 나가면 이익이 있으니 하늘이 주는 복이니라.
十一月	所望如意　事無疑端 山路走馬　路險困苦	소망이 뜻과 같으니 일에 의심할 바가 없다. 산길이 험하니 말이 고생함이 많다.
十二月	若無橫財　反爲服數 得而多失　反不如無	만약 횡재가 아니면 복을 입을 수로다. 얻는 것보다 잃음이 많으니 없는 것만 못하다.

[上六]

水火旣濟 (수화기제)

意高志滿　天厭人怨
好事有魔　須防暗箭
恐有水災　不然染病
初困後平　晩得財利

뜻이 높고 가득하나 하늘과 사람이 다 싫어진다. 좋은 일에 마가 많으니 몰래 쏘는 화살을 막으라. 수재가 있지 않으면 병이 있다. 처음은 곤란하나 나중에는 길하다.

正月	文書逢冲	晩得財利	문서에 해가 있으니 늦게야 재물을 얻는다.
	喜憂相半	似吉不吉	기쁨과 근심이 반반이니 좋은 것 같으나 좋지 않다.
二月	深山窮谷	指路者誰	심산궁곡에 길을 인도하는 자 누가 있으랴.
	得而多失	反不如無	얻으나 많이 잃으니 없는 것만 못하다.
三月	財在他鄕	出行得利	재물이 타향에 있으니 출행하면 얻는다.
	有財有權	威振四方	재물과 권세가 있으니 위엄을 사해에 떨친다.
四月	南方有吉	在財北方	남방에 길함이 있고 북방에 재운이 있다.
	東方來客	偶然助我	동방에서 오는 손이 우연히 나를 돕는다.
五月	心身和平	名高德盛	심신이 편안하고 이름과 덕이 높다.
	若非橫財	可得功名	만약 횡재가 아니면 공명을 얻는다.
六月	西方之人	勿說內容	서쪽 사람에게 속에 있는 말을 하지 마라.
	西方不利	勿爲出行	서쪽은 불리하니 출행하지 마라.
七月	日暖春風	萬物生光	봄바람이 따뜻하니 만물이 빛이 난다.
	寒暑有序	必是成功	차고 더움이 차례가 있듯이 반드시 성공하리라.
八月	謀事多端	奔走之格	일이 번다하니 분주한 격이로다.
	財祿隨身	喜色滿面	재록이 몸에 따르니 기쁨이 가득하다.
九月	吉旺運盛	必有好事	길운이 왕성하니 반드시 좋은 일이 있다.
	貴人來助	可得大財	귀인이 도우니 가히 큰 재물을 얻는다.
十月	古木逢霜	秋菊逢霜	고목에 서리가 내리니 가을 국화도 서리를 만난다.
	花落無實	無依無托	꽃이 떨어지고 열매가 없으니 의지할 곳도 없다.
十一月	莫近是非	口舌損財	시비를 가까이 하지 마라. 구설과 손재수가 있다.
	勿爲他營	損財多端	다른 일을 하지 마라. 손재수가 많다.
十二月	事有失敗	宜行南方	일에 실패가 있으니 남방으로 행하라.
	莫恨煩惱	凶中有吉	한탄하고 번뇌하지 마라. 흉한 중에 길함이 있다.

[初六]

火水未濟 (화수미제)

千里行帆　船尾濡溺
心不知足　經營難就
耕田讀書　榮辱不加
涉水行舟　水患可畏

천리를 행하는 배가 선미가 약하다. 족함을 알지 못하면 일이 잘 되지 않는다. 밭을 갈고 공부하니 영욕은 더함이 없다. 배로써 물을 건너니 수액이 두렵다.

正月	有財相爭　一時之事 莫信他人　外親內疏		재물로써 서로 다투니 한때의 일이로다. 남을 믿지 마라. 겉과 속이 다르다.
二月	洛陽城裡　日暮西天 東西兩路　何方吉利		낙양성 안에서 서쪽 하늘에 날이 저문다. 동서 양쪽 길에 어느 곳에 이가 있는고.
三月	守己安分　萬事平安 勿貪非理　必有虛荒		안분을 지키면 만사가 편안하다. 이치 아닌 것을 탐내지 마라. 반드시 허황하다.
四月	若非爭論　素服之數 財利稱心　利在四方		만약 쟁론이 아니면 복을 입을까 두렵다. 재리가 마음에 있으니 사방에 이익이 있다.
五月	官鬼發動　官厄愼之 家有不安　移基則吉		관귀가 발동하니 관재를 조심하라. 집안이 불안하니 이사하면 길하리라.
六月	在家不安　暫時出行 內外不合　一次相爭		집안에 있으면 불안하고 나가면 편안하다. 내외가 불합하니 한 번 다투리라.
七月	家有不安　災禍不絶 輕擧妄動　有頭無尾		집안에 불안함이 있으니 재화가 끊이지 않는다. 경거망동하면 시작은 있고 끝이 없다.
八月	芳逢女子　利在其中 與人南去　百事有吉		만일 여자를 만나면 이로움이 있다. 타인과 같이 남으로 가면 이로움이 있다.
九月	莫爲爭論　損財可畏 利在樂土　宜向市井		남과 다투지 마라. 손재할까 두렵다. 낙토에 이로움이 있으니 마땅히 시정에 향하라.
十月	雖有生財　得而半失 莫出遠路　動則有害		비록 재물은 생기나 반은 잃는다. 멀리 행하지 마라. 움직이면 해를 본다.
十一月	塵合成山　精土如山 若無口舌　或有官災		티끌을 모아 산을 이루니 정토가 산과 같도다. 만약 구설이 아니면 관재수가 있다.
十二月	莫出路上　損財多端 雖有生財　恐有疾病		길에 나가 실물할까 두려우니 조심하라. 재물은 비록 생기나 병이 날까 두렵다.

[九二]

火水未濟(화수미제)

雷振雲霄　化龍飛騰
謀望遂意　衣食裕盈
金榜登第　名振東西
妄行取禍　不如守分

우뢰소리 가득한데 용이 하늘에 오른다. 바라는 바가 여의하니 의식이 풍족하다. 벼슬에 오르니 이름을 사방에 날린다. 망령되이 동하면 화를 이루니 분수를 지킴만 같지 못하다.

正月	家人不安　家有不和	집안이 불편하니 집안이 불화한다.
	橫厄有數　凡事愼之	횡액수가 있으니 모든 일을 주의하라.
二月	疾病隨身　求藥東方	병이 몸에 따르니 동쪽에 좋은 약이 있다.
	事不如意　空然費心	일이 뜻과 같지 않으니 공연히 노력만 허비한다.
三月	虛事中止　上下歡心	허망한 일을 중지하라. 상하가 기뻐한다.
	親人反仇　交友愼之	친한 이가 원수되니 가까운 자를 주의하라.
四月	雲雨滿空　不見日月	구름이 밝은 달을 가리니 천지가 어둡다.
	東西奔走　別無所得	동서로 분주하나 이익은 없다.
五月	東方不利　損財愼之	동쪽이 불리하니 재물을 손해 본다.
	莫信親人　吉變爲凶	친한 이를 멀리 하라. 실패함이 많다.
六月	從事不明　後悔奈何	일에 밝지 못하니 후회한들 무엇하랴.
	萬頃蒼波　舟逢風波	넓은 바다에서 풍파를 만난다.
七月	材質不足　登仕昇遷	재질은 부족하나 벼슬에 올라간다.
	心無定處　事有多滯	마음에 정한 곳이 없으니 일에 막힘이 많다.
八月	必逢貴人　食祿有餘	반드시 귀인을 만나니 의식이 풍족하다.
	謀事必成　成功有期	반드시 뜻을 이루니 성공을 이룬다.
九月	靑鳥飛來　鰥夫得偶	청조가 소식을 전하니 홀아비가 짝을 만난다.
	勿思虛荒　有害無益	허황한 생각을 하지 마라. 손해만 있다.
十月	東方不利　損財愼之	동방이 불리하니 손재할까 두렵다.
	雖無勞力　小利可得	비록 노력함이 없어도 작은 재물은 얻는다.
十一月	心無所主　謀事不成	마음에 정한 바가 없으니 일이 이루어지지 않는다.
	勿爲問喪　吊客到門	상가에 가지 마라. 집안에 초상이 날까 두렵다.
十二月	財利俱吉　人皆仰視	재물에 이익이 있으니 사람이 모두 우러러본다.
	事無終始　心身散亂	일이 두서가 없으니 심신이 산란하다.

〔六三〕

三六 ䷿	**火水未濟(화수미제)** 因人成事　鼓舞唱和 涉川歷險　萬事隨意 陰險弄奸　寸步難行 山程不宜　陸路無益	사람으로 인하여 일을 이루고 가무를 즐긴다. 험난한 일을 지내니 만사가 뜻을 이룬다. 속이고 농락하니 한치도 내딛기 어렵다. 산길이 험하니 육로가 무익하다.
正月	中心日憂　盃酒忘世 官居則吉　農者不吉	마음이 편치 못하니 술로써 잊는다. 공직은 길하고 농사는 불길하다.
二月	勿恨事難　終乃得意 若非添口　文筆生財	일이 어려워도 한탄 마라. 마침내 뜻을 이룬다. 식구가 늘지 않으면 문필로 이를 본다.
三月	若無奸事　災禍不至 龍失其珠　不能變化	일에 간사함이 없으면 재앙이 이르지 않는다. 용이 구슬을 잃으니 조화를 이루지 못한다.
四月	事不如意　空然費心 事無終始　心身散亂	일이 뜻과 같지 않으니 공연히 노력만 허비한다. 일에 처음과 끝이 없으니 마음만 산란하다.
五月	樂而從人　人亦從我 親人反仇　交友愼之	기쁘게 사람을 따르니 사람도 나를 따른다. 친한 이가 원수되니 사귐에 조심하라.
六月	雲雨滿空　不見日月 東西奔走　別無所得	구름이 가득하여 밝은 달을 가린다. 동서로 분주하나 별로 소득이 없다.
七月	妻宮有憂　豫爲禱厄 花落盡處　草木茂盛	처궁에 근심이 있으니 미리 예방하라. 꽃이 떨어진 곳에 잎만 무성하다.
八月	財利俱吉　人皆仰視 莫信親人　損財不少	재물에 이익이 있으니 사람이 모두 부러워한다. 친한 사람을 믿지 마라. 재물을 손해 본다.
九月	從善遠惡　必有吉事 雖無勞力　小利可得	선을 행하고 악을 멀리 하니 반드시 좋은 일이 있다. 노력함이 없이도 작은 재물은 얻는다.
十月	雲雨滿空　終乃不雨 凡事不利　心身散亂	구름은 가득하나 비는 오지 않는다. 모든 일이 불리하니 마음이 산란하다.
十一月	以物相爭　不利其財 家有疾病　妖鬼退出	물건을 서로 다투지 마라. 그 재물이 해가 있다. 질병이 집에 있으니 요귀를 물리치라.
十二月	東方來客　偶然貽害 未渡江東　風波更發	동방에서 오는 손이 우연히 해한다. 강동을 건너지 못하리니 풍파가 다시 인다.

[九四]

火水未濟(화수미제)		오랑캐를 정벌하니 대국에서 상이 있다. 선비가 뜻을 성취하니 소망을 이룬다. 공을 세우고 이름을 얻으니 만인이 흠모한다. 홀아비가 짝을 얻으니 홍상가인이로다.
征伐四夷	大國有賞	
士子進就	謀望如意	
功成名立	萬人欽仰	
鰥者得配	紅裳少女	

正月	一時口舌	不必掛心	한때의 구설은 마음에 두지 마라.
	先得後失	徒傷心身	먼저 얻고 후에 잃으니 마음만 상할 뿐이다.
二月	兩人相和	財祿付身	양인이 화합하면 재록이 몸에 따른다.
	有頭無尾	事事不成	머리는 있고 꼬리는 없으니 일마다 못 이룬다.
三月	逢秋落葉	何時繁榮	가을 바람에 잎이 떨어지니 어느 때에 번성하리요.
	莫聽人言	必有其害	남의 말을 듣지 마라. 반드시 해가 있다.
四月	旱時待雨	淸風逐雨	가뭄에 비를 기다리나 맑은 바람이 비를 쫓는다.
	事不如意	到處有敗	일이 뜻과 같지 않으니 도처에서 실패한다.
五月	得志行道	脫出險難	뜻이 있어 도를 행하면 험난함을 면한다.
	好事多魔	此亦奈何	좋은 일에 마가 있으니 이 일을 어찌하랴.
六月	在家心亂	出外心閑	집에 있으면 심란하고 나가면 편안하다.
	東方不利	西方有利	동방은 불리하고 서방은 이롭다.
七月	有財南北	求之可得	남북에 재물이 있으니 구하면 얻는다.
	改過遷善	貴人提引	잘못을 뉘우치고 선행하면 귀인이 돕는다.
八月	仲秋月明	洞房開燭	중추명월에 혼인의 경사로다.
	在家則吉	出則有害	집에 있으면 길하고 나가면 불길하다.
九月	科運逐發	特被君寵	과운이 있으니 특별히 임금의 총애를 받는다.
	勿爲妄動	勞而無功	망령되이 행하지 마라. 노력하나 공이 없다.
十月	身上有困	別無凶事	신상이 곤고하나 별다른 흉함은 없다.
	事在傾刻	何處長久	일이 경각에 있으니 어느 곳인들 장구하랴.
十一月	凡事不利	諸事注意	모든 일이 이롭지 못하니 일마다 주의하라.
	世業如夢	赤手成家	세업이 꿈 같으니 맨손으로 성공한다.
十二月	在家心亂	出行得利	집에서는 마음이 산란하고 밖에 나가면 이익을 얻는다.
	勿貪分外	反有失敗	허욕을 부리지 마라. 도리어 실패한다.

〔六五〕

火水未濟 (화수미제)

花紅柳綠　春光富貴
官職超薦　婚姻且成
事業赫赫　富有倉庫
添口添土　金帛蓄積

붉은 꽃 푸른 버들이 봄빛을 풍부하게 한다. 관직에도 추천되고 혼인도 이루어진다. 사업이 잘 되니 창고에 가득히 채운다. 식구도 더 하고 토지도 더하니 재물을 가득히 쌓는다.

正月	家有吉慶　美人相酌 人口增進　田庄買得	집안에 경사가 있으니 미인과 술잔을 대한다. 식구가 더하고 논과 밭을 사들인다.
二月	膝下有慶　金玉滿堂 名振遠近　人皆仰視	슬하에 경사가 있으니 금옥이 가득하다. 원근에 이름을 떨치니 사람이 우러러본다.
三月	士人超遷　榮華有之 幸運已回　福祿自來	선비가 천거를 받으니 영화가 있다. 행운이 돌아오니 복이 스스로 돌아온다.
四月	功在當時　人皆欽羨 家有慶事　弄璋之慶	당시에 공이 있으니 사람이 부러워한다. 집에 경사가 있으니 아들을 낳는다.
五月	先得大利　後得安靜 財祿臨身　名振四海	먼저는 큰 이익을 얻고 나중에는 안정을 얻는다. 재록이 몸에 따르니 사해에 이름을 떨친다.
六月	貴人相助　利在其中 財在西方　意外得財	귀인이 서로 도우니 그 가운데 이익이 있다. 서쪽에 재물이 있으니 뜻밖에 얻는다.
七月	月明沙窓　事機必成 文書有吉　利在田庄	달 밝은 사창에 일은 반드시 성공한다. 문서에 길함이 있으니 이익이 전장에 있다.
八月	每事如意　大財入門 男兒得意　意氣揚揚	매사가 뜻과 같으니 큰 재물이 집에 들어온다. 남아가 뜻을 얻으니 의기가 양양하도다.
九月	家有喜事　貴人來助 聲聞高閣　喜滿家庭	집안에 기쁨이 있으니 귀인이 와서 도와준다. 높은 이름을 들으니 기쁨이 가득하다.
十月	心正待時　必有興旺 若有人助　婚姻之數	바른 마음으로 때를 기다리니 반드시 흥왕한다. 만일 사람의 도움이 있으면 혼인이 성사된다.
十一月	工商爲業　利在其中 吉運已回　絶處逢生	공업과 상업으로 업을 삼으니 이로움이 있다. 길운이 이미 돌아오니 궁지에서 소생한다.
十二月	靑鳥傳信　鰥者得配 陰陽和合　萬物生成	청조가 소식을 전하니 홀아비가 장가든다. 음양이 화합하니 만물이 잘 자란다.

三八四

〔上九〕

火水未濟 (화수미제)

順受天命　當盡人事
若不知愼　失敗之數
居險非險　進取勞力
莫近水邊　且愼酒色

천명을 순히 받으니 인사를 다 한다. 삼갈 줄 모르면 실패한다. 험난한 곳에 거하니 나아가고 물러감에 노력한다. 물가에 가지 말고 술과 여자를 조심하라.

正月	祈禱佛前	可無大愆	불전에 기도하라. 큰 허물이 없어지리라.
	每事不進	勞而無功	매사가 나아가지 못하니 노력하나 공이 없다.
二月	若無官事	疾病可畏	관사가 아니면 질병이 두렵다.
	莫行東方	損財之數	동쪽에 가지 마라. 손재수가 있으리라.
三月	病人不利	豫爲祈禱	병자는 불리하니 미리 기도하라.
	事有多滯	求事難成	일에 막힘이 많으니 구하나 얻지 못한다.
四月	有志不成	有頭無尾	뜻은 있어도 이루지 못하니 머리는 있고 꼬리는 없다.
	莫近東方	是非有數	동쪽으로 가지 마라. 시비수가 있다.
五月	朱雀發動	口舌難免	주작이 발동하니 구설을 당한다.
	運數不吉	勿思妄計	운수가 불길하니 쓸데없는 계획을 하지 마라.
六月	愁心滿面	不如居家	근심이 얼굴에 가득하니 집에 있음만 같지 못하다.
	勿爲爭訟	口舌當頣	싸움하지 마라. 구설을 면키 어렵다.
七月	凡事可愼	口舌可畏	모든 일을 삼가라. 구설이 두렵다.
	莫行南方	吉變爲凶	남쪽으로 가지 마라. 좋은 일이 흉하게 된다.
八月	若非吉慶	必有喪敗	경사가 아니면 상패수가 있다.
	西南有害	莫行西南	서남에 해가 있으니 서남으로 가지 마라.
九月	先吉後凶	離鄕孤單	먼저는 좋고 나중에는 흉하다. 객지에서 홀로 쓸쓸하다.
	若非如此	妻憂何免	만약 그렇지 않으면 처에게 근심이 있다.
十月	淸風明月	獨坐叩盆	맑은 바람 밝은 달에 상처하고 눈물을 흘리리라.
	與人謀事	必有損害	남과 같이하는 일은 반드시 손해를 본다.
十一月	陰雨朦朧	不見好月	구름이 가득하니 밝은 달을 보지 못한다.
	待時而動	勿爲妄進	때를 기다려 행동하고 망령되이 나가지 마라.
十二月	無財莫歎	窮則必達	재운이 없음을 한탄 마라. 궁하면 통한다.
	若非移舍	膝下有憂	이사를 하지 않으면 슬하에 근심이 있다.

大運易占卦 一年身數秘訣	
初 版 發 行●1991年　12月　30日	
修訂版 發 行●2000年　 4月　10日	
編著者●韓　重　洙	
發行者●金　東　求	
發行處●明　文　堂	
서울특별시 종로구 안국동 17~8	
대체　010041-31-0516013	
전화　(영) 733-3039, 734-4798	
(편) 733-4748	
FAX 734-9209	
등록　1977. 11. 19. 제1~148호	

●낙장 및 파본은 교환해 드립니다.
●불허복제·판권 본사 소유.

값 15,000원
ISBN 89-7270-610-8　13140